塑造成功的学生

学校、家庭与社区合作行动指南（第四版）

乔伊斯·L.爱泼斯坦　主编
周兴平　程含蓉　华　璠　译

The Publisher agrees that the name(s) of the Author(s), Joyce L. Epstein, Mavis G. Sanders, Steven B. Sheldon, Beth S. Simon, Karen Clark Salinas, Natalie Rodriguez Jansorn

ZHEJIANG UNIVERSITY PRESS
浙江大学出版社
·杭州·

图书在版编目（CIP）数据

塑造成功的学生：学校、家庭与社区合作行动指南 / (美) 乔伊斯・爱泼斯坦主编；周兴平，程含蓉，华璠译. -- 4版. -- 杭州：浙江大学出版社，2024.5

书名原文：School, Family, and Community Partnerships（Fourth Edition）

ISBN 978-7-308-24749-8

Ⅰ. ①塑… Ⅱ. ①乔… ②周… ③程… ④华… Ⅲ. ①学校教育—合作—家庭教育—指南 Ⅳ. ①G459-62

中国国家版本馆CIP数据核字（2024）第058421号

塑造成功的学生：学校、家庭与社区合作行动指南（第四版）

（美）乔伊斯・爱泼斯坦 主编 周兴平 程含蓉 华 璠 译

责任编辑 谢 焕

责任校对 陈 欣

封面设计 云水文化

出版发行 浙江大学出版社

（杭州天目山路148号 邮政编码：310007）

（网址：http://www.zjupress.com）

排 版 浙江大千时代文化传媒有限公司

印 刷 浙江省邮电印刷股份有限公司

开 本 787mm×1092mm 1/16

印 张 33

字 数 412千

版 印 次 2024年5月第1版 2024年5月第1次印刷

书 号 ISBN 978-7-308-24749-8

定 价 88.00元

致谢辞（英文版）

感谢多年来与我们一起工作的许多教师、管理人员、家长、社区伙伴、学生、州和学区领导人以及研究人员，他们为建立优秀的合作体系设计和测试策略，丰富了有关合作的内容。很高兴我们的研究已被用于改善相应政策的制定和优化实践，也帮助了许多研究人员和研究生进行有关家庭和社区参与主题的研究。同样重要的是，政策领导人、实践者和其他研究人员为我们的研究提供了信息和改进建议，并为开发更多更好的工具和素材贡献了有价值的思想，以指导合作项目的发展。来自全球不同地区的研究者与实践者，以及不断涌现的合作项目领导者，对学校、家庭和社区合作的不懈研究、创造性探索，令我们深受鼓舞。

我们要特别感谢卢克瑞提亚·康提思（Lucretia Coates），本指南第一版（1997 年）的合著者，她是巴尔的摩伯纳德·哈里斯博士小学的退休校长。她的领导能力和对家长参与社区合作的热情是她践行合作的重要因素。我们也要感谢巴尔的摩卓越教育基金（Fund for Educational Excellence in Baltimore），该基金在项目初期，协助我们将家庭和社区参与的研究与实践联系起来；我们同样也要感谢巴尔的摩市的公立学校，这些学校所在学区的领导人和由教育工作者和家长组成的学校团队帮助我们学习如何采用新方式开展学校、家庭和社区合作项目。

特别感谢科文出版社的编辑们，他们自 1997 年以来一直与我们合作，编辑出版了本指南的每一版。从一开始，他们就想要一份可读性强、实用性强的指南来加强领导和项目合作。我们感谢全国合作学校网络（NNPS）协调员（Megumi G. Hine）在编辑本指南时提供的协助。

感谢约翰斯·霍普金斯大学的学校、家庭和社区合作中心（Center on School，Family，and Community Partnerships）及其前身的赠款，使我们能够对家庭和社区参与进行持续多年的项目研究。这种支持也使我们能够将研究结果转化为有用的工具、材料和培训活动，以改进政策和实践，其中也包括来自国家儿童健康与人类发展研究所、教育科学研究所以及众多基金会和机构的资助。当然，本指南中的研究摘要、工具和指南都是作者自己编制的，并不一定代表资助机构的立场。

在本指南付印之时，美国和其他国家的600多所学校、60个学区、若干个州，以及各社区中的许多组织都是约翰斯·霍普金斯大学的全国合作学校网络（NNPS）的成员。他们使用这本指南，并从持续的交流和服务中受益。还有数千人在开展合作项目时使用本指南。近年来，本指南的第三版被翻译成阿拉伯文和中文，部分章节被翻译成西班牙文。一些教育工作者坚持推进他们的合作项目，这些项目得到了蓬勃发展；另一些则因为各种条件和限制而缩减了他们的投入。与我们合作的人，以及向NNPS提供数据和想法的人，在实践过程中既得到了发展，也面临着诸多挑战。

因我们对合作的不断研究和了解，我们更新了指南的内容。

我们希望大量的新读者能够使用这本指南，有些人可能已经准备好与研究人员和其他教育工作者建立联系。那些希望通过合作项目研究来促进学生发展的学校、学区、组织和州将受邀加入约翰斯·霍普金斯大学的全国合作学校网络（NNPS），以获得持续的援助。了解更多信息请访问：www.partnershipschools.org。

作者简介

（1）乔伊斯·L. 爱泼斯坦（Joyce L. Epstein）

约翰斯·霍普金斯大学社会学博士，学校、家庭和社区合作中心和全国合作学校网络（NNPS）主任，约翰斯·霍普金斯大学教育学教授。1995 年，她发起成立了 NNPS，为学校提供专业发展支持，使学校、学区和州领导人能够开发基于研究的家庭和社区参与项目。爱泼斯坦博士在家庭和社区参与的性质和影响方面发表了 150 多篇论文。除了是本指南（第四版）的作者，她还为未来的教师和行政人员编写了一本大学课程教科书，即《学校、家庭和社区合作：培养教育者和改善学校》（第二版）；与他人合著了实用图书《家庭阅读之夜》（第二版，2015 年）和《面向所有家庭的多元化合作》（2012 年）。她还是《必要但不充分：政策在推进学校、家庭和社区合作项目中的作用》（2016 年）的合著者。她于 2009 年被任命为美国教育研究协会（AERA）的研究员，并获得了 AERA 教育社会学特殊兴趣小组颁发的 2009 年伊丽莎白·科恩应用研究奖。在她的所有工作中，她对研究、政策和实践之间的联系充满浓厚兴趣。

（2）梅维斯·G. 桑德斯（Mavis G. Sanders）

斯坦福大学教育学博士，现任马里兰大学巴尔的摩分校教育学教授，语言、读写和文化博士项目助理教授。她研究和教学的重点在于学校、家庭和社区合作的过程和结果、教育领导学以及非裔美国学生的发展。她撰写了 60 多篇关于学校和学区领导人在发展和扩大合作项目中作用的论文（专著）；其研究兴趣广泛，包括将社区参与作为一种策略，以此改善教育过程中缺失学生教育体验和成效，以及家庭学校和社区合作对非裔美国青少年学业发展的影响。她除了是这本指南的合著者，也是《校长问题：学校、家庭和社区合作综合指南》（2009年）的合著者。也是《发挥学校－社区合作的作用：协作促进学生成功》（2005年）的作者。她最近还在《学校效能与学校改进》期刊上发表了《领导力、合作关系和组织发展：三所全面服务的社区学校的有效性探索研究》一文。作为教学和研究的延伸，桑德斯博士与教育领导人密切合作，不断优化合作方法以促进学校发展，特别是那些城市中心学校。

（3）斯蒂芬·B. 谢尔顿（Steven B. Sheldon）

密歇根州立大学教育心理学博士，学校、家庭和社区合作中心副主任，NNPS 研究室主任，同时，也是约翰斯·霍普金斯大学教育学院教育学副教授。他一直致力于探索学校和学区合作关系的构成要素，以及此关系对家庭和社区参与及对学生学业和行为结果的影响。谢尔顿博士开发并测试了与高度多样化人群合作的家长和学生调查工具。他除了是这本指南的合著者，还与多位同仁合作出版如下专著，包括《校长问题：学校、家庭和社区合作综合指南》（2009年）、《必要但不充分：政策在推进学校、家庭和社区合作项目中的作用》（2016年）、《教育伙伴关系指南》（与塔米·特纳·沃贝克合著）。谢尔顿博士还指导了学校、家庭和社区合作领导力研究生证书项目，并在教育学院开设领导力课程。

（4）贝斯·S. 西蒙（Beth S. Simon）

约翰斯·霍普金斯大学社会学博士，是美国卫生与人类服务部、医疗保险和医疗补助服务中心社会科学研究分析师。她之前在约翰斯·霍普金斯大学工作，她对高中阶段的家庭和社区参与进行了研究，包括学校外展服务和家庭参与如何影响高中生的发展。其他研究集中在州、学区和学校参与 NNPS 的模式上。西蒙博士开发了 NNPS 的第一个网站及其他研究工具和策略，以支持合作项目的建设与发展。

（5）凯伦·克拉克·萨利纳斯（Karen Clark Salinas）

约翰斯·霍普金斯大学的教育硕士和北卡罗来纳大学教堂山分校的社会工作硕士，也是约翰斯·霍普金斯工作、生活和参与办公室的沟通经理。在她目前的角色中，她管理着几个网站和相关的社交媒体平台，领导约翰斯·霍普金斯“工作－生活”保障部门，并为博客帖子和专注于福祉的培训班开发内容。萨利纳斯女士担任 NNPS 传播总监期间，编辑了《第二类通讯》和《有价值的合作实践案例集》，这是 NNPS 的学校每年的最佳案例汇编。她开办了培训班，并就合作项目的发展向学校、学区和州领导人提供技术援助。萨利纳斯女士是《起点清单》《学校、家庭和社区合作项目的测量》和《家校合作课堂（TIPS）过程材料》的合著者。

（6）娜塔莉·罗德里格斯·詹森（Natalie Rodriguez Jansorn）

耶鲁大学文学学士，马里兰大学巴尔的摩分校文学硕士，杰克肯特库克基金会奖学金项目主任。在她的研究工作中，詹森与经济拮据的家庭合作，以支持此类家庭中的优秀青年最大限度地发挥学术潜力。在她此前与 NNPS 的合作中，她指导了一些项目，帮助学区和州领导人建立学校、家庭和社区合作项目，以支持学生在学校取得成功。她设计材料，并为初中和高中提供开发合作项目的专业支持。她组织了培训班、开发工具和出版物，以提高各级政策中家庭和社区参与的质量。詹森女士是《领导与成功：学区领导与促进策略的清单》一书的合著者（见本指南第 7 章），她也是《有价值的合作实践案例集》的联合编辑。

（7）弗朗西斯·L. 范·沃利斯（Frances L. Van Voorhis）

佛罗里达大学发展心理学博士，担任约翰斯·霍普金斯大学学校、家庭和社区合作中心的顾问。在学区和学校层面的支持下，她对小学和初中教师开展家校合作课堂（TIPS）过程的影响开展了几项纵向研究。沃利斯博士在家庭作业过程、教师家庭作业的设计、家庭作业指导的专业发展以及TIPS对学生和家长在数学、语言艺术和科学的影响等方面发表和开发了许多研究成果和实用教具。她还与史蒂芬·B. 谢尔顿（Steven B. Sheldon）共同撰写了关于NNPS学校合作项目进展的文章。她还是弗朗范咨询有限责任公司的所有者，该公司为女性、家庭和企业提供生活指导和咨询服务。

（8）塞西莉亚·S. 马丁（Cecelia S. Martin）

马里兰大学东海岸分校组织领导学博士，休斯敦早期事务高级项目经理，T.E.E.M. 领导力总裁 / 创始人。在休斯敦早期事务工作期间，马丁博士指导了一个社区合作联盟，以促进人们对高质量早期教育重要性的认识。她与教育工作者合作，开展幼儿园衔接、家庭参与和学生发展政策的研究项目。通过T.E.E.M.组织，马丁博士为教育工作者、宗教组织和其他机构提供领导力和能力建设培训。在她此前与NNPS的合作中，马丁博士是军事儿童倡议（Military Child Initiative）的高级项目协调员，负责指导学区和学校更有效地与军队中的家庭合作。她还为州、学区和学校领导人举办了培训班并开发了培训材料，以建立促进学生发展的合作项目。她是NNPS《有价值的合作实践案例集》（2007年）一书的联合编辑。

（9）布伦达·G. 托马斯（Brenda G. Thomas）

摩根州立大学的行政管理硕士，是NNPS的高级项目协调员。她为NNPS的学校、学区、州和组织领导人提供专业发展培训，帮助他们建立有效和公平的合作计划。她是《有价值的合作实践案例集》连续几年的主编，也是每月与NNPS成员持续沟通的电子简报合著者。在NNPS的早期工作中，她曾担任马里兰州合作项目发展主任，与马里兰州父母信息资源中心合作。在这个职位上，她与马里兰州各地的学区合作，开展家庭和社区参与项目。托马斯女士拥有多年的作为课堂教师、合作行动小组负责人、学区级合作计划组织者和巴尔的摩城市公立学校家长参与协调员的经验。

（10）玛莎·D. 格林菲尔德（Marsha D. Greenfeld）

约翰斯·霍普金斯大学 NNPS 的高级项目协调员。她提供专业发展，帮助学区、州、组织和学校团队的领导人实施和维持与家庭和社区参与的目标导向相关的项目。

她负责开发和举办培训活动，并就合作项目发展的各个方面提供技术援助。除了是这本指南的合著者，格林菲尔德女士还是《家庭阅读夜》（第二版，2015 年）和《面向所有家庭的多元化合作》（2012 年）的合著者。她是 NNPS 年度图书《有价值的合作实践案例集》的联合编辑。此前，格林菲尔德女士是巴尔的摩城市公立学校合作项目的教师和学区合作促进员，在华盛顿特区的联邦赠款项目办公室工作，是学校与社区的合作项目协调员。

（11）达西·J. 哈钦斯（Darcy J. Hutchins）

马里兰州帕克学院教育政策博士，是科罗拉多州教育部（CDE）家庭合作项目部主任。她为各学区实施家庭参与计划促进学生发展提供支持，特别是通过家长参与学校和学区问责委员会。在科罗拉多州教育部，哈钦斯博士为国家家长参与教育咨询委员会（SACPIE）工作。她还在丹佛大学教育学院任教，并在各种咨询委员会中任职。在 NNPS 的工作中，哈钦斯博士是高级项目协调员，并在合作项目发展方面为全国各地的学区和学校提供专业发展和技术援助。她组织了关于学校和区级领导对学校、家庭和社区合作影响的研究和评价项目。她与同事共同撰写了《家庭阅读夜》（第二版，2015 年）和《面向所有家庭的多元化合作》（2012 年）。

（12）肯雅塔 · J. 威廉姆斯（Kenyatta J. Williams）

约翰斯 · 霍普金斯大学商业信息和电信系统硕士，也是社会安全管理局（Social Security Administration，SSA）的首席 IT 专家。他为 SSA 选定的项目和服务设计开发软件、制定标准规范和协同系统。他在约翰斯 · 霍普金斯大学 NNPS 的工作中，负责收集和整理所有成员的数据，并与研究人员合作进行了许多研究。他是《年度发展评价报告》（UPDATE）的合著者，该报告是 NNPS 中学校和学区的年度数据摘要。他也是几次研究会议报告的合著者。威廉姆斯先生还协调 NNPS 会议和研究所向全国 NNPS 成员提供技术援助。

前 言

PREFACE

在教育领域，没有什么话题比家庭和社区参与学校教育的重要性更能让人们达成共识。

- 教师和管理人员希望知道如何以积极的方式与家长合作，以及如何让社区参与到学校教育中来，以促进学生的发展。
- 家长想知道学校是否能提供高质量的学校教育、如何帮助自己的孩子尽最大努力做得最好，以及如何与教师和管理人员交流沟通。
- 学生想在学校获得成功。他们也清楚自己需要家长、教师、其他家庭成员，以及社区人员的指导、支持和鼓励。

尽管几十年来人们对上述目标的重要性早已达成共识，但是大多数学校、学区和州在构建学校、家庭和社区全面的合作关系时仍需要帮助。

三十多年以来，约翰斯·霍普金斯大学的研究人员对家庭和社区参与学校教育这一领域进行了纲领性研究。令人兴奋的是，多年以来，来自40余个国家的学者在这一领域所获颇多，越来越多的新发现正在不断转化成我们持续研究的基础和方法（例如：工具、培训班和其他材料）。这些方法对教育工作者、家长、学生、社区合作伙伴和其他人都很有用，有助于提高学区和州在学前、小学、初中和高中阶段的合作和在校本项目上的领导地位。

本指南（1997年、2002年和2009年之前的版本）已被用作加入约翰斯・霍普金斯大学全国合作学校网络（NNPS）的教育工作者的指南，以获得持续的交流和服务，便于持续改进他们的合作项目。它也被成千上万的其他独立工作的教育工作者和政策领导人使用。这两类群体对推进合作项目都很重要。本指南对我们所了解到的与所有家庭、社区通过合作以支持学生在学校取得成功有关的有效策略毫不保密。从那些作为（或曾经是）网络伙伴的NNPS成员那里，我们获益良多。他们对这项研究工作和进展开展年度评价，并将评价数据提供给NNPS进行分析。我们利用他们的报告不断改进有关合作的认知，并为从业人员提供有用的指导方针、工具和培训。从研究到实践，然后到新的研究，再到改进的实践，等等，在学校、家庭和社区合作的研究过程中，我们的相互合作是一笔独特而又宝贵的财富。

该指南第四版延续了这一传统。以下是得到本指南中工具和相关材料支持的，也是被各类研究所证实的六个发现。

1. “学校、家庭和社区合作伙伴关系”是比父母参与更好的术语。“合作伙伴”这一概念肯定了父母、教育工作者和社区中的其他人对学生的学习和发展负有共同责任。“合作伙伴”一词包括投入、交流、参与、合作等概念，以及其他人们喜欢用来表明家庭、学校和社区的人共同努力改善学校，促进所有学生发展的术语。

2. “学校、家庭和社区合作”是一个多维的概念。在研究和典型实验的基础上，我们提出了一种包括六种类型参与的学校、家庭和社区合作框架，此框架可以帮助学校规划各种让家庭参与的项目形式。

3. 学校、家庭和社区合作是学校和课堂的重要组成部分。家庭和社区的参与不再是次要的，而是改善学校各个方面工作的核心。每所学校，都应该有一个基于行动的合作行动小组，即一个由教育工作者、家长和其他合作伙伴组成的委员会，连同其他人一起规划、实施、评价并不断改进与目标相关的合作。

4. 学校、家庭和社区合作需要多层面的领导。虽然一所学校的教育工作者、家长和其他人也可以开展一项合作，成为合作伙伴，但学区领导人在营造“合作文化”，协助本学区所有小学、初中和高中以有效的方式发展，以及保障家庭参与行为效果方面发挥着重要作用。州教育负责人则可以制定相关政策，并采取行动帮助学区和学校正确认识合作的价值。

5. 学校、家庭和社区合作必须注重促进学生的学习和发展。为合作而合作已然不是正确的态度。相反，强有力的家庭和社区合作机制必须让所有家庭都参与进来，以改善学校合作氛围，促进学生的学业和品行的发展。与此相关的家庭和社区参与活动都应有助于提高学生的出勤率、成绩、品行和其他彰显学校教育成效的指标。

6. 学校、家庭和社区合作的所有项目都是公平的。这本指南指导学校制定可操作的合作项目，旨在让所有社区的所有家庭都能参与进来，而不仅仅是那些容易被接触到的家长或者容易被邀请进来的家庭。有些家长一直参与学校和孩子的教育。现在，学区和学校必须通过开展合作使所有家庭都能帮助他们的孩子在学校做到最好。

以上六项发现（研究结论）旨在改变学校、学区和州教育部门对合作的理解和实施。例如，如果合作行动小组（ATP）被认定为正式的学校委员会，并且家庭和社区参与合作的目标与学校改进计划的目标相一致，那么，随着越来越多活动被开展，更多不同的家长将以富有成效的方式参与进来。如果对实施的活动进行评价，那么ATP将有可能吸引更多的家庭参与，合作的质量将逐年提高。虽然这些改变对改善学校和促进学生发展至关重要，但想要实现这一目标就必须改变把本研究所提及的那些新措施置于学校发展工作边缘的做法；相反，学校及其他利益相关者应该针对这种合作开展精心的、系统的谋划。

本指南将研究和实地调查获得的知识经验转化为实际工作中的措施方法，帮助所有学校、学区和州教育管理部门开发合作项目。这些知识经验具体来讲，包括基于研究的理论框架和基于实证的工具材料。它们能帮助学校：（1）理解六种类型的家庭和社区参与模式；（2）创建合作行动小组（ATP）；（3）规划实施家庭和社区参与活动，以实现学校为促进学生发展所制定的目标；（4）合理调动社区资源；（5）克服挑战，面向所有家庭；（6）评价合作的成效；（7）持续改进合作的方案、实践和体系。

本指南的部分章节面向所有读者，也有部分章节是面向在制定家庭和社区参与计划方面具有特定作用的读者。本指南的第一、第二和第三章介绍了研究基础、实践案例和关于团队合作的细节。第四章和第五章介绍了如何为各级学校的合作行动小组开设培训班，并为小学提供了一些案例。第六章侧重于改善初高中的合作机制。第七章指导学区、州和组织领导人加强他们对合作项目的了解和领导力。第八章展示了如何给予设计和发展系统的计划以额外的关注，来达到特定的目标。在这里，我们详细介绍了如何制定和实施互动作业，以促进亲子之间关于课堂作业的交流，以及如何组织中年级的志愿者将艺术欣赏与学生的社会研究课程联系起来。第九章指导如何对合作方案和实践过程开展评价。

当然，各个学校、学区和州教育管理部门都各不相同。每所学校都服务于不同的学生群体和家庭，有不同的发展目标，在帮助所有在校生取得成功的过程中面临独特的挑战。我们发现，所有合作项目或伙伴关系都能从本指南中找到适用的且经过检验的理论框架，但每项用于具体实施的方案都必须因地制宜地设计其计划，以满足学生发展的特殊需要。这种将结构的复杂性和实践的灵活性相结合是必不可少的，它可以让家庭和社区伙伴以有利于学生、家庭和学校的方式参与进来。要了解这在不同社区是如何运作的，请访问 www.partnershipschools.org 并点击网站中“成功故事”栏目信息。

第四版有什么新内容?

本指南的第四版增加了新的信息、资源和参考资料，这些都是基于与数千名教育工作者和家庭的合作。包括各类研究和新发现的总结、工具性材料和指导方案，为学校、学区、州教育管理部门和组织的领导人在制定合作机制和开展合作时提供相应的知识和技能。具体内容见下文:

· 专题培训——合作的过去与现在：学生发展的新方向，家庭和社区参与合作。使用 PPT 和演示笔记有助于合作项目负责人有效概述优秀合作项目的构成，这些项目使所有家长都能参与进来，以支持学生的学习和发展。通过这种介绍，合作项目领导人可以帮助学区领导人、学校董事会、校长、家长领导、课堂教师和其他人了解各级学校是如何组织计划和实践的，使所有家庭都参与到孩子的教育中来。

· 一些学区、学校、家庭和社区同事不了解本指南中以研究为基础的结构和流程，也不了解学区合作项目领导人指导校本团队建立与学生家长和社区伙伴合作的能力。由 NNPS 促进者开发的新的 PPT 和笔记，现在可供所有领导人使用或调整，以展示如何加强和维持有效和公平的学校、家庭和社区合作。

· 增加了由幼儿园、小学、初中和高中开展的与合作项目密切相关的新案例（第二章）。

·培训议程和活动已经改进，以确保学生发展的目标与家庭和社区参与之间的联系（第四章和第五章）。

·所有章节的内容和参考文献都进行了更新、修订和改进。所有章节都增加了学校和家庭沟通交流的新技术。

·新版的“年度合作行动计划”模板将有助于ATP规划其项目（第九章）。

·面向正在学习如何支持家庭和社区参与项目的不同受众。培训材料和活动有英语和西班牙语版本。

章节简介

本指南共计九章，详细介绍了如何建立、加强和维持良好合作关系的策略。

第一章：综合性框架。通过三篇文章总结了本指南所依据的理论和研究。

（1）第一篇文章介绍了六种类型参与的理论框架，并指出其中可能存在的困难，这些困难必须得到解决，同时，本指南还提供了一些实践案例，即学校、家庭和社区合作良好的案例。本指南还专门讨论了制定全面合作计划的方法，即团队合作法。

（2）第二篇文章概述了学校如何在一个全面的框架中与家庭、社区开展合作。该文讨论了当学校与家庭、社区开展合作时，对学生学习和发展所起到的强化作用。

（3）第三篇文章总结了家庭和社区参与学校教育对学生学业和品行影响的相关研究。除了优秀的老师和良好的学校管理外，具有明确目标导向的家庭和社区参与也会影响学生在阅读、数学、科学、出勤率、品行以及其他体现学校发展的指标。

第二章：使用本框架实现学校发展目标——来自实践的案例。本指南中所列的案例均来自幼儿园、小学、初中和高中，这些案例向读者充分说明了“六种类型参与行为”和使用“行动小组”的方法在不同的学校和社区中都能起作用。这些例子描述了各级学校如何努力创造相互合作的氛围，并实施有助于学生发展的活动。这些案例只是“有价值的合作实践案例集”系列年鉴的数百个案例中的一部分。（资料拓展：www.partnershipschools.org）

第三章：组建合作行动小组（ATP）的方法。本章旨在解决组织有效的合作行动小组过程中常见的十二个问题。团队成员——校长、教师、家长、学校其他工作人员和社区成员——是在规划、实施和评价合作项目方面发挥重要作用，并发挥共同领导作用的人。本指南提供的一些工具性材料和指导方案可以帮助学校建立一个强大的、运行良好的团队，而合作行动小组是决定学校合作项目成功和持续发展的基础。

第四章：如何开展培训。本章介绍了一些议程方案，它们可以为学区、学校和其他领导举办一日团队培训和年终庆功大会提供帮助。本章内容包括活动脚本、小组活动和其他指导方案，可以帮助培训组织者简明扼要地呈现会议主题，有助于让与会者将培训内容应用到自己的学校工作中。此类培训让教育工作者、家长和社区合作伙伴为后续的正式合作做好必要准备，这也是重要的专业建设活动。

第五章：为演示文稿和培训选择素材。本章介绍的图表，可以作为第四章提到的一日团队培训的讲解材料、会议材料和活动素材。这些材料能够指导培训负责人介绍和讨论“六种类型参与”的框架、必须解决的挑战、合作的成果、团队结构，以及如何撰写与目标一致的“年度合作行动计划”。

第六章：强化初高中学校合作。本章主要通过三篇文章总结了家庭和社区参与初高中学校教育的相关研究和实践方法。

（1）第一篇文章是对家庭和社区参与初中、高中学校教育的研究综述。补充介绍了第一章当中提到的“六种类型参与”案例，尤其是关注家庭和社区参与初中高中学校教育面临的挑战和预期的结果。

（2）第二篇文章总结了一项大规模的研究，该研究首次表明，无论学生的背景和先前的成就如何，高中阶段的经历增加了家长的参与，这对学生的学业成就和品行培养都有积极的影响。

（3）第三篇文章讨论了目标导向的合作对促进中学生达到学校学习和发展目标的重要性。

第六章还补充了第四章和第五章中小学的案例，并为初中和高中的合作团队培训提供了可复制的材料。这些资源也可以用于中学关于学校、家庭和社区合作的其他演示。

第七章：强化学区和州对合作的领导。本章着重讨论了如何强化学区和州教育管理部门多合作的领导，以增加学区和州教育管理人员对学校、家庭和社区合作关系的认识。其中包括合作项目的主要成本和经费来源方面的信息。在本章中，我们提供了一些有用的清单（工作表、计划方案等），以帮助学区和州教育负责人组建管理办公室，明确当前的做法，并在此基础上对合作机制进行新的开发。本章对提供给学区和州一级的合作方案模板进行了修订。

第八章：家校合作课堂（TIPS）的实施。本章描述了基于研究开发的两种合作方法，并以此说明学校采用这些方法如何能显著改进发展目标。“家校合作课堂”项目是由学区领导、教师、家长和学生共同制定的。结果证明上述项目在促进家庭参与、提高学生成绩和形成积极认知方面是有效的。

- “家校合作课堂（TIPS）”中的互动式家庭作业有效增加

了家长与学生的交流，可以提高家长围绕学生在学校里学到的有趣话题展开对话的积极性。本章还讨论了布置互动式家庭作业的十个目的，以及有效的互动作业的组成部分。

·“家校合作课堂（TIPS）”中还包括“社会与艺术志愿者活动”，即学校通过组织志愿者向学生展示和讲解与具体社会研究单元内容相关的艺术品，以此发展学生的艺术鉴赏能力和批判性思维。同时，这样的活动也可以增加家庭和社区参与学校教育的程度。

本章提供了包括小学、初中和高中年级的交互式家庭作业案例，以及一个关于社会研究和艺术课讲解的案例。

第九章：合作项目的评价。本章通过一篇介绍性文章对合作项目实施质量和结果的评价思路进行了大致分析。合作项目中的学区领导人和学校层面的行动团队都希望采用相对简单但有效的方法来评价他们的工作和进展。本章通过分享一些实际有用的指导方案、量表、问卷等工具性材料帮助相关人员对家庭和社区的参与进行评价，以此来回应上述要求。这些工具性材料清单包括：

（1）“学校、家庭和社区合作评价表”可以评价学校实施六类参与活动的成效，并了解面向所有家庭开展合作过程中存在的挑战。

（2）“合作项目年度评价报告”则有助于学校评价团队对整个学年实施的每一项合作参与活动的质量进行评价。

开始我们的行动

有人这样评价家、校、社的合作：这不是艰苦的工作，而是需要用心完成的事情。不是做多做少的事，而是必须做好的事。不能只是埋头苦干，而是需要灵活调动所有可用的资源促进学生的发展。教育工作者和家长都知道家庭和社区参与对学校教育的重要性。因此，我们在这本指南中展示了如何组织、建立和实施有效的合作。现在，通过研究，我们已经掌握了家、校、社合作的一整套方法，所有学校、学区和州教育管理部门都可以依此来规划、实施、评价和改进家庭和社区参与活动。现在是时候将理论与实践相结合了，让我们开始行动吧！

本章注释

①在本指南中，“家长”一词是指任何负责孩子学习和发展的人，以及与学校和教师有联系的人（例如，父母、祖父母、养父母、监护人或其他人）。

②这些发现在多年来的许多研究中得到了证实。参见 Epstein 和 Sheldon（2006）对合作项目发展的新方向进行了深入的讨论。另见 Epstein（2011），Epstein、Galindo 和 Sheldon（2011），Epstein 和 Sheldon（2016），Sheldon（2016）以及所有这些出版物的广泛参考文献中对研究结果的支持。

参考文献

[1] Epstein, J. L. (2011). School, family, and community partnerships: Preparing educators and improving schools. Boulder, CO: Westview Press.

[2] Epstein, J. L., Galindo, C. L., & Sheldon, S. B. (2011). Levels of leadership: Effects of district and school leaders on the quality of school programs of family and community involvement. Educational Administration

Quarterly, 47, 462–495.

[3] Epstein J. L., & Sheldon, S. B. (2006). Moving forward: Ideas for research on school, family, and community partnerships. In C. F. Conrad & R. Serlin (Eds.), SAGE handbook for research in education: Engaging ideas and enriching inquiry (pp. 117–137). Thousand Oaks, CA: Sage.

[4] Epstein, J. L., & Sheldon, S. B. (2016). Necessary but not sufficient: The role of policy for advancing programs of school, family, and community partnerships. Russell Sage Foundation Journal of the Social Sciences, 2(5), 202–219.

[5] Sheldon, S. B. (2016). Moving beyond monitoring: A district leadership approach to school, family, and community partnerships. In S. M. Sheridan & K. E. Moorman (Eds.), Family school partnerships in context (pp. 45–64). Cham, Switzerland: Springer International Publishing.

目 录

CONTENTS

第一章
综合性合作框架

本章主要内容包括三篇研究综述和相关实践方法，这些有助于学校、学区和州教育管理部门负责人建立的和维持良好的学校、家庭和社区合作机制，而强有力的家校社合作是优秀的学校组织、学区管理和州教育领导体系的一部分——这不是偶然的或听天由命的。组织良好的合作可以调动学校、家庭和社区的资源，帮助所有学生在学校发挥最大的潜能。

（1）第一篇研究综述是《学校、家庭和社区合作：关爱我们共同的孩子》。本文系统阐述了“交叠影响域理论”，并以此理论为视角解释了家庭、学校和社区在儿童学习和发展上的共同责任。通过研究，本文绘制了家庭和社区参与学校教育的六种类型参与的框架，且明确了每种类型要调动所有家庭参与所面临的问题和挑战，同时，也清晰阐述了那些得到精心设计和实施的合作项目将给学生、家长和教师带来怎样的预期效果。

本文概述并讨论了建立有效合作所需的基本结构和程序，这也是学校组织的重要组成部分。本文作者确定了八个基本要素，确保在学校、学区和州一级建立强有力和可持续的合作体系，而贯穿本文的各种指导方针和工具性材料可以帮助教育工作者将这些基本要素落到实处。例如，学校一级的关键组织就是合作行动小组（ATP）。这个小组管理委员会包括教师、管理人员、家长，以及共同规划、实施、评价并不断改进学校的家庭和社区参与项目的其他人。学区一级的关键因素是指定一个合作项目的领导者。这位“领导者”指导所有学校的合作行动小组不断改善对所有家庭的推广和促进所有学生的发展。有了这些关于合作的基础理论、基本结构和实用的工作程序，学校、学区和州一级负责人应该能够建立和落实目标导向的合作项目，从而促进学生的发展。

（2）第二篇文章是《学校－社区合作：小改变，大不同》。这篇文章总结了全面合作体系中学校与社区联系的研究成果。社区中的企业、组织、机构、其他团体和个人能够提供诸多资源和机会，以帮助改善学校建设，巩固家庭参与学校教育，并促进学生的发展。本文还分别提供了以学生为中心、以家庭为中心、以学校为中心、以社区为中心的“学校–社区合作”案例。

桑德斯的研究明确了支持学校和社区合作的四个因素：对学习的高投入、校长的支持、友好的氛围和合作双方的双向沟通与协商。文章还强调了反思和评价对于维持有效的社区合作的重要性。对提供全面服务的社区学校的研究发现，学校、家庭和社区的合作在提高学生学习，满足学生和家庭在健康、教育和娱乐需求方面具有重要作用。

（3）第三篇文章是《借助学校、家庭和社区合作改善学生成绩的研究综述》。本文总结了家庭和社区参与对学生学业和品行影响的研究，呈现了家庭参与学校教育对提高学前、小学和中学阶段学生阅读成绩的研究结果。本文还介绍了家庭参与对学生数学和科学能力、出勤率、品行和转学等方面的影响。

这篇文章总结了几十年来进行的100多项研究结果，以帮助教育工作者认识到，开展良好的合作与学校改善学生的目标是一致的。配合优秀的教师队伍和良好的学校管理，这种“目标导向”的家庭和社区参与体系对学生成长会产生一系列重要影响。

本书第一章中的三篇文章总结了支持教育工作者做出发展和维持学校、家庭和社区合作，进而促进学生在校的成长和发展的决定的相关理论基础。

1.1 学校、家庭和社区合作：关爱我们共同的孩子①

乔伊斯·L. 爱波斯坦（Joyce L. Epstein）

学校关心孩子的方式体现在学校关心孩子家庭的方式上。如果教育工作者仅仅把孩子看作学生，他们则很可能会把家庭和学校分开看待。也就是说，家庭应该为学生的发展尽好抚养的职责，而把孩子的教育交给学校。如果教育工作者将学生视为儿童，则很可能将家庭和社区视为学校在儿童教育和发展过程中的合作伙伴。当合作伙伴认识到他们对儿童有共同兴趣且能够承担责任，就会一起努力为学生创造更好的项目和机会。

强化学校、家庭和社区合作的理由有很多。如，合作可以改善学校氛围，强化学校和课堂项目，提供家庭服务和支持，提高家长的技能和领导能力，将家庭、学校与社区中的其他人联系起来，帮助教师理解和感恩家长，并支持教师的努力。然而，建立这种合作关系的主要目的是帮助所有青少年在学校和生活中取得成功，并充分发挥他们的潜力。当家长、老师、学生和其他人都将彼此视为教育中的伙伴时，一个围绕学生建立起来且充满关爱的共同体就开始形成并发挥作用。

成功的合作是什么样的？如何设计和实施有效的实践？在家庭、学校和社区三个重要的环境中，更好地沟通、互动和交流会产生什么样的结果？以关爱为核心理念，在学校、家庭和社区的合作中就形成了一个跨学科的研究领域。

美国联邦、州和地方政府已经加强了对这一领域的研究。自 20 世纪 80 年代末以来，在《初等和中等教育法案》第一章中，对家庭和社区参与的项目和实践制定了越来越具体的、基于研究的任务和指导方针。目前，《每个学生成功法案》（ESSA）也要求学校、学区和州采取行动发展以关于家长和家庭的参与的研究为基础的项目，以提高学生成绩和促进发展。要想获得联邦资金的支持，就必须满足上述指导方针才行。

同样值得关注的是，大多数州和学区都已经制定了相应的政策，指导学校从提高学生成绩的角度出发，与家长、家庭和社区建立合作关系。这些政策的出台和典型案例表明，家庭和社区的成功参与是可以实现的（Epstein，2005a，2007）。

然而，写在“纸上”的政策并不意味着它们已经得到贯彻实施。这些政策只能告诉教育工作者应该去做某事，而不是如何去做。许多学区和学校在努力改善学校其他方面的过程中，把合作关系放在了次要位置。这时，他们忽视了一项研究，该研究表明组织良好的家庭和社区参与项目有助于实现学校的改进和提高学生的学习（Bryk，Sebring，Allensworth，Luppescu，& Easton，2010；Epstein，2011；Epstein & Sheldon，2016）。

关于社会组织如何相互联系的理论，学校、家庭和社区为儿童学习开展合作的基本要素进行研究的框架，以及理解如何组织优秀项目的研究文献越来越多，都支持了所有这些政策、计划和实践。

本章总结了理论、框架和基于研究的指导方针，这些指导方针有助于幼儿园、小学、初中和高中，以及学区和州的教育领导者采取措施设计、实施和推进成功的合作项目。

1.1.1 认识理论模型："交叠影响域理论"

学校可以在家庭、学校和社区之间做出选择。他们可能只与家庭和社区进行少量的沟通与互动，使影响学生学习和发展的三个重要环境相对独立或割裂，或者，他们之间可能有许多高质量的沟通和互动，旨在使这三个影响因素更紧密地联系在一起。随着教育工作者、父母、其他家庭成员和社区伙伴之间的互动更加频繁，更多的学生能够从他们生活中的关键人物那里获得一些共同的信息，如关于学校和努力学习的重要性、创造性思考、互相帮助，并且继续留在学校。

交叠影响域理论的外部模型显示了学生学习和成长的三个主要环境——家庭、学校和社区，可能被聚集到一起，也可能被分开。该模型揭示了学校、家庭和社区独立产生影响的部分，以及一些相互联系产生影响的交叠部分。

交叠影响域理论的内部模型显示了那些发生在家庭、学校和社区中的个人之间复杂而重要的人际交往、合作的关系模式。这些社会关系可以在组织层面（例如，当学校邀请所有家庭参加活动或向所有家庭发送相同的信息）和个体层面（例如，当一位家长和一位教师在会议上见面，通过电子邮件或社交媒体联系，或通过电话交谈）被建立和研究。教育工作者或家长与社区团体、机构和服务者之间的联系可以在模型中以类似的方式表示和研究（Epstein，1987，1994，2011）。

学校、家庭和社区合作关系模型将学生置于中心位置。毫无疑问，学生就是他们自己教育活动中的主角。学校、家庭和社区的合作不能直接"培养"出成功的学生。相反，合作活动的目的可能是参与、引导、激励和鼓励学生发挥他们的能力并自己取得成功。如果孩子们在学生的角色中感受到关心和鼓励，他们就更有可能尽最大努力学习阅读、写作和计算，发展其他技能和才能，并留在学校。

有趣的是，研究和实践证实，学生是学校、家庭和社区合作成功的关键参与者（Cheung & Pomerantz，2012；Epstein，2011；McNeal，2014）。学生往往是父母了解学校的主要信息来源。在强关系模型中，教师帮助学生理解并与家人进行传统交流（例如，递送备忘录或成绩单，用家庭式语言解读信息）和新的交流（例如，与家人就家庭作业进行互动；使用电子邮件、学校网站和家长门户网站，或社交媒体平台获取有关学校项目和活动的信息；以及参与或领导家长会等）。

1.1.2 理论如何在实践中发挥作用

在一些学校里，仍然有教育工作者说："如果家庭能做好它的工作，我们就能做好我们的工作。"也仍然有一些家长说："我负责把孩子养大，你负责教育她。"毫无疑问，这些都是各自为政的观点。正如其他教育工作者所说："没有学生家庭的帮助和社区的支持，我无法完成我的工作。"还有一些家长也说："为了帮助我的孩子，我真的需要知道学校里发生了什么。"而这些都是交叠影响域理论的观点。

在合作过程中，教师和管理人员创建了"家庭式学校"。家庭式学校肯定每个孩子的个性，让每个孩子都感到特别、被重视、被包容。家庭式学校欢迎所有的家庭，而不仅仅是那些容易接触到的家庭。在合作过程中，家长创造了类似学校的家庭。学校式家庭认为每个孩子也是学生。父母和其他家庭成员强调教育、出勤、家庭作业和活动的重要性，这些活动可以培养学生的技能和成功感（Epstein，2011）。

社区和父母团体，一起创造了类似学校的环境、活动和项目，这可以强化、认可和奖励学生在学习、创造力、贡献和卓越方面的进步。社区还创造了类似家庭的环境、服务和活动，使家庭能够更好地支持他们的孩子。具有社区意识的学校、家庭和学生会帮助他们的社区和其他家庭。他们可能会开展服务学习活动、慈善活动和其他致力于解决问题的项目。

现在，提供全方位服务的社区学校作为学校、家庭和社区合作的一种综合方法，已经被广泛接受（Coalition for Community Schools，2017；Dryfoos & Maguire，2002；Moore & Emig，2014；Sanders，2016；见本指南第 1.2 节）。社区学校在普通学校正常上课之前、期间和之后为学生、家长和社区中的其他人提供课程和服务。

全面的、高质量的社区学校包括强大和可持续的学校、家庭和社区合作项目。像所有学校一样，社区学校必须确保每个年级的教师和家长为学生的成功进行沟通和合作。此外，社区学校可以提供课外活动、运动、健康诊所和就业培训，以及其他适合儿童和成人的服务。学校和社区谈论的项目和服务是服务于家庭的，这意味着它们考虑到了家庭生活的现实需要，且提供的服务是实际的，对所有家庭都是公平的，对所有伙伴都是负责任的，甚至是愉快的。

所有这些术语所表现的东西都与交叠影响域理论所揭示的一样，但它们不是抽象的概念。你很容易在日常对话、新闻报道和各种庆祝活动中发现它们的存在。在家庭式学校里，老师可能会说："我知道学生什么时候过得不好，也知道如何帮助他。"一个学生可能会口误，把老师叫作"妈妈"或"爸爸"，然后又尴尬又高兴地笑起来。在一个学校式家庭里，家长可能会说："我一定要让我女儿知道作业是第一位的。"孩子可能会在饭桌上举手发言，然后开玩笑说要表现得好像自己还在上学一样。当社区联系学生和他们的家庭时，年轻人可能会说："这个项目让我的学业变得有意义了！"家长或教育工作者可能会说："这个社区真的很重视孩子，支持他们的学校。"

当人们听到"家庭式学校"和"学校式家庭"的概念时，他们会想起有关学校、教师以及在社区那些“像家庭一样”的地方的积极经历。比如，学生可能会记得老师如何对他们进行个别关注，认识到他们的独特，或者鼓励他们克服挑战取得了真正的进步，老师的行为就像父母一样。当然，学生也可能会记得发生在家里，但感觉“就像在学校一样”的事情和经历，这些事情支持了他们作为学生的学习。此外，学生可能会记得一些社区活动，这些活动让他们对自己和家庭感觉很好。学生会记得父母、兄弟姐妹和其他家庭成员的参与且享受教育活动，并为他们所做的出色课业或家庭作业感到自豪，就像一名教师所做的那样。

1.1.3　合作在实践中如何运作

上述例子证明了学校、家庭和社区创造关爱教育环境的潜力和必要性。有可能存在这样的情况，就是某些学校在学业上很优秀，但却忽视了家庭的作用。虽然学校本身很不错，但这样的学校在老师、家长和孩子之间的合作上会出现障碍，影响学校生活和学习质量。相反，某些学校可能在学业成绩上不是很突出，但在家校合作方面，家庭参与度很高；可学校学业成绩不佳，学生的学习就会出现不足。毫无疑问，上文所述的这两类学校都没有体现出一种关怀的教育环境，即学校学业卓越、沟通良好，与家庭和社区互动富有成效。

事实上，有些孩子在没有太多家庭参与，或被家庭忽视或遭受痛苦的情况下，也能在学习上取得成功。但是，如果学校能够建立并实施相应支持项目，老师、亲戚和社区成员就可以为这些学生提供重要的指导和鼓励。当学生得到学校、家庭和社区的支持时，他们更有可能获得安全感和感受到被关心，以此帮助他们建立积极的学习态度和行为，并努力发挥出自己的全部潜力，如此，学生也就不会离开学校。

学校、家庭和社区之间的共同利益和共同投入创造了关怀的条件，这些条件也决定了学生成功的可能性（Boykin，2000）。

任何活动的设计与实施，都有可能好或不好。即使是开展不错的合作实践，也不一定对所有家庭或学生都有用。在一个充满关爱的学校社区，参与者都会努力改善合作的性质和效果。虽然教育工作者、家长、学生和社区成员之间的互动并不总是顺利和成功的，但这种合作为彼此相互尊重和信任奠定了基础。良好的合作关系鼓励质疑和辩论，并允许存在分歧，同时，也能够提供解决问题的框架和流程。这种良好的合作可以在冲突和分歧解决后得到继续发展，甚至强化。如果没有坚实的合作基础，那些在学校、学生之间肯定会出现的问题和令人担心的事情将更加难以解决。

1.1.4 相关研究的综述

在有关各级学校教师、家长和学生的调查、实验和其他实地研究中，我们总结出了一些重要的合作模式。

· 除非学校和教师共同努力在每个年级开展和实施适当的家庭、社区参与，否则，随着年级的增长，合作往往会减少。

· 除非在经济压力大的社区，学校和教师努力建立了与学生家庭的合作，否则，一般来说，富裕社区的家庭参与往往会更积极。

· 在经济压力大的社区，学校与家庭会因他们的孩子所面临的问题进行更多的接触，有更多关于他们的孩子所面临的问题和困难的交流，除非他们致力于发展平衡的合作关系，其中也包括与学生展开积极有效的接触。

· 单亲父母、在外打工的父母、住得离学校很远的父母、有着不同文化和语言背景的父母，通常而言，这些不容易接触到新技术的人很少参与到学校教育中来，除非学校为这些家庭在不同的时间和地点提供参与的机会，来支持学校和他们的孩子。否则，这些家长可能会像其他父母一样，把孩子关在家里。

来自美国和其他国家的研究人员从数百项研究中得出了如下关于家庭和社区参与学校教育的结论：

· 几乎所有的家庭都关心他们的孩子，希望他们孩子获得成功，并渴望从学校和社区获得更多的信息，期望在他们孩子的教育过程中保持良好的合作。

· 几乎所有的教师和管理人员都表示，他们希望让家庭参与到学校教育中来，但他们不知道如何建立积极和富有成效的合作，所以，他们害怕尝试。这种情况更像是一种"修辞陷阱"，即教育工作者一方面坚定地表示支持与家庭的合作，另一方面却不采取必要的行动。当教育工作者意识到家庭和社区的参与是优秀学校组织的重要组成部分，也是他们专业工作的一部分，并且看到了有可行性和积极的方式来开展这些工作时，这个"修辞陷阱"才算是被解决了。

· 几乎所有年级的学生都希望他们的家长成为一个知识渊博的教育伙伴，并愿意在协助家庭和学校之间的沟通方面发挥积极作用。然而，学生需要在如何与家人就学校活动、家庭作业、课外活动和学校决定进行重要交流方面得到指导和支持。

以上观点是30多年来诸多国家研究人员无数研究的成果。这些被证实的结果很重要，因为它们表明，充满关爱的社区可以被有意识地建立起来，以使那些自己不主动参与的家庭也能参与进来。这些研究通过他们自己的报告和调查反馈证实，几乎所有的家长、教师、学生和管理人员都认为，多方合作对于帮助各个年级的学生取得成功都很重要。

1.1.5 六种类型参与——六种类型的关怀

基于研究人员、教育工作者和家庭在中小学（幼儿园）开展的多年实地研究结果制定了一种包括六种主要类型的参与框架。该框架（见表 1–1–1、表 1–1–2 和表 1–1–3）可以帮助教育工作者制定更全面的学校、家庭和社区合作项目，还可以帮助研究人员精准定位问题和结果，从而扩展知识库，为实践提供信息并改进实践（Epstein，1995，2011）。

简而言之，这六种类型参与分别是：（1）抚养教育——帮助所有家庭为孩子建立支持性的家庭环境，并帮助学校了解其家庭；（2）沟通交流——通过各种方式方法就学校课程和儿童发展，开展家校间的双向交流；（3）志愿服务——为学校、家庭或其他地方开展的活动招募和组织家长提供志愿服务，包括担任学生活动的观众；（4）在家学习——向家庭提供如何帮助学生完成家庭作业和其他课程相关材料的信息和想法；（5）制定决策——让家庭成员担任学校委员会的代表和领导人，并在学校决策中为自己的孩子和其他孩子发声；（6）社区合作——甄别和整合来自社区的资源和服务，以加强学校工作，使学生能够为社区服务。

每种类型参与包括许多不同的合作模式（见表 1–1–1）。每一种类型都提出了必须解决的特殊挑战，以使所有家庭都参与进来，并需要重新定义参与的一些基本原则（见表 1–1–2）。最后，每种类型都可能对学生、家长、教学实践和学校氛围产生不同的结果（见表 1–1–3）。学校必须选择或设计参与活动，以帮助学生获得成功，创造一个良好的合作氛围。

1.1.6 绘制工作路线图

表格中的条目是说明性的。表 1–1–1 中的实践案例是数百个活动中的几个，这些活动可以针对每种类型参与实施。虽然所有学校都可以使用六种类型参与框架作为指导，但每所学校都必须根据所选择的实践类型制定自己的课程，以满足其家庭的需要和学生的目标。

表 1–1–2 中的挑战是每种类型参与的众多实践案例中的一小部分。当然，每个程序（项目）的开发都会遇到“挑战或问题”。这些问题必须得到解决，以可行和有用的方式联系到所有家庭并使其参与进来。通常，解决了一个挑战后，又会出现一个新的挑战。这就是教育和学校改进的本质。

表 1–1–2 中的重新定义将人们对常识的理解转向了新的方向，这样一来，人们的合作就不只是通过“空间里的身体接触”来衡量了。例如，该表要求改变我们如何定义和组织培训、交流、志愿者、家庭作业、决策以及与社区的联系。通过重新定义这些术语，人们有可能重新设计活动，让更多不同的家庭——实际上是所有家庭——参与到孩子的教育中来。

表 1–1–3 中选定的结果应该有助于纠正那些普遍存在的误解，即任何涉及家庭的实践案例都将提高儿童的测试成绩分数。相反，我们可以看到，某些做法比其他做法更有可能影响学生在学校的态度、出勤率和行为，而随着时间的推移，其他做法则会影响学生的技能、考试分数和其他成就。

虽然学生是学校、家庭和社区合作的主要焦点，但本研究所言的六种类型参与也会对家长和教师产生重要的影响。例如，对家长预期的影响包括对抚养教育的信心，与孩子特定学科或课程相关的、积极的互动，决策方面的领导能力，以及在学校、社区和通过社交媒体与其他家长和老师的互动。

对教师的预期影响包括改善“家长－教师”和“家长－教师－学生”会议，以及更清晰的“学校－家庭”和“家庭－学校”的双向沟通。此外，合作可以增加教师对学生家庭的了解，改进教师的作业方法，并促进与家庭与社区之间建立更有成效的联系，这有助于学生在学校取得成功。

表 1–1–3 所呈现的结果已得到相关研究评测和报告，并在学校开展合作工作时被反复观察。这些结论表达得都非常正面，体现了良好的设计和实施所取得的成果。然而，应该理解的是，如果设计不良的做法而将家庭排除在外或对沟通和交流造成障碍，结果可能是负面的。

依然需要对不同学区和不同社区开展的针对不同年级、不同学生、家庭和教师群体的合作结果进行更多的研究。而且，必须确认、扩展或修正表 1–1–3 所列的结果，以帮助学校有目的地选择家庭和社区参与的活动，从而产生预期的结果。

六种类型参与的框架是一种类型划分，而不是一种层次结构。类型 1 和类型 6 一样重要，反之亦然。没有所谓的“纯粹的”类型，这意味着一些家庭和社区的参与活动包含了不止一种类型的设计、实施和结果。例如，家长和其他志愿者可以组织和开展一个服装交换商店（类型 3），欢迎社区企业捐赠资金或新衣服（类型 6），结果就是家长可以免费获得校服或儿童服装（类型 1）。

另一个例子，课后项目可以由家长和社区志愿者与城镇公园和娱乐部门一起设计和实施，结合类型 3 和类型 6。这类课后项目也会产生类型 1 的结果，因为它帮助家庭在一个安全和有意义的地方监督他们的孩子。该项目还可能改变学生与家长在家庭作业中的互动方式（类型 4）。这三个表格展示了六种类型参与如何帮助教育者和家长思考合作的设计和目标、如何实施以及达成的效果。

类型划分是以研究为基础的。它通过分析教师和学校 ATP 报告（Administration transfer of public schools）数百个合作项目的数据建立起来。这三个表格清楚地显示了每种类型参与包括怎样不同的实践，产生怎样不同的挑战，并带来怎样不同的结果。在规划和改进家庭和社区参与的学校项目时，这个框架比有限的分类（例如，家庭参与、学校参与）更有用。很明显，一些活动可能会在多个地点进行，而社区也是教育的合作伙伴。

这三个表格表明，随着时间的推移，家庭和社区的参与可能有助于提高学生的学习效率和成功率。例如，家庭参与孩子的阅读可能会提高学生的阅读兴趣。积极进取的学生可能会在课堂上增加对阅读指导的关注，这可能会帮助他们提高阅读技能和成绩。随着时间的推移，良好的课堂阅读指导与家庭对阅读的持续支持相结合，将提高学生的信心，并最终提高阅读成绩。

在学校举办家庭阅读之夜，为家庭提供鼓励孩子在家阅读的想法，可以促进学生提高阅读成绩，但学生成绩变化将因为与学校和家庭阅读相关活动的质量和数量的不同而有所不同。学生的发展结果取决于他们对阅读的热爱、为乐趣而阅读，以及在课堂上接受阅读指导的程度。这个过程不像魔法那样会产生立竿见影的效果，但它反映了良好合作关系的本质，即调动所有资源，支持学生在学校取得成功。

表 1-1-1　六种类型参与的理论框架及其实践示例（Epstein）

类型 1 抚养教育	类型 2 沟通交流	类型 3 志愿服务
帮助所有家庭为孩子建立支持性的家庭环境，并帮助学校了解其家庭	针对学校教育和孩子的发展构建有效的“家校沟通”方式	组织家长为学校和学生提供志愿服务
实践示例（仅列举）		
①提供学习条件：如培训、多媒体、计算机和手机信息、APP、其他社会媒介，以及对应不同年龄和层次的抚养资源。 ②家庭医疗、食物，以及其他方面的帮助。 ③家访、邻里聚会，或者拜访新学校时的欢迎仪式，以上这些都有助于学校了解家庭对他们孩子有什么样的期待。 ④家长课程或培训（例如：GED、大学学分、家庭图书馆、父母领导力）。	①每年至少与家长会面一次，必要时持续跟进。 ②必要时为家庭提供语言翻译支持。 ③学校周刊信息，可以发布在网络上或以电子通知、备忘录的形式通知家长。 ④学校月度信息可以以纸质或电子家庭作业的形式发送给家长们审阅。 ⑤将学校有关择校、选课、活动项目等的信息清楚告知相关人员。 ⑥将所有涉及学校政策制度、项目、改革和转型发展的信息清楚告知相关人员。 ⑦有关家长会的、网络信息安全的，以及预防校园霸凌的相关信息及时告知。	①通过校园志愿服务项目为教师、管理人员、学生和其他家长提供帮助。 ②通过邮卡开展年度调查，清楚掌握志愿者所能提供的服务特长、时间和具体地点。 ③通过家长电话簿、网络记录，或者其他的结构方式向所有家庭提供所需要的信息。 ④利用家长巡逻或其他形式活动为学校提供安保支持。 ⑤利用穿孔卡或其他电子记录表，记录家长作为观众出席学生演讲活动或其他重大活动的次数。 ⑥设置一间办公室，作为家长志愿者办公、开会或存放相关资料的地方。

续表

类型 4 在家学习	类型 5 制定决策	类型 6 社区合作
向家庭提供如何帮助学生完成家庭作业和其他课程相关材料的信息和想法	让家长担任学校委员会的代表和领导人，参与学校决策，代表所有家长发声	甄别和整合来自社区的资源和服务，以加强学校工作，使学生能够为社区服务
实践示例（仅列举）		
①告知家长每个年级的学生需要掌握的知识与技能要求。 ②明确家庭作业的要求，以及家长如何监督子女的家庭作业和参与讨论。 ③告诉家长如何帮助学生提高各科学习，以达到学校对学习的要求。 ④设置专门的作业，要求学生定期与家长交流他们课堂上学习的内容。 ⑤家长与学生一起按照信用社会的要求制定学习和品行成长的目标，并制定自身的大学规划和职业生涯规划。 ⑥学校举办家长一起参与其中的数学、科学和阅读活动。 ⑦举办暑期夏令营。 ⑧制定在家学习的日历或周历。	①设立合作行动小组（ATP）或其他的家长组织或委员会（例如可以围绕学校课程、安保等），以便发挥家长领导或参与作用。 ②独立设置相关顾问团体，让他们为学校的改革与发展服务。 ③设置家长接待室，方便学校教师了解班级学生的家庭。 ④构建网络或家庭信息网络将所有家庭与家长代表们联系在一起。 ⑤成立学区一级的议会或委员会，鼓励家庭和社区参与学校教育。	①将社区里的卫生健康、文化、娱乐、社会支持、其他项目或服务等信息告知学生和家长。 ②将与学生学习和特长相关的社区活动，包括暑期活动信息告知学生。 ③鼓励学生、家长和学校为社区提供服务，例如开展旧物回收，举办音乐或戏剧等艺术相关活动。 ④组织校友参加活动，为学生提供大学规划和职业生涯规划方面的指导。 ⑤通过参加学校教育合作将各类服务资源整合在一起，包括市政、咨询、文化、卫生健康、娱乐等方面的机构，以及包括企业在内的其他组织机构。

表 1-1-2 六种类型参与过程中面临的困难、挑战及其概念界定

类型 1 抚养教育	类型 2 沟通交流	类型 3 志愿服务
面临的困难与挑战		
①如何向所有想要和需要相关信息的家庭提供信息，而不仅是那些已经来参加培训或会议的家庭。 ②如何让家长愿意与学校分享自己家庭文化、背景，以及孩子自身的特长、发展目标和需求。 ③如何确保学校提供给家庭的信息是清晰且适用的，尤其是与学生在学校的发展紧密相关的。	①如何完善像留言簿、通知、纸质的和电子形式交流工具的可读性、清晰性，以及适用频率。 ②如何关注到那些在英语口语和阅读方面都不佳的家长。 ③如何重视沟通交流的质量（如做好各种会议、通信或电子信息、成绩报告单或其他交流形式的目录、内容）。 ④如何使用传统和新潮的社会媒介建立清晰的家校双向沟通渠道。	①如何广泛地招募家长志愿者，并让他们知道学校欢迎所有家长来贡献时间和才艺。 ②如何安排灵活的志愿者服务计划，协调重大活动的时间，确保那些上班的家长也能参加。 ③如何组织志愿者服务工作，提供相应培训，将家长的才艺和时间与学校师生的需求相匹配，表彰那些服务取得积极效果的志愿者。 ④如何通知家长当学校有重大活动、赛事、演讲活动需要观众时提供志愿服务。
相关概念界定		
“培训”不仅仅针对某个主题在学校组织的一场会议，还包括以多种形式让那些没有参会的人也能轻松听到、看到或读到会议的内容。	“关于学校活动和学生发展的沟通”可以是双方的，也可以是三方的，甚至是多方的，旨在将学校、家庭、学生和社区紧密联系在一起。	“志愿者”指那些以任何方式，在任何地点和任何时间为学校活动和学生活动提供支持的人，而不仅仅指那些在教学工作日来学校的人。同时，也包括那些在校学生重要节日、运动会、相关活动和演讲会上当观众的人。

续表

类型 4 在家学习	类型 5 制定决策	类型 6 社区合作
面临的困难与挑战		
①如何设计和组织好定期的互动式家庭作业（每周或每两周一次），让学生有机会在家里讨论在学校学到的重要内容，也有助于促进家长关注孩子在学校的所学内容。 ②如何让家长参与到学生校内重大课程决策中来，如选课等。 ③如何将高中毕业所需学分、学生当前已修学分和如何步入大学教育阶段等信息及时告知家长和学生。	①如何保障来自不同种族、不同民族、不同社会地位和其他类别群体的家长担任学校委员会领导职务。 ②如何为担任领导职务的家长提供培训，确保他们能够有效履职，帮助他们与其他家长保持信息的及时交流。 ③如何让学生与家长一起参与到学校决策的过程中来。	①如何解决合作过程中责任分工、经费支持、人员配置和场地使用问题。 ②如何将社区开展的各类活动，如答疑、学习辅导和商业合作等信息告知家长。 ③如何保障广大学生和家长平等参与社区组织的相关活动并得到相应的服务，包括但不限于暑期项目（夏令营、艺术类活动、音乐活动，其他特长才艺类活动）。 ④如何把社区兼职工作与高中生的发展和学校发展目标相结合。
相关概念界定		
①“家庭作业”不仅仅是需要学生独立完成课程作业，也包括与家庭成员或社区伙伴的互动活动，有助于将学习与实际生活相联系。 ②家庭提供的“帮助”，在形式上包括：鼓励、倾听、反馈、表扬、引导、监督和讨论，而非指针对课程的“教学”。	①“制定决策”是指成员之间为实现共同的目标而相互合作、观点碰撞、行动协同的过程，绝不是一个权力（利益）斗争的过程。 ②“家长代表”是指那些能够得到其他家长支持，且能够与家长们相互沟通交流的人。	①“社区”不仅是学生家庭或就读学校的所在地，还包括那些对学生学习和发展产生影响的所有街坊邻居。 ②社区等级划分不能仅仅依据社会经济水平的高低，还应看社区能给学生、家庭和学校的支持能力和力度。 ③“社区”也包括那些关注教育质量的人，不仅是学校学生背后的家长们。

表 1-1-3 六种类型参与行为对学生、家长和教师的预期影响

类型 1 抚养教育	类型 2 沟通交流	类型 3 志愿服务
对学生的影响		
①意识到家庭对自己的监督作用。 ②意识到家庭对个人品质、行为习惯、信念和价值观培养的积极影响。 ③合理分配花在琐事、其他活动和家庭作业上时间。 ④提高出勤率。 ⑤认识到教育的重要性。	①意识到自己的进步和保持成绩需要不断努力。 ②理解学校出台的有关学生品行、出勤和其他方面行为规范的相关制度。 ③在选课和选择活动时慎重决定。 ④意识到自己在家校社合作过程中的中介作用。	①通过志愿者的辅导和帮助提高自身的学习能力。 ②意识到家长和志愿者们具备诸多的技能、才艺，其职业也是多样化的，且他们的志愿服务可以为学生的发展做出贡献。 ③学会与成年人沟通。
对家长的影响		
①伴随孩子的学习成长，家长会越来越明白如何养育孩子，理解青少年的成长，也懂得如何通过改变家庭环境促进孩子的学习。身处其中，家长也越发自信。 ②意识到自己和其他家长在养育孩子过程中所面临的困难和挑战。 ③感受到来自学校和其他家长的支持。	①理解学校相关活动和政策制度 ②关注学生的学习过程。 ③有效回应学生遇到的和出现的问题 ④与教师保持沟通，并让家长与教师和学校的沟通变得轻松简单。	①理解教师的工作，并能在家里效仿学校开展工作。 ②自信自己有能力与孩子一起在学校工作。 ③意识到学校是欢迎和重视家庭所起的作用的。 ④立志改善我们的教育。 ⑤掌握志愿工作的特殊技能。

续表

对教师的影响		
①了解学生家庭的背景、文化，对子女的关注点，以及其对子女的期望和需求；同时，了解家长如何看待自己的孩子。 ②认可家庭的力量和努力。 ③了解学生的多样性。 ④意识到自己有能力与他人分享有关儿童和青少年发展的知识。	①提高认知并能够以多样化的工具与家庭进行沟通，并意识到自己有清晰交流的能力。 ②意识到并使用家长网络进行沟通。 ③能够征求和理解家长对子女教育教学和教育过程的观点。	①意识到家长的才干，并了解家长对学校和学生的关注点所在。 ②在志愿者的帮助下，给予学生更多的关注。 ③穷尽办法让更多的家庭参与到学校教育中来，包括那些未曾到学校当志愿者的家庭。
类型 4 **在家学习**	**类型 5** **制定决策**	**类型 6** **社区合作**
对学生的影响		
①通过家庭作业和课堂学习在技能、能力和学习成绩上获得成长。 ②提高家庭作业的完成度。 ③培养学生对学校功课的积极态度。 ④将父母当作教师，将家庭视为学校。 ⑤作为学习者，对自己的能力有精准定位。	①意识到家庭在学校决策中的代表作用。 ②明白学生的权利是受到保护的。 ③学生能够感受到家长参与学校决策所带来的切实好处。	①通过丰富的课程学习和课外学习不断提高自己的技能和能力。 ②意识到自己未来的教育和工作充满各种机会。 ③学生通过与社区里的紧密联系，可以从社区各种活动项目、服务、资源和机会等方面受益。

续表

对家长的影响		
①每个学年，家长都知道如何给予学生鼓励和帮助。 ②与孩子一起讨论学校和家庭作业。 ③了解孩子所在学校的教学大纲和每门课程的学习内容。 ④欣赏教师的技能和努力。 ⑤意识到并能为孩子的学生身份感到自豪。	①为影响孩子的教育制定相应政策。 ②意识到家长在学校决策过程中的话语权或影响力。 ③与其他家庭分享经验并建立联系。 ④了解学校、学区和州教育管理机构的政策。 ⑤形成学校主人翁意识。 ⑥能够在委员会中发挥领导作用。	①认识并利用当地的资源来提升自身的能力，或者获得想要的服务。 ②通过社区的活动与其他家庭产生互动。 ③意识到学校对社区的作用和社区对学校的贡献。
对教师的影响		
①为实现专门的目的，优化家庭作业的设计和评价。 ②珍惜家庭时光。 ③承认无论是单亲家庭，还是双亲家庭，抑或是没有经过正规教育的家庭同样能对学生教育起到激励的作用。 ④对家庭的参与和支持表示满意。	①在学校决策制定过程中要注意家长的观点。 ②对委员会的家庭代表和领导人一视同仁。	①意识到社区资源可以丰富学校课程和教学。 ②乐意利用导师、商业合作伙伴、社区志愿者和其他愿意向学生提供帮助和推进教学的人。 ③学会向那些需要帮助的孩子和家庭提供必要服务。

1.1.7　公平有效的合作机制必备的八个基本要素

六种类型参与的框架指导学校思考如何让家长和社区伙伴以不同的方式和在不同的地方参与到合作中来。在学校、家庭和社区开展的活动可能有助于改善学校氛围，支持学生在学业和行为上取得成功。该理论框架只有当它成为一个良好的合作体系中的一部分时才有用。经过30多年的研究，我们确定了学校、学区、组织和州一级科学合作体系的八个基本要素：领导人、团队合作、合作方案、方案实施、评价、充足的资金、学校支持和网络化。在这里，我们将总结这些基本要素，之后在本指南的各个章节中对它们还会有详细讨论。

（1）领导人：学校、学区和州一级的教育负责人才能决定是否采取行动，以及怎样采取行动改善学校、家庭和社区的合作。研究证实，校长对于学校建立和维持家庭和社区参与目标相关的项目和实践至关重要（Sanders，2014；Sanders & Sheldon，2009；Sheldon & Van Voorhis，2004）。强有力的校长支持可以让学校的合作行动小组（ATP）将家庭和社区参与的目标和计划付诸行动。学区一级的领导可以鼓励和支持学区内所有学校的校长不断改进他们的合作体系（Sheldon，2016）。（见第三章校长的角色和第七章学区和州领导人的角色。）

（2）团队合作：学校层面的团队合作可以保证学生不会只“听从”父母的要求。相反，他会受到包括教师、家长、管理人员、社区合作伙伴、学生，以及共同努力促进其发展的所有教育者的影响，并接受他们的指导。运转良好合作行动小组能确保在选择和实施参与活动时就考虑到所有成员的想法。团队成员还能够接触到不同的教育工作者和家长群体，以支持和参与合作活动。团队合作在教育者与家长之间建立信任和尊重，这是开展和维持合作关系所必需的。（关于团队合作的细节，请参见第三章。）

（3）合作方案：制定好的合作方案将家庭参与的希望转化为实际行动。大多数学校在其学校改进计划中为学生的学习和行为规定了明确的目标，但他们需要一个详细的行动方案，以确定家庭和社区如何参与合作，以及如何帮助学生实现合力教育所能产生的那些美好愿景。一份好的行动方案应该包括衡量学生成功的目标、具体的参与活动、期望的结果，以及评价结果的措施，还应列出活动安排的日期、参与的类型、开展活动所需的准备工作、负责实施活动的人员、所需的资金或资源，以及其他重要的细节。（参见第四章为合作制定目标相关行动方案的指导方针。参见第五、六和八章中与小学、初中和高中阶段目标相关活动的例子。）

（4）方案实施：实施才能使合作方案成为现实。教育工作者都知道，当要改善学校时，“行动才是一切”。除非得到有效实施或执行，否则再好的计划和再具有创造性的实践想法也不会有任何价值。基于每个人的才能、兴趣和时间，在参与计划实施过程中，ATP 成员会分享权力共同领导实施。随着时间的推移，ATP 成员对实施计划或参与活动会有新的认识，认知的改善可以帮助他们与所有家庭建立联系，同时促进他们开展有利于学生发展的活动。例如，学校通过多种技术（如书面、电子邮件、学校家长门户网站和其他渠道）与家长进行沟通，提高了项目活动实施的质量（Olmstead，2013；Williams，2015）。在合作中，学区一级的领导人可以支持学校团队成员，帮助他们成功地实施活动，从而通过参加有意义的活动接触所有家长。（参见第二章学校实施行动的例子，见第七章学区在促进学校实施计划方面的作用。）

（5）评价：评价包括对每项活动实施后的质量和达成度进行评价，并在每学年结束时对整个项目的质量进行评价。于学校层面而言，ATP 可能会评价团队合作的程度和效果，还包括评价校长的支持力度、所在学区的援助力度、家庭和社区合作的拓展程度、外展服务的回应效度、对学生成长的影响。与此同时，还应制定下一年行动方案。在学区层面，对于合作项目的负责人，ATP 可以评价他们对学校团队的促进程度和质量，评价所在学区大学提供的支持，评价他们如何克服困难将合作覆盖到所有家庭，以及他们采取下一步措施来持续改进。（评价合作项目和成果的指导方针见第九章。）

（6）充足的资金：无论是开展计划中的活动，还是改善对家长的接触，都需要足够的资金保障。必要的紧缩性财政预算有助于每所学校建立和完善有效且公平的合作体系。大多数学校和学区都有“一号标题法案”①和其他联邦、州和地方提供的充足的基金来实施一个计划周密、目标明确的学校、家庭和社区合作项目。（见第七章对成本和资金来源的预算。）

（7）学校支持：当得到来自教师、行政人员、家庭、学区领导人和社区的支持时，学校的合作行动小组（ATP）意识到他们的工作是受到其他人肯定的，同时，他们也会认识到家庭和社区的参与是学生发展的核心。强有力的支持能够促进项目的持续改进。学区层面的团队支持，有助于整个学区所有学校间形成“合作文化”。在所有情况下，团队支持是必需的，它可以证明把钱和时间用在加强家庭、学校和社区之间的合作以促进所有学生的发展是合理的。

（8）网络化：对于学校合作行动小组来说，与同行建立联系可能是学习开发合作项目新方法的最好途径。当各校合作行动小组之间的联系形成网络化之后，将更有利于校内或校外教师相互分享好的想法，明确问题，并提出解决方案（McKay，2017）。人们为什么专注

① 1965 年美国联邦政府颁布的《初等和中等教育法案》（Elementary and Secondary Education Act，简称 ESEA）中的第一部分“提高处境不利者的学业成就的一号标题法案”，故简称“Title I”。——译者注

于改善课堂教学？其背后的原因同样也适用于改善学校内部和学区内部的联系和交流，二者本质上是一致的。国家层面和国际层面的合作可以为合作项目的实施提供专业发展、技术支持、经验分享，以及参与研究的机会（Epstein，Jung，& Sheldon，in press；还可参见 www.partnershipschools.org）。

在学校层面，研究表明，当教育工作者和家长建立各种合作行动小组，并使用本指南中的指导方针时，学校可以有效强化科学公平的合作体系所需的八个基本要素（Epstein，2011；Hutchins & Sheldon，2013；Sanders，1999，2001；Sanders & Lewis，2005；Sanders，Sheldon，& Epstein，2006；Sanders & Simon，2002；Sheldon，2005；Sheldon & Van Voorhis，2004）。

研究表明，在学区层面，当学区合作体系负责人按照本指南的指导方针开展工作时，他们更有可能领导学区层面的合作项目，也更有可能被学区和学校同事看成协同合作方面的专家，并能帮助更多的学校开展成功的合作项目（Epstein，Galindo，and Sheldon，2011；Epstein & Sheldon，2016）。

在学校、学区和州级层面，相关负责人必须具有将家庭和社区参与的政策和优先事项付诸实践的意愿。如果校长想要建立一所受欢迎的合作学校，就应按照以下步骤实施。如果学区负责人想要在本学区学校中建立一种“合作文化”，那么学区内的学校就有可能在此方面采取迅速且肉眼可见的行动。如果州教育负责人愿意主动引导所有学区制定有关家庭和社区参与学校合作的政策，那么州的政策将从理论变成现实。

1.1.8 如何改善合作机制

数百所学校和学区负责人一直致力于通过改善前文提到的八个基本要素来优化他们的合作机制。已有经验表明，不断改进高质量合作机制具有三个特征：持续进步、与课程的联系，以及持续的专业发展和技术支持。

（1）合作体系的渐进式发展

建立一个有效的合作体系是一个过程，而不是一个单一的事件。我们应该清楚，并不是所有合作项目一开始就能成功地吸引所有家庭的参与。如果我们可以对这些项目做到计划缜密、活动目标明确、实施到位，并能定期开展年度评价来予以完善，那就可以提高面向家长和社区的推广质量，吸引家长和社区的加入，促进学校学生的表现。已有研究表明，当学校和学区有意开展合作时，他们的合作质量就会逐年提高（Ames & Sheldon，2017；Epstein & Hine，2017）。

当然，我们也需要注意，并不是所有的学生在家庭参与他们的教育后，其学习态度或成绩都会立即得到改善。众所周知，学生的学习成绩还取决于高质量的课程、有趣又适宜的教学、学习动机的强度，以及学生课程的完成度。相关研究表明，家庭和社区参与学校教育，其部分影响（例如，出勤率和学习行为的改善）可能在短期内出现；部分结果（如成绩）则需要更长的时间才能显现（Epstein & Sheldon，2016；Jung & Sheldon，2015；McNeal，2014；Sheldon，2003，2007b）（学生家庭参与的预期结果简介见后文 1.3）当更多不同的家庭参与到学校教育中来时，更多的学生就能在学校和家庭中得到家校合作的益处，假以时日，越来越多的学生会受此影响，学习会越来越好。

（2）与课程改革的联系

促进学生的学习和发展是学校、家庭和社区合作的重点，故任何形式的合作都应与学校其他改革措施相匹配，其中就包括学校课程和教学改革（Bryk，Sebring，Luppescu，& Easton，2010；Bryk，Gomez，Grunow，& LeMahieu，2015）。例如，帮助家庭理解和监督学生的家庭作业，并与学生互动，这是教师课堂教学的一种延伸。而家长和社区志愿者开拓学生技能、才能和兴趣，则是学生课堂学习的一种延伸。改进“家长－教师－学生”交流形式、帮助学生依据学习目标设定活动内容和方式是课程改革的重要方面。综上所述，家庭和社区参与学校活动、干预学生家庭作业、为学生学习充当志愿者和导师、精心设计“家长－教师－学生”交流形式，以及许多其他的活动，都是课程和教学改革的基本组成部分。

当前，将家庭和社区教育直接纳入学校发展计划已经成为教育合作的新趋势。ATP 可以将年度合作计划作为附件直接纳入学校发展计划当中（例如，附录 A）。这种有针对性的改变将学校、家庭和社区合作视为学校学生学习和发展计划的核心构成，而不再是可有可无的。

（3）重新定义专业发展和共同领导

本指南后文介绍了相关培训，如为期 1 天的 ATP 团队培训（见第四章和第五章）的开展让我们对“专业发展”有了新的认识，这种新认识适用于整个团队。因为在这个培训活动上，老师、管理人员、家长和其他合作伙伴作为一个团队一起参加培训，并以一个团队的形式共同开展合作计划的制定、实施和评价等相关实践活动。如果要发挥好合作行动小组（ATP）的作用，不能仅靠教师接受几次在职教育，还需要对教育者和家长的能力进行长期培训，以此组织和开展有效的合作活动。

如希望家庭和社区参与学校教育变得有效，就需要对“共同领导”

概念进行重新认识，这是教育管理中的一个重要概念。通常，这一术语意味着教师在改善学校组织、课程和教学的过程中，将与校长、专家分享领导权，形成“共同领导”机制。在构建有效的合作体系背景下，“共同领导”也意味着合作行动小组中的所有成员将共同努力，开发、实施、评价和持续改进家校社区合作项目与实践。

如果我们认同并使用上文的“专业发展”和“共同领导”的拓展定义，那么教师、管理人员、家长和合作行动小组的其他人员可以成为他们学校、家庭和社区参与合作方面的专家。与此同时，学区领导人可以成为他们所在学区的合作专家和关键组织人，以帮助所有学校团队围绕合作不断改进实践计划。如此，学区和学校就可能有资格获得联邦、州和地方的资金，用以帮助学校的发展。

（4）职前教育

如果教育工作者来到他们的岗位之前，就已经具备与家庭和社区开展有效合作的能力，那么在任意学区和学校开展合作活动都会更容易。职前教师教育、继续教育和高级学位项目都需要开设大学课程，其中也包括教育工作者专业工作中有关合作方面的知识。当今，大多数教师、校长、辅导员和学区领导在开展这项“专业化或职业化”的工作前，对家庭背景、关怀的概念、六种类型参与框架或合作开发都一无所知。同样，大多数校长和学区领导人也没有准备好如何指导学校团队发展、如何评价和维持有效的合作。

对那些承担培养未来教师、管理人员和其他从事儿童和家庭工作的人才的大学和教育部门而言，他们应该确定开设哪些课程以保证学生可以学习合作相关的理论、相关研究、政策和工作思想，或者在哪些地方可以通过补学这些主题，以便更好地为他们的专业工作做准备（Chavkin & Williams，1988；Christenson & Conoley，1992；De Bruine，Willemse，D'Haem，et al.，2015；Epstein，2011；Epstein &

Sanders，2000，2006；Epstein & Sheldon，2006；Hinz，Clarke，& Nathan，1992；Quezada，2013；Swap，1993）。

（5）在职教育

因为大学课程缺乏有关合作的职前培训和高级课程，这使得在职教育变得更加重要。当然，即使向所有未来的教师和管理人员提供职前培训和高级课程，每个学校的合作行动小组仍然需要接受有针对性的团队培训，以此帮助他们能够根据教师、家庭和学生的需求和目标量身定制合作方案。此外，学区领导人也需要在职培训，以便与所在学区的学校团队合作。

需要强调的是，本指南主要是为学校团队和学区领导人的在职教育而设计的，一些教授，也使用本指南作为正在攻读硕士学位但同时在进行全职教学的研究生的教材。对于这些学生来说，合作项目的发展成为他们自己学校行动研究的重点，然后他们会在大学课堂上进行讨论。

家庭和社区参与的合作项目因校而异，看起来都不一样。各个学校必须根据学校的目标、家庭的需要和兴趣，以及学生的年龄和年级水平来调整他们的做法。尽管在重要方面各不相同，但所有有效的项目都以这八个基本要素为特征。强力支持的领导、运作良好的团队，有良好的计划、专注的行动、学校的支持、充足的资金、建立网络和学习的机会，将让学校、家庭和社区的合作更全面、更协调、更有目标。高质量的合作有助于营造良好的学校氛围，让所有家庭参与其中，并帮助学生实现学习目标（Epstein，2007；Epstein，Galindo，& Sheldon，2011）。

1.1.9 关爱的核心

合作是指父母、教师和社区共同承担责任，帮助学生在学校内外取得成功。这种共同的工作就是关爱。你会发现有意思的是，下文所讲的“关爱”及其同义词与本指南列举的六种类型参与行为的内涵是一致的。

第一种——抚养教育：支持、培养、关爱、理解和抚养孩子。

第二种——沟通交流：联系、回顾和联络。

第三种——志愿服务：监督、建议、给予和培养。

第四种——在家学习：管理、认识、互动、丰富和奖励。

第五种——制定决策：贡献、考虑、参与和判断。

第六种——社区合作：合作、协助、发展、解决问题和分享。

在上述这些有用的同义词背后，有两个词是“关爱”的核心组成部分：信任和尊重。当然，上文列出的所有词语互相之间都是相关联的。但令人惊讶的是，“关爱”一词的所有内涵都与六种类型参与行为活动息息相关。更令人惊讶的是，“关爱”的每一个同义词对老师、父母和孩子都具有实质性意义。综上所述，这种关联性揭示了合作在儿童教育过程中的深层次联系。如果六种类型的参与行为都能在学校合作中有效开展，那么这些“关爱”行为都将被激活，这对孩子的学习和发展将是莫大的帮助。

本节小结

尽管在过去二十年中，有关合作的研究取得了实实在在的进展，但现实情况依然不容乐观，仍然有太多的学校教育工作者不了解学生的家庭，也有太多的家庭不了解他们孩子就读的学校，还有太多的学区不了解他们域内的学校、家庭和学生，也不帮助他们。此外，仍然有太多的学区和州制定了相关政策却没有颁布法令，也没有指定负责人、安排工作人员和财政支持来帮助所有学校建立优秀的、可持续的合作体系。

客观上来讲，支持学区合作项目的负责人和学校合作团队开展各项工作并不需要太多的资金。这些领域的投资可以为所有学校、教师、家庭和学生带来巨大的回报。资金也是建立此类合作体系必不可少的条件，那些在基于研究的合作项目领域取得成功的教育工作者的经验也表明，有了这些必要的支持机制，任何学校、学区或州都可以建立类似的合作。

在让家庭参与学校教育，参与孩子教育这个问题上，学校有两种截然不同的选择。一种是“相互竞争”的观点，即将家庭、学校和社区视为不同且相互独立的教育力量，认为父母应该在家照顾孩子，而把教育交给老师和学校。如此，学校就成为家庭、学校和社区三者相互竞争的场所，这极大地限制了老师和家长之间合作的积极价值，必然导致各方教育力量之间的不和谐竞争。

另一种是“交叠影响域理论”的观点，即将家庭、学校和社区视为交叉重叠影响的领域。如此，学校就成为家园。一个家园成立的条件和关系包括相互尊重，共同领导，教师、家长、学生之间持续的双向沟通，以及让所有家庭和社区伙伴参与促进学生学习和发展的活动。

即使发生了冲突，也必须恢复和平，参与儿童教育的所有合作方必须共同努力。因为这样一个家园承载着所有学生发展的希望。

下一步：强化合作机制

在过去的几十年里，学校、家庭和社区合作之所以得到人们的认可和推进，究其原因在于相关的研究人员、政策制定者、教育工作者、家长和社区伙伴之间进行了有效协同合作和各利益方顾全大局的互谅互让。毫无疑问，无论是未来学校在这一领域，还是其他领域的改革，强有力的合作都是至关重要的。

为了推广这些方法和策略，我于 1996 年在约翰斯・霍普金斯大学建立了全国合作学校网络（NNPS）。该组织研究开发了一系列工具提供给学校、学区、州和其他领导人，并提供相应培训和后续支持，通过这种形式帮助学前、小学、初中和高中学校制定、实施、评价和持续改进学校、家庭和社区的综合合作体系。多年来，在诸多同事的帮助下，NNPS 能够鼓励和指导教育工作者、家长和其他社区领导人组织家庭和社区参与到合作项目中来，为广大在校生的学业发展和品行培养贡献力量。

参与合作的学校、学区和州教育部门对于本章，甚至本指南提出的对策和建议相当认可，他们努力将本章和本指南的相关建议应用到其所在地的管理实践中。具体做法包括：理解本研究提出的交叠影响域理论，推广合作行动小组的做法并应用六种类型参与行为的理论框架，以促成所有家长参与到学校教育中和促进所有学生的发展。教育行政管理部门也出现了一系列的改变，如开始指定学区合作事务负责人，协助所有学校利用团队合作来发展和维持他们自己的合作体系。NNPS 的研究人员和工作人员也在开展相应工作，如提供知识信息和工作指南、提供电子邮件和网站协助、举办专业发展培训和演讲，通过诸如此类的措施帮助学区、州和学校负责人强化技能，学习新的战略，更好地建立健全自己的合作体系，并分享成功的经验。NNPS 拥有强大的研究基础，可以指导学区负责人、各类学校合作团队，以及各级政府领导人认识并参与到合作中来，共同帮助学生发展。

本节注释

①本文第一版发表于 1995 年的 *Phi Delta Kappan*（第 76 卷，第 701—712 页）。在这本指南的每一版中，文章都进行了编辑和更新，以包括对最新研究的参考，并包括 20 多年来与数千所学校、数百个学区以及数十个州和组织在约翰斯·霍普金斯大学全国合作学校网络（NNPS）的合作中所获得的知识。本文保留了许多原始参考文献以及新的研究，以便读者看到我们在此基础上开发和改进本指南中的指导方针的坚实研究基础。

②在本指南中，“家长”一词是指负责孩子学习和发展，并与学校和教师有联系的成年人（例如，父母、祖父母、养父母、监护人或其他）。

③本文总结了已有研究的结果，包括但不限于 Baker 和 Stevenson（1986），Bauch（1988），Becker 和 Epstein（1982），Booth 和 Dunn（1996），Burch 和 Palanki（1994），Catsambis（2001），Clark（1983），Connors 和 Epstein（1994），Dauber 和 Epstein（1993），Davies（1991，1993），Deslandes（2012），Dornbusch 和 Ritter（1988），Eccles 和 Harold（1996），Epstein（1986，1990，1991，2011，2005b），Epstein 和 Connors（1994），Epstein 和 Dauber（1991），Epstein，Herrick 和 Coates（1996），Epstein 和 Lee（1995），Epstein 和 Sanders（2000），Fan 和 Chen（2001），Galindo 和 Sheldon（2012），Henderson，Mapp，Johnson 和 Davies（2007），

Hoover-Dempsey，Ice 和 Whitaker（2009），Jeynes（2003，2012），Lareau（1989），Lee（1994），Sanders（2005），Scott-Jones（1995），Sénéchal 和 LeFevre（2002），Sheldon（2005，2007a，2007b），Sheldon 和 Van Voorhis（2004），Simon（2004），Van Voorhis（2003，2011a，2011b），Van Voorhis，Maier，Epstein 和 Lloyd（2013），Van Voorhis 和 Sheldon（2004）等等。

参考文献

[1] Ames, R. T., & Sheldon, S. B. (2017). Annual NNPS report: 2016 school data. Baltimore: Johns Hopkins University, Center on School, Family, and Community Partnerships.

[2] Baker, D. P., & Stevenson, D. L. (1986). Mothers' strategies for children's school achievement: Managing the transition to high school. Sociology of Education, 59, 156–166.

[3] Bauch, P. A. (1988). Is parent involvement different in private schools? Educational Horizons, 66, 78–82.

[4] Becker, H. J., & Epstein, J. L. (1982). Parent involvement: A study of teacher practices. Elementary School Journal, 83, 85–102.

[5] Booth, A., & Dunn, J. F. (Eds.). (1996). Family-school links: How do they affect educational outcomes? Mahwah, NJ: Erlbaum.

[6] Boykin, A. W. (2000). The talent development model of schooling: Placing students at promise for academic success. Journal of Education for Students Placed at Risk (JESPAR), 5, 3–25.

[7] Bryk, A. S., Gomez, L. M., Grunow, A., & LeMahieu, P. G. (2015). Learning to improve: How America's schools can get better at getting better.

Cambridge, MA: Harvard Education Press.

[8] Bryk, A. S., Sebring, P. B., Allensworth, E., Luppescu, S., & Easton, J. Q. (2010). Organizing schools for improvement: Lessons from Chicago. Chicago, IL: University of Chicago Press.

[9] Burch, P., & Palanki, A. (1994). Action research on family-school-community partnerships. Journal of Emotional and Behavioral Problems, 1(4), 16–19.

[10] Catsambis, S. (2001). Expanding knowledge of parental involvement in children's secondary education: Connections with high school seniors' academic success. Social Psychology of Education, 5, 149–177.

[11] Chavkin, N., & Williams, D. (1988). Critical issues in teacher training for parent involvement. Educational Horizons, 66, 87–89.

[12] Cheung, C. S., & Pomerantz, E. M. (2012). Why does parents' involvement enhance children's achievement? Journal of Educational Psychology, 104, 820–832.

[13] Christenson, S. L., & Conoley, J. C. (Eds.). (1992). Home-school collaboration: Enhancing children's academic competence. Silver Spring, MD: National Association of School Psychologists.

[14] Clark, R. M. (1983). Family life and school achievement: Why poor black children succeed or fail. Chicago, IL: University of Chicago Press.

[15] Coalition for Community Schools. (2017). Community school results. http://www.communityschools.org/results/results.aspx.

[16] Connors, L. J., & Epstein. J. L. (1994). Taking stock: The views of teachers, parents, and students on school, family, and community partnerships in high schools (Center Report 25). Baltimore, MD: Johns Hopkins University, Center on Families, Communities, Schools and Children's Learning.

[17] Dauber, S. L., & Epstein, J. L. (1993). Parents' attitudes and practices of involvement in inner-city elementary and middle schools. In N. Chavkin (Ed.), Families and schools in a pluralistic society (pp. 53–71). Albany: State University of New York Press.

[18] Davies, D. (1991). Schools reaching out: Family, school and community partnerships for student success. Phi Delta Kappan, 72, 376–382.

[19] Davies, D. (1993). A more distant mirror: Progress report on a cross-national project to study family-school-community partnerships. Equity and Choice, 19, 41–46.

[20] De Bruine, E., J., Willemse, T. M., D'Haem, J., Griswold, P., Vloeberghs, L., & van Eynde, S.(2015). Preparing teacher candidates for family-school partnerships. European Journal of Teacher Education, 37, 409–425.

[21] Deslandes, R. (2009). International perspectives on contexts, communities and evaluated innovative practices: Family-school-community partnerships. New York: Routledge.

[22] Dornbusch, S. M., & Ritter, P. L. (1988). Parents of high school students: A neglected resource. Educational Horizons, 66, 75–77.

[23] Dryfoos, J., & Maguire, S. (2002). Inside full-service community schools. Thousand Oaks, CA:Corwin.

[24] Eccles, J. S., & Harold, R. D. (1996). Family involvement in children's and adolescents' schooling. In A. Booth & J. F. Dunn (Eds.), Family-school links: How do they affect educational outcomes? (pp. 3–34). Mahwah, NJ: Erlbaum.

[25] Epstein, J. L. (1986). Parents' reactions to teacher practices of parent involvement. Elementary School Journal, 86, 277–294.

[26] Epstein, J. L. (1987). Toward a theory of family-school connections: Teacher practices and parent involvement. In K. Hurrelmann, F. Kaufmann, & F. Losel (Eds.), Social intervention: Potential and constraints (pp. 121–136). New York: DeGruyter.

[27] Epstein, J. L. (1990). Single parents and the schools: Effects of marital status on parent and teacher interactions. In M. Hallinan (Ed.), Change in societal institutions (pp. 91–121). New York: Plenum.

[28] Epstein, J. L. (1991). Effects on student achievement of teacher practices of parent involvement.In S. Silvern (Ed.), Literacy through family, community, and school interaction (pp. 261–276).Greenwich, CT: JAI Press.

[29] Epstein, J. L. (1994). Theory to practice: School and family partnerships lead to school improvement and student success. In C. L. Fagnano & B. Z. Werber (Eds.), School, family and community interaction: A view from the firing lines (pp. 39–52). Boulder CO: Westview Press.

[30] Epstein, J. L. (1995). School/family/community partnerships: Caring for the children we share. Phi Delta Kappan, 76, 701–712.

[31] Epstein, J. L. (2005a). Attainable goals? The spirit and letter of the No Child Left Behind Act on parental involvement. Sociology of Education, 78(2), 179–182.

[32] Epstein, J. L. (2005b). School, family, and community partnerships in the middle grades. In T. O.Erb (Ed.), This we believe in action: Implementing successful middle level schools (pp.77–96). Westerville, OH: National Middle School Association.

[33] Epstein, J. L. (2007). Research meets policy and practice: How are school districts addressing NCLB requirements for parental involvement? In A. R. Sadovnik, J. O'Day, G. Bohrnstedt, &K. Borman (Eds.), No Child Left

Behind and the reduction of the achievement gap: Sociological perspectives on federal educational policy (pp. 267–279). New York: Routledge.

[34] Epstein, J. L. (2011). School, family, and community partnerships: Preparing educators and improving schools. Boulder, CO: Westview Press.

[35] Epstein, J. L., & Connors, L. J. (1994). Trust fund: School, family, and community partnerships in high schools (Center Report 24). Baltimore: Johns Hopkins University, Center on Families,Communities, Schools and Children's Learning.

[36] Epstein, J. L., & Dauber, S. L. (1991). School programs and teacher practices of parent involvement in inner-city elementary and middle schools. Elementary School Journal, 91, 289–303.

[37] Epstein, J. L., Galindo, C. L., & Sheldon. S. B. (2011). Levels of leadership: Effects of district and school leaders on the quality of school programs of family and community involvement.Educational Administration Quarterly, 47, 462–495.

[38] Epstein, J. L., Herrick, S. C., & Coates, L. (1996). Effects of summer home learning packets on student achievement in language arts in the middle grades. School Effectiveness and School Improvement, 7(3), 93–120.

[39] Epstein, J. L., & Hine, M. G. (2017). Annual NNPS report: 2016 district data. Baltimore, MD:Center on School, Family, and Community Partnerships, Johns Hopkins University.

[40] Epstein, J. L., Jung, S. B., & Sheldon, S. B. (in press). Toward equity in school, family, and community partnerships: The role of networks and the process of scale up. In S. B. Sheldon &T. Turner-Vorbeck (Eds.), Handbook on family, school, and community partnerships in education. Hoboken, NJ: Wiley-Blackwell.

[41] Epstein, J. L., & Lee, S. (1995). National patterns of school and family connections in the middlegrades. In B. A. Ryan, G. R. Adams, T. P. Gullotta, R. P. Weissberg, & R. L. Hampton (Eds.),The family-school connection: Theory, research, and practice (pp. 108–154). Thousand Oaks,CA: Sage.

[42] Epstein, J. L., & Sanders, M. G. (2000). School, family, and community connections: New directions for social research. In M. Hallinan (Ed.), Handbook of sociology of education (pp.285–306). New York: Plenum.

[43] Epstein J. L., & Sheldon, S. B. (2006). Moving forward: Ideas for research on school, family,and community partnerships. In C. F. Conrad & R. Serlin (Eds.), SAGE handbook for research in education: Engaging ideas and enriching inquiry (pp. 117–137). Thousand Oaks, CA: Sage.

[44] Epstein, J. L., & M. G., Sanders. (2006). "Prospects for Change: Preparing Educators for School, Family, and Community Partnerships." Peabody Journal of Education, 81: 81–120.

[45] Epstein, J. L., & Sheldon, S. B. (2016). Necessary but not sufficient: The role of policy for advancing programs of school, family, and community partnerships. Russell Sage Foundation Journal of the Social Sciences, 2(5), 202–219.

[46] Fan, X., & Chen, M. (2001). Parental involvement and students' academic achievement: A meta-analysis. Educational Psychology Review, 13, 1–22.

[47] Galindo, C. L., & Sheldon, S. B. (2012). School and home connections and children's kindergarten achievement gains: The mediating role of family involvement. Early Childhood Research Quarterly, 27, 90–103.

[48] Henderson, A. T., Mapp, K. L., Johnson, V. R., & Davies, D. (2007).

Beyond the bake sale. New York: The New Press.

[49] Hinz, L., Clarke, J., & Nathan, J. (1992). A survey of parent involvement course offerings in Minnesota's undergraduate preparation programs. Minneapolis: Humphrey Institute of Public Affairs, Center for School Change, University of Minnesota.

[50] Hoover-Dempsey, K., Ice, C. L., & Whitaker, M. W. (2009). "We're way past reading together" :Why and how parental involvement in adolescence makes sense. In N. E. Hill & R. K. Chao(Eds.), Families, schools and the adolescent: Connecting families, schools, and the adolescent(pp. 19–36). New York: Teachers College Press.

[51] Hutchins, D. J., & Sheldon, S. B. (2013). Summary 2012 school data. Baltimore: Johns Hopkins University, Center on School, Family, and Community Partnerships.

[52] Jeynes, W. H. (2003). A meta-analysis: The effects of parental involvement on minority children's academic achievement. Education and Urban Society, 35, 202–218.

[53] Jeynes, W. H. (2012). A meta-analysis of the efficacy of different types of parental involvement programs for urban students. Urban Education, 47, 706–742.

[54] Jung, S. B., & Sheldon, S. B. (2015). Exploring how school-family partnership programs improve attendance: Principals, teachers, and program organization. Paper presented at the Annual Meeting of the American Educational Researchers Association, Chicago.

[55] Lareau, A. (1989). Home advantage: Social class and parental intervention in elementary education. Philadelphia: Falmer.

[56] Lee, S. (1994). Family-school connections and students' education:

Continuity and change of family involvement from the middle grades to high school. Unpublished doctoral dissertation,Johns Hopkins University, Baltimore.

[57] McKay, S. (2017). Five essential building blocks for a successful Networked Improvement Community (NIC). Carnegie Foundation for the Advancement of Teaching. Retrieved from: https://www.carnegiefoundation.org/blog/why-a-nic/

[58] McNeal, R. B, Jr. (2014). Parent involvement: Academic achievement and the role of student attitudes and behaviors as mediators. Universal Journal of Educational Research, 2, 564–576.

[59] Moore, K. A., & Emig, C. (2014). Integrated student supports: A summary of the evidence base for policy makers. Child Trends White Paper. https://www.childtrends.org/wpcontent/uploads/2014/02/2014-05ISSWhitePaper1.pdf

[60] Olmstead, C. (2013). Using technology to increase parent involvement in schools. TechTrends, 57, 28–37.

[61] Quezada, R. (2013). Family, school, community, and partnerships: An imperative for K–12 and colleges of education in the development of 21st century educators. Special issue. Teaching Education, 24, 119–122.

[62] Sanders, M. G. (1999). Schools' programs and progress in the National Network of Partnership Schools. Journal of Educational Research, 92, 220–229.

[63] Sanders M. G. (2001). A study of the role of "community" in comprehensive school, family and community partnership programs. The Elementary School Journal, 102,19–34.

[64] Sanders, M. G. (2005). Building school-community partnerships:

Collaborating for student success. Thousand Oaks, CA: Corwin.

[65] Sanders, M. G. (2014). Principal leadership for school, family, and community partnerships: The role of a systems approach to reform implementation. American Journal of Education, 120,233–255.

[66] Sanders, M. G. (2016). Leadership, partnerships, and organizational development: Exploring components of effectiveness in three full-service community schools. School Effectiveness and School Improvement, 27, 157–177.

[67] Sanders, M. G., & Lewis, K. C. (2005). Building bridges toward excellence: Community involvement in high school. High School Journal, 88(3), 1–9.

[68] Sanders, M. G., & Sheldon, S. B. (2009). Principals matter: A guide to school, family, and community partnerships. Thousand Oaks, CA: Corwin.

[69] Sanders, M. G., Sheldon, S. B., & Epstein, J. L. (2006). Improving schools' partnership programs in the National Network of Partnership Schools. Journal of Educational Research and Policy Studies, 5, 24–47.

[70] Sanders, M. G., & Simon, B. S. (2002). A comparison of program development at elementary,middle, and high schools in the National Network of Partnership Schools. The School Community Journal, 12(1), 7–27.

[71] Scott-Jones, D. (1995). Activities in the home that support school learning in the middle grades.In B. Rutherford (Ed.), Creating family/school partnerships (pp. 161–181). Columbus, OH:National Middle School Association.

[72] Sénéchal, M., & LeFevre, J. (2002). Parental involvement in the development of children's reading skill: A five-year longitudinal study. Child Development, 73, 455–460.

[73] Sheldon, S. B. (2003). Linking school-family-community partnerships in urban elementary schools to student achievement on state tests. Urban Review, 35, 149–165.

[74] Sheldon, S. B. (2005). Testing a structural equation model of partnership program implementation and parent involvement. Elementary School Journal, 106, 171–187.

[75] Sheldon, S. B. (2007a). Getting families involved with NCLB: Factors affecting schools' enactment of federal policy. In A. R. Sadovnik, J. O' Day, G. Bohrnstedt, & K. Borman (Eds.), No Child Left Behind and reducing the achievement gap: Sociological perspectives on federal educational policy (pp. 281–294). New York: Routledge.

[76] Sheldon, S. B. (2007b). Improving student attendance with school, family, and community partnerships. Journal of Educational Research, 100, 267–275.

[77] Sheldon, S. B. (2016). Moving beyond monitoring: A district leadership approach to school, family, and community partnerships. In S. M. Sheridan & E. M. Kim (Eds.). Family-school partnerships in context (pp. 45–64). Cham, Switzerland: Springer International Publishing.

[78] Sheldon, S. B., & Van Voorhis, V. L. (2004). Partnership programs in U.S. schools: Their development and relationship to family involvement outcomes. School Effectiveness and School Improvement, 15, 125–148.

[79] Simon, B. S. (2004). High school outreach and family involvement. Social Psychology of Education, 7, 185–209.

[80] Swap, S. M. (1993). Developing home-school partnerships: From concepts to practice. New York: Teachers College Press.

[81] Van Voorhis, F. L. (2003). Interactive homework in middle school:

Effects on family involvement and science achievement. Journal of Educational Research, 96, 323–338.

[82] Van Voorhis, F. L. (2011a). Adding families to the homework equation: A longitudinal study of mathematics achievement. Education and Urban Society, 43, 313–338.

[83] Van Voorhis, F. L. (2011b). Costs and benefits of family involvement in homework: Lessons learned from students and families. Journal of Advanced Academics, 22, 220–249.

[84] Van Voorhis, F. L., Maier, M., Epstein, J. L., & Lloyd, C. M. (2013). The impact of family involvement on the education of children ages 3 to 8: A focus on literacy and math achievement outcomes and social-emotional skills. New York: MDRC.

[85] Van Voorhis, F. L., & Sheldon, S. B. (2004). Principals' roles in the development of U.S.programs of school, family, and community partnerships. International Journal of Educational Research, 41(1), 55–70.

[86] Williams, S. (2015). 6 key school communication channels and how to use them. Campus Suite,pp.1–19.http://www.campussuite.com/6-key-school-communication-channels-and-how-touse-them/

1.2 学校－社区的合作：小变化大不同

梅维斯·G. 桑德斯（Mavis G. Sanders）

1.2.1 学校－社区合作的基本原理

传统观点一直认为家庭和学校是对儿童发展影响最大的两个因素。然而，社区因其在青少年社会化和确保学生在社会各领域取得成功等方面的作用越来越受到关注。爱泼斯坦（Epstein，1987，2011）的交叠影响域理论，将学校、家庭和社区确定为影响儿童社会化和受教育的主要因素。该理论的核心观点是：学生的某些发展目标（例如学生学业成绩）是家庭、学校，以及社区的关注重心。因此，如果能得到家庭、学校和社区三方的共同支持与合作，对提高学生的学业成绩无疑是最好的。

“学校－社区合作”尤其被视为有助于增加人力、物质和财政资源的一种手段，它有利于学校丰富学生的课程和课外活动（Blank，Melaville，& Shah，2003；Hands，2010）。同时，这种合作也被概念化成为创建更具文化响应力学校的一种手段。在这些学校，学生家庭和社区成员拥有的知识和技能就像是资金（Moll，2015）一般被整合到课堂教学和学校实践中（Sanders & Galindo，2014）。此外，学校与社区的协同合作增强了学生、家庭和教育工作者的社会资本（Decker，Decker，& Brown，2007；Warren & Mapp，2011），而社会资本是指以互惠为目的进行信息、支持和资源交换的关系网络（Lin，2001）。

因此，“学校－社区合作”可以被定义为学校与社区中的个人、组织和企业之间的联系，这些联系是为了直接或间接地促进学生的社会、情感、身体和智力发展而建立的。这里的“社区”包括在当地地理边界内和延伸到地理边界之外的社交网络。

1.2.2 学校－社区合作的特点

学校与社区的合作可以有多种形式。最常见的是与企业的合作，这样的合作在关注重点、范围和内容上可能有很大差异。其他形式的合作对象还包括与大学等教育机构、政府和军事机构、卫生保健组织、宗教组织、国家服务和志愿者组织、老年公民组织、文化和娱乐机构、其他社区组织，以及可能向青年和学校提供资源和社会支持的社区志愿者（见表 1–2–1）。

表 1–2–1　社区合作对象的分类与示例

合作对象	类型示例
企业和公司	本地企业、国有公司、特许经销商
大学和教育机构	学院和大学、社区学校、职业学校、技术学校、高级中学，以及其他教育机构
医疗卫生机构	医院、保健中心、精神康复中心、卫生部门、健康基金和组织
政府和军方机构	消防局、警察局、商业协会、市议会、当地政府、州政府部门和机构
国家服务和志愿者中心	扶轮俱乐部、狮子俱乐部、Kiwanis 俱乐部、远景基金会、黑人关怀中心等等（原书列举了诸多美国机构，在此不一一照录）
老年人组织	疗养院以及其他老年人志愿服务中心
文化娱乐机构	动物园、博物馆、图书馆、娱乐中心

续表

合作对象	类型示例
新闻机构	地方报纸、广播电台、有线电视（含外语频道，其他新闻媒体）
体育联盟和协会	各类大大小小的体育联盟、其他与体育相关的组织
其他社会组织	妇女联谊会、友邻协会、政治团体、校友会，以及当地其他服务组织等
个人	学校周边社区的个人志愿者

学校与社区的合作活动的侧重点各有不同。如表 1–2–2 所示，活动可以分为以学生为中心、以家庭为中心、以学校为中心，以及以社区为中心等，详见下文。

· 以学生为中心的活动：那些直接向学生提供服务或商品的活动。例如，学习指导和辅导项目，情境学习和实践机会，以及向学生提供奖励、激励和奖学金。

· 以家庭为中心的活动：以父母或整个家庭为焦点的活动。此类活动包括抚养教育和领导力培训，学历进修（GED），以及其他成人教育课程，还包括对家长和家庭的激励和奖励，家庭辅导，还有家庭娱乐和学习之夜。

· 以学校为中心的活动：那些对学校整体发展有益的活动，例如学校美化项目，向学校捐赠设备和材料，或开展有利于教师的活动，如员工发展和课堂辅助。

·以社区为中心的活动：以社区及其公民为主要关注点的活动，比如为学生和家庭提供的社区项目和服务、慈善活动、艺术科学展览、社区振兴和美化项目（Sanders，2005）。

表 1-2-2　不同中心的“学校—社区”合作活动及其示例

以学生为中心的活动	以家庭为中心的活动	以学校为中心的活动	以社区为中心的活动
给予学生奖励、设置学生激励措施、奖学金、学生研学、辅导、实习实践，以及其他针对学生的服务活动。	家长培训、家庭娱乐聚会、学历进修和其他成人教育课程、家长激励和奖励计划、咨询辅导，以及其他形式的家长支持活动。	购置设备和教学材料、校园美化和维修、教师激励与奖励、学校活动和项目募资、办公室和课堂支持，以及其他针对学校发展的活动。	社区美化工程、学生展览和演出、慈善活动，以及其他拓展活动。

数据来源：本表内容来自桑德斯（Sanders，2005）的研究成果

社区合作的复杂程度各不相同。如果把这种合作看成一个连续统一的整体，一端是以商品与服务短期交换为特征的简单合作。例如，学校可以与当地餐馆合作，为学生提供免费或打折的食品券作为激励。这种合作对学校运作的协调、规划或文化和结构转变要求非常低。在连续体的另一端，合作活动是长期的，特点是双向或多方位的交流、高水平的互动，以及全面合作活动的规划和协调。例如，社区的卫生和社会服务可以通过提供全面服务的社区学校来与扩展教育服务和家庭参与活动相结合，以满足贫困学生的复杂需求（Dryfoos & Maguire，2002；Galindo & Sanders，in press；Oakes，Maier，& Daniel，2017；Sanders & Hembrick-Roberts，2013）。虽然复杂的合作可以产生巨大的利益，但需要在资源、空间、时间和资金方面进行重大协调（Sanders，2016）。

1.2.3　学校－社区合作在全面合作中的作用

学校—社区合作，无论其形式、重点或复杂性如何，都是全面合

作体系的重要组成部分。它可能支持或强化所有六种类型参与行为:（1）抚养教育；（2）沟通交流；（3）志愿服务；（4）在家学习；（5）制定决策；（6）社区合作（Epstein，Sanders，Sheldon，Simon，Salinas，Jansorn，et al.，2019）。例如，社区合作伙伴可以为抚养教育培训提供场所或演讲嘉宾（类型 1）、为学校与家庭的会议提供口语翻译（类型 2）、提供家教志愿者（类型 3），还可以指导家长挑选适宜与孩子一起阅读的书籍（类型 4），还可以通过向学校提供膳食或交通券帮助学校吸引家长参加学校会议（类型 5）。

此外，开展社区合作有助于加强学校的课程设置，有助于社区文化的认同和传播社区资源，还可以支持社区的发展（类型 6）。例如，全国合作学校网络（NNPS）中的一所学校与该州的环境保护部门合作，帮助科学教师将当地资源和环境问题纳入科学课程。另一所 NNPS 学校为其家庭编写了一份社区资源指南，详细说明所在社区现有的服务和联系方式。还有一所学校与当地图书馆合作举办了学生作品的社区艺术展。另有一所学校与一个辅助生活和老年人护理中心合作，改善学生与老年人之间的跨代关系和促进知识共享。以上这些和媒体报道的其他活动都彰显了社区参与合作对学生、学校、家庭和社区的重要性（Sanders，2005）。（关于学校－社区合作的其他例子，请参见第 1.1 节和 www.partnershipschools.org“成功故事”栏目。）

1.2.4 学校－社区合作的效果

当学校和社区相互合作，共同为学生提供服务和支持时，这种合作会产生显著的效果。例如，研究发现，学校层面的辅导计划对学生的出勤率和学习行为有显著的积极影响（Gordon，Downey，& Bangert，2013；Wheeler，Keller，& DuBois，2010）。课外活动对学生社交能力和学术成就也会产生明显的影响（Durlak，Weissberg，& Pachan，2010；Grogan，Henrich，& Malikina，2014；O'Donnell & Kirkner，2014a；Shernoff，2010）。另外，有研究表明，那些针对学科建设和发展的学校社区合作活动可以提高学生对相应学科的学习态度和学习努力程度，同时，对学科任课教师和家长的态度也会产生影响（O'donnell & Kirkner，2014b）。

研究显示，在综合性社区学校中开展学校社区合作也会对学生及其家庭产生积极影响。部分影响已得到研究证实，如接受过针对性辅导的学生，其学习行为和学业成绩都有所提高（Biag & Castrechini，2016；Blank，Jacobson，& Melaville，2012；Moore & Emig，2014）；因此，研究认为应该为家庭提供更多的协调服务，减轻家庭压力，并提高家庭对孩子教育的参与程度（Zetlin，Ramos，& Chee，2001）。总而言之，学校和社区相互合作是帮助学校更好地满足所有学生学习和发展的关键策略。

1.2.5 学校－社区合作的影响因素

桑德斯等人通过案例研究发现，有四个因素会影响学校建立健全有效社区合作的能力（Sanders & Harvey，2002）。这些因素分别是：（1）对学生学习的高度重视；（2）校长对社区参与的认可与支持；（3）友好的学校氛围；（4）与潜在社区合作伙伴就其参与水平和参与类型进行双向沟通。

（1）对学生学习的高度重视

通过访谈了解来自宗教组织、非营利基金会、医疗卫生机构、企业、教育机构和老年公民组织的社区合作伙伴（受访者）都表达了对学生学业成绩的高度重视。如果学校非常重视学生的学习，社区合作者愿意积极参与到那些对学生成绩有明显促进作用的活动中，并希望成为学校教学资源或教育力量的一部分。对于社区合作者而言，那些组织良好、以学生为中心、家校关系友好、教学严谨的学校是最理想的合作伙伴。

（2）校长对社区参与的认可与支持

社区合作者指出，如果社区想要参与学校教育，那么校长的作用非常重要。因为校长的认可和支持，是“社区参与”的前提。在我们的样本学校中，校长就提供了这样的支持，这样的支持为协同合作树立了榜样，并能起到积极的作用。实际中，校长的积极参与在很大程度上可以解释为什么社区愿意参与到学校工作中来。正如一位社区合作者所言：“我不想批评任何学校，但我确实在一些学校中遇到过这种情况，我们的合作完全被行政管理所束缚。如果我们的参与活动总是被行政管理制约，那谁还有兴趣去帮助你们呢？”

（3）友好的学校氛围

对于社区合作者而言，学校对社区参与表现出接纳和欣赏的态度也很重要。社区合作者表示，如果在学校受到教职工和学生的热烈欢迎，可以强化社区合作者参与合作的热情。虽然在访谈中大多数社区合作者认为官方层面的致谢没有必要，但学校表达感谢的态度就是对他们最好的尊重。一些社区合作者报告说，他们曾收到过学生的感谢信和便条，也有学生通过对讲机系统对他们的帮助表示感谢，甚至在街上学生和家长也会拦下他们当众感谢他们提供的服务。另外，社区合作者也会被写进学校的通讯录中，并会在学校的年度颁奖典礼上颁发给他们荣誉证书，这也是对他们服务的承认。

（4）双向沟通

在我们所研究的案例中，那些接受采访的社区合作者和学校管理人员一致认为学校与潜在的社区合作者进行坦诚的双向沟通非常重要。

这样双方才能充分了解彼此的意图和期望。样本学校的校长表示，一开始的诚实和坦率的对话可以避免双方“浪费彼此的时间”，而且她用一种简单的方法来确定合作是否适合自己的学校，这就是看这样的合作是否会对学生学习产生积极影响。

1.2.6 学校－社区合作有效开展所面临的挑战

从理论上讲，学校与社区的合作可以为学校发展提供一个更加民主和富有参与性的办学模式（途径），这种模式可以带来很多实质性的好处，如，可以提高学生的成绩和幸福感，为家庭提供帮助，建立更优秀的学校，让社区更具活力。然而，在现实中，学校要建立这种富有包容性、合作性的合作关系往往是很困难的。这在很大程度上取决于学校和社区合作者应对挑战的能力。既有的评价调查和研究针对此问题提出了相应的解决策略和方法，同时也推动现实中的学校社区合作更加接近理想状态（Sanders，2005）。已有研究提出了如下策略。

（1）专业技术或能力的准备

相关文献指出，在开展学校与社区合作之前，做好专业技术或能力准备非常重要，尤其是对于州、学区和学校的各级教育工作者而言，这种准备显得更为重要。因为各级教育工作者必须是站在教育改革前沿的专业人士。

在理想情况下，相关专业技能的准备应在教师和管理人员培训的职前阶段就开始。此类培训应为未来的教育工作者提供与其他教育工作者和社区服务合作者共事的机会，以及与学生家庭和社区中的成年人合作的技能和能力。合作应该是贯穿教育工作者专业技能培训全过程的主题，这样有利于他们在步入学校、教室、办公室和教育部门之前就能清楚地知道合作所能产生的价值，并熟练掌握建立有效合作的策略。

合作也应该是教育工作者在职专业培训的一个持续主题。只有这样，在学校、学区和州教育部门的日常教学和管理工作当中，教育工作者才不会忘记自己作为儿童和青年发展合作者的身份。值得注意的是，能够成功地在内部建立起社区合作的学校，一定是合作、交流和包容性更好的学校，这些学校在与社区建立强大合作体系方面更可能取得成功（Galindo，Sanders，& Abel，2017；Sanders & Harvey，2002）。这并非巧合。当协作能力成为教育者的职业身份和知识技能的一部分时，社区合作就会成为常态（Stroble & Luka，1999）。在复杂的学校社区合作工作中，肯定会出现有关场所、资金、角色和责任的困难（Dryfoos & Maguire，2002；Epstein，2011；Sanders & Hembrick Roberts，2013）。然而，已经在此方面做好准备的教育工作者将拥有足够的资源和能力解决好这些挑战。

（2）遴选合作伙伴

接受专业技能培训也有助于教育工作者遴选合适的社区合作者和合作机会。在大多数学校，教育工作者都有机会接触到各种各样的企业和其他社区合作者。学区和州教育部门也具有选择社区合作者的机会。如何选择合作者？我们应基于共同的目标，以及对成功合作基本原则的共同遵守——坦诚沟通、共同决策、尊重所有利益相关者。因此，在开展合作之前，来自合作团体或组织的代表应该开会讨论潜在的合作目标是什么，以及在合作过程中如何组织彼此的工作。

在选择社区合作者和合作机会时，教育工作者还应考虑合作的强度和持续时间。如前所述，学校与社区的合作可以是简单的，也可以是复杂的。对于那些在社区合作方面缺乏经验的学校，在开展复杂合作之前应该先进行一些简单的合作。这种有目的地选择社区合作者和社区合作机会的方式，可以为教育工作者提供必要的时间帮助他们磨炼自身的合作技能，以便帮助他们正确选择对实现学生目标最重要的合作伙伴（Anderson，2016）。

（3）反思与评价

相关文献也表明，及时的反思和评价对学校社区合作也相当重要。因为学校社区合作是一个不断持续的过程，而不是一个事件，所以参与合作的各方都应花时间对合作质量和合作活动实施情况进行反思和评价，这对于合作的发展很重要。这项措施有助于改进合作和提高合作能力。那么，如何开展反思行动？合作者首先需要花时间来见面商讨，但对于任何一方而言，可能最稀缺的就是时间，尤其是身处学校的专业教育工作者更是如此。在资源匮乏的情况下，城市学校寄希望于精心规划社区合作，以保障学校受益最大化。在此背景下，学校的专业教育工作者要找到时间与社区充分合作，这可能是实现目标面临的最大挑战。

许多学校已经成功克服了这个困难（Sanders，2005）。其中一个至关重要的因素就是学校校长（Sanders & Sheldon，2009；Sanders，in press）。校长应为学校人员提供专业培训和充足的时间，以便工作者制定合作计划和评价合作项目（Sanders & Harvey，2002）。要想促进校长此类能力的提升，学区可以通过提供资金资助、提供合作计划和评价的协助，以及开展学校表彰活动等形式引导和强化学校校长的相关能力（Sanders，2009）。

本节小结

已有研究和实践清楚地表明，学校－社区合作可以使学生、学校、家庭和社区从中受益。这种合作的成功需要学校与社区合作者之间有共同的目标、相互尊重和欣赏、良好的沟通和校长的支持。合作的各方还必须准备好应对共同的挑战。然而，尽管学校—社区合作的前景光明，但它并不是解决当下许多学校弊病的万能灵药，不能取代完善的教育政策、充足的资金、优秀的教学以及与家庭的有效协同。但是，社区合作可以放大这些因素对学校和学生的影响。如果实施得当，学校—社区合作可以成为产生巨大影响的“X 因素”。

参考文献

[1] Anderson, J. A. (2016). Is an ounce of prevention still worth a pound of cure? Community-based interagency collaboration to enhance student and family wellbeing. School CommunityJournal, 26, 9-29.

[2] Biag, M., & Castrechini, S. (2016). Coordinated strategies to help the whole child: Examining the contributions of full-service community schools. Journal of Education for Students Placed at Risk (JESPAR), 21, 157-173.

[3] Blank, M. J., Jacobson, R., & Melaville, A. (2012). Achieving results through community school partnerships: How district and community leaders are building effective, sustainable relationships. Washington, DC: Center for American Progress.

[4] Blank, M. J., Melaville, A., & Shah, B. P. (2003). Making the difference: Research and practice in community schools. Washington, DC: Coalition for Community Schools, Institute for Educational Leadership.

[5] Decker, L., Decker, V., & Brown, P. (2007). Diverse partnerships for student success: Strategiesand tools to help school leaders. Lanham, MD: Rowman & Littlefield.

[6] Dryfoos, J., & Maguire, S. (2002). Inside full-service community schools. Thousand Oaks, CA:Corwin.

[7] Durlak,J. A., Weissberg, R. P., & Pachan, M. (2010). A meta-analysis of after-schoolprograms that seek to promote personal and social skills in children and adolescents. American Journal of Community Psychology, 45, 294–309.

[8] Epstein, J. L. (1987). Toward a theory of family-school connections: Teacher practicesand parent involvement. In K. Hurrelmann, F. Kaufmann, & F. Losel (Eds.), Social intervention:Potential and constraints (pp. 121-136). New York: DeGruyter.

[9] Epstein, J. L. (2011). School, family, and community partnerships: Preparing educators and improving schools (2nd ed.). Boulder, CO: Westview Press.

[10] Epstein, J. L., Sanders, M. G., Sheldon, S. B., Simon, B. S., Salinas, K. C., Jansorn, N. R., &Williams, K. J. (2019). School, family, and community partnerships: Your handbook for action (4th ed.). Thousand Oaks, CA: Corwin.

[11] Galindo, C., & Sanders, M. G. (in press). Achieving equity in education through full-service community schools. In S. B. Sheldon & T. Turner-Vorbeck (Eds.), Handbook on family, school, and community partnerships in education. Hoboken, NJ: Wiley-Blackwell.

[12] Galindo, C., Sanders, M., & Abel, Y. (2017). Transforming educational experiences inlow income communities: A qualitative case study of social capital in a full-service community school. American Educational Research Journal, Centennial Edition, 54(1 Suppl.),140S-163S.

[13] Gordon, J., Downey, J., & Bangert, A. (2013). Effects of a school-based mentoring program on school behavior and measures of adolescent connectedness. School CommunityJournal, 23,227-248.

[14] Grogan, K. E., Henrich, C. C., & Malikina, M. V. (2014). Student

engagement in after-school programs, academic skills, and social competence among elementary school students. Child Development Research, 2014, article ID 498506. doi10.1155/2014/498506

[15] Hands, C. M. (2010). Why collaborate? The differing reasons for secondary school educators'establishment of school-community partnerships. School Effectiveness and School Improvement, 21, 189-207.

[16] Lin, N. (2001). Social capital: A theory of social structure and action. Cambridge, UK:Cambridge University Press.

[17] Moll, L. C. (2015). Tapping into the "hidden" home and community resources of students.Kappa Delta Pi Record, 51(3), 114-117.

[18] Moore, K. A., & Emig, C. (2014). Integrated student supports: A summary of the evidence base for policymakers. Washington, DC: Child Trends.

[19] Oakes, J., Maier, A., & Daniel, J. (2017). Community schools. Boulder, CO: National Education Policy Center.

[20] O'Donnell, J., & Kirkner, S. L. (2014a). Effects of an out-of-school program on urban high school youth's academic performance. Journal of Community Psychology, 42, 176-190.

[21] O'Donnell, J., & Kirkner, S. L. (2014b). The impact of a collaborative family involvement program on Latino families and children's educational performance. School Community Journal, 24, 211–234.

[22] Sanders, M. (2005). Building school-community partnerships: Collaboration for student success.Thousand Oaks, CA: Corwin.

[23] Sanders, M. (2009). District leadership and school-community collaboration. In A. Honigsfeld & A. Cohan (Eds.), Breaking the mold of school instruction and organization: Innovative and successful practices for the

21st century (pp. 139–147). Lanham, MD: Rowman & Little field.

[24] Sanders, M. (2016). Leadership, partnerships, and organizational development: Exploring components of effectiveness in three full-service community schools. School Effectiveness and School Improvement, 27, 157–177.

[25] Sanders, M. (in press). Crossing boundaries: A qualitative exploration of relational leadership in three full-service community schools. Teachers College Record.

[26] Sanders, M., & Galindo, C. (2014). Communities, schools, and teachers. In L. Martin, S.Kragler, D. Quatroche, & K. Bauserman (Eds.), The handbook of professional development,PK-12: Successful models and practices (pp. 103-124). New York: Guilford Press.

[27] Sanders, M., & Harvey, A. (2002). Beyond the school walls: A case study of principal leadership for school-community collaboration. Teachers College Record, 104, 1345-1368.

[28] Sanders, M., & Hembrick-Roberts, J. (2013). Leadership for service integration in schools. In L.Tillman & J. Scheurich (Eds.), Handbook of research on educational leadership for diversityand equity (pp. 476–493). London: Routledge / Taylor and Francis.

[29] Sanders, M. G., & Sheldon, S. B. (2009). Principals matter: A guide to school, family, and community partnerships. Thousand Oaks, CA: Corwin.

[30] Shernoff, D. J. (2010). Engagement in after-school programs as a predictor of social competence and academic performance. American Journal of Community Psychology, 45, 325-337.

[31] Stroble, B., & Luka, H. (1999). It's my life, now: The impact of professional development school partnerships on university and school

administrators. Peabody Journal of Education, 74,123-135.

[32] Warren, M. R., & Mapp, K. L. (2011). A match on dry grass: Community organizing as a catalyst for school reform. New York: Oxford University Press.

[33] Wheeler, M. E., Keller, T. E., & DuBois, D. L. (2010). Review of three recent randomized trials of school-based mentoring: Making sense of mixed findings. Social Policy Report, 24, 1-21.

[34] Zetlin, A. G., Ramos, C., & Chee, A. (2001). Two case studies of community schools serving Latino and Southeast Asian children. Journal of Child and Family Studies, 10, 23-38.

1.3 学校、家庭与社区合作促进学生发展的研究综述

斯蒂芬·B. 谢尔顿（Steven B. Sheldon）

通常，我们通过成绩单和学业测试来衡量学生的成绩，并以此表明学生学业成功与否，但学生的成绩受学校教育环境因素的影响，包括学生是否接触到高质量的教学、是否有安全且维护良好的教育教学设施，以及教师是否敬业且有爱心，而校外因素的影响同样不能忽视，如是否有支持学生学习、学业成就的家庭参与和家庭环境。在这些多重因素的影响下，学校需要关注学校、家庭和社区背景，并制定相应计划和开展实践，使家长和社区合作者能够帮助学生顺利达到学校目标，如成绩优异或其他方面的要求。

可以肯定的是，所有高质量、高绩效的学校都会与学生的家庭和社区建立起牢固的合作。哪怕是那些学生家庭和所处社区的经济水平不高的“穷学校”也是如此，这些学校经济虽不富有，但学生学习成绩却十分优秀（Chrispeels，1996；Hoffman，1991；Purkey & Smith，1983；Teddlie & Reynolds，2000）。

布里克（Bryk）及其同事通过对芝加哥的学校长达十多年的研究发现，积极的家校合作是学校持续进步的五个重要特征之一（Bryk，Sebring，Allensworth，Luppescu & Easton，2010）。因此，强大而积极的家校合作不仅是优秀学校的特征，也是学校成为学生学习和获得成长之地的重要保障。

研究证实，成绩优秀的学生背后往往有来自父母和其他家庭成员强有力的学业支持，家庭也会更多地参与其学习。几十年来，研究表明，家庭生活和家庭环境对学生的学业和品行有重大的影响（Epstein & Sheldon，2006；Fan & Chen，2001；Henderson & Berla，1994；Henderson & Mapp，2002；Jeynes，2003，2005，2012；Jordan，Orozco，& Averett，2001；Wang，Haertel，& Walberg，1993）。大量研究证实了家长的参与同学生学业成绩之间的正相关关系。文献分析（Fan & Chen，2001；Jeynes，2003，2005，2007，2012）和已有文献综述（Eccles & Harold，1996；Henderson，Mapp，Johnson，& Davies，2007；Hill & Tyson，2009）也发现多项研究都认为父母参与对部分学习成绩有积极作用。正是因为有来自这些研究的证据，人们普遍认为，学生在学校的学习成长要想取得成功，离不开家庭或社区成员的支持和鼓励。

尽管所有证据都表明学校、家庭和社区合作对学生成功至关重要，但这个问题依旧很少得到学校、学区和州教育领导人的足够重视。因为财政经费不足，以及基于标准化测试分数而来的教育问责不断增加，教育部门领导人需要不断思考如何使用有限的资源发展教育。在此背景下，我们可以理解他们对家校社合作的不够重视，因为教育部门领导人希望看到更多关于家长参与和学生成绩之间积极相关的研究证据，以此来帮助他们决定是否分配更多的财政和人力资源投入学校这项工作中。

本章概述了家庭和社区参与对学生成长（包括成绩和其他学业和品行）影响的研究。这些信息有助于教育工作者理解“目标导向”合作的价值，并鼓励各方制定家庭和社区参与学校教育的系统方法，以帮助更多学生在学校获得发展和优异成绩。

1.3.1 家长参与对教育的影响

对于教育工作者而言，帮助并提高学生父母和其他家庭成员对孩子教育的参与度是重要且可实现的目标。研究表明，拥有健全的家庭和社区参与合作体系的学校，家长参与程度往往也更高。其他研究表明，教育工作者可以帮助家庭培养起这种支持和鼓励行为，这也更加有助于学生在学校获得成功（Epstein，2011；Epstein & Dauber，1991；Epstein & Sheldon，2016；Harackiewicz，Rozek，Hulleman，& Hyde，2012；Hill & Tyson，2009；Hoover-Dempsey，Ice，& Whitaker，2005；Sheldon，2005；Sheldon & Jung，2015；Sheldon & Van Voorhis，2004；Simon，2004）。

直到最近，针对家庭参与的研究才开始关注不同类型的参与行为对学生成绩的差异化影响。早期的研究侧重于分析家长参与的一般衡量标准，尤其是家长参与对学生成绩、学业测试分数的影响及其关系（Ho & Willms，1996；Keith，Keith，Quirk，Sperduto，Santillo，& kills，1998；Muller，1993）。尽管如此，这些研究为父母参与重要性的认识奠定了研究基础，其作用值得肯定。

最近，研究人员开始关注不同类型的参与行为与学生具体学习之间的关系。关于学校、家庭和社区合作关系的研究不断在深入，这对于研究者认识不同类型的参与行为如何影响儿童学习和发展至关重要（Epstein，1995；Jeynes，2003，2012；McNeal，2014；Sheldon，Epstein，& Galindo，2010；Shen，Washington，Palmer，& Xia，2014；Shumow & Miller，2001；见本指南第 1.1 节）。越发明显的是，如果要实现特定的学校目标，并希望这一目标在学生身上得到体现，那么，教育工作者就必须清楚他们需要激活哪种类型的参与行为以实现这种改变。

1.3.2 家长参与对学生学业成绩的影响

（1）阅读能力的培养与发展

诸多研究表明，家庭对子女读写能力的培养与学生的读写能力水平之间有密切联系。美国教育部的一份报告证实了这一重要的发现：家庭藏书较多、父母阅读量高的学生，在阅读成绩测试中的表现，远比来自阅读量较少家庭的孩子要好（Donahue，Finnegan，Lutkus，Allen，& Campbell，2001）。因为有很多研究考察了家庭的参与如何影响儿童的读写能力发展，本节以儿童的年龄和年级为序，进行简短的阐述（Sheldon &Epstein，2005b）。

①学龄前阶段家庭参与行为对孩子阅读能力的影响

家庭对儿童读写能力和阅读成绩的影响始于儿童进入正式学校之前，从婴儿期开始，家庭的“识字环境”就会对个体产生影响（Edwards，Pleasants，&Franklin，1999；Galindo & Sheldon，2012；Leichter，1984；Taylor & Dorsey-Gaines，1988；Wasik，2012）。许多研究表明，儿童早期的识字（语言培养）经历，如被父母鼓励开口说话、唱歌，跟成年人一起读书、写字，这些经历会对学生的语言技能、词汇知识掌握、字母发音等方面的成绩产生积极影响。

事实上，对于来自低收入、中等收入和高收入家庭的 3 ～ 5 岁儿童而言，他们在家里都会经历各种语言活动。比如，听大人给自己读儿童书籍、看其他人阅读，还有认字写字辅导（Hart & Risley，1995；Heibert，1980；Teale，1986）。虽然故事阅读、文字符号和标签可以帮助孩子学习单词，掌握文字的交际功能，但各自不一样的学习经历本身会影响孩子对字词语言形成不同的理解。因此，父母对书本阅读和识字活动的重视，可能会影响儿童早期的语言、阅读、写作知识和技能（Hammer，Farkas，&Maczuga，2010；Heath，1983；Purcell-Gates，1996）。

大多数幼儿园都会通过开展阅读和语言体验活动来帮助所有学龄前儿童做好上幼儿园的准备，并且大多数幼儿园都试图让有孩子的家庭参与到这些体验活动中来。在明尼苏达州，教育管理部门开展了两项实验研究项目，分别是由联邦政府资助的针对低收入家庭婴幼儿的发展项目 EHS 和 EASE 项目。实验研究发现，通过培训指导，父母可以有效地与孩子一起学习识字技能，开展与书籍阅读相关的活动。实验结果显示，与对照组的学生相比，实验组儿童在阅读前的语言技能得到提高（Mathematica Policy Research and Center for children and Families，2001）。分析可知，在这些项目中，研究者增加了父母给孩子讲睡前故事的时间，以及增加其他与阅读和语言培养相关的活动时间。在另一项名为“学前儿童家庭指导计划”（HIPPY）实验项目中，研究者通过增加母亲大声朗读和与孩子一起学习识字技能时间，得出了同样的结论（Baker，Piotrkowski，& Brooks-Gunn，1998）。同时，在一份全面总结了已有九十余项实验方法的报告中也指出，无论家庭背景如何，学龄前学生的家长可以在学前教师的指导下，通过与他们的孩子一起进行阅读和数学活动，提高孩子上幼儿园的适应程度（Van Voorhis，Maier，Epstein，& Lloyd，2013）。

“亲子阅读”是低年级老师通常鼓励父母参与孩子学习最常见的形式，也是当前研究最多的家庭参与行为之一。卡伯勒斯（Scarborough，1994）和多布里希（Dobrich，1994）回顾了近 30 年的文献研究，发现父母与孩子开展亲子阅读对学生的读写能力发展有一定的影响，其关键在于阅读中的互动质量。其他研究还发现，无论在家里“讲英语”还是“不讲英语”，只要在家里使用共通语言开展亲子阅读活动，同样可以有效提高孩子的英语词汇量（Roberts，2008）。

教育工作者经常举办一些培训或培训班来帮助父母提高亲子阅读的质量。在一项关于家长参与阅读培训效果的研究中，研究者通过比较250名幼儿园学生的父母是否接受过培训及其对幼儿园学生在早期识字技能上的影响，发现那些接受过培训的家长会主动使用学习到的结构化活动来增加亲子阅读中互动的频率和质量（Jordan，Snow& Porche，2000）。这项研究和其他研究（Bus，de Jong，& Van Ijzendoorn，2007；Saracho & Spodek，2010）结果都表明，在词汇、理解、故事顺序和声音意识的读写测试中，那些父母参加过培训的学生比其他学生表现出更大、更明显的进步。

研究也进一步证实，针对低收入和缺乏正规教育的家长采取的干预措施也对学生的早期阅读技能发展产生了积极影响。罗尼根和怀特胡斯特（Lonigan & Whitehurst，1998）比较了不同共享阅读模式对学龄前儿童早期读写能力的影响。在其研究设计中，参与实验的学生被随机分配到四组：（a）老师给一小群孩子读书；（b）家长在家给孩子读书；（c）老师和家长一起给孩子读书；（d）没有接受特殊干预的对照组儿童。在这项研究中，与没有共享阅读经历的学生相比，经历了与父母共享阅读、与老师一起进行小组阅读或两者结合的学生在阅读评测中表现得更好。另外，那些与父母一起参与过共享阅读活动的学生，包括上文中（b）和（c）两种情况，在词汇掌握、口语技能方面要比仅与教师一起参与阅读活动的学生更好。

有关家长参加培训班效果的研究表明，那些参加过培训班，接受过相应亲子阅读培训的家长，可以更好地与孩子进行有效的阅读互动，并且能促进孩子们的早期阅读和读写技能发展。尤其值得一提的是，罗尼根和怀特胡斯特的经典研究为家长是否有必要参与相关培训提供了强有力的证据，其研究结果表明，收入较低、受教育程度较低的父母，尽管他们的阅读能力可能比经济条件较好的父母要弱，但只要接受了相应培训，也可以有效地通过亲子阅读等形式促进学龄前儿童阅读能力的发展。

②小学阶段家庭参与行为对孩子阅读能力的影响

当儿童开始接受正式教育后，其学习和发展将迎来重要转变。进入小学所带来的这种变化对父母在孩子阅读能力发展过程中所扮演的角色有重要影响。例如珀赛尔－盖茨（Purcell-Gates，1996）发现，在一些低收入家庭中，父母在孩子开始正式上学后，对孩子阅读活动的参与有所增加。在小学阶段，虽然学校和老师对孩子的阅读学习有显著的影响，但父母对儿童的阅读和语言发展仍然具有影响力（Galindo & Sheldon，2012；Sheldon & Epstein，2005b）。

阅读故事书。阅读故事书仍然是小学阶段孩子们的一项重要活动。研究表明，亲子阅读故事书对儿童语言发展有长期、多方面的影响（Sénéchal & LeFevre，2002；Sénéchal，LeFevre，Thomas，&Daley，1998；Sénéchal & Young，2008）。针对小学一年级儿童的相关研究表明，如果父母在学龄前给孩子们读了更多故事书（非正式识字活动），那么他们在接受语言技能（例如词汇和听力理解）方面的得分要高于其他同年级儿童。对这些小学一年级学生的比较分析发现，如果他们的父母经常借助书本教他们认识字母和单词（正式识字活动），那么，他们在识字技能（例如，字母知识、解码和发明拼写）上得分更高。研究表明，随着时间的推移，我们可以从儿童识字技能方面的表现预测孩子一年级的阅读成绩，而从其接受性语言技能方面的表现可以预测其三年级的阅读成绩。

这些复杂的研究与其他研究结果一致，都清晰表地明父母参加各种与阅读相关的活动有助于学生培养几种识字技能，这对以后的阅读能力培养很重要（Ma，Shen，Krenn，Hu，& Yuan，2016；Sénéchal，

&Young，2008；Wilder，2014）。此外，研究结果表明，学校可以引导家长与幼儿一起进行各种识字活动，包括与孩子一起大声朗读、听故事、学习字母和单词。这些前期活动可以帮助孩子为将来在学校的正式阅读学习做好准备。

阅读活动志愿者。小学经常会邀请家长和社区志愿者来帮助孩子们提高读写能力。沃斯克（Wasik，1998）通过对相关活动①进行实证分析，发现大多数此类活动都偏向邀请社区成员，而不是邀请学生父母担任阅读志愿者。通过进一步的研究，沃斯克发现这些活动有如下共同特征：拥有一位具有阅读知识和阅读指导能力的组织者、师生共同开展有组织的活动，以及对志愿导师开展相关培训。

在沃斯克研究的基础上，拜克、戈斯滕和凯庭（Baker，Gersten&Keating，2000）对一项低成本社区阅读志愿者项目进行研究，旨在关注其对学生发展所产生的纵向影响。研究人员将一年级学生随机分配为一对一辅导组或对照组，并在两年时间里比较分析了学生在一年级和二年级期末阅读成绩的差异。在二年级结束时，“一对一辅导组”学生的口语阅读和单词理解能力明显要高于“对照组”，阅读技能的提高也比没有参加辅导项目的同龄人要高。

在另一个研究案例中，杨、莫尔和拉辛斯基（Young，Mohr&Rasinski，2015）发现，三至五年级的那些存在阅读困难的学生，在社区志愿者和学校教育者的辅导下，阅读流利性有了显著提高。此外，菲茨杰拉德（Fitzgerald，2001）发现，使用大学生作为志愿阅读导师有可能提高小学生的阅读能力。这些研究表明，社区参与策略，如使用准备充分的阅读导师，可以对学生的阅读能力产生积极影响。

---

① 这些活动主要是由成年人作为志愿者组织的，旨在帮助学生提升学习阅读能力的志愿活动

③小学高段和初中阶段家庭和社区参与对孩子阅读能力的影响

当前，有关家长参与对学生阅读和识字技能影响的研究主要集中在学龄前和小学低年级的学生身上，对中年级的学生进行的研究比较少。当孩子升入小学三年级以后，家长参与孩子教育的程度降低了（Dauber & Epstein，1993；Eccles & Harold，1996），教育工作者也表示，此阶段学校也减少了让父母参与孩子教育的努力（Chen，2001；Donahue et al.，2001；Epstein & Dauber，1991）。

然而，越来越多的研究表明，家庭和社区的参与对学生在高中期间的学习成绩、品行和其他发展指标具有积极影响（Catsambis，2001；Crosnoe，2009；McNeal，2014；Nuñez，Suárez，Rosário，Vallejo，&Epstein，2015；Simon，2001）。很多研究也发现，如果要让家长参与能够对孩子的阅读、语言能力和其他识字技能起到积极效果，就必须确保家长的参与设计科学且实施到位，而且相应活动的设计要与学生课堂学习紧密相关。大多数研究关注到了家长参与性质的变化和参与程度的变化对结果的影响，但很少有研究关注随着孩子年级的变化，家长参与的效果对学生阅读成绩的影响。

有一项研究关注到了此现象，该研究以城市学校中主要来自低收入非裔美国家庭的三年级和五年级学生为样本。研究发现，在控制学生现有阅读水平的条件下（选择同水平学生），如果教师经常让家长在家里开展亲子阅读或共享阅读活动，那么其所在班级学生的阅读水平要比其他班级学生表现出更大的进步（Epstein，1991）。该研究没有详细介绍教师让家长参与儿童阅读的具体做法，但对学校教师、家长和管理人员的后续采访表明，大多数参与活动都是阅读或与阅读相关的活动。

其他实验研究也强调了家长参与各年级阅读活动对学生阅读技能发展的重要性。谢弗和沃尔斯（Shaver& Walls，1998）的研究发现，通过使用家庭阅读“学习包”（系列培训材料）对二年级至八年级学生家长进行培训，可以有效促进家长参与孩子的阅读活动，而学生的阅读理解能力和阅读综合成绩都得到了提高。

对美国18个学区71所“一号标题法案”学校的研究发现，通过向家长提供几种类型的参与培训，包括向家长提供如何在家帮助学生阅读的系列材料（“学习包”），随着学生从三年级升到五年级，学生的阅读成绩是逐年提高的（Westat and Policy Studies Associates，2001）。而如果教师在低年级时对家长进行了高水平的拓展训练，班级学生阅读考试成绩要高出其他学生50%。

这些实验研究尤其重要，因为它们证明了在低年级以后，增加家庭参与可能会提高学生的阅读成绩。例如，迪林、克莱德、辛普金斯和韦斯（Dearing，Weiss，Simpkins，& Kreider，2006）的研究发现，在幼儿园阶段阅读水平一致的条件下，从幼儿园到五年级期间，家庭对孩子的学校教育参与得越多，孩子在五年级的读写能力则表现越好。研究还指出，从幼儿园到小学高年级，家庭对孩子的学校教育参与得越多，则孩子在五年级时的识字成绩可能提高得更多。

④家长参与对青少年学生阅读能力的影响

在关于青少年读写能力以及如何教初高中学生阅读的讨论中，家庭和社区的参与在很大程度上是被忽视的。那些阅读能力较弱的高年级学生，通常都要接受词汇、阅读理解和写作技能的辅导，但却很少有人关注在此过程中家庭和社区参与的作用，尤其是家庭和社区的参与对促进高中生掌握阅读能力方面所具有的积极作用（Greenleaf，Schoenbach，Cziko，& Mueller，2001）。事实上，在中学仍然很少看到教师精心设计干预措施，以便帮助家庭在家庭作业或特定科目学习中与青少年互动（Sanders & Epstein，2000）。

通过对八年级、十年级和十二年级的全国学生样本的分析，研究者发现，在控制了学生前期成绩水平的条件下，如果父母与学生讨论学校和未来计划，检查孩子们的作业，并对孩子的学习保持较高的期望，那么学生的阅读成绩或英语成绩会更高（Desimone，1999；Ho & Willms，1996；Lee & Croninger，1994；McNeal，2014；Simon，2004）。这些研究证实，父母对阅读和其他学校科目的持续关注和支持，对高中阶段学生的学业发展依然具有重要作用。

其他研究也表明，在高中阶段，学校与家庭保持沟通对学生取得更高水平的阅读成绩大有裨益。在控制学生前期成绩的条件下，研究人员发现，经常与学生家庭沟通的学校，与没有保持良好沟通的学校相比，学生在标准化阅读成绩测试中获得了更好的成绩（McNeal，2014；Parcel & Dufur，2001；Simon，2004）。结果说明，如果学校建立了频繁的、积极的、有目的的沟通机制，更多的家长将会关注高中生的阅读态度和阅读习惯，这种“关注”有利于教师实现学校教学目标，也有利于改善高中学生的学习。在中学阶段，尽管父母往往对自己帮助孩子进行高级课程活动的能力缺乏信心，但明确的、有效的沟通却是必不可少的（Hoover-Dempsey et al.，2009）。

研究者就此开发了一种干预措施：“家校合作课堂”（Teachers Involve Parents in Schoolwork，TIPS），即让家长参与学校语言艺术课程指导，旨在增加家长对中学语言艺术课程的参与（Epstein，2017；参见本指南第八章关于 TIPS 的内容）。研究者通过调查 2 所中心城市中学的 683 名六年级、七年级和八年级的学生，针对 TIPS 语言艺术开展研究。这两所中学的大多数学生是非裔美国人，超过 70% 的学生有资格享受免费或减价午餐（Epstein，Simon，& Salinas，1997）。在研究过程中，研究人员让学生与父母或家庭成员分享写作提示、写作思路和故事或文章的草稿，并对与自己相关的家人的经历进行“调查”和讨论。最后，研究者以家长教育程度、学生年级、出勤率、不同学期的语言艺术成绩为变量进行统计分析，以此确定 TIPS 交互式作业对学生不同学期写作技能成绩的影响。结果显示，参与并完成更多 TIPS 作业的学生，其语言艺术成绩普遍较高，而且当家长也参与其中时，无论学生最初的语言艺术能力如何，随着学习时间的推移，他们的写作成绩都有所提高。

一项以六年级至七年级学生为样本的纵向研究也发现，在控制学生此前考试成绩的前提下，参与 TIPS 实验的学生考试成绩高于对照组的学生。参与 TIPS 的学生也比对照组的学生在语言艺术活动上与家人有更多的互动，且对待家庭作业的态度也更积极（Van Voorhis，2009，2011b）。

（2）数学核心素养的发展

数学与阅读一样，也是学校各年级的核心课程。对于学校、家庭和社区合作者而言，在数学学科上的合作充满挑战。随着数学课程的难度越来越大，许多家长对帮助孩子学习数学感到恐惧和缺乏信心，这让学校从学龄前就开始实施与数学相关的家校合作变得尤为重要。

通过梳理文献，我们发现，虽然有关于学校、家庭和社区在数学方面合作的研究比较少，但相关研究正不断开展，并已经取得了重要成果。拜克、戈斯滕和李（Baker、Gersten& Lee，2002）在一项关于不同类型数学干预效果的研究综述中发现，当教师在拥有了学生数学学习成绩的相关数据时，使用同伴作为导师的策略进行教学，对学生的错误提供翔实的反馈，并在教授数学概念和程序时提供明确的指导，那些在数学学习上存在困难的学生将会受益匪浅。同时，拜克等人的研究也注意到，很少有数学类教学活动会主动寻求与家庭建立联系或展开交流，即使有，这些“措施”也只是作为项目的附属内容。尽管当前研究者对家庭参与数学教育不够重视，但已有研究结果显示，如果希望帮助学生提高数学技能和成绩，就需要让家庭和社区成员有组织、系统地参与到学生数学素养的培养中来。

学校和家庭在数学教学上的合作至关重要，因为父母的社交方式会影响孩子对数学能力和数学成就的自我认知。研究证实，孩子对数学能力的自我认知受到考试成绩的影响，但更受父母对孩子数学能力认知的影响（Frome & Eccles，1998；Parsons，Adler，& Kaczala，1982）。其他研究证据表明，我们需要重视儿童的此类自我认识，因为儿童的自我认知造就了他们以后的职业决策（Bleeker & Jacobs，2004）。正因如此，我们不仅要帮助教师提高学生对数学能力的自我认知，还需要帮助家长提高对孩子数学成就和进步的理解和期望。

其他研究表明，家长参与会直接影响孩子的数学成绩。诸多研究也表明，无论是什么种族或民族，也不分什么学校，如果学生经常在家开展有关学校的亲子讨论，或者他们家长经常参与学校志愿者活动，是积极的学校志愿者或PTA（家长教师联合会）/PTO（家长教师联合组织）的成员，那么，这些学生的数学成绩会更好，并且对数学学习会保持持续的兴趣（Desimone，1999；Galindo & Sheldon，2012；Ma，1999；Park & Holloway，2017；Valadez，2002）。此外，父母对孩子数学能力的期望值越高，孩子越有可能取得更高的数学成就（Galindo & Sheldon，2012；Hong & Ho，2005；Yan & Lin，2005）。有研究进一步证实了这些发现（Catsambis& Beveridge，2001），在高中阶段，积极的社区环境（积极的参与、小区良好的学习氛围等）也有助于提升学生的数学成绩。综上所述，诸多有关学生数学学习的研究都表明，家庭和社区的参与可能影响学生的数学成绩。

有充分的证据显示，许多家长需要借助外部力量来帮助他们建立与孩子的数学互动。例如，李内和舒蒙（Lerner & Shumow，1997）发现，家长虽然相信渐进式教学策略对数学学习的有效性（例如，让孩子谈论他们的数学工作并从错误中学习）。但是，在实际生活中家长却倾向于提供指导性的帮助，很少给孩子机会自己思考数学问题和解决方法。另外，有研究发现，母亲在帮助孩子完成数学作业方面的能力存在显著差异（Hyde，elsequest，Alibali，Knuth，& Romberg，2006）。结合上述介绍的两种情况，以及相关主题的文献综述（Van Voorhis，2013），研究人员认为，学校与家庭应广泛合作，通过合作帮助所有家庭了解如何在数学作业上与孩子互动，从而为孩子学习数学提供支持和鼓励。

“互动式作业”是一种有效的家校合作策略，即教师通过布置互动式作业，要求学生与家庭成员讨论数学作业和想法。有研究也发现（Balli，Demo & Wedman，1998），在中学，开展互动式作业可以有效提高家长参与孩子数学学习的程度。如果数学教师采用互动式家庭作业开展教学，其班级学生在标准化数学测试中获得“高分”或“优秀”等级的比例要比其他班级高出许多（Sheldon & Epstein，2005）。此外，范・沃利斯（Van Voorhis，2009，2011a，2011b）也有力地证明了互动式数学作业有利于小学生数学成绩的提高。在她进行的一项准实验研究中，以教师“是否布置家校交互式数学作业”为控制变量建立实验组和对照组，并比较两组学生的数学成绩。通过对三年级到四年级的学生跟踪调查后发现，与对照组的学生相比，实验组学生的家庭对学生数学学习活动的参与度更高，对数学作业的态度更积极，学生数学成绩也更好。此研究说明，教师可以通过提高家庭参与孩子数学学习活动的程度，而不是让家长直接“教授”孩子具体的数学技能，来提高孩子的数学成绩。由此可知，父母对孩子数学学习活动的支持，以及家庭中关于数学的交流对话可能会帮助学生形成积极的数学态度和取得更高水平的数学成绩。

另有研究表明，学校可以通过营造良好的学校氛围来提高学生的数学成绩，这种氛围应当得到父母、家庭和社区的支持。如何理解“学校氛围”？美国国家研究理事会是这么界定的，认为“学校氛围”应该体现学校的教学风貌或氛围的组织特征，而且从内涵上来讲，“学校氛围”与校长的领导风格、社区意识、对学生的期望、关怀精神和学生成长密切相关（National Research Council，2003）。此外有研究表明，那些欢迎家长和社区参与合作的学校氛围会更加积极（Desimone，Finn-Stevenson，& Henrich，2000；Griffith，1998；Haynes，Comer，& Hamilton-Lee，1989）。此外，在学生已有数学水平和社区经济水平均一致的条件下，家校合作氛围更好的学校，其学生在标准化数学测试中的成绩更好（Rice，Barth，Guadagno，Gabrielle，Smith，& McCallum，2013；Sheldon，Epstein，& Galindo，2010）。

综上所述，越来越多的证据表明，家庭环境会影响学生的数学学习态度、能力和成绩。学校应该采取积极措施，主动帮助家庭树立正确的数学学习观，以及与孩子建立积极的数学互动。学校的积极作为会吸引更多的家庭参与到学生的数学学习中来，也必然会改善学生在数学方面的学习态度和表现。

（3）科学素养的培养与发展

与阅读和数学研究相比，关于学校、家庭和社区合作对学生科学成绩影响的研究并不多见。然而，最近的研究表明，父母对科学的态度对学生的学习动机（Harackiewicz et al.，2012）和学习成绩（Perera，2014）有显著影响。鉴于人们对特定年级的科学标准、对STEM学科（科学、技术、工程和数学）的态度，以及学生在科学测试中的成绩越来越感兴趣，系统梳理现有相关研究文献就很有必要。

通过对美国四年级、八年级和十二年级学生的数据分析发现，来自低收入家庭的学生在科学方面的表现要比经济条件好的同龄人差（Von Secker，2004）。这项研究还发现，家庭收入低和少数民族身份对学生科学成绩会产生不利影响，但父母受教育程度高和家庭教育资源（如书籍和杂志）较为丰富可以弥补这种不利影响。也就是说，来自低收入家庭的学生，如果他们的父母接受了更多的正规教育，并积极鼓励孩子的教育，那么他们的科学成绩就会更高。此外，沃·赛科（Von Secker）还发现，如果没有这些积极的家庭资源，与高收入家庭学生的科学成绩相比，来自低收入家庭学生的科学成绩从四年级到十二年级差距在不断扩大。这项研究表明，对于那些在科学学习中本就处于不利地位的学生而言，提高家庭参与对改善这种不利处境尤其重要。

与数学学科一样，家庭和社区参与可能会影响学生对科学学习的态度，进而影响他们的学习成绩。吉格和卡普莱（George & Kaplan，1998）发现，父母可以通过在家参与孩子的科学活动、带孩子去图书馆或博物馆等方式培养孩子积极的科学态度。因此，全面了解家庭如何帮助学生培养积极的科学学习态度很重要，因为这可能有助于所有学生（包括来自低收入家庭的学生）提高科学和其他学科的成绩。

范·沃利斯（Van Voorhis，2003，2011b）采用准实验设计，检验了 TIPS 互动式科学作业对家长参与科学和学生科学成就的影响。与对照组学生的家庭相比，每周接受科学互动作业的学生，其家庭参与孩子科学学习活动的程度更高。与其他学生相比，实验组学生不仅科学成绩更高，对科学作业的态度和情绪也更积极。上述研究表明，学校可以通过鼓励更多以科学为重点的家庭参与来帮助学生提高科学作业完成率，促进家庭对科学的讨论，并最终促进中学生科学成绩的提高。

1.3.3 家长参与对学生非学业成就的影响

（1）促进儿童幼小衔接

当儿童进入学前班或幼儿园开始正规教育，就意味着儿童及其家庭生活将迎来重大转变。在这一过渡期，家庭与孩子之间的互动方式会出现动态变化，也无疑会增加家长与学校老师或其他人相处的难度。根据福罗兰等人（Powell，Son，File & Froiland，2012）的研究，人们发现从学龄前到幼儿园再到小学一年级的过渡期内家庭参与孩子学校教育的水平可能增加，也可能减少。在此期间的“参与水平”是起伏不定的。在孩子进入正式学校教育时，家庭参与可以为孩子顺利过渡提供有效支持和指导，有助于学生成功地从一个教育阶段过渡到下一个教育阶段（例如，入学或从一所学校转到一所新学校）。

相关研究发现，在控制学生现有成绩和家庭背景的条件下，如果幼儿园愿意积极鼓励家长参与孩子的学习，并及时告知家长校园活动，相比那些什么都不做的幼儿园，此类学校的学生学习效果更好（Galindo & Sheldon，2012；Schulting，Malone，& Dodge，2005）。此外，在向正式学校教育过渡的过程中，增加家庭参与有助于提高儿童数学技能水平，而且对数学技能较低的学龄前儿童特别有益（Powell et al.，2012）。通过精心设计系列干预措施来改善家庭参与，可以帮助父母更好地理解促进孩子发展的方式方法。可以采取的措施包括：及时将有关过渡期的注意事项告知家人、父母或家庭，与学生共同认识“过渡期”。将这些知识与参与活动结合起来，可以帮助所有父母学会如何引导孩子在学校取得成功。

有学者研究了初中高中过渡期的家庭参与对学生适应、出勤率和学习的影响（Crosnoe，2009；Falbo，Lein，& Amador，2001；Grolnick，Kurowski，Dunlap，& Hevey，2000；Gutman &Midgley，2000；Mac Iver，Epstein，Sheldon，& Fonseca，2015）。这些研究表明，学校可以帮助学生做好教育转型，减少适应问题，并通过鼓励家庭成员与孩子及时沟通，帮助孩子更好地理解和适应不同学段的教育和发展要求，从而不断推进学业深造。

（2）提高出勤率

对于学校而言，提高学生出勤率是非常重要的目标，因为按时上学的孩子比旷课的孩子有更多的学习机会。然而，要实现这一目标，需要考虑很多的因素，对问题进行全面思考，要系统地解决学校层面和课堂层面的因素，同时，还需要关注与学校、家庭和社区合作有关的因素（Epstein & Sheldon，2002；McConnell & Kubina，2014）。研究已经证实，建立并实施综合性的、全校性的学校、家庭和社区合作活动或项目，有助于促进更多的学生回归课堂，进而提升了学校每日平均出勤率（Epstein & Sheldon，2016；Jung & Sheldon，2015；Sheldon，2007）。尽管大多数学校都意识到家庭和学校的合作对于提高学生出勤率很重要，但许多学校依然没有建立与家庭全面合作的措施。

一些研究发现，父母参与学校教育的行为可以有效影响学生的出勤率。这些参与行为包括掌握学生的行踪、参与亲子讨论、参加学校志愿者活动，以及担任 PTA/PTO 成员。研究显示，上述因素是预判学生旷课率高低的重要指标（Astone & McLanahan，1991；Duckworth & DeJong，1989；McNeal，1999）。

另有一些研究明确了哪些“家－校－社合作活动”会影响学生出勤率，这些活动包括：与家庭沟通学校有关出勤率的政策，关注自己孩子的出勤率，以及分管学校的联系人的信息；举办关于出勤率的研讨会；进行家访；为学生提供课后服务（Epstein & Sheldon，2002；Sheldon & Jung，2015）。研究还发现，当学校与家长展开沟通，并告知家长他们孩子的出勤情况，或当学校通过各种家庭和社区参与活动开展全面合作时，学生的长期缺勤率会下降（Epstein & Sheldon，2004）。

研究证明，学校与家庭之间积极的、频繁的双向沟通可以提高学生出勤率，如学校定期给旷课学生的父母打电话（Helm & Burkett，

1989；Licht，Gard，& Guardino，1991）。此外，及时向家庭提供出勤率信息有助于提高高中生的出勤率（Roderick et al.，1997）。让家长了解孩子的出勤率，可以让家长更有效地监督孩子。（有关学校出勤研究的摘要，请参阅网站 http://www.attendanceworks.org/research/。）

（3）学生品行

孩子在校内外的各种行为都与他们的家庭环境和家庭发展相关联。斯奈德和帕特森（Snyder and Patterson，1987）梳理了最近三十多年的研究文献发现，家庭消极的养育方式、行事无规矩、父母监督不力、家庭解决问题不畅，以及严重的家庭冲突都是导致青少年犯罪的原因。研究还发现，通过调查实证分析，已经发现各类型家庭互动或家庭参与对青少年行为的培养有显著影响，当积极开展“家校社合作”后，无论是富裕的，还是贫困的社区，青少年犯罪都明显减少，甚至消失了。最近的研究还表明，家庭沟通模式和父母对学校教育的支持态度，都有助于降低白人和少数民族学生的犯罪率（Davalos，Chavez，& Guardiola，2005）。

除了改善学生在校行为外，实施学校、家庭和社区合作也可能有助于提高学生的学业成绩。多米纳（Domina，2005）分析了一个大型国家数据库的数据后得出结论，父母参与的活动有助于预防学生行为问题。研究表明，相比来自高收入家庭的学生，父母对学生家庭作业的帮助和参与学校志愿活动对来自低收入家庭学生的学校行为影响更显著。

其他研究还发现，如果父母积极参与学校教育和开展家庭教育，可以有效促进学生在学校的表现，假以时日，学生未来的发展是可以预期的（Beyers，Bates，Pettit，& Dodge，2003；El Nokali，Bachman，& Votruba-Drzal，2010；Hill et al.，2004）。这些研究都使用了先进的统计方法和大型数据库数据进行分析，通过系统研究父母对孩子行为的积极影响，明确了家庭参与促进学生成绩提高的实施机制。

学生行为受家庭和社区环境的影响已经是众所周知的事情。许多研究者也认为，社区的环境和文化有助于塑造家庭和学校的社会化过程。例如，如果青少年生活在暴力事件频发的社区，那这样的生活环境在一定程度上会是导致学生学校出勤率低、学业成绩差和学校行为问题多的重要原因（Bowen，1999；Bowen，Bowen，& Ware，2002）。当然，社区的影响也可以是积极的（Sanders，2005）。如果学校和社区开展各类合作，如参与指导、安全巡逻和提供经济支持，那么这些合作可能会改善学校教育教学，影响学生的成绩和对学校的态度（McPartland & Nettles，1991；Nettles，1991；Sanders & Harvey，2002）。正是因为社区对学生成绩具有潜在的积极和消极影响，这就使学校、家庭和社区合作成为学校改善学生品行计划的重要组成部分。

1.3.4 改善学生问题行为的合作实践

虽然许多人认为增加学校、家庭和社区资源投入可以减少学生的问题行为，可以改善学生的学习（Adelman & Taylor，1998；Epstein，1995；Noguera，1995；Taylor & Adelman，2000），但在通常情况下，改善学生行为的干预措施都主要集中在教育工作者如何确保学校环境的安全上。而事实上，家长在帮助改善学生行为方面也应承担适度的责任，比如，可以加强与学校的合作。目前来看，在学校努力采取措施减少或预防学生行为问题过程中，家长的角色和作用没有得到充分发挥（Garbacz，McIntosh，Eagle，Dowd-Eagle，Hirano，& Ruppert，2016；Gottfredson，Gottfredson，& Hybl，1993）。

已经有一些研究表明，家庭和社区的相互合作可以帮助学校建立更安全的校园环境，并促进学生更加专注于学习。一项有关小学生的研究发现，学校社工可以帮助家庭和学校相互沟通，这有助于改善学生的行为和学习能力（Bowen，1999）。其他研究也显示，更高水平的家庭参与（例如，参加培训，在学校做志愿者，在家帮助学习，参与学校政策的审查和修订）对学龄前学生（Fantuzzo，McWayne，Perry & Childs，2004），以及初中生和高中生（Ma，2001；Simon，2004）都能起到积极作用。

谢尔顿和爱泼斯坦（Sheldon and Epstein，2002）的研究发现，如果学校不断优化“家－校－社合作”，那么学校里被留校察看或停课的学生就会减少。如果学校经常开展各类服务学生的志愿活动，或组织指导家长如何进行教育的专家讲座，那么在学校中被处分的学生也会更少。综上所述，相关研究再次明确了建立学校、家庭和社区合作的重要性，这可以帮助学校改善学生问题行为，减少违纪违规学生的数量。

系列研究也在不断影响实践。许多教育工作者也越来越了解学生的家庭生活和学生校内行为之间的联系。而且，随着“家－校－社”合作体系的建立和完善，越来越多的学校正在实施家庭和社区合作活动，帮助学生改善行为、提高学习质量和成绩。（可访问 www.partnershipschools.org 网站“成功故事”栏目。）

本节小结

研究表明，家庭和社区不仅对学生在校发展有影响，而且有效的学校、家庭和社区合作可能会影响学生的方方面面。必须说明的是，我们不应低估家庭和社区参与学校合作对学生成绩的潜在价值，但也不能对家庭和社区参与所带来的影响，尤其是对各年级学生成绩的影响期望太高。例如，儿童的阅读技能发展的关键因素还是高质量的教师教学（Snow，Burns，& Griffin，1998）。

近二十几年的研究开始发现，学校相关实践已经对家庭－社区参与学校教育的相关问题提出了新的思考。如家庭是否应该参与孩子学校教育、哪些家庭应该参与，以及如何参与等方面都有重要发现（Epstein，2011；Weiss，Lopez，& Rosenberg，2010）。更重要的是，如果学校对拟开展的合作活动进行精心设计，其所产生的影响会随着时间的推移不断凸显，从量变到质变，对学生的阅读和读写能力、数学、科学或其他非学业成就等方面产生相当大的影响。

实现这些目标的关键是学校和学区是否愿意实施高质量的合作活动。当学校设定了帮助学生提高阅读、数学和科学能力，提高出勤率，培养品行等目标后，学校必须有明确的书面计划来实施家庭和社区的参与活动，这些活动将以各种方式指导家庭帮助学生达成上述目标。那些深信“家－校－社”合作价值、参与合作计划制定与实施、监督实施过程和解决存在问题的教育工作者，最终将看到更多的学生在学校得到更好的发展。

参考文献

[1] Adelman, H. S., & Taylor, L. (1998). Reframing mental health in schools and expanding school reform. Educational Psychologist, 33, 135–152.

[2] Astone, N., & McLanahan, S. (1991). Family structure, parental practices and high school completion. American Sociological Review, 56, 309–320.

[3] Baker, A. J. L., Piotrkowski, C. S., & Brooks-Gunn, J. (1998). Effects of the Home Instruction Program for Preschool Youngsters (HIPPY) on

children's school performance at the end of the program and one year later. Early Childhood Research Quarterly, 13, 571–588.

[4] Baker, S. Gersten, R., & Keating, T. (2000). When less may be more: A 2-year longitudinal evaluation of a volunteer tutoring program requiring minimal training. Reading Research Quarterly, 35, 494–519.

[5] Baker, S., Gersten, R., & Lee, D. (2002). A synthesis of empirical research on teaching mathematics to low-achieving students. Elementary School Journal, 103, 51–73.

[6] Balli, S. J., Demo, D. H., & Wedman, J. F. (1998). Family involvement with children's homework: An intervention in the middle grades. Family Relations, 47, 149–157.

[7] Beyers, J. M., Bates, J. E., Pettit, G. S., & Dodge, K A. (2003). Neighborhood structure, parent processes, and the development of youths' externalizing behaviors: A multilevel analysis. American Journal of Community Psychology, 31, 35–53.

[8] Bleeker, M. M., & Jacobs, J. E. (2004). Achievement in math and science: Do mothers' beliefs matter 12 years later? Journal of Educational Psychology, 96, 97–109.

[9] Bowen, N. K. (1999). A role for school social workers in promoting student success through school-family partnerships. Social Work in Education, 21, 34–47.

[10] Bowen, N. K., Bowen, G. L., & Ware, W. B. (2002) Neighborhood social disorganization, families, and the educational behavior of adolescents. Journal of Adolescent Research, 17,468–490.

[11] Bus, A. G., de Jong, M. T., & Van Ijzendoorn, M. H. (2007). Social aspects in language and literacy learning: Progress, problems,

and interventions. In O. N. Saracho, & B. Spodek,(Eds.), Contemporary perspectives on social learning in early childhood education (pp.243–258). Greenwich, CT: Information Age.

[12] Bryk, A. S., Sebring, P. B., Allensworth, E., Luppescu, S., & Easton, J. (2010). Organizing schools for improvement: Lessons from Chicago. Chicago, IL: University of Chicago Press.

[13] Catsambis, S. (2001). Expanding knowledge of parental involvement in children's secondary education: Connections with high school seniors' academic success. Social Psychology of Education, 5, 149–177.

[14] Catsambis, S., & Beveridge, A. A. (2001). Does neighborhood matter? Family, neighborhood,and school influences on eighth grade mathematics achievement. Sociological Focus, 34,435–457.

[15] Chen, X. (2001). Efforts by public K–8 schools to involve parents in children's education: Do school and parent reports agree? (NCES 2001–076). Washington, DC: National Center for Education Statistics.

[16] Chrispeels, J. (1996). Effective schools and home-school-community partnership roles: A framework for parent involvement. School Effectiveness and School Improvement, 7,297–322.

[17] Crosnoe, R. (2009). Family-school connections and the transitions of low-income youths and English language learners from middle school to high school. Developmental Psychology, 45,1061–1076.

[18] Dauber, S. L., & Epstein, J. L. (1993). Parents' attitudes and practices of involvement in innercity elementary and middle schools. In N. Chavkin. (Ed.), Families and schools in a pluralistic society (pp. 53–71). Albany: State University of New York Press.

[19] Davalos, D. B., Chavez, E. L., & Guardiola, R. J. (2005). Effects of

perceived parental school support and family communication on delinquent behaviors in Latino and White non-Latinos.Cultural Diversity and Ethnic Minority Psychology, 11, 57–68.

[20] Dearing, E., Kreider, H., Simpkins, S., & Weiss, H. B. (2006). Family involvement in school and low-income children's literacy: Longitudinal associations between and within families.Journal of Educational Psychology, 98, 653–664.

[21] Desimone, L. (1999). Linking parent involvement with student achievement: Do race and income matter? The Journal of Educational Research, 93, 11–30.

[22] Desimone, L., Finn-Stevenson, M., & Henrich, C. (2000). Whole school reform in a low-income African American community: The effects of the CoZi model on teachers, parents, and students. Urban Education, 35, 269–323.

[23] Domina, T. (2005). Leveling the home advantage: Assessing the effectiveness of parental involvement in elementary school. Sociology of Education, 78, 233–249.

[24] Donahue, P. L., Finnegan, R. J., Lutkus, A. D., Allen, N. L., & Campbell, J. R. (2001). The nation's report card: Fourth-grade reading 2002 (NCES 2001–499). Washington, DC: National Center for Education Statistics.

[25] Duckworth, K., & DeJong, J. (1989). Inhibiting class cutting among high school students. The High School Journal, 72, 188–195.

[26] Eccles, J. S., & Harold, R. D. (1996). Family involvement in children's and adolescents' schooling. In A. Bloom & J. F. Dunn (Eds.), Family-school links: How do they affect educational outcomes? (pp. 3–34). Mahwah, NJ: Erlbaum.

[27] Edwards, P. A., Pleasants, H. M., & Franklin, S. H. (1999). A path to follow: Learning to listen to parents. Portsmouth, NH: Heinemann.

[28] El Nokali, N. E., Bachman, H. J., & Votruba-Drzal, E. (2010). Parent involvement and children's academic and social development in elementary school. Child Development, 81, 988–1005.

[29] Epstein, J. L. (1991). Effects of teacher practices of parent involvement on change in student achievement in reading and math. In S. Silvern, (Ed.), Literacy through family, community, and school interaction: Advances in reading/language research (vol. 5, pp. 261–276).Greenwich, CT: JAI Press.

[30] Epstein, J. L. (1995). School/family/community partnerships: Caring for the children we share.Phi Delta Kappan, 76, 701–712.

[31] Epstein, J. L. (2011). School, family, and community partnerships: Preparing educators and improving schools (2nd ed.). Boulder, CO: Westview Press.

[32] Epstein, J. L. (2017). Teachers Involve Parents in Schoolwork (TIPS) language arts, science/health, and math interactive homework in the elementary and middle grades (two manuals). Baltimore, MD: Johns Hopkins University, Center on School, Family, and Community Partnerships.

[33] Epstein, J. L., & Dauber, S. L. (1991). School programs and teacher practices of parent involvement in inner-city elementary and middle schools. Elementary School Journal, 91,289–305.

[34] Epstein, J. L., & Sheldon, S. B. (2002). Present and accounted for: Improving student attendance through family and community involvement. Journal of Educational Research, 95, 308–318.

[35] Epstein J. L., & Sheldon, S. B. (2006). Moving forward: Ideas for

research on school, family,and community partnerships. In C. F. Conrad & R. Serlin (Eds.), SAGE handbook for research in education: Engaging ideas and enriching inquiry (pp. 117–137). Thousand Oaks, CA: Sage.

[36] Epstein, J. L., & Sheldon, S. B. (2016). Necessary but not sufficient: The role of policy for advancing programs of school, family, and community partnerships. Russell Sage Foundation Journal of the Social Sciences, 2(5), 202–219.

[37] Epstein, J. L., Simon, B. S., & Salinas, K. C. (1997, September). Effects of Teachers Involve Parents in Schoolwork (TIPS) language arts interactive homework in the middle grades(Research Bulletin 18). Bloomington, IN: Phi Delta Kappa, Center on Education,Development, and Research.

[38] Falbo, T., Lein, L., & Amador, N. A. (2001). Parental involvement during the transition to high school. Journal of Adolescent Research, 16, 511–529.

[39] Fan, X., & Chen, M. (2001). Parental involvement and students' academic achievement: A meta-analysis. Educational Psychology Review, 13, 1–22.

[40] Fantuzzo, J., McWayne, C., Perry, M. A., & Childs, S. (2004). Multiple dimensions of family involvement and their relations to behavioral and learning competencies for urban, low income children. School Psychology Review, 33, 467–480.

[41] Fitzgerald, J. (2001). Can minimally trained college student volunteers help young at-risk students to read better? Reading Research Quarterly, 36, 28–46.

[42] Frome, P. M., & Eccles, J. S. (1998). Parents' influence on children's

achievement-related perceptions. Journal of Personality and Social Psychology, 74, 435–452.

[43] Galindo, C., & Sheldon, S. B. (2012). School and home connections and children's kindergarten achievement gains: The mediating role of family involvement. Early Childhood Research Quarterly, 27, 90–103.

[44] Garbacz, S. A., McIntosh, K., Eagle, J. W., Dowd-Eagle, S. E., Hirano, K. A., & Ruppert, T. (2016). Family engagement within schoolwide positive behavioral interventions and supports. Preventing School Failure, 60, 60–69.

[45] George, R., & Kaplan, D. (1998). A structural model of parent and teacher influences on science attitudes of eighth graders: Evidence from NELS: 88. Science Education, 82, 93–109.

[46] Gottfredson, D. C., Gottfredson, G. D., & Hybl, L. G. (1993). Managing adolescent behavior: A multiyear, multischool study. American Educational Research Journal, 30(1), 179–215.

[47] Greenleaf, C. L., Schoenbach, R. Cziko, C., & Mueller, F. L. (2001). Apprenticing adolescent readers to academic literacy. Harvard Educational Review, 71, 79–129.

[48] Griffith, J. (1998). The relation of school structure and social environment to parent involvement in elementary schools. Elementary School Journal, 99, 53–80.

[49] Grolnick, W. S., Kurowski, C. O., Dunlap, K. G., & Hevey, C. (2000). Parental resources and the transition to junior high. Journal of Research on Adolescence, 10, 465–488.

[50] Gutman, L. M., & Midgley, C. (2000). The role of protective factors in supporting the academic achievement of poor African American students

during the middle school transition. Journal of Youth and Adolescence, 29, 223–248.

[51] Hammer, C. S., Farkas, G., & Maczuga, S. (2010). The language and literacy development of Head Start children: A study using the family and child experiences survey database. Language, Speech, and Hearing Services in Schools, 41, 70–83.

[52] Harackiewicz, J. M., Rozek, C. S., Hulleman, C. S., & Hyde, J. S. (2012). Helping parents to motivate adolescents in mathematics and science: An experimental test of a utility-value intervention. Psychological Sciences, 23, 899–906.

[53] Hart, B., & Risley, T. R. (1995). Meaningful differences in the everyday experience of young American children. Baltimore, MD: Brookes.

[54] Haynes, N. M., Comer, J. P., & Hamilton-Lee, M. (1989). School climate enhancement through parental involvement. Journal of School Psychology, 27, 87–90.

[55] Heath, S. B. (1983). Ways with words. New York: Cambridge University Press.

[56] Heibert, E. H. (1980). The relationship of logical reasoning ability, oral language comprehension, and home experiences to preschool children's print awareness. Journal of Reading Behavior, 12, 313–324.

[57] Helm, C. M., & Burkett, C. W. (1989). Effects of computer-assisted telecommunications on school attendance. Journal of Educational Research, 82, 362–365.

[58] Henderson, A. T., & Berla, N. (1994). A new generation of evidence: The family is critical to student achievement. Washington, DC: National Committee for Citizens in Education.

[59] Henderson, A., & Mapp, K. L. (2002). A new wave of evidence: The impact of school, family,and community connections on student achievement. Austin, TX: Southwest Educational Development Laboratory.

[60] Henderson, A., Mapp, K., Johnson, V., & Davies, D. (2007). Beyond the bake sale: The essential guide to family-school partnerships. New York: The New Press.

[61] Hill, N. E., Castellino, D. R., Lansford, J. E., Nowlin, P., Dodge, K. A., Bates, J. E., & Pettit, G.S. (2004). Parent academic involvement as related to school behavior, achievement, and aspirations: Demographic variations across adolescence. Child Development, 75, 1491–1509.

[62] Hill, N. E., & Tyson, D. F. (2009). Parental involvement in middle school: A meta-analytic assessment of strategies that promote achievement. Developmental Psychology, 45, 740–763.

[63] Ho, E. S-C., & Willms, J. D. (1996). Effects of parental involvement on eighth-grade achievement, Sociology of Education, 69, 126–141.

[64] Hoffman, J. V. (1991). Teacher and school effects in learning to read. In R. Barr, M. L. Kamil, P. B. Mosenthal, & P. D. Pearson (Eds.), Handbook of reading research (Vol. 2, pp. 911–950).New York: Longman.

[65] Hong, S., & Ho, H. (2005). Direct and indirect longitudinal effects of parental involvement on student achievement: Second-order latent growth modeling across ethnic groups, Journal of Educational Psychology, 97, 32–42.

[66] Hoover-Dempsey, K., Ice, C. L., & Whitaker, M. W. (2009). "We're way past reading together:" Why and how parental involvement in adolescence makes sense. In N. E. Hill & R. K. Chao(Eds.), Families, schools and the adolescent: Connecting families, schools, and the adolescent(pp. 19–36). New York: Teachers College Press.

[67] Hyde, J. S., Else-Quest, N. M., Alibali, M. W., Knuth, E., & Romberg, T. (2006). Mathematics in the home: Homework practices and mother-child interactions doing mathematics. Journal of Mathematical Behavior, 25, 136–152.

[68] Jeynes, W. H. (2003). A meta-analysis: The effects of parental involvement on minority children's academic achievement. Education and Urban Society, 35, 202–218.

[69] Jeynes, W. H. (2005). A meta-analysis of the relation of parental involvement to urban elementary school student academic achievement. Urban Education, 40, 237–269.

[70] Jeynes, W. H. (2007). The relationship between parental involvement and urban secondary school student academic achievement. Urban Education, 42, 82–110.

[71] Jeynes, W. H. (2012). A meta-analysis of the efficacy of different types of parental involvement programs for urban students. Urban Education, 47, 706–742.

[72] Jordan, C., Orozco, E., & Averett, A. (2001). Emerging issues in school, family, and community connections. Austin, TX: Southwest Educational Development Laboratory.

[73] Jordan, G. E., Snow, C. E., & Porche, M. V. (2000). Project EASE: The effect of a family literacy project on kindergarten students' early literacy skills, Reading Research Quarterly, 35,524–546.

[74] Jung, S. B., & Sheldon, S. B. (2015). Exploring how school-family partnership programs improve attendance: Principals, teachers, and program organization. Paper presented at the Annual Meeting of the American Educational Researchers Association in Chicago, IL.

[75] Keith, T. Z., Keith, P. B., Quirk, K. J., Sperduto, J., Santillo, S., & Killings, S. (1998).Longitudinal effects of parent involvement on high school grades: Similarities and differences across gender and ethnic groups. Journal of School Psychology, 36, 335–363.

[76] Lee, V. E., & Croninger, R. G. (1994). The relative importance of home and school in development of literacy skills for middle-grade students. American Journal of Education, 102,286–329.

[77] Leichter, H. J. (1984). Families as environments for literacy. In H. Goelman, A. Oberg, & F.

[78] Smith (Eds.), Awakening to literacy (pp. 38–50). London: Heinemann Educational Books.

[79] Lerner, R., & Shumow, L. (1997). Aligning the construction zones of parents and teachers for mathematics reform, Cognition and Instruction, 15, 41–83.

[80] Licht, B. G., Gard, T., & Guardino, C. (1991). Modifying school attendance of special education high school students. Journal of Educational Research, 84, 368–373.

[81] Lonigan, C. J., & Whitehurst, G. J. (1998). Relative efficacy of parent and teacher involvement in a shared-reading intervention for preschool children from low-income backgrounds, Early Childhood Research Quarterly, 13, 263–290.

[82] Ma, X. (1999). Dropping out of advanced mathematics: The effects of parental involvement.Teachers College Record, 101, 60–81.

[83] Ma, X. (2001). Bullying and being bullied: To what extent are bullies also victims? American Educational Research Journal, 38, 351–370.

[84] Ma, X., Shen, J., Krenn, H. Y., Hu, S., & Yuan, J. (2016). A

meta-analysis of the relationship between learning outcomes and parental involvement during early childhood education and early elementary education. Educational Psychology Review, 28, 771–801.

[85] Mac Iver, M. A., Epstein, J. L., Sheldon, S. B., & Fonseca, E. (2015). Engaging families to support students' transition to high school. The High School Journal, 99 (1), 27–45.

[86] Mathematica Policy Research Inc. & Center for Children and Families at Teachers College, Columbia University. (2001). Building their futures: How Early Head Start programs are changing the lives of infants and toddlers in low-income families. Retrieved September 24,2008, from http://www.mathematics-mpr.com/publications/PDFs/bildingvol1.pdf

[87] McConnell, B. M., & Kubina, R. M., Jr. (2014). Connecting with families to improve students' school attendance: A review of the literature. Preventing School Failure, 58, 249–256.

[88] McNeal, R. B., Jr. (1999). Parental involvement as social capital: Differential effectiveness on science achievement, truancy, and dropping out. Social Forces, 78, 117–144.

[89] McNeal, R. B., Jr. (2014). Parent involvement, academic achievement and the role of studentCattitudes and behaviors as mediators. Universal Journal of Educational Research, 2, 564–576.

[90] McPartland, J. M., & Nettles, S. M. (1991). Using community adults as advocates or mentors for at-risk middle school students: A two-year evaluation of project RAISE. American Journal of Education, 99, 568–586.

[91] Muller, C. (1993). Parent involvement and academic achievement: An analysis of family resources available to the child. In B. Schneider & J. S. Coleman (Eds.), Parents, their children, and schools (pp. 77–114). Boulder,

CO: Westview Press.

[92] National Research Council. (2003). Engaging schools: Fostering high school students' motivation to learn. Washington, DC: National Academies Press.

[93] Nettles, S. M. (1991). Community contributions to school outcomes of African-American students. Education and Urban Society, 24, 132–147.

[94] Noguera, P. A. (1995). Preventing and producing violence: A critical analysis of responses to school violence. Harvard Educational Review, 65, 189–212.

[95] Nuñez, J. C., Suárez, N, Rosário, P., Vallejo, G., & Epstein, J. L. (2015). Relationships between parental involvement in homework, student homework behaviors, and academic achievement:Differences among elementary, junior high, and high school students. Metacognition &Learning, 10, 375–406.

[96] Parcel, T. L., & Dufur, M. J. (2001). Capital at home and at school: Effects on student achievement. Social Forces, 79, 881–912.

[97] Park, S., & Holloway, S. D. (2017). The effects of school-based parental involvement on academic achievement at the child and elementary school level: A longitudinal study. Journal of Educational Research, 110, 1–16.

[98] Parsons, J. E., Adler, T., & Kaczala, C. M. (1982). Socialization of achievement attitudes and beliefs: Parental influences. Child Development, 53, 310–321.

[99] Perera, L. H. (2014). Parents' attitudes towards science and their children's science achievement.International Journal of Science Education, 36, 3021–3041.

[100] Purcell-Gates, V. (1996). Stories, coupons, and the TV guide:

Relationships between home literacy experiences and emergent literacy knowledge. Reading Research Quarterly, 31,406–428.

[101] Purkey, S. C., & Smith, M. S. (1983). Effective schools: A review. The Elementary School Journal, 83, 426–452.

[102] Powell, D. R., Son, S. H., File, N., & Froiland, J. M. (2012). Changes in parent involvement across the transition from public school prekindergarten to first grade and children's academic outcomes. Elementary School Journal, 113, 276–300.

[103] Rice, L., Barth, J. M., Guadagno, R. E., Gabrielle P. A., Smith, D. M., & McCallum, J. (2013).The role of social support in students' perceived abilities and attitudes toward math and science. Youth Adolescence, 42, 1028–1040.

[104] Roberts, T. A. (2008). Home storybook reading in primary or second language with preschool children: Evidence of equal effectiveness for second-language vocabulary acquisition. Reading Research Quarterly, 43, 103–130.

[105] Roderick, M., Arney, M., Axelman, M., DaCosta, K., Steiger, C., Stone, S., . . . & Waxman, E.(1997). Habits hard to break: A new look at truancy in Chicago's public high schools. Chicago: School of Social Service Administration, University of Chicago.

[106] Sanders, M. G. (2005). Building school-community partnerships: Collaborating for student success. Thousand Oaks, CA: Corwin.

[107] Sanders, M. G., & Epstein, J. L. (2000). Building school-family-community partnerships in middle and high schools. In M. G. Sanders (Ed.), Schooling students placed at risk (pp.339–362). Mahwah, NJ: Erlbaum.

[108] Sanders, M. G., & Harvey, A. (2002). Beyond the school walls:

A case study of principal leadership for school-community collaboration. Teachers College Record, 104, 1345–1368.

[109] Saracho, O. N., & Spodek, B. (2010). Parents and children engaging in storybook reading. Early child Development and Care, 180, 1379–1389.

[110] Scarborough, H. S., & Dobrich, W. (1994). On the efficacy of reading to preschoolers. Developmental Review, 14, 245–302.

[111] Schulting, A. B., Malone, P. S., & Dodge, K. A. (2005). The effect of school-based kindergarten transition policies and practices on child academic outcomes. Developmental Psychology, 41,840–871.

[112] Sénéchal, M., & LeFevre, J. (2002). Parental involvement in the development of children's reading skill: A five-year longitudinal study. Child Development, 73, 455–460.

[113] Sénéchal, M., & LeFevre, J., Thomas, E., & Daley, K. (1998). Differential effects of home literacy experiences on the development of oral and written language. Reading Research Quarterly, 32, 96–116.

[114] Sénéchal, M., & Young, L. (2008). The effect of family literacy interventions on children's acquisition of reading from kindergarten to grade 3: A meta-analytic review. Review of Educational Research, 78, 880–907.

[115] Shaver, A. V., & Walls, R. T. (1998). Effect of Title I parent involvement on student reading and math achievement. Journal of Research and Development in Education, 321, 90–97.

[116] Sheldon, S. B. (2005). Testing a structural equation model of partnership program implementation and parent involvement. Elementary School Journal, 106, 171–187.

[117] Sheldon, S. B. (2007). Improving student attendance with school, family, and community partnerships. Journal of Educational Research, 100,

267–275.

[118] Sheldon, S. B., & Epstein, J. L. (2002). Improving student behavior and school discipline with family and community involvement. Education and Urban Society, 35, 4–26.

[119] Sheldon, S. B., & Epstein, J. L. (2004). Getting students to school: Using family and community involvement to reduce chronic absenteeism. School Community Journal, 14, 39–56.

[120] Sheldon, S. B., & Epstein, J. L. (2005a). Involvement counts: Family and community partnerships and math achievement. Journal of Educational Research, 98, 196–206.

[121] Sheldon, S. B., & Epstein, J. L. (2005b). School programs of family and community involvement to support children's reading and literacy development across the grades. In J. Flood & P. Anders (Eds.), Literacy development of students in urban schools: Research and policy (pp.107–138). Newark, DE: International Reading Association.

[122] Sheldon, S. B., Epstein, J. L., & Galindo, C. L. (2010). Not just numbers: Creating a partnership climate to improve math proficiency in schools. Leadership and Policy in Schools, 9, 27–48.

[123] Sheldon, S. B., & Jung, S. B. (2015). The Family Engagement Project: Year 2 Student Achievement Outcomes. Flamboyan Foundation. www.http://flamboyanfoundation.org/wp/wp-content/uploads/2015/09/JHU-STUDY_FINALREPORT.pdf

[124] Sheldon, S. B., & Van Voorhis, V. L. (2004). Partnership programs in U.S. schools: Their development and relationship to family involvement outcomes. School Effectiveness and School Improvement, 15, 125–148.

[125] Shen, J., Washington, A. L., Palmer, L. B., & Xia, J. (2014). Effects

of traditional and nontraditional forms of parental involvement on school-level achievement outcomes. An HLM study using SASS 2007–2008. The Journal of Educational Research, 107, 326–337.

[126] Shumow, L., & Miller, J. D. (2001). Parents' at-home and at-school academic involvement with young adolescents. Journal of Early Adolescence, 21, 68–91.

[127] Simon, B. S. (2001). Family involvement in high school: Predictors and effects. NASSP Bulletin, 85, 8–19.

[128] Simon, B. S. (2004). High school outreach and family involvement. Social Psychology of Education, 7, 185–209.

[129] Snow, C. E., Burns, S., & Griffin, P. (Eds.). (1998). Preventing reading difficulties in young children. Washington, DC: National Academy Press.

[130] Snyder, J., & Patterson, G. (1987). Family interaction and delinquent behavior. In H. C. Quay(Ed.), Handbook of juvenile delinquency (pp. 216–243). New York: Wiley.

[131] Taylor, D., & Dorsey-Gaines, C. (1988). Growing up literate: Learning from inner-city families. Portsmouth NH: Heinemann.

[132] Taylor, L., & Adelman, H. S. (2000). Connecting schools, families, and communities. Professional School Counseling, 3, 298–307.

[133] Teale, W. H. (1986). Home background and young children's literacy development. In W. H.Teale & E. Sulzby (Eds.), Emergent literacy: Writing and reading (pp. 173–206). Norwood,NJ: Ablex.

[134] Teddlie, C., & Reynolds, D. (2000). The international handbook of school effectiveness research.London: Falmer Press.

[135] Valadez, J. R. (2002). The influence of social capital on

mathematics course selection by Latino high school students. Hispanic Journal of Behavioral Sciences, 24, 319–339.

[136] Van Voorhis, F. L. (2003). Interactive homework in middle school: Effects on family involvement and science achievement. Journal of Educational Research, 96, 323–338.

[137] Van Voorhis, F. L. (2009). Does family involvement in homework make a difference? Investigating the longitudinal effects of math and language arts interventions. In R. Deslandes (Ed.), International perspectives on student outcomes and homework: Family-school community partnerships (pp. 141–156). New York: Routledge.

[138] Van Voorhis, F. L. (2011a). Adding families to the homework equation: A longitudinal study of mathematics achievement. Education and Urban Society, 43, 313–338.

[139] Van Voorhis, F. L. (2011b). Costs and benefits of family involvement in homework: Lessons learned from students and families. Journal of Advanced Academics, 22, 220–249.

[140] Van Voorhis, F. L., Maier, M., Epstein, J. L., & Lloyd, C. M. (2013). The impact of family involvement on the education of children ages 3 to 8: A focus on literacy and math achievement outcomes and social-emotional skills. New York: MDRC.

[141] Von Secker, C. (2004). Science achievement in social contexts: Analysis from National Assessment of Educational Progress. Journal of Educational Research, 98, 67–78.

[142] Wang, M. C., Haertel, G. D., & Walberg, H. M. (1993). Toward a knowledge base for school learning. Review of Educational Research, 63, 249–294.

[143] Wasik, B. A. (1998). Volunteer tutoring programs in reading: A review. Reading Research Quarterly, 33, 266–292.

[144] Wasik, B. H. (Ed.). (2012). Handbook of family literacy. Routledge.

[145] Weiss, H., Lopez, M. E., & Rosenberg, H. (2010). Beyond random acts: Family, school, and community engagement as an integral part of education reform. Cambridge, MA: Harvard Family Research Project.

[146] Westat and Policy Studies Associates. (2001). The longitudinal evaluation of school change and performance in Title I Schools (vol. 1, Executive summary). Washington, DC: U.S. Department of Education.

[147] Wilder, S. (2014). Effects of parental involvement on academic achievement: A meta-synthesis. Educational Review, 66, 377–397.

[148] Yan, W., & Lin, Q. (2005). Parent involvement and mathematics achievement: Contrast across racial and ethnic groups. Journal of Educational Research, 99, 116–127.

[149] Young, C., Mohr, K. A. J., & Rasinski, T. (2015). Reading together: A successful reading fluency intervention. Literacy Research and Instruction, 54, 67–81.

第二章

实践研究：如何使用分类框架实现学校目标?

本章旨在介绍如何使用本指南提出的六种类型参与框架（以下简称“六分类框架”）开展学校、家庭和社区合作，借此改善学校的合作氛围，提高学生的学业成就。本章中使用的诸多案例来自与约翰斯·霍普金斯大学全国合作学校网络（NNPS）一直合作的一线学校。这些学校的想法和经验充分说明了对学校、家庭和社区合作进行规划、评价和不断改进的重要性，如此，才能以富有成效的方式让更多的家庭参与到合作中来。

六分类框架引导学校的合作行动小组（ATP）选择和实施让家庭、社区参与的方法，以此来帮助学校建立一个友好的合作氛围，最大限度地发挥促进学生发展的作用。包括提高学生阅读、数学、科学、写作和其他学科的技能；提高出勤率；培养良好的品行；促进良好的学段衔接；形成良好职业意识和成长规划；理解多元文化；等等。

提出六分类框架本身并不是本研究的根本目的。相反，它只是指导学校的合作行动小组有目的、有针对性地选择合作活动，使所有家庭能够在家、在学校或在社区参与孩子的教育。研究认为，所有类型的活动都应发挥如下作用，比如：强化家长对儿童和青少年发展的认识；改善家庭与教育工作者之间的沟通；帮助学校确定志愿者；增加家长与孩子就学校作业的讨论与互动；鼓励家长参与学校决策；与社区建立有益的联系。

2.1 使用六种类型参与改善学校合作氛围和促进学生发展

本节选用来自幼儿园、小学、初中和高中的12项合作实践案例向读者展示如何使用六分类框架建设一个受欢迎的、对家庭友好的学校，以及如何帮助学生获得发展。

（1）类型1－抚养教育解答了学校如何提高家庭对儿童和青少年发展的认识这个问题。该实践案例的目的在于：

· 让家长有机会提问，并获取学校信息，以此来帮助学前阶段学生的家长在开学第一天就能感到学校对家长的欢迎，从而加强家庭和学校合作的氛围。此外，还可以让家长通过做志愿者或以其他方式参与进来，以帮助学生顺利做好学段过渡、衔接。

· 学校可以为中年级学生家长提供一个见面交谈的论坛，或与学校辅导员一起讨论青少年早期发展过程中可能面临的问题。

这一类型参与还包括帮助学校了解学生家庭的活动。教育工作者需要了解父母对孩子的希望，以及家庭和学生的需求和兴趣。每所学校都不同，但了解学生的家庭情况有助于所有教师在孩子各年级发展过程中更有效地与家长沟通。

（2）类型2－沟通交流解答了如何通过改善家庭与学校的双向沟通，以促进学校相关合作实践和解决学生发展过程中存在的问题。该实践案例的目的在于：

·让学生和家长在开学前见到他们的新老师，收集并了解学校的相关信息，走访他们的新教室，了解本学年的课程安排，并给予家长和学生咨询的机会与帮助。

·让家长参与制定一项发展目标，即让学校所有学生合计一年内阅读 29000 本书，或了解学校的加速阅读计划，或参观书展，或参观学生们进行文字读写活动（比如阅读、写作和玩耍与父母或家庭成员进行文字游戏）的站点。

双向交流可以增加学校与家庭之间的理解与合作，并能向学生展示教师与父母之间的相互联系，而且有助于学生在学校取得成功。与此同时，学校的信息必须对所有家庭都有用和清晰，因此要考虑到非英语母语家庭的需要，为这些家庭提供翻译信息和支持。此外，学校可能会开展低技术含量和高技术含量的交流，以此确定家庭最喜欢或最有效的沟通方式。

（3）类型 3 —志愿服务。动员家长和其他有时间且能够分享才能的人来支持学校、教师和学生举办活动。该实践案例的目的在于：

·邀请所有家长每年安排 20 小时的志愿者服务，服务的场所可以在学校，或是在家里，或是在其他地方。家长可以自由选择提供志愿服务的时间，并详细说明自己能够提供的服务，最好是能将自己的兴趣与学校的学习辅导或其他课程（当然也包括学生身心健康、职业意识等话题）相匹配。

·提高学生的职业意识，让更多的父亲或承担父亲角色的人与母亲和其他家庭成员一起参与到学生的课堂中来。他们可以向学生介绍他们的工作、教育经历或培训，以及其他生活阅历。

家长们和社区志愿者可以通过帮助学生训练特长来帮助教师，或者，志愿者可以在媒体中心、图书馆、家庭活动室、电脑室、操场、食堂、课外活动或其他方面帮助学校。我们所理解的志愿者范畴较广，还包括那些参加学生表演、体育活动、集会、庆祝活动和其他活动的观众。这些志愿者都可以为学校和学生发展提供帮助。

（4）类型 4 —在家学习可以为家长提供有关孩子在课堂上的系列学习活动的信息，可以指导家长帮助孩子完成家庭作业和其他与课程相关的学习活动，以及学习过程中需要做出的各种选择。该实践案例的目的在于：

· 让家长和学生一起选择高中课程，以确保按时获得高中毕业所必需的学分。

· 鼓励教师每季度布置一次选定科目的家庭作业，使学生能够与父母或家庭成员一起进行创造性活动、演示或讨论他们在学校所学的东西。

在家学习也可以指导家长如何帮助孩子在家练习和掌握特定的技能，如何与孩子一起讨论某一特定学科的学习，如何更好地完成作业，如何有效地选择课程、暑期项目或其他学习机会，以及指导孩子做好高等教育计划。

（5）类型 5 —制定决策使家长能够参与到那些可能影响自己孩子和其他孩子的学校政策、计划和措施的决策中。这类活动包括在学校促进小组、ATP、其他委员会、PTA、PTO 或其他家长组织中的代表工作。该实践案例的目的在于：

· 通过开展调查了解，增加家长对学校“年度合作行动计划”的关注，明确家长对哪类主题和参与活动感兴趣。

· 扩大“驻班教师”[①]的角色，包括在课堂上协助学生，并充当学校和家庭之间沟通的中介，帮助每个老师与所有学生的父母进行沟通。

所有家长都应该关注和了解学校的相关政策，这样家长才能为学校的发展建言献策。当家长担任家长组织的代表时，他们会主动征集所有家庭的想法，也会向家长们反馈相关信息。这不仅有助于学校家长委员会的领导，而且还有助于改善家长的领导行动。通过通知和鼓励所有家长，使他们能够参与那些为自己孩子提供服务的项目，并积极参与讨论和决定，以改善和促进学生发展。

（6）类型 6 －社区合作鼓励学校与家庭、社区团体、社会组织、社会机构和个人合作。这种合作是双赢的，社区的资源可以帮助并使学校、学生和家庭变得更好。同样，学校、学生和家庭也可以帮助社区变得更好。该实践案例的目的在于：

· 通过实地参观、咨询、使用社交媒体或与学生建立联系的方式向校友和社区成员介绍一所新建学校。

· 与当地博物馆合作，为学生和家长举办科学之夜，并介绍家长到博物馆进行回访。

所有社区都有人力、经济、物质和社会资源，这些资源可能有助于改善学校，巩固家庭，并帮助学生在学校和生活中取得成功。一些

① 由家长志愿者担任的教师课堂助手，负责协助课堂教学，与家长进行联络。——译者注

学校创建了“社区画像”，以确定社区有哪些项目和服务是可以为教师、家庭和学生服务的。还有一些学校在特殊项目上与商业、工业和机构联系（例如，开展课后项目，建造一个新的操场）。还有学校与组织机构合作，以提高学生解决问题的能力，增加学生服务社区的实习机会。

本节小结

六分类框架的价值在于它能够帮助合作行动小组选择或设计不同方式、不同地点的家庭参与活动。然后，通过这些设计让所有的父母都可以成为孩子教育的合作伙伴，而不受时间、地点和其他条件的限制。虽然每种类型的参与活动都对所有家庭提出了挑战，但下文提供的活动案例和想法经验，为学校团队针对不同问题开展活动，提供了创造性的解决方案。此外，如果合作学区的领导人能够参与并指导学校合作行动计划，那么所在学区内就会有更多的学校会组织建设包括所有学生家庭和社区参与的相关合作项目。

正如下文所介绍的，对学校而言，好的合作项目可以增添乐趣和欢乐。通过实施六种类型的参与活动，可以让幼儿园、小学、初中和高中阶段的学生感受到“家庭式学校”或“学校式家庭”所带来的好处。本指南选择的实践案例都是 NNPS 最近 20 多年来报道的 1500 多则案例中的一部分。所有的案例都可以根据具体学校的需要直接采用或在修改后使用。更多案例见 www.partnershipschools.org 的“成功故事”栏目。

2.2　学校案例：优秀实践案例分析

2.2.1　案例：类型 1 —抚养教育

【学校案例 1】

案例名称：幼儿园为家长准备早餐

案例学校：美国路易斯安那州贝尔市，贝尔城市学校

案例目标：让家长从第一天开始就感受到学校的热情

案例对象：学龄前儿童 / 幼儿园（也可适用其他年级）

案例来源：案例选自《有价值的合作实践案例集》（2015 年）

对很多家长和孩子来说，上幼儿园的第一天是一个难舍难分的时刻。为了帮助家长和学生缓解过渡时期的这种情绪，并开始为学校与家庭之间的沟通奠定良好基础。美国路易斯安那州贝尔城市学校在开学第一天举办了幼儿园学生家长早餐活动。这项活动让家长和老师见面，家长可以通过这项活动得到很多有关学校的信息或资源。

学校的 PTO[①] 组织欢迎家长们到自助餐厅喝咖啡和吃点心。校长、辅导员和学校合作行动小组的成员与家长们相聚一堂，有效缓解了家长们对孩子在幼儿园的担忧，而学校教育工作者则回答了家长许多问题。在此过程中，家长收到了学校各类组织将要举行的会议或活动，以及家长如何成为学校志愿者的信息。同时，学校也会咨询家长具备

① PTO（Parent-Teacher Organization）即学校中的家长、教师协同组织。

什么特长和能力，以及参与家校合作、参与课堂活动（例如烘焙、艺术、工艺、技术、职业信息）的时间安排，以便学校组织家长开展家校合作或提供志愿者服务。

为了开展这项活动，组织者布置了装饰品，并使用了塑料桌垫，以方便清理。合作行动小组在活动现场展示了上一年度的学生活动以及家庭和社区参与活动的照片。幼儿园老师在介绍这些活动的同时也会向家长们发出邀请，并鼓励他们也能够来参加此类活动。

事实证明，开学第一天的家长活动也让学生受益匪浅，因为它可以有效缓解幼儿入校第一天与父母分离而产生的低落情绪，因为他们知道他们的父母就在食堂里。正如一位家长说的那样，“我们感觉到学校非常欢迎新生的到来”，“我们很高兴听到今年学校计划举行的活动”。不仅如此，学校管理人员也乐于与学生家人见面，而不是看着父母把孩子送到学校而已。一名学校辅导员指出：“幼儿园早餐活动是一个很好的机会，既可以表达对家长的欢迎，也可以与他们每个人单独相处。”

贝尔城市学校 PTO 组织发起了这项早餐活动，并与 ATP 合作开展相关活动。同时，活动组织者也借鉴了其他学校向家长发放宣传单的做法。针对这项活动，PTO 和 ATP 在活动后进行了评价，并就此提出了改进和增加活动内容的建议。学校活动组织者计划准备一个欢迎视频，进行一次学校演练，并相较去年增加了家庭参与的覆盖面。

每年幼儿园新生和他们的父母进入学校，都需要感觉自己是学校共同体的一部分。幼儿园家长早餐活动表明，学校知道家长是孩子教育的合作伙伴。早餐活动既代表了一天的开始，也是学校本学年的开始。

【学校案例 2】

案例名称：父母共同讨论青少年的培养

案例学校：美国密苏里州圣查尔斯市，弗朗西斯·豪厄尔中学

案例目标：让父母一起讨论培养健康和成功的青少年所面临的挑战

案例对象：初中学段（也适用于其他阶段）

案例来源：案例选自《有价值的合作实践案例集》（2014 年）、《有价值的合作实践案例集》

在学校里，我们时常感觉到，当我们和初中生的家长聚在一起讨论如何培养健康且成功的青少年，尤其是在培养过程中可能面临的挑战时，总感觉时间过得很快。去年，在弗朗西斯·豪厄尔中学，由家长团队、学校合作团队，以及学校相关教职工共同举办了一次针对青少年早期发展的讨论会。在这次讨论会中，不仅有专业的咨询师指导，而且整个讨论活动为家长们提供了一个安全舒适的环境。在会上，家长们分享了自己的抚养教育经验和解决常见抚养教育问题的方法。咨询师则讲解了一些抚平家庭关系、改善学生家庭行为和学校行为的教育技巧。

这场讨论会于当天下午 7 时在学校图书馆举办，吸引了 30 多名家长参加，另有 100 多名家长通过电子邮件收到了本次讨论会主题的介绍信息。会上，一名学校辅导员（同时也是这所中学两名学生的家长）首先做了一个简短的陈述，提到了心理学领域的一些关键概念，包括为早期青少年设定行为或角色界限的重要性。她认为“父母就是父母，而不是朋友”，并且她建议“家长在做任何事或说任何话时，保持前后一致是非常关键的。家长应该陈述观点并坚持自己的观点”。

咨询师就父母如何与孩子建立相互尊重关系提供了方法。例如，他建议父母解释他们所做的决定，而不是说“……因为是我这么说的”。

他们也应允许孩子独立做出选择，比如穿什么衣服；在孩子做出积极选择时，家长应该支持孩子的选择。

当讨论会演讲环节结束后，辅导员开始主持问答环节，随后家长们就今天的话题展开了热烈的小组讨论。家长们热切地相互交流着初中生遇到的重要挑战。正如一位参加活动的家长说道："作为家长，今天的活动让我感觉很好，让我知道我并不是一个人在面对问题。"另一位家长对此也表示赞同："我真的很喜欢每个人在分享他们的经历时那种无拘无束、坦诚相待的态度。"还有一些人表示，他们非常希望将来能参加类似的讨论会。

学校此类关于早期青少年的家长讨论会的活动，一般都会通过传单和网站公告进行宣传，也会出现在学校的电子时间表上。家长如果想参加这类活动，除了要求时间保证和态度积极外，不会涉及任何额外的成本。

根据活动后家长们的反馈，弗朗西斯·豪厄尔中学的家长团队、教师和管理人员计划在明年举办各种关于抚养教育主题的讨论，每届会议都会邀请不同的演讲嘉宾。组织者计划将演讲以视频形式记录下来，并通过社交媒体与无法参加现场讨论的家长分享。让家长保持信心对孩子在学校的发展非常重要。这类由家长发起的，也是专门针对家长而进行的讨论会，可以帮助更多的家长自信地引导孩子度过初中阶段。

表 2-2-1 更多有关类型 1 的活动介绍

类型 1 活动 / 学校	活动目标	活动总结	面临的挑战
各类学校——交换衣帽间	随着孩子们的成长，便于家长获得校服和其他学校用装。	为家长们提供一个房间和使用日期，让家长可以很容易地交换穿过的外套、制服和其他上学用的物品。这个房间可以由家长和社区志愿者共同组织。此项活动也可以与类型 3 志愿者服务联系起来。	帮助家长减少服装开支，使孩子能够穿着合身的衣服上学。
基亚瓦纳高中——教职工参观社区	让教师了解不同学生所住的社区。因为在这所学校，许多学生都住在离校 8 英里以外的社区，使得家长很难参加学校的活动。	教师、管理人员和学校工作人员对三个社区进行友好访问，与社区的家庭见面。在每个社区，由一名学生“大使”和社区合作者带领大家走访。社区的学生们向来访者介绍社区的优势与不足。居住在这里的家长们探讨着对高中生的希望。教育工作者将基亚瓦纳高中学生种的小植物作为礼物送给每个家庭。	帮助教师了解学生的家庭。 使家长能够分享孩子的背景和其所具备的才能，以及成长所需的相关信息。
帕克中学——青少年的健康	学校一名学生自杀后，学校领导希望与学生、家长公开讨论学生心理健康、学生支持，以及预防严重心理问题的方法。	就学生的身心健康问题与学生、家长进行系列讨论。具体的内容可以包括禁止药物和酒精滥用、亲子交流的方法，以及参与心理健康宣传月活动。 与学生、教师、家庭和社区开展身体健康和健身活动。	帮助家庭了解青少年早期发展，支持早期青少年的身体和心理健康。帮助学生避免高风险行为。
道尔小学——美味之夜	创造所有家庭都能提供的食谱，包括那些低收入家庭。	活动组织者设立了十个摊位，并准备了食材和炊具，以便家庭制作和享用健康美味的食物。菜单上有开胃菜、沙拉、主菜、甜点和饮料。 在活动中，学生锻炼了阅读和数学能力。每个家庭都可以把食谱的复印本带回家。	向家长提供有利于儿童生长发育的营养信息，以及在家享用健康早餐和点心的几点思考。

2.2.2 案例：类型 2 —沟通交流

【学校案例 3】

案例名称：升学夜

案例学校：美国南卡罗来纳州哥伦比亚市，雅顿小学

案例目标：在学年结束前，为学生和家庭过渡到下一个年级做好准备

案例对象：小学（也适用于其他年级）

案例来源：案例选自《有价值的合作实践案例集》（2016 年）

随着暑假的结束，新学期即将来临之时，学生们会感到紧张不安。他们想知道："新学年将会发生什么？"在这个问题上，雅顿小学（Arden Elementary School）的学生们显然要比其他学校的学生表现得好，这要归功于学校在上一学年结束时举办的"升学夜"活动。

在"升学夜"期间，雅顿小学大约 150 名学生和他们的家长见到了下一学年的任课老师。因为这项活动，增加了孩子们迎接新学年的舒适感和熟悉感，也为老师和家长后续的交流做好了准备。通过"升学夜"活动，家长也得到了有关孩子学校的相关信息，为孩子的下一年级学习做好准备。

首先，"升学夜"活动以一个大型小组会议形式开始。学校管理人员、教师和合作行动小组成员分别跟大家分享有关学校及学校重要合作项目的信息。一些社区合作伙伴介绍了社区可以为学生和家庭提供的资源和服务，包括暑期项目。

其次，教师一一介绍参加活动的学生及其家长，然后让他们搬到了学生下学年分配的新教室。在那里，老师们为未来的学生和家长们

举行欢迎仪式。同时，教师通过30分钟的幻灯片，向这些新学生介绍了本年级的学习目标、家庭作业方案、对学生品行和课堂参与的要求。部分老师还会提供一份秋季开学时，学生可以携带来的学习用品清单。本年级的教师将这些信息编印成小册子，家长们可以带回家。当然，不同年级的孩子及其家长也可以去拜访另一位老师或也拿一份关于那位老师的小册子。

教师们对学校举办的“升学夜”活动非常支持，因为他们看到了与未来学生和家庭见面的意义。这次活动恰逢学校的开学日，学生们可以与下一任老师待上两天。开学日和升学夜要求校长和其他相关人员为学生的下一步学习做好计划。如果能做到这一点，就会带来很多好处。

要想让家长都支持这项活动，关键在于做好的活动宣传。仅就“升学夜”活动而言，学校可以通过发传单，给每个家庭打电话的方式提醒家长关注信息，并可以通过学校公告敦促学生们提醒父母和他们一起参加“升学夜”活动。

校长也很满意这项活动，因为他知道孩子和家长与下一任老师之间的个人联系对学生在学校的发展很有帮助。通过分享下一年级的课程和学习目标，老师们可以为家长们提供重要的教育信息，一般来说，这些信息在新学年开始前往往都是不曾被告知的。此类前瞻性的活动也加强了学校对构建“家－校－社”合作体系的积极性。

【学校案例4】

案例名称：美妙的家庭阅读之夜

案例学校：美国路易斯安那州硫黄市，怀特亨宁小学

案例目标：提高学生的阅读技能和态度

案例对象：小学（也适用于其他年龄段的学校）

案例来源：案例选自《有价值的合作实践案例集》（2016 年）

怀特亨宁小学虽不是名校，但它也是一所具有较高办学目标的小学。这所小学虽然只有 400 多名学生，但为了使阅读成为学校的重点和特色，学校设定了一个颇具挑战性的阅读目标，即全校孩子在一学年里总共须完成 2.9 万本书的阅读。为了实现这一目标，学校合作行动小组成员和阅读指导教师们设计了一项全校性的活动，他们称其为“绝妙”的阅读之夜。为增加活动的吸引力，与会者被鼓励穿着 20 世纪 70 年代最时髦的服装。组织者向家庭和社区伙伴介绍了“阅读之夜”这项活动的设计初衷（2.9 万本阅读目标），尽管这个目标很庞大，但也并非不可能实现。

一年一度的家庭之夜活动旨在向与会者展示阅读是多么时髦有趣。学校还为每个学生家庭分发了一张配有鲜花和有趣字体的传单。活动组织者通过电话、学校的宣传展位、网站和通讯簿向家长发出邀请。当地企业为阅读之夜活动捐赠了食品和纸制品。为表达对企业的感谢，学校在时事通讯簿和宣传展位上会印上企业的名字。与过去的活动相比，举办家庭阅读之夜活动，再加上学校的书展，使参加活动的人数大大增加了。

书展只是学生和家庭来校参观的活动点之一。校园里的其他活动点可以提供各种各样的阅读和识字活动。其中一个活动邀请了当地的客座嘉宾，他会讲故事，阅读原著，并举办签售活动。另一个活动点的特色是学生与家长一起进行写作和手工活动（例如，装饰书籍封面，制作书签，为故事写新的结局）。还有一个活动点是让学生和家长一起阅读，并参加加速阅读测试。这有助于家长了解学校的阅读计划，以及认识到当学生们一本书接一本书地阅读时，2.9 万本书就会在不知不觉中得以实现。其中，有一个活动点很受欢迎，其活动以图书宾果游戏为特色，学生和家长可以玩宾果游戏来赢得书籍并带回家。为了鼓励每位与会者能够参观所有的活动，每项活动都设置计时器，鼓励家庭每隔 10 分钟轮换一个新的活动。

在校园里所有活动点都把“学生阅读 29000 本书”这一目标以醒目的方式展示出来，旨在让家长们清楚地知道了学校这一雄心勃勃的目标。因为这个目标的存在，家长可以在整个学年里与孩子们讨论阅读的进展。为了体现学校教育的主题，将阅读活动与学校教育主题保持一致，合作行动小组和教师们为阅读活动提出了“和平、爱和书籍”的口号。综上所述，有关阅读活动的所有设计与安排都是这么的“完美”。

通过调查，家长们对阅读活动给出了自己的反馈，包括他们最喜欢的活动和改进建议。活动中，家长们的反响都很热烈。正如一名工作人员表示的那样：“因为我们的家长感受到了欢迎和重视，所以我们相信这种活动或做法为我们打开了一条获得信任的途径。”

未来的阅读之夜将改变传统的主题，但所有的阅读之夜都旨在帮助学生和家长找到他们阅读的最佳状态。值得注意的是，如果学生们在一个学年内要达到阅读 2.9 万本书的目标。这个结果绝对是“超出想象的”，用时下的话说就是“爆表！”。总而言之，怀特亨宁小学对阅读的关注非常有效。

表 2-2-2　更多有关类型 2 的活动介绍

类型 2 活动 / 学校	活动目标	活动总结	面临的挑战
奥乔亚中学——家长门户网站	让父母知晓并能够通过学校门户网站在线跟踪学生的学业进展。	学校合作行动小组提供了英语版和西班牙语版的行动指南，以便家长可以定期上学校门户网站查看孩子的成绩、作业、出勤率等。一项秋季和春季学期的调查显示家长访问学校门户网站的点击量和态度变得更积极了。	使纸质材料更容易获得；增加吸铁石，便于家长在家里张贴材料；将前测后测数据的结果用英语和西班牙语呈现。
高地中学——网络联系	帮助家庭，包括那些正在学习英语的家庭，理解学校的分级制度，以及监督孩子的成绩和进步。	学校合作行动小组举办了两次培训。第一次是帮助家长开通电子邮件便于与教师和其他人员沟通；第二次是指导父母使用学校门户网站查看孩子成绩以及其他重要的学校信息。	提供英语版和西班牙语版的纸质文本，并把附件发给那些无法参加的家长。缩小家长们在数字技能上的鸿沟，即缩小精通电脑使用的家长和不擅长使用电脑的家长之间的差距。
韦斯盖特小学——如何使用 20 种语言进行交流	培养学生“大使”，根据校历安排，让他们使用自己的方言与父母分享学校信息。增加家长在学校活动、会议和各种学校委员会中的多样性。	学校各年级每月的工作与会议安排都已经公布在学校图书馆。学生可以在家校之间发挥重要的“大使”作用，如通过把学校日历贴在家里，用自己的方言与父母交流学校信息。	做好所有活动安排的备忘录、通知，以及其他交流媒介，并保证它们对所有家庭都是清晰易懂的。 如果无法为所有语言的家长提供翻译服务，那么学生就需要自行填写相关信息。

续表

类型 2 活动 / 学校	活动目标	活动总结	面临的挑战
格雷戈里奥·卢培龙高中——解读毕业要求的家长会	为父母提供助力，帮助他们引导孩子制定学习和教育目标。这所学校面向的都是西班牙裔学生，其中大多数都属于低收入和非英语家庭。	学校合作行动小组与其他教职工制定一系列的见面会，帮助学生和家长一起解读孩子的成绩单。并帮助家长和孩子根据成绩制定合理学习计划，帮助他们选修课程，通过课程考试，并顺利从高中毕业。	提供家长他们可释读的学生成绩单，并为学生准备可选择的课程。为家校提供更有效的双向沟通渠道。
欧佩路斯卡初级中学——父母、我与诗歌	为学生的原创诗歌提供“听众”。	在他们的英语课上，学生学会如何使用英语进行比喻写作。诗歌社的学生安排一次公开的演出，家长和社区合作者可以通过演出了解孩子们的想法和内心矛盾。	与家长就学生课程、学习任务和进步进行交流。对学生的作文提出表扬。
南佛罗伦萨高中——简单的就是最好的	学校展示所有的项目，并赞扬学生和家庭的多样性。	学生可以在一个类似集市的环境中，通过展示、演讲或其他俱乐部活动，或者在其他学习机会上展示自己的领导角色和作用。	与所有家长就学校计划和学生成长进行沟通。 建立初中与高中的联系，为学生和家长提供与未来学校相关的信息。

（案例选自《有价值的合作实践案例集》）

2.2.3 案例：类型 3 —志愿服务

【学校案例 5】

案例名称：创新志愿者服务

案例学校：美国马里兰州巴尔的摩市，帕特森公园公立特许学校

案例目标：使所有家长都能以某种方式帮助学校和学生

案例对象：小学和初中（也适用于其他年级）

案例来源：案例选自《有价值的合作实践案例集》（2015 年）

帕特森公园公立特许学校（以下简称“帕特森学校”）实施的志愿者活动进行了一些创新，尤其是尽可能地兼顾学生家庭背景、文化和教育水平的多样性。学校要求每个家庭每年提供 20 个小时的志愿服务时间。ATP 和其他学校领导为家长参与志愿者服务设计了多种多样的参与方法，不仅帮助家长满足志愿者服务的时间要求，也尽可能地让家长有机会发挥自己的才能，提供有意义的志愿服务。

这项志愿者服务计划以对家长才能的调查为基础。该调查用英语和西班牙语询问志愿者他们想要分享的才能或他们独特的兴趣、技能、能力和分类。这些背景信息将为学校和学生开展丰富的志愿者活动提供支持。调查还提供了许多帕特森公园公立特许学校的具体志愿者活动名录，其中，包括组装书架、陪同实地考察、课堂辅导、辅助午餐和课间休息、筹款、成为读书伙伴、笔译口译、洗队服，以及其他方面的学术讲座、健康养生等。这项调查让家长们知道，无论他们的才能如何，他们的服务对学校和学生来说都是有价值的。在这项调查中，家庭被要求写明他们最理想的志愿服务时间（在校期间、放学后、周末或在家）和他们首选的联系方式。调查所得的这些信息都会被输入

一个数据库中，并在全年中用以招募和安排志愿者。例如，教师可以对列表进行排序，只找出那些有兴趣在上学期间辅导学生特定科目的家长。而且通过这个数据库，学校可以清楚地知道志愿者的数量和他们的服务时间。

学校阅读专家指出，“阅读志愿者对学生识字发展的影响是巨大的”。学生喜欢看到他们的家长帮助他们解决问题，家长也能够感受到孩子、学校和其他家庭对自己的重视。一些家长通过志愿活动在学校找到了工作，还有一些家长在服务期间学到了新技能，并在其他地方找到了工作。帕特森学校志愿者服务计划由学校提供资金和工作人员，并得到当地企业和组织的捐赠支持。另外，ATP 成员等作为志愿者帮助处理调查数据，识别志愿者，组织志愿者答谢晚宴和早餐会。

帕特森学校将志愿者写入学校月度联系人员名单中，以此方式肯定或证明志愿者的贡献。而那些已经完成 20 小时志愿服务的人会被邀请参加学校年底的宴会。届时，校长会向这些家长颁发证书，孩子们则向他们赠送礼物等表示感谢，而且当地企业和工作人员捐赠的礼品卡也会被用作现场抽奖的礼品。

【学校案例 6】

案例名称：职业、技艺、社区进课堂活动

案例学校：美国华盛顿州帕斯科市，马克·吐温小学

案例目标：拓展学生的职业意识

案例对象：小学（也可适用其他年级）

案例来源：选自《有价值的合作实践案例集》（2016 年）

孩子们经常被问道：“你长大后想做什么？”一开始，学生们的答案是有限的——医生、教师、消防员。但是，当孩子们有了较强的

职业意识后，他们的想法和选择就会不断变化。马克·吐温小学正在帮助学生们广泛地思考自身兴趣和职业意识。该校校长说，当他听到学生们对学习与自己兴趣相关的职业很开心时，他就知道学校正走在正确的轨道上。

马克·吐温小学超过 60% 的学生是西班牙语裔，大约一半是英语学习者，超过 80% 的学生有资格享受免费或减价午餐。提高所有学生职业意识的目标与学校的另一个目标相关联——让更多的父亲参与教育过程。为了扩展学校已经建立的“优秀的学生爸爸”服务项目，ATP、教师、校长等人共同开发了一个更强大的职业意识培训活动，即“职业、技艺和社区进课堂”项目。爸爸们或其他承担父亲角色的人被邀请到学校分享他们的工作、工艺技能或爱好，并现场回答学生的问题。当然，学校也会邀请社区合作者一同参加活动。

马克·吐温小学一直以来都强调父亲角色的重要性，认为父亲角色对学校和学生的成功至关重要。当爸爸和其他男性榜样作为伙伴来到学校讲述他们的工作和其他兴趣时，无论是男孩，还是女孩，都会认真倾听和学习。毫无疑问，“父亲”是一种有效的自然教育资源，可以帮助学生打开思维，让学生对职业有更多认识和不同选择。

在组织演讲活动一个月前，学校开始邀请和安排学校学生的父亲来参加活动。学校所有孩子都会收到邀请父亲或承担父亲角色的人来参加会议以了解如何参与活动的传单。如果与日程安排有冲突，家长也可以给活动负责人发电子邮件或打电话。

在活动当天，每位演讲者都有 30 分钟的时间在一到两间教室里介绍自己的工作经验并回答学生的问题。课堂讨论的问题包括从事某些工作所需的技能，以及所需的教育或培训。

一些演讲者还可能做得更好，比如，他会让学生参与到与其工作或爱好相关的活动中。就像一位老师说的那样：“学生们对能够参加健身训练营，在教练指导下做各种健身活动感到兴奋和投入。”

毫无疑问，这些好奇心强、反应敏捷的学生也会给演讲者带来积极的体验。每位演讲者都会收到学校的感谢信，其中一位演讲者回信说：“谢谢！这是我这么长时间以来最开心的一次活动。而且孩子们都很有礼貌。我还可以再来吗？”

正是因为活动的受欢迎程度，学校计划将本次活动延长到两天，并增加了一个重要活动单元，即其中一天的活动将围绕“母亲及其不同的职业”的主题展开。

表 2-2-3　更多有关类型 3 的活动介绍

类型 3 活动 / 学校	活动目标	活动总结	遇到的挑战
阿密斯塔德小学——参观阿密斯塔德社区花园	通过花园将学校与社区联系在一起。	尽管许多学生家长都是农场工人，但是他们没有属于自己的花园。学校里的花园为学生和家长提供了种植、浇灌、享用水果蔬菜和草药的机会，还可以让学生有机会运用数学技能来规划花园。	为家长们提供机会，让他们能够使用实践技能和才能来帮助学校。
巴伦坦小学——“贝斯熊”去工作	通过让有工作的父母和家庭成员展示他们的职业和工作环境，提高学生的职业意识。	学校的吉祥物贝斯熊每个月都与不同的家庭成员一起工作。家长们拍照记录贝斯熊在不同工作中的状态，并根据所见写一份有关贝斯熊工作的介绍和总结。然后这些照片和总结会被展示在学校的布告栏，以此拓展学生的职业意识。	需要广泛地招募志愿者来帮助学校在家、在校园、在社区开展志愿活动。确定灵活的时间安排表，让所有志愿者感受到学校对他们的欢迎和重视。
林肯小学——爸爸和训练	鼓励更多的父亲参与到学校事务中。	“爸爸和训练”项目，一年中学校举行了 4 次演习活动，学校为孩子和爸爸们提供装备或场地进行健身活动（如爬墙、接力赛）和学业技能训练（适宜等级的阅读和数学技能）。与此同时，社区团队为大家提供健身、保健和健身类资源与信息。	广泛招募父亲或承担父亲角色的人担任志愿者，并积极组织相关活动确保充分发挥志愿者的才能。

续表

类型 3 活动 / 学校	活动目标	活动总结	遇到的挑战
中央中学——祖父母和宾果游戏	把学生的写作与祖父们日益增加的校园参与活动关联起来；把志愿者服务与为学校图书馆 / 多媒体中心募捐关联起来。	有一份家庭作业，即学生完成有关祖父母参加学校活动的问卷，同时，祖父母们回答孩子的提问。所有这些都会在宾果游戏上被分享，而且祖父们会被邀请来担任活动的志愿者。	扩大志愿服务范畴，将家庭成员和社区伙伴也纳入其中。
奥克伍德小学——“叮当创作活动”	用可回收材料制作艺术品，激发学生的创造力，并呼吁人们关注其中的碳足迹。	为完成这项艺术创作活动，志愿者会协助收集可回收材料。在地球日当天，学生们会选择多达八种回收材料来完成艺术品的制作。家长志愿者会指导学生们使用工具、缝纫机和胶枪，紧接着老师会讲解他们创作过程中的碳足迹。	为家庭志愿者提供发挥自身兴趣和才能来帮助学生学习的机会。 把艺术与科学相关联，促使 STEM 向 STEAM 转变（即帮助学生的兴趣点从科学、技术、工程数学向科学、技术、工程、艺术和数学转变）。

（案例选自《有价值的合作实践案例集》）

2.2.4 案例：类型 4 —在家学习

【学校案例 7】

案例名称：“预注册之夜”活动

案例学校：美国得克萨斯州莱福德市，莱福德高中

案例目标：通过家长的介入与讨论，提高学生课程选择的质量和针对性

案例对象：高中

案例来源：案例选自《有价值的合作实践案例集》（2014 年）

去年 2 月，该校学生和他们的父母前往莱福德高中参加个人学业咨询会议。会议的目的是帮助 9 年级、10 年级和 11 年级的学生注册课程，以确保他们能按时毕业，并为他们选择大学或职业做好准备。

这项活动也让家长们从中受益。他们更好地了解了学校的课程注册流程，以及如何与老师和辅导员合作，以确保他们的孩子走上成功的道路。一位家长评论道：“这是一种新事物，我很喜欢，我很高兴，我和女儿一起来讨论她明年的课程，让她开始思考高中毕业后的目标。”一位老师也表达了同样的观点：“‘预注册之夜’非常棒，看到家长和学生就他们的课程进行对话和讨论……未来。”

近 350 名学生和他们的家长参加了“预注册之夜”的活动。学校安排了十位老师现场回答有关大学和职业的问题。这些老师分别与每个学生及其家长见面。在交流的过程中，所有老师都使用了统一的“脚本”[①]来确保每个人都收到了关键信息。然后他们开始讨论哪些课程可

① 学校为教师与家长交流准备的统一答复，包括部分固定信息的答复、问题的方式。——译者注

以帮助学生实现个人目标。为保证活动的顺利进行，每位老师每晚安排了四个时段，每个时段是半小时时间，从下午5点持续到下午7点。当然，老师和辅导员为此花费的时间都可以得到一定的工资补偿。

“预注册之夜”活动预计在两个月内进行。工作人员为高一、高二和高三的学生分别提供了文件夹。每个文件夹里都有相对应的课程预登记表、毕业要求大纲、课程表和学生目前的成绩单。当年1月，这些文件夹都会邮寄给学生和家庭，并附有如何在预注册时安排预约的信息。

对学生和家庭来说，准时赴约是很重要的。当然，为了解决不可避免的时间冲突导致的预约安排问题，工作人员会通过电话、短信或电子邮件重新安排预约，并且对于无法在预定时间到校的家庭，工作人员也会进行家访。

“预注册之夜”活动可以有效地将学生、家长和教师聚在一起，针对学生学业进行积极讨论与对话。这些讨论意味着所有学生都可以选择到合适的课程，以实现按时毕业和服务未来计划的目标。学校预约或家访制度意味着学校希望每个学生至少有一位家长明白，老师希望家长成为学校教育的伙伴，共同指导和监督孩子从高中到未来的每一步。

【学校案例8】

案例名称：交互式家庭作业

案例学校：美国密苏里州韦尔登斯普林，玛丽·艾米莉·布莱恩中学

案例目标：通过学生与家长的互动和作业的选择来增加作业的完成度

案例对象：中学（也适用于其他学校）

案例来源：案例选自《有价值的合作实践案例集》（2015年）

玛丽·艾米莉·布莱恩中学的ATP希望学校更像家庭，家庭更像学校，以确保学生有多种教育支持来源。为了表明学校许多日常活动很容易将家庭与学校连接起来，ATP将创新作业的想法应用到了学校课程中，即“家校交互作业”。

ATP将学校科目分为八个领域：英语语言艺术、数学、社会研究、科学、美术、实用艺术、体育和阅读。教师按照每学年每季度两个学科布置“家校交互作业”。

ATP提供了一个包含30个主题和活动的列表，用于开展交互式作业，这些主题适用于不同的科目。为更好地发挥作用，所提供的这些活动必须是灵活的、有创意的、有趣的，可以让学生和家长一起参与，而不要总是纸笔作业。同时，这些活动必须是免费的，并且容易完成。这样才有助于学生主动与家庭成员一起开展活动。

在第一季度，美术和实践艺术的老师们布置了“家校交互式作业”。每位老师为学生选择或改编一个互动式家庭作业。这些“作业”形式可以是多样的，比如，可以包括一起谈论和收集最喜欢的食谱；一起听一段音乐，记录家庭成员对音乐的不同反应；或者玩猜谜游戏；或者，教师可以设计与任教课程相关的其他作业。

在第二季度，传播艺术和科学教师选择或设计了“家校交互式作业”，包括采访家庭成员，了解他们现在的技术与中学时期有何不同，询问父母为什么选择当下的职业，或者一起做科学实验。

在第三季度，社会研究和数学老师根据一些想法选择具体形式的“家校交互式作业”，比如：讨论数学在一个家庭的日常生活中是如何被使用的；一起写一篇关于家庭历史事件的新闻；或者用一定的预算制定一个饮食计划。

在第四季度，体育和阅读老师设计了他们的创造性家庭作业。学生可以让家庭成员骑自行车或散步；一起玩自然寻宝游戏；向父母询问他们小时候最喜欢的书，如果可能的话，一起阅读这些书。

起初，这些活动都是选修性质的，只有不到一半的学生和家庭选择参加。今年，活动有所改进，这些活动都被纳入学生的成绩单，最后有超过 91% 的家庭参加了活动。结果是，大部分的家长都表示他们很喜欢这些活动。

一位老师报告说："当学生们分享他们的家庭食谱时，其他学生就会了解他们家庭的历史。他们想要创建一本食谱，并在家里制作所有的食谱。"一位家长分享道："我不敢相信我儿子能通过键盘教我唱歌，而且我们一家人听了一些我们小时候最喜欢的歌曲，共同度过了一段美好的时光！"

学校开展的这些作业不仅很有趣，而且也可以鼓励学生们与父母和家人进行更高层次的思考讨论，并将学校学习与现实生活技能联系起来。当学生们把他们在学校学到的东西运用到家里时，似乎每个人都是赢家。

表 2-2-4　更多有关类型 4 的活动介绍

类型 4 活动 / 学校	活动目标	活动总结	面临的挑战
霍桑小学——书籍与酿造：一项家访计划	实施一项可行的家访计划。	ATP 和教师都认为学生将是家访工作的最大受益者。开展家访前，学校工作人员制定了相应计划并联系家长。 家访的教师给学生带去一本书或一种学习游戏，也会买几杯咖啡与家长一起分享。 教师会亲自示范指导家长和学生是如何练习数学技能和阅读技巧的，并乐享其中。	通过家访来实现家庭和学校的友好交流，以此强化家庭对儿童学习的支持。
路易斯托克小学——家庭游戏之夜	帮助父母理解他们学龄前孩子（3～5 岁）是通过游戏、摆弄新东西，以及与周围人的互动来学习的。	ATP 和志愿者共同管理家长和孩子一起游戏的活动平台。其中的游戏不仅有趣，而且能强化孩子相关学科的能力。家长和孩子轮流使用活动平台接受信息，指导他们如何在家里玩这些游戏。	父母可以通过在家与孩子一起游戏，帮助孩子拓展在学校习得的知识。
德尔梅小学——操控数学	应家长要求，为小学四年级学生的家长提供如何在家指导孩子学习数学的知识。	应家长的要求，教师举行了两次晚间会议，并示范了家长如何在家帮助孩子提高那些需要不断训练的数学技能。这些会议都通过视频记录下来放到网站上，方便那些没有参会的家长学习，且家长和孩子在家里都可以使用。	以一种积极的方式提高家长与孩子讨论数学的自信心。
德昆西小学——科学家族之夜	提高学生在国家科学测试的成绩。	社区工作人员和老师创建的科学场景容易理解，保证家长和孩子可以在 10～15 分钟内看完并参观下一个。家长们也可以在老师的讲解下参观天文馆；每个家庭都可以得到所有 14 种实验的相关材料，方便学生在家也能开展这些有趣的实验。	让具有挑战性的学校科目变得更有趣。通过亲自体验互动游戏让学生明白科学在现实世界的重要性。

（案例选自《有价值的合作实践案例集》）

2.2.5 案例：类型 5 —制定决策

【学校案例 9】

案例名称："成功调查：借助家长的参与推动学校合作行动"

案例学校：美国华盛顿州肯纳威克市，维斯塔小学

案例目标：鼓励家长参与学校 ATP"年度合作行动计划"

案例对象：小学（适用其他学段学校）

案例来源：案例选自《有价值的合作实践案例集》（2014 年）

当维斯塔小学的 ATP 开始起草"年度合作行动计划"时，其成员们意识到他们可能忽略了一些重要的事情，即忽视了合作行动计划中家长参与的重要性。正如 ATP 的一名成员说："我们意识到我们没有直接从家长那里获得很多信息……比如家长们觉得什么最有兴趣、最好玩或最有帮助。"于是，该团队决定先联系更多的家长，再来制定今年的活动和计划。

开展调查是一种有效的方法。ATP 制作了一份大约半页纸的问卷，其中有多项选择题，方便家长快速填写问卷。ATP 制作的"成功调查：借助家长参与推动学校合作行动"问卷包括以下问题：家长目前是如何参与学校合作的？是什么阻止或限制了家长在学校的参与？ATP 和其他机构可能采取什么措施来增加家长的参与？家长对学校的沟通满意度如何？ATP 认为，在一个受欢迎的学校聚会上发放问卷最有可能达到高回收率。所以，研究者选择了在学校每年参加人数都很高的冬季音乐节上来发放调查问卷。

冬季音乐节开始前，ATP 的成员们与老师们谈论了本次问卷调查和回收的重要性，并给了每位老师一叠调查问卷和大量的铅笔。在音

乐节上，30 名老师和工作人员要求家长在演出结束后去教室接孩子时完成本问卷调查。大多数家长都积极配合，最后调查人员回收了几百份问卷。

ATP 将教师收集的调查问卷统一回收，并将其转发给学区合作负责人，后者为学校整理、分析数据。数据显示，家长们对侧重于学生课程和课堂作业的晚间活动特别感兴趣，尤其是数学和阅读之夜。因此，ATP 计划今年在四、五年级开展 STEM 之夜活动，第二年将开展 K–2 年级的阅读之夜活动。

维斯塔小学校长说："对家长的直接问卷调查，是确保我们学校的合作行动真正满足每个家庭需求的好方法。"她和 ATP 成员指出，一旦让家长能够听到他们自己的声音，他们就更有可能参加学校活动，并感到融入了学校这个共同体。

该学区的五所学校已经采用了这种做法，而维斯塔小学计划每年都开展这样的调查活动。明年，维斯塔小学将与整个学区分享调查结果，进一步打造开放的氛围，并让家长和工作人员有机会对结果做出反应。

【学校案例 10】

案例名称："驻班家长计划"

案例学校：美国威斯康星州富兰克林县，印第安社区学校

案例目标：为每位教师配备一名家长联络员，他将与所有学生的家长就活动、事件和其他信息进行联系

案例对象：小学和中学

案例来源：案例选自《有价值的合作实践案例集》（2012 年）

印第安社区学校是一所美国原住民儿童学校，对学校学生而言，家庭是其文化中极其重要的一部分。为了在学校里传播原住民学生的

家庭价值观，家庭资源中心（family Resource Center，FRC）实施了“驻班家长计划”，即指定一名家长志愿者充当学校联络人，由该联络人负责将每个班级的教师、家长和学生联系起来。

每位充当联络人的家长都会被分配到一个特定的班级。他们的第一个任务就是写一封信，向班上其他学生的家长介绍自己和这个项目。“驻班家长”作为其他班级家长的代言人，他们将会了解学校的学生和工作人员。全年当中，“驻班家长”有多次为学生学习服务的机会。

社区学校要求所有家长提供常用的联系方式，并询问他们对志愿服务和参加学校活动的兴趣。《教室指南》这本指南会告知家长：“把你所在班级里所有的家长都调动起来，你不必一个人做所有工作。”

在本学年期间，“驻班家长”每周都通过电话、电子邮件或当面与他们指派的老师保持联系。他们为自己所在的班级做出了巨大贡献。他们读书给学生听，在数学或社会研究方面提供帮助，协助课堂活动，并在需要时协调志愿者。“驻班家长”有一项重要的创新任务，就是帮助老师与班上所有其他学生的家长进行沟通。

“驻班家长”的领导作用在班级里得到了肯定。一位老师说：“我的‘驻班家长’这学年发挥了重要作用，我的学生们……真的很庆幸她在我们的班级里。当学生们知道‘驻班家长’要来帮忙时都很兴奋。”

印第安社区学校在许多方面为“驻班家长计划”提供支持。家庭资源中心工作人员在学年开始时举行了信息公开会议，向好奇的家长讲解了“驻班家长计划”的相关信息。只有那些愿意对该计划提供服务的家长才会签署协议。该协议概述了“驻班家长”的责任。比如，每周提供志愿服务、平等地尊重所有学生和他们的家庭。当然，“驻班家长”不需要为课堂活动购买用品，也不需要自己监督学生。这些指导方针有助于明确“驻班家长”的角色。每月，家庭资源中心都会组织相关会议，其间，“驻班家长”们能够分享他们工作的快乐，也可以提出和讨论发现的问题，并设想对应的解决办法。

家庭资源中心在实施本计划过程中面临的挑战之一便是“驻班家长”是否需要亲自照顾小孩。家庭资源中心要求参与该计划的家长确定他们是否需要儿童保育服务，以便安排提供这项服务的计划。第二年，“驻班家长计划”策划者在学年开始前招募志愿者，并询问那些将退出“驻班家长计划”的家长推荐候选人。

“驻班家长计划”为家长提供了一个机会，让他们通过担任至关重要的、备受赞赏的领导角色来回馈孩子的学校。每个班级的学生都获得了一位导师和友好的长辈，学生可以依靠他们来帮助完成课堂项目。“驻班家长”以非常明显和重要的方式将家庭与学校结合在了一起。

表 2-2-5　更多有关类型 5 的活动介绍

类型 5 活动 / 学校	活动目标	活动总结	面临的挑战
格林伍德小学——专业的爸爸	使爸爸能够更多地参与学校决策，以此更好地促进孩子的品行和学业的发展。	父亲或承担父亲角色的人参与系列会议（例如，带领“爸爸们”与当地未成年篮球队参加图书馆之夜活动；去学校班级讲课；带着学生一起去钓鱼；等等）。这些活动可以帮助爸爸们与其他人建立联系，并更好地参与到他们孩子的教育中来。	将父亲视为一个合作者，是家庭和社区参与学校教育活动的积极设计者、实施者。
职业中学——职业之夜	为学生提供了解更多职业的机会，帮助他们树立远大的学习目标。	家长们通过 ATP 招募志愿者来学校介绍他们的职业，超过 30 名主持人参加了这个活动。学校根据职业不同将他们分成不同组，方便学生根据自身的职业兴趣去各组了解这些职业。	为家长在家庭、学校和社区合作中发挥领导作用创造机会。
佛兰西斯豪厄中学——家庭智力问答活动	通过组织有趣的家庭智力问答比赛活动为学校购买新 ipad 筹措经费。	由一名家长志愿者和两名家长共同领导一个委员会筹备家庭智力问答比赛活动的各项准备工作。在活动中，主要由学生发挥领导作用；在活动中通过售卖餐饮得到的钱都用作学校项目的支持经费。	为家长领导人提供制定学校目标和实现目标的机会。
森林公园小学——拉丁美洲展览会	家长和 PTA 确认是否需要增加西班牙语课程。PTA 提供资金支付西班牙语教师的薪水。	在 PTA 的经费支持下，学校聘请了一位西班牙语教师，并在每班每周开设一节课。年底，所有教师都要举办一次拉丁美洲展览，每个班级都要负责一个拉丁美洲国家的展位。父母也会参加活动检阅这一年的学习。	鼓励家长、教师就学校决策与 PTA 、ATP 开展合作，丰富学校课程和学校。
坎耶技术高中——多元文化展览会	认识学生和家庭背景的多样性。	父母要接受学校对他们家庭背景的调查，作为学校文化多样性的依据；教师全年都要开设文化多样性的课程。例如学生可以在自己家庭所来自的国度里选择一名杰出科学家进行调查研究。	学校遴选家长和学生领导人（负责人）需要兼顾种族、宗教、语种，以及社会经济地位的差异。

（案例选自《有价值的合作实践案例集》）

2.2.6　案例：类型 6 —社区合作

【学校案例 11】

案例名称：校友贸易之旅

案例学校：美国康涅狄格州安索尼亚，埃米特·奥布莱恩技术高中

案例目标：让学校的校友积极参与和支持学校的项目

案例对象：高中（适用其他学段学校）

案例来源：案例选自《有价值的合作实践案例集》（2016 年）

如果你得到了新玩意儿会怎么做？当然是给你的朋友们看看！埃米特·奥布莱恩技术高中（Emmett O’Brien Technical High School）邀请校友参观其最近完成翻新的商店建筑，这些建筑里有许多为学生从事行业而服务的商店。在校学生和家长通过联系他们认识的本校毕业生来帮助他们完成这项活动。一位教师说："看到这么多毕业多年的校友来逛商店，我很震惊。"大约 200 名社区人员和校友参加了这次"校友贸易之旅"活动，还有大约 80 名家长、100 名在校学生和许多教育工作者也参与其中。

校友由学生迎宾员迎接，然后在其他学生的指导下填写问卷，包括他们的名字、电子邮件、毕业年份、毕业于哪个专业、现在从事什么工作、是否在从事自己的专业、目前的工作职务，并且得到他们的授权将信息输入校友数据库，以便他们与学校保持联系。此外，他们还为每位参加活动的校友提供一瓶水和一张写着"谢谢"的明信片。

由十五对学生导游带领大家参观校园。他们带领游客参观了拥有 21 世纪技术和机械的新行业馆，并参观结束时端上由烹饪系学生准备的咖啡和糕点。还有许多在校生在厨房或茶点桌旁工作，安排参观活动，

或者在其他方面提供了帮助。一名学生说“听他们讲他们在学校时的故事很有趣”。另一个评论道：“有些人已经很成功了。”另一个人印象深刻：“我简直不敢相信有那么多此前毕业的学生告诉我，能在这所学校读书是多么幸运。”

校友们还互相联系，在社交媒体上传播了这次活动的消息。他们在学校参观期间发布了物品和图片。一些校友认为，一些人看到朋友在 Instagram 上的帖子后立即做出了反应，当天晚上就来参加活动，真是因为他们使用了社交媒体。

在一个半小时的参观之后，举行了两场校友篮球赛——一场男生篮球赛，一场女生篮球赛。这两场比赛为学校筹集了资金，门票成人 5 美元，学生 3 美元。体育馆座无虚席。

学校全面改建后的前 5 年，将继续开展面向校友、家长和社区成员的学校参观活动。校友篮球比赛也将继续，以支持埃米特·奥布莱恩技术高中的成功精神。

【学校案例 12】

案例名称：博物馆之夜

案例学校：美国阿肯色州小石城，水獭溪小学

案例目标：利用社区资源强化学生对科学的兴趣

案例对象：小学（也适用于其他学段学校）

案例来源：案例选自《有价值的合作实践案例集》（2015 年）

虽然科学无处不在，但一些学生和他们的家长觉得这门学科令人生畏。在水獭溪小学，一位老师想要鼓励全校对 STEM 学科提起兴趣和好奇心。她与探索博物馆合作举办了“博物馆之夜”活动，使科学变得有趣、迷人和好玩。博物馆为所有水獭溪小学的家庭提供免费参

观的机会，以鼓励父母、孩子、教师和工作人员一起体验科学展品和动手实践活动。

晚上在博物馆，学生和家长学到了许多科学概念。在亲身体验展品和参观过程中，有很多吸引人的主题，包括打喷嚏可以传播的距离、紧凑型荧光灯与普通灯泡的能效、模拟龙卷风、肠道在人体中的作用、声波的可视化、对活体动物的了解等等。

整个晚上，家长都看到他们的孩子以有趣的方式积极学习科学。孩子们充满活力激情地与父母分享整个旅程。大家的反应正如一位家长所说的那样："我的孩子真的很喜欢……这是一个很好的方式，让整个家庭都对科学学科和我们 OCE 科学博览会产生兴趣。"

"博物馆之夜"还增加了家长、教师、学生和社区成员之间的联系和对话——所有这些都是以提高学生成绩为宗旨。另一位家长说："我喜欢这整个经历。不仅我的孩子们玩得很开心，而且我还可以与其他家长、工作人员一起参观。因为我的工作日程安排，我通常无法见到他们。"

许多家长和学生表示，这是他们第一次参观科学博物馆。水獭溪小学的教师和探索博物馆的工作人员都希望这种积极的经历体验可以激励父母在未来计划家庭出游时，会再次考虑到博物馆参观。

为了让"博物馆之夜"活动成功举办，学校在早上的通告中和学生带回家的宣传单上，已经告知教职员工和学生们，博物馆对所有水獭溪小学的父母和孩子都是免费的。教师们在班级通讯簿和校历上都列出了相关活动信息，并通过学校的信息系统让家庭在活动前一天晚上和当天收到消息。学生们放学回家时，衬衫上都贴着标签，提醒父母参加活动。

学校的家长参与基金（Parent Involvement Fund）捐了一笔钱，让博物馆二十四小时开放（否则可能会关闭），博物馆也为学校的家庭和工作人员提供免费入场服务。这意味着，对大多数家庭而言，参与这项活动的唯一困难便是从水獭溪小学到小石城市中心的20英里车程。大约125名家长、225名学生和20名教师参与了“博物馆之夜”活动。

探索博物馆有许多与阿肯色州教育框架和州共同核心标准相关的资源。其他学校与博物馆也在尝试建立联系。“博物馆之夜”拓展了课堂教学和学习，使学生家庭能够以新的方式体验科学。

表 2-2-6　更多有关类型 6 的活动介绍

类型 6 活动 / 学校	活动目标	活动总结	面临的挑战
诺维奇技术高中——社区职业及资源展览会	给高中生及其家长提供一次机会，让他们可以在当地企业学习有关职业的知识。	ATP 和教师邀请当地的机构组织举办职业展览会，包括企业、大学和军队招募人员。大约 80 家机构代表签约参加。学生学会了制作个人简历；大约 700 名学生和家长通过了解本地教育和就业机会，从交流中受益。	把这个活动和服务信息通知每个社区的学生和家长。
西奥多·罗斯福小学——社区服务之夜活动	帮助学生回馈社会。	二年级学生创建了一个为布里奇波特医院儿童编制毛毯的手工艺项目。学生和家长们一起编织毛毯，并谈论着自己在医院时面临的困难。学生们很开心，尤其是当他们做的事可以让那些处于焦虑中的人们感到舒服时。	提高学生的自信心和他们对社区的归属感和荣誉感。
南佛罗伦萨高中——“英雄早餐”	向那些为学生发展提供帮助的家庭或社区人员表达感谢。	学生们通过写散文描述他们生活中的偶像，这些人都有 2 ～ 3 项令人敬佩的特征。然后把他们心目中的“英雄”带来吃早餐，然后把自己写的文章给英雄们看。超过 400 位家长和社区英雄，以及 400 名学生参加了暖心的英雄早餐活动。	帮助高中生理解他们与社区的联系。
格林伍德小学——“博物馆文化夜”	通过参观博物馆提高学生的文学素养。	超过 500 名孩子和家长到访了当地的博物馆，并且把文学技能应用到工作中。他们通过“寻宝游戏”探寻文学问题的答案。活动的晚餐是市政府赞助的。学生可以免费选择一本书带回家阅读。社区代表们告知大家有关免费的阅读夏令营活动信息。	提供有关社区项目和服务的信息，并确保学校的所有家庭都有公平参与的机会。

续表

类型6活动/学校	活动目标	活动总结	面临的挑战
伯顿帕克小学——在小猪店（Piggly-Wiggly）举办数学晚会	通过经营本地食品杂货店来运用数学技能。	学校ATP、数学教师和百货店经理策划数学活动。活动结合了年级水平、K-2和3～5岁儿童学校能力标准要求。孩子们和家长一起解决与冰冻食品、农产品、宠物粮和其他商品相关的数学问题。有需要的时候教师可以提供支持。	借助社区的人脉和资源丰富学校的课程和孩子们的学校生活。把数学学习与真实生活相联系。
维纳尔职业高中——“我们要上大学”	为学校的拉丁学生和家庭上大学提供成本控制和支持。	西班牙语教师、职业发展规划教师、学校ATP以及其他人设计三项活动帮助学生和家长为学生上大学做准备，包括组织如何申请大学、通过SAT考试、获得奖学金，以及获得财政补助的会议；聆听优秀校友的大学经历分享；参观斯托斯康涅狄格大学。	提供社区里组织的有助于学生学习和发展的各类服务项目信息，以及关于从高中升学进入大学的信息。

（案例选自《有价值的合作实践案例集》）

注明：作者感谢在第二章中开展活动的学校，也感谢这些开展合作的学区领导人，他们指导本学区内学校使用基于研究的方法来实施全面的、与家庭和社区参与目标相关的项目。

第三章

组建合作行动小组的方法

针对学校合作行动小组（以下简称 ATP）的工作，本章将提供相关信息和工具，以帮助所有学校 ATP 组织开展工作，并发挥作为团队的作用。在合作学校中，教师、家长、管理人员、其他家庭成员和社区合作伙伴像团队一样一起交流和工作，以支持学生的学习和发展。毫无疑问，要落实有效的学校、家庭和社区合作就必须依靠团队合作（Ames&Sheldon，2017；Bryk，Sebring，Allensworth，Luppescu，&Easton，2010；Bryk，Gomez，Grunow，&LeMahieu，2015；Epstein，2011；Henderson，Mapp，Johnson，&Davies，2007；Sheldon&Turner-Vorbeck，in press；Weiss，Lopez，& Rosenberg，2010）。

ATP 的成员们需要知道校长、教师、辅导员、家长、社区团体和学生如何像一个团队那样工作，分享领导，并开展活动，而且让所有家庭都参与到他们孩子的教育中来。学校领导人、学区合作促进员、州协调员和其他人应该清楚学校 ATP 工作的基本流程，以便制定家庭和社区参与计划，组织有效的团队会议，建立委员会，并实施有助于学生学习和学校发展的相关活动。因此，ATP 在创立合作学校方面发挥了领导作用，能够让所有家庭参与进来，让所有学生受益。

本章将讨论关于 ATP 的宗旨、成员、委员会和职责等 12 个常见问题，还将解释 ATP 与学校促进小组（SIT）、PTA/PTO 工作的不同之处，并指明 ATP 对其他团体组织工作的促进作用。

在本章中，我们提供了摘要、检查表和指导方针，以协助学校 ATP 的工作。学区合作促进员和其他帮助学校团队的领导人可以在培训活动或团体会议中使用这些“材料”作为讲义向与会者解释 ATP 的工作、检查计划执行进度，以不断改善团队合作质量。

3.1 合作行动小组（ATP）成功步骤

让我们回顾一下要在任何一所小学、初中或高中创建一个成功的“家－校－社”合作项目所需的十个基本步骤。想要成功合作，首先要组建 ATP。团队必须为合作设定目标，撰写并实施年度合作行动计划，进行经过深思熟虑的评价，关注进展，并逐年改进合作计划。同时，学区负责人应在辖区内所有学校推行这十个步骤来促进学区合作氛围的形成。

表 3-1-1　成功十步骤：基于学校的“家－校－社”合作

- ✓ 建立学校合作行动小组（ATP）。
- ✓ 获取资金和官方支持。
- ✓ 为所有 ATP 成员提供培训。
- ✓ 确定行动起点：明确优势和劣势。
- ✓ 撰写“年度合作行动计划”。
- ✓ 将六分类参与框架应用到与学校发展目标相关的活动中。
- ✓ 招募教职工、家长、学生和社区人员帮助开展活动，并且参与学校、家庭和社区的相关活动。
- ✓ 评价合作活动的质量以及拓展活动的结果。
- ✓ 举行年度表彰会，并向所有学校团体汇报进展情况。
- ✓ 继续努力改善和维持与学校发展目标相关的合作项目。

3.2 ATP 工作的准备

使用这份清单可以帮助 ATP 跟踪学校的“家－校－社”合作项目现状。

表 3-2-1 学校开展合作的检查清单

学校 ATP 主席或联合主席将指导这些活动。 如果你所在学校 ATP 已经完成了下列活动，请在对应 □ 里打 ✓： □ 选择 ATP 成员。成员 6 ～ 12 名，包括教师、家长、校长和其他人。要选择那些对学校、家庭和社区合作有积极兴趣的人，包括高中生。 □ 安排一次为期一天的培训，并在本指南的指导下，完成下列步骤（见第四章和第五章）。这个培训由团队主席或联合主席或参与合作的学区领导人主持，因为学区领导人可以促进许多学校 ATP 的工作，甚至将其作为学区合作文化的一部分。 □ 遴选确定 ATP 主席或联合主席。 □ 依据学校发展四个方面的目标或六种类型参与，设置 ATP 委员会，并确定每个委员会的主席或联合主席。 □ 针对六种类型参与中的每一种都有完成的实践清单，并与教师、家长、学生和其他人讨论清单，了解他们的具体想法，包括哪些活动应该保持，哪些需要改善，或者需要增加什么活动。 □ 从学校发展计划中选择目标，尤其是那些可以通过家庭和社区参与活动来加强的目标。 □ 完成“年度合作行动计划”（G 分类目标或 T 分类目标），为每个选定的目标提供具体的配套活动，以创造一个友好的氛围，同时促进学生学业和品行的发展。确定与活动相关的细节，包括由谁负责组织和实施参与活动，活动在何时进行，活动的预期结果是什么。 □ 针对整个 ATP 制定每月会议时间表，并与 ATP 各委员会讨论这些会议的安排。选择 ATP 会议的地点和时间，并决定会议将如何组织。

确定 ATP 按什么频率和方式向以下组织汇报情况：
- ☐ 学校促进小组或其他决策机构
- ☐ 全体教职工
- ☐ 全体家长
- ☐ 家长组织（例如，PTA、PTO 或其他团体）
- ☐ 社区（例如商业圆桌会议、当地媒体、市长办公室、文化团体或外文媒体）
- ☐ 学区领导、学校董事会、其他学区办事处
- ☐ 安排活动启动仪式。向所有教育工作者、家庭和学生传达本校作为合作学校的信息。介绍合作行动小组，并帮助家长了解如何在整个学年中参与各类活动。

3.3 ATP 的成员是谁?

第一，建立成员名录。要登记成员的电子邮件、电话号码或其他联系方式，还应标注每位成员能为团队带来怎样的技能和才艺。（见表 3-3-1）。第二，列出每学年 ATP 主席或联合主席、主要小组委员会及其负责人。第三，每年将此名单的电子或纸质副本发给所有团队成员，以方便大家之间的沟通，并提供给协助学校的学区领导或合作伙伴。第四，将小组名单发布在学校网站上，以便所有教师、家长和社区伙伴知道谁是本校 ATP 的成员。

表 3-3-1 学校合作行动小组成员信息登记表

学年：________________

申请加入 ATP 的成员都需要如实填写他 / 她可以为团队带来什么样的技能、才能和经验。比如，谁有美术、音乐、计算机、金融、写作或教学方面的才能，谁与社区团体等组织联系密切，谁最适合担任 ATP 或 ATP 委员会的主席或联合主席。列出 ATP 中 6 至 12 名成员的姓名、地址和职务（如教师、家长、行政人员、学生）。讨论并记录每个成员的特长和才能信息，并在下一份表格中确定 ATP 的委员会结构和领导职位。

姓名：________________ 职务：________________

地址：________________ 电话：________________

特长 / 才能：________________________________

E-mail：________________ 常用联系方式：________________

姓名：________________ 职务：________________

地址：________________ 电话：________________

特长 / 才能：________________________________

E-mail：________________ 常用联系方式：________________

姓名：____________ 职务：____________ 地址：____________ 电话：____________ 特长 / 技能：____________ E-mail：____________ 常用联系方式：____________
姓名：____________ 职务：____________ 地址：____________ 电话：____________ 特长 / 才能：____________ E-mail：____________ 常用联系方式：____________
姓名：____________ 职务：____________ 地址：____________ 电话：____________ 特长 / 才能：____________ E-mail：____________ 常用联系方式：____________
姓名：____________ 职务：____________ 地址：____________ 电话：____________ 特长 / 才能：____________ E-mail：____________ 常用联系方式：____________

（说明：如果合作行动小组成员超过 6 名，请复印此表进行填写。）

表 3-3-2 ATP 委员会的组织结构及其领导人

学年：____________

以下是 ATP 两种委员会的组织结构，都可以用于制定学校、家庭和社区合作的“年度合作行动计划”和相关活动的组织中。然后，请根据你的选择，在相应的组织结构类型 □ 上打 ✓，并填写 ATP 成员和委员会领导人的姓名。

□ 依据选定的四个学校发展目标分别成立四个分委员会。我们将根据“年度合作行动计划”（G－目标分类）和“合作活动年度评价表”（G－目标分类）开展年度计划和进展评价工作	□ 依据六种类型参与分别成立六个分委员会。我们将根据“年度合作行动计划”（T－类型分类）和“合作活动年度评价表”（T－类型分类）开展年度计划和进展评价工作

本年度各委员会领导人（请填写）： ATP 主席或联合主席：________ ________________ ________________	本年度各委员会领导人（请填写）： ATP 主席或联合主席：________ ________________ ________________
分委员会主席或联合主席： 目标 1 —学术委员会：________ ________________ ________________	分委员会主席或联合主席： 类型 1 —抚养教育：________ ________________
目标 2 —学术委员会：________ ________________ ________________	类型 2 —沟通交流：________ ________________ 类型 3 —志愿服务：________ ________________
目标 3 —德育委员会：________ ________________ ________________	类型 4 —在家学习：________ ________________
目标 4 —合作氛围委员会：________ ________________ ________________	类型 5 —制定决策：________ ________________ 类型 6 —社区合作：________ ________________

复印此表给 ATP 所有会员、其他学校及学区领导人。在学校通讯簿或网站上呈现 ATP 成员和领导人名单，以便所有教师、家长和社区伙伴都能知道谁在 ATP 里。

3.4 ATP 学年内的第一次会议

我们将 ATP 首次会议作为新学年工作的开始，因此我们应该精心准备这次会议。建议 ATP 主席或联合主席明确解释在本年中如何分享领导权和组织委员会、团队成员如何沟通、团队何时开会、“年度合作行动计划”包括什么，以及整个团队和委员会将如何实施每月安排的活动并反思每项活动的结果。

表 3-4-1 ATP 学年内第一次会议要点

为了更好地计划、监督、评价和改进合作，ATP 应每月至少开一次会。ATP 各委员会的会议则根据活动需要专门召开。

在本学年的第一次会议上，ATP 必须为建立有效的合作奠定坚实的基础。当年第一次会议的议程可能包括以下一些主题、讨论和行动，可增加其他你认为重要的议题。

认可所有成员的价值

◎对所有参加 ATP 并愿意提供服务的成员表示感谢。

◎强调本次会议和 ATP 其他会议的重要性。

◎通过会前热身活动或组织团建活动等方式对团队成员的能力、才能，以及对团队工作的奉献表示赞赏。

审议 ATP 委员会的组织框架，根据“年度合作行动计划”组织安排具体活动。

确定 ATP 各委员会的领导人选，并讨论他们的职责分工。拟任命职位包括如下几个：

◎ ATP 及其下属分委员会的主席和联合主席（可推荐）。

◎每次会议的记录员。

◎负责向学校 SIT 组织汇报 ATP 计划和活动的联络人。

◎为保证 ATP“年度合作行动计划”中包含家长组织的活动，在 ATP 中需要一位与 PTA 或 PTO 联系的联络员。

◎负责向教师、其他工作人员、家长、学生和社区讲解 ATP 活动计划、进度的宣传员。
◎其他需要设立的岗位。

建立沟通系统

◎制作一份包括所有成员电话、电子邮箱或其他联系方式的通讯录，并将它分发给每位成员和其他学校领导人，供大家自主选择联系的方式。
◎创建一个社会媒体网页（Twitter、Facebook、抖音，以及其他受欢迎的平台），方便大家分享或了解学校 ATP。
◎设置常规性会议安排表（包括日期、时间、地点）。
◎创建一个共享文件夹[例如，Dropbox（多宝箱），Google Docs（谷歌文档），或其他]，让所有成员都能轻松获取有关 ATP 的计划、通知和相关资源。
◎制定或审议团队相关会议交流的基本规则。
◎讨论决定获取不能参加会议的成员意见的方法。
◎讨论决定如何向未出席会议的成员提供会议纪要。
◎团队如何保证整个学区的人员都能获悉合作项目的计划、活动和进展信息。

审议“年度合作行动计划”

◎逐项审议本学年合作行动计划的内容。
◎在学年内，根据需要修改计划。

组织开展计划内的相关活动

◎适当帮助各分委员会和领导者组织即将举行的活动。
◎未来 1 ～ 2 个月内安排了哪些活动。
◎哪些分委员会 / 小组成员 / 其他人负责这些活动。
◎需要为即将举行的活动做哪些准备工作。
◎谁来帮助开展每项活动。
◎团队如何评价以及何时评价每项活动的有效性。

讨论确定下一次 ATP 会议的日期、时间、地点，以及具体议程。

3.5 ATP 成员沟通的基本规则

讨论 ATP 成员之间如何相互沟通。确定会议和其他情况下的互动规则，有助于促进团队合作和团队精神的形成。

表 3-5-1 沟通的基本规则

沟通的基本规则是 ATP 所有成员在举行会议、开展讨论，以及与他人分享观点的时候，每位成员都认同且遵守的行为和互动规则。 ______________________________
ATP 应该如何决策？ 例如：让每个人有机会发表自己的观点。 1. ______________________________ 2. ______________________________ 3. ______________________________ 4. ______________________________ 在上述规则中，请在你认为最重要的决策原则后面打“*”。
会议期间，团队成员应该如何相互交流沟通？ 例如：每次开会前都通过 E-mail 把会议议程发给每位成员。 1. ______________________________ 2. ______________________________ 3. ______________________________ 4. ______________________________ 在上述规则中，请在你认为最重要的沟通规则后面打“*”。
根据大家的选择，我们将对遴选出来的两条最重要的规则进行讨论，并列出所有团队成员都认为应该遵守的沟通规则清单。

3.6 ATP 取得成功的基本要求

针对合作项目质量的讨论，有助于强化 ATP 对学校合作项目的组织领导。优秀的团队能够促进成员间的相互沟通以及与其他团队的交流，组织良好的团队会议，解决问题，实施活动计划并评价结果，并且不断完善合作体系。

表 3-6-1 优秀 ATP 的基本要求

1. 帮助成员相互交流 · 互相尊重彼此的特长和才华。 · 制定 ATP 成员相互交流的基本规则。 · 明确所有成员的角色和职责。 · 创建合作、鼓励和互相欣赏的团队氛围。 · 就合作活动与员工、教职工以及家庭展开超越学校利益的交流。 2. 制定目标导向的合作伙伴计划 · 撰写一个雄心勃勃的“年度合作行动计划”，明确家庭社区参与目标。 · 将合作活动与学校改进计划和目标结合起来。 · 确定并获取已计划的活动所需的资源。 3. 组织有效会议 · 为全体 ATP 和 ATP 分委员会制定合理的会议计划。 · 每次会议有重点议事日程。 · 按时开会和休会。 · 听取所有小组成员的意见。 4. 共同决策、分享领导权 · 制定决策规则。 · 讨论问题对事不对人。 · 讨论和解决问题，努力达成一致意见。 · 在开展计划活动时分享领导权。

5. 继续改善合作伙伴关系

- 表彰成功的合作活动和效果。
- 活动结束后评价每项活动。
- 确定需要改进之处。
- 每年制定新的“年度合作行动计划”。
- 补充离职的 ATP 成员。
- 若有需要，调整岗位和职责。
- 积极招募新的家庭社区伙伴，以吸取新思想和多样化观点。

3.7 ATP 团队建设的年度评价

在每年的年中或年底，通过对学校 18 个团队的建设进行等级考核来评价团队建设质量。借此，ATP 成员能够就团队如何更加有效地发展进行讨论。详见第九章可以了解更多学校合作项目质量评价工具和专门活动。

表 3-7-1 ATP 团队建设的年度评价表

学年：＿＿＿＿＿＿＿＿

讨论：贵校 ATP 团队工作整体评价如何？应该如何改进？

团队工作进展	意见 C= 继续保持 N= 需要改进	评价 / 建议
成员		
· ATP 成员包括教师、家长、管理人员等		
· ATP 领导者职位并非虚设（如主席、联合主席、会议记录员、专业委员会主席）		
· 使新成员成为团队的一员并承担相应的职责		
计划		
· 全体 ATP 成员定期开会		
· 会议时间 / 地点合适		
· ATP 分委员会根据需要召开会议		
组织		
· 事先计划好会议议程并包括重要内容		
· 给未参加成员提供会议纪要		

·在 ATP 全体会议上所有成员都要献计献策		
·在 ATP 分专业委员会会议上，所有成员都要献计献策		
·成员具有团队精神，互相认真倾听并尊重不同意见		
计划执行		
·按事先安排开展年度合作行动计划中的活动		
·ATP 对合作伙伴工作的预算充足		
·ATP 在告知并使更多家庭参与方面取得进展		
·所有成员在负责领导或协助家庭社区参与活动时共同尽职		
·ATP 成员鼓励全体教师、学校员工、家长、学生和其他人参与已经列入计划的合作活动		
·评价活动质量和效果		
·ATP 向其他学校团体汇报合作计划和进展（如 SC、教职员工、家长组织、校董事会、当地媒体等）		
展望：什么才能够使 ATP 在下一年能更有效地指导学校、家庭和社区合作？		

3.8 问与答：如何组建有效合作行动小组

乔伊斯·爱波斯坦（Joyce L.Epstein）

谁负责促进和维持学校、家庭和社区的合作？答案当然是每个关心学生成长的人都可以在富有成效的合作活动中发挥作用。我们从许多学校了解到，仅靠一名校长、一名教师或一名家长单独工作是无法建立全面和持久的合作的。相反，我们需要一个合作行动小组（ATP）来计划、实施、评价和持续改进家庭和社区参与活动，以便创造一个受欢迎的学校氛围，帮助所有学生成长。此外，学区负责人也可以应该通知和协助学校成立自己的合作行动小组，督促他们制定计划和开展活动，并帮助他们逐年改进合作计划。州一级的和其他领导人可以通过鼓励、指导和肯定合作中的团队来提供帮助。（见第七章关于学区和州的领导。）

本文讨论了有关合作行动小组的 12 个关键问题，以帮助学校建设合作小组，并使开展合作的学区领导人能够指导校本团队。

1. 合作行动小组是什么？

2. 合作行动小组的成员是谁？

3. 合作行动小组的职责是什么？

4. 合作行动小组如何开展工作？

5. 合作行动小组成员如何共享领导权？

6. 成员如何成为一个有效的团队？

7. 合作行动小组应该多久开会一次？

8. 哪些规划和评价工具有助于合作行动小组开展工作？

9. 合作行动小组如何命名？

10. 合作行动小组（ATP）与学校促进小组（SIT）有何不同？

11. 学校促进小组（SIT）能成为合作行动小组（ATP）吗？

12. 合作行动小组与 PTA、PTO，或其他上位组织有何不同？

（1）合作行动小组是什么？

ATP 本质上也是一个委员会，负责计划、实施、评价和持续改进学校的合作，以此吸引所有伙伴，促进学生的发展。与其他委员会一样，ATP 可以是一个常设委员会，可以向 SIT 报告。

ATP 的成立和运转始于“一日团队培训”（详见第四章和第五章）。接受培训之后，ATP 制定了家庭和社区参与的“年度计划”，并将着手实施。制定计划将有助于学生、家庭和整个学校获得预期的结果。

ATP 的成员包括教师、管理人员和家长。学生要参加 ATP 必须具有高中水平，团队也可能吸收小学和初中的学生参与进来，或者所有阶段学校水平的学生都可以通过某种方式参与进来。其他家庭成员、校友、企业或社区合作伙伴也可能参加 ATP。团队成员共同审定学校目标；选择、设计、实施和评价合作活动；改进家庭和社区参与的做法。

运转良好的 ATP 也支持教师个人或团体在自己的班级和年级里开展其他家庭和社区参与活动。ATP 的工作有助于在学校创建和维持良好的合作氛围，并以富有成效的方式吸引父母、其他家庭成员和社区伙伴参与进来，以此帮助更多的学生实现教育目标。

（2）合作行动小组的成员是谁？

一个功能良好的 ATP 有 6 到 12 个或更多的成员。成员可能包括至少两名教师、至少两名家长、一名行政人员以及其他与家庭和学生有重要联系的人（例如辅导员、学校护士、社会工作者、“一号标题法案”

学校家长联络人、PTA/PTO 官员或代表、教学助理、秘书、监护人、抚养学生的祖父母、学校心理学家等）。ATP 还可以包括来自社区的代表（例如商业伙伴，文学、文化或民间组织的代表，以及其他）。高中里的各种 ATP 组织必须包括 1 到 2 名学生。成员的多元化可以为家庭、学校和社区的合作活动的谋划、实施和评价提供诸如观点、联系、才能和资源的支持。

小规模学校可以对本指南提出的标准进行调整，以创建更小规模的 ATP。办学规模大的初中和高中可以扩展会员规模，可以在学校的每个主要部门都吸收一位家长和教育者加入合作行动小组。或者，大规模的学校可以依据学校年级、中学校舍、高中学校专业或其他更多的分类创建不同层次的 ATP（见第六章）。为了适应不同学校的特点和条件，我们需要对 ATP 的结构和程序进行必要调整。ATP 是一个稳定的机构或委员会，最终，都要对校长负责。因为校长是 ATP 的成员，所以团队对学校目标的关注应该很清楚。

ATP 每年都在不断更新。教师一旦离开就必须替补其他老师，家长一旦离开也一定要有其他家长替补加入，等等。新的小组成员必须熟悉 ATP“年度合作行动计划”，发挥他们的作用，并切实履行作为成员的职责。

（3）合作行动小组的职责是什么？

在幼儿园、小学、初中和高中，ATP 撰写计划、实施活动、委派成员、协调活动；监管合作活动进展；解决面临的问题；宣传活动；以及向 SIT 或类似机构以及其他适当团体报告学校的合作项目。ATP 的成员并不是单独工作的，他们招募其他教师、学生、管理人员、家长、社区成员、家长协会、家长联络员、学校护士、辅导员、学区领导和其他人来领导和参与家庭和社区参与活动。

ATP 也关注由个别教师和其他团体（如 PTA 或 PTO、课后项目和商业伙伴）开展的家庭和社区参与活动。学校的合作项目包括该年度所有家庭和社区参与的各类活动，包括面向全校、专门年级和部分教师的活动。

然后，ATP 应能够描述和阐述学校家庭和社区参与活动及其所有部分，包括可以持续实施和改进的年度活动，以及针对不同年级开发的新版年度合作行动计划项目，这些新项目可以是由 ATP 组织的，也可以是学区或州委派负责人主导的，甚至也可以是教师个人或团体组织开发和实施的活动。

具体来说，在每个学校，ATP 要完成如下工作：

· 依据学校具体发展目标或六种类型参与框架选择一种类型的委员会组织结构，以此促进学生学业和品行的发展，同时，强化学校的友好氛围。

· 通过推选或选举形式，确定 ATP 的主席或联合主席，以及小组委员会主席或联合主席。联合主席和主席当选人中至少有一人应该被推荐担任委员会中的所有领导职位。

· 编制一份详细的“年度合作行动计划”，以促进家庭和社区参与学校系列发展计划。合作计划应包括家庭和社区所有六种类型参与的活动。以创造友好氛围，并帮助学生达成学校目标。同时，将详细的合作计划作为学校发展计划的正式部分或附录。

· 确定支持“年度合作行动计划”的财政预算和资源。

· 每月召开一次团队会议，以确保计划和活动的持续进展。评价过去一个月执行的活动。讨论下个月的活动计划并明确 ATP 成员在这些活动中的责任。

· 根据需要在小范围成员间举行会议，落实“年度合作行动计划”中预定的活动安排。

· 对非团队成员、老师、家长和其他不在团队中的人领导执行计划好的活动，并从学校社区成员中汲取与特定计划相关的人才。

· 为团队合作建立目标和指导方针，包括团队成员将如何沟通，讨论想法，解决问题，做决定。

· 定期向 SIT、教师或家长组织报告进度。与合作的学区领导人一起，定期向主管部门和学校董事会汇报工作进度。

· 向家长、学生和教师宣传合作计划和实践，以及向适当的、更广泛的社区进行宣传。所有教师、家长、学校工作人员、社区成员和学生都应该知道他们如何帮助选择、设计、实施、享受、从中获益，以及评价合作活动。

· 认可并感谢父母、其他家庭成员、学生和社区中其他为成功实施合作活动做出贡献的人。

· 通过过程评价提高活动实施质量和强化各种参与活动实施的结果。使用年度活动评价表对整个学年中开展的每一项活动的实施和结果进行审查反思。

· 为下一年度新的合作行动计划向家长、家长组织、教师和其他伙伴征集想法，并在团队中开展讨论。

· 解决阻碍合作活动进度的问题。

· 每年为合作制定新的行动计划，以确保学校生活和工作中有不间断的合作项目。

· 当 ATP 中有教师、家长、行政人员或其他人员退出时，必须及时补充相同岗位的人员，以便保持一个完整的团队随时能开展相关合作项目。

要维持一个优秀的学校、家庭和社区合作项目，每年都必须遵循这些步骤。通过开展这些活动，ATP 帮助每个人都知道学校有一个明确的、积极的合作项目。每年，学校“年度合作行动计划”中的活动数量和质量都应该随着活动取得积极效果而不断提高。

（4）合作行动小组如何开展工作？

ATP 可以通过专注于学校发展的具体目标或六种类型参与来组织其工作。如何选择将直接决定 ATP 委员会的组织构成，并影响 ATP 制定“年度合作行动计划”，以及对该计划的评价。

方式一：组建 ATP 委员会能够帮助学校实现发展目标。

如何组建 ATP 委员，并制定和评价计划？方法之一便是将家庭和社区的参与集中在帮助学校和学生实现特定发展目标上。通过此“目标法”，ATP 成立由主席或联合主席和成员组成的小组委员会，他们将成为研究家庭和社区参与如何帮助学生实现选定学业和非学业目标的专家，这些非学业目标包括如提高阅读、数学或科学技能，提高出勤率，改善行为，或其他目标，以及为所有家庭和学生营造一个友好的学校环境（见第五章）。

通过咨询其他团队成员，每个小组委员会负责撰写“年度合作行动计划”（G－目标分类）的一部分（或一页），并负责执行或授权评价所负责的活动。例如，ATP 的 1 ～ 2 名成员可以主持或共同主持一个委员会，通过让家庭和社区参与进来，来帮助学生提高阅读技巧和态度。如此，ATP 的阅读目标委员会将为“年度合作行动计划”撰写一章内容，重点介绍和安排专注于阅读的活动，尤其是那些从六种类型参与中提炼出来的活动。该计划可能包括介绍为家长举办的培训、讨论州的阅读标准和测试、推选阅读志愿者等内容。

如果学校的另一个目标是提高学生出勤率，那么 ATP 的“考勤委员会”将审查计划中的本部分内容，并使家庭和社区成员通过各种方式确保健康的学生每天上学并按时到校。同时，“考勤委员会”可能会选择组织一些活动来帮助家庭理解学校考勤政策，明确出勤成绩单统计数据，培训志愿者给缺勤学生家人打电话，奖励出勤率提高的学生，并提出其他提高学生出勤和减少迟到的方法。

ATP的其他成员可以共同担任主席或服务于小组委员会，让家庭和社区参与进来，帮助学生提高数学、科学或写作的技能和态度，帮助他们改善健康、改进行为，或营造友好的校园氛围和社区意识。这些任务与“年度合作行动计划”的要求相一致。

实地调查表明，ATP通过让家长、其他人与学生共同合作，每年可以有效地解决四个学校发展目标，实现两个学业目标、一个行为目标，并实现营造友好学校氛围和社区意识的目标。有经验的团队可以通过增加ATP成员来增加目标和活动。年复一年，针对特定学校目标的活动质量和结果应该得到提高，同时ATP成员的专业知识和团队合作也应该得到提高。

方式二：组织ATP委员会强化六种类型参与。

组织ATP委员会、制定计划和评价活动的另一种方式是专注于六种类型参与：抚养教育、沟通交流、志愿服务、在家学习、制定决策和社区合作。依据“类型划分方法”，ATP可以创建六个小组委员会，每个小组委员会有一个主席或联合主席，委员会的成员将成为学校每种类型参与方面的专家（见第五章）。

在这种情况下，通过参考团队其他成员的意见，每个委员会负责写“年度合作行动计划”（T－类型分类）中的一节（或一页），并负责执行、授权和评价特定类型的参与活动。可能会有一页纸那么多的计划好的活动来强化“类型Ⅰ－抚养教育”参与活动，具体包括儿童发展的培训，家长面对面论坛，家庭向学校告知孩子才能、需求或家庭目标的活动，以及其他类型Ⅰ活动。类似地，团队要为每一种其他类型的参与都写一页活动计划，由至少一名ATP成员和其他团队成员或非团队成员领导，这样有计划的活动才能成功地落实到所有家庭。

综上所述，组建 ATP 委员会的两种方法并不相互排斥。基于学校发展目标的合作必须涵盖所有六种类型参与的活动。基于六种类型参与的合作必须详细说明每项活动如何帮助学校实现重要目标。两种方法的不同之处在于 ATP 成员如何组织小组委员会，定位自己的角色和职责，撰写“年度合作行动计划”，以及完成对活动的年度评价。（计划和评价工具分别参见第五章和第九章，按学校发展目标或不同参与类型来组织。）

（5）合作行动小组成员如何共享领导权?

许多人在 ATP 里都扮演着重要的领导角色。团队所有成员都对学校“年度合作行动计划”贡献了自己的思考和力量：直接负责、共同领导或协助小组委员会，接受委派并对活动提供具体的支持，以及对努力工作的结果开展评价（Epstein，2011）。

每个 ATP 都设有一名主席，最好是设置联合主席。联合主席应该是被所有团队成员认可和接受的教育工作者或家长。ATP 各小组委员会也相应设有一名主席或联合主席。联合主席的设置对 ATP 及其下面各小组委员的稳定性提供了重要帮助。共同领导人之间相互支持，共同领导活动，如果其中一个离开学校，则另一个人可以接管相应工作。设置联合主席还可以强化对 ATP 的长期领导，尤其是可以吸引更多的成员、家庭和社区参与工作。

ATP 成员和其他非 ATP 的教师、家长、学校工作人员和社区伙伴可以在“年度合作行动计划”框架下参与各种活动。如果学校有家长组织（如 PTA、PTO），其一些年度活动也可能会被纳入或附加到 ATP 的“年度合作行动计划”当中。这些活动将由学校 PTA 或 PTO 负责人与 ATP 和其他机构共同合作，作为学校合作项目整体的一部分。在一个综合性合作框架中，我们还有很多工作要做，诸多的个人、团体和委员会必须共同分担工作，这样活动才能得到很好的规划和实施，才能让所有家庭都参与到孩子的学校和家庭教育中来。

即使学校校长、指导顾问、教师、专业辅助和其他工作人员、家长、社区伙伴和学生共同努力，来确保合作项目的成功，依然需要 ATP 的一些成员承担特别的角色和责任。此外，合作项目中的学区领导人同样会对学校团队合作的质量、项目本身以及合作进展产生影响（Epstein, Galindo, & Sheldon，2011；Epstein & Sheldon，2016）。（有关学区领导人在指导和支持学校 ATP 中所起作用的更多阐述，请参阅本书第七章内容。）

①学校校长

学校校长是 ATP 的重要成员。作为学校的最终领导者，校长为良好的合作定下基调，阐明并强化学校对制定学区政策或合作项目上的重视态度，并帮助教师和其他工作人员持续关注学校合作项目的质量和进度。校长支持和指导 ATP 与 SIT 或其他可能对家庭和社区参与感兴趣团体的联系，甚至助理校长和其他管理人员也可以直接担任 ATP 的成员。

校长必须能够清楚地阐述本指南中以学校为基础，与家庭和社区参与目标相关的项目的发展动态。合作项目不再是一个校长独自组织开展的事务。一个强有力的合作项目需要团队合作。校长是合作行动小组的一员，该小组还包括教师、家长和其他人，以保证年度行动计划的不断改进和实施，并以有效的方式让所有学生的家庭参与进来（Epstein & Jansorn，2004；Sanders，2014；Sanders & Sheldon，2009；Van Voorhis & Sheldon，2004）。

在理想情况下，校长不能担任 ATP 的主席，而教师、辅导员或家长最好成为 ATP 的联合主席。一些校长希望成为 ATP 的主席或联合主席，但其他校长则认为让 ATP 成员担任团队和小组委员会领导人有助于这些成员获得领导经验。事实上，即使其他人担任团队的主席或联合主席，校长在合作中发挥领导作用的方式也还有很多。作为 ATP 的积极力量，校长可以采取以下领导行动：

· 利用校长办公室组织的大讲坛，让教师、员工、家长、学生和社区知道这是一所合作学校。阐明 SIT/ATP 和所有教师、工作人员和家长将共同努力帮助所有学生成功地获得他们的学业潜能。

· 让全校所有学生时刻清楚他们的家庭对学校很重要，对学生自己的学习和成长也很重要。

· 在每年的首次教职工大会上，讲一讲 ATP 的使命或要求，再讲一讲团队对合作项目的重要性，以及介绍学校可能提供的支持。

· 为学校、家庭和社区合作项目提供资金，并将这些资金作为合作计划的一个项目列入学校年度经费预算计划。

· 为 ATP 举办会议提供时间和场地，将 ATP 里的教师安排在同一时间或确保在学校放学前或放学后召开会议。

· 与 ATP 合作，要在这些关键维度上（例如种族、民族、性别、社会经济地位）确保成员的多样性。

· 通过参加尽可能多的活动来表达对学校、家庭和社区合作的支持。

· 公布学校全年各种参与活动目录。通过鼓励所有教育工作者、家长和其他人参与到活动中来，来建立牢固的合作，营造良好的学校氛围，以及服务社区意识。

· 肯定所有教师通过与学生家庭开展活动对学校合作项目所做出的贡献，并帮助教师更加有效地与家长就学生的家庭作业、学校作业、成绩和考试分数进行沟通，包括有效地举办家长会。

· 对每位教师组织开展的家庭参与活动进行评价，并将其作为学校年度或定专业报告的一部分。

· 指导 ATP 定期向学校理事会、全体教员、家长组织、当地媒体和其他重要社区组织汇报合作项目情况。

· 与社区组织和领导人合作，找到丰富课程的资源，通过提供此类课程为学生和家庭提供重要的服务。

· 表彰和感谢 ATP 的领导及团队成员、积极的家庭志愿者、企业和社区合作伙伴，以及其他每年付出时间和精力参加活动的参与者。

· 与学区领导人、学区行政人员和其他学校的校长共同为合作安排或提供专业发展方面（比如伙伴关系、分享观点、解决问题、改善家校社合作）的支持。

上述这些以及校长采取的其他领导行动，可以支持并强化学校合作，促进家庭参与，并有利于学生。

②辅导员和专家

学校辅导员、心理学家、社会工作者和其他专家可能被分配到一所或多所学校。他们可以是一个或多个 ATP 的成员，也可能是 ATP 主席或联合主席。他们也可能是特定目标、专门活动或具体某种类型参与的 ATP 委员会的领导者。在初中和高中，助理校长和学校辅导员是特别事宜的团队领导或联合主席，因为他们的专业直接与学生、家庭和社区紧密相关。这些学校专业人员受过培训，有经验来计划和主持会议，并指导教师、家长、学生和社区成员很好地合作（Epstein & Van Voorhis，2010）。

学区一级的合作领导人缺乏足够的人员来协助学校团队，社会和心理专业人员可能会被动员，与学区领导人一起帮助学校 ATP 发展、改进和维持他们的合作项目。

③普通教师

学校 ATP 里至少需要两至三名普通教师，并可担任 ATP 主席或联合主席及小组委员会领导人。他们可以是来自不同年级的专家教师、首席教师、部门主任或课堂教师。这些教师为与学生学业目标有关的家庭社区参与活动提供意见建议。他们还与学校所有教师就全校性的、家庭和社区参与的课堂实践进行交流沟通。部分学校会增加 ATP 成员的数量，让每个年级都有一名教师加入其中，以确保学校家庭参与活动的计划与实施，并与所有年级的家庭共享。

部分学校存在不让教师参与家庭活动的情况。过去 20 年在全国合作学校网络（NNPS）的工作表明，教师是目标导向的合作计划的关键人物，因为他们是每个年级的学生、家庭和学校之间的主要纽带。家长们希望从老师那里了解孩子的学习和进步情况，以及如何在家里提供帮助。

教师在推进家庭和社区参与项目实践方面发挥着重要作用。

·在 ATP 中，教师通过承担学校和学区的任务为 ATP 提供服务，这些服务内容包括帮助学校建设友好的学校氛围，精心策划和评价家庭社区参与活动，以此帮助学生在学校里获得成长。

·单一任课教师或同年级的教师团队可以通过组织活动与学生家长展开交流。此类活动包括布置家庭作业（家校之间的自然纽带），召开家长会，以及组织与学业的特定单元相关的课堂活动。

·单个教师和 ATP 可以通过组织全校性或特定年级的参与活动来帮助其他人，包括推动家长会、书展、阅读之夜、科学博览会、艺术展览和其他有助于学生学业和品行发展的参与类活动。

无论是否参加 ATP，所有老师都应与自己学生的家庭一起开展活动。他们也可以作为年级教学团队，让学生和家庭参与到具体教学单元和特殊项目中来。ATP 可以收集所有教师的信息，记录他们的家庭和社区参与活动，并将其作为学校整体合作计划的一部分。所有教师实践的完整清单可纳入"年度合作行动计划"中或作为附件。

ATP 的教师与全体教师、工作人员沟通交流并一起工作，以便强化与学生家庭联系的重要性。教师们可以互相帮助，以更有效地与家长就家庭作业、成绩单、学习标准、州和学校考试，以及其他与学生发展相关的话题进行沟通。毫无疑问，我们既要与家长就学生学习成绩和品行进行交流，也要关注学生的学习表现和显著进步，因为他们同样重要。

④非专业人员

家长联络员（也称家长协调员、家长领导、家庭联络员，以及其他头衔）是帮助教育工作者与家长和其他家庭成员联系和沟通的有偿助手。家长联络员必须是 ATP 的成员。他们可以与教育工作者一起担任 ATP 联合主席或 ATP 小组委员会的领导人。他们可能特别适合担任培训或活动的负责人，直接协助家庭开展与目标相关的"类型 1 －抚养教育"或"类型 6 －社区合作"的活动。他们也可以帮助培训和协调家长志愿者（类型 3 －志愿服务）。双语联络员可以为非英语父母担任笔译和口译员（类型 2 －沟通交流）。

其他辅助专业人员（例如学校图书馆、计算机实验室和其他地点的教学助理或助理）和其他学校工作人员（例如秘书、餐厅和宿舍员工、运输人员）也可以作为 ATP 的成员，并作为学校、家庭和社区合作活动的参与者。

家长联络员不应该以"旧的方式"工作，不能像作为负责对接家长的单独领导或作为接待投诉和问题的监察员那样处理工作。相反，所有的家长联络员和辅助专业人员应该像 ATP 成员一样以“新的方式”工作，即专注于通过各种方式让所有家庭和有价值的社区伙伴参与有助于学生发展的各类学校活动中来（Epstein，2007；Sanders，2008）。

⑤家庭

父母和其他家庭成员是 ATP 的重要成员。他们与教师、行政人员、学校工作人员一样，都可以担任 ATP 或 ATP 小组委员会的联合主席。参加 ATP 的家长应来自不同社区或团体，还应该是来自不同年级孩子的家长。如果学校有 PTA 或 PTO 组织，那么这个组织在 ATP 中应该有一个代表。

ATP 的家长和其他家庭成员可以出谋划策，帮助教育工作者理解那些对家庭而言重要的事情，开发让所有家庭都能参与活动的方法，按照适应家庭实际的时间表开展活动，招募家庭志愿者组织和实施活动，并鼓励所有家庭参与活动（Bolivar & Chrispeels，2011；Sanders，2010）。一些学校扩大了 ATP 的规模，他们从每个年级招募一名家长代表，以确保参与活动满足父母的兴趣和符合所有年龄阶段儿童的发展。随着代表的多元化，所有家长都将看到他们在 ATP 中有人替他们发声，并有一个可以与他们分享想法和问题的联系人。

家长和 ATP 的所有成员一起接受团队培训，了解学校、家庭和社区合作发展的新方向，并编写他们第一个“年度合作行动计划”。“一日团队培训”是为 ATP 中的校长、教师和家长们举办的“专业发展”活动。在执行年度合作计划中安排的活动时，其职责由所有团队成员共同承担。这种方法改变了专业发展和共同领导的定义，让大家意识到家长是学校合作项目成功的关键。

⑥社区合作伙伴

企业和其他社区合作伙伴可以通过 ATP 提供服务。一些 ATP 的成员包括商业伙伴、图书管理员、警察、市议会官员、科学家、医学专家、信仰领袖、校友或其他作为团队成员的人。社区伙伴为 ATP 和 ATP 小组委员会提供专家、有价值的人际关系和各种资源。

社区成员不应担任 ATP 主席，但他们可以担任适当的领导角色，例如共同担任 ATP 小组委员会主席或领导参与活动。例如，一个商业伙伴可以共同主持一个小组委员会，通过各种方式吸引家庭和社区伙伴加入其中，并促进学生出勤率的提高。为了实现这一目标，可以由几个机构和其他团体参与活动，它们可以帮助学校、学生和家庭提高学生的日常出勤率和准时到校率。或者，一个社区伙伴可以领导“类型 5 －社区合作”的活动，例如与当地公园和娱乐部门或经过认证的社区团体开展一个课后项目，以帮助提高学生在阅读、科学、行为、健康或学校安全方面的技能和态度。

如果社区伙伴参加了 ATP，他们也应该参加一日团队训练来提高专业发展，以构建他们在合作方面的专业知识。

⑦学生

高中的学生必须参加 ATP。虽然他们可能不适合担任 ATP 主席或联合主席，但他们可以与教育者、父母或社区合作伙伴共同领导“年度合作行动计划”中的活动。高中学校 ATP 的教师、家长和其他人员重视学生对合作计划的想法和意见反馈。学生成员通过各种方式与其他高中学生交流，了解有关哪类学校、家庭和社区合作更受重视，并且更为学生及其家庭所接受。

部分小学和中学选择将学生纳入 ATP，以确保大家在讨论通过合作促进学生在学校取得发展时，学生也能参与讨论（Lynch，2015）。

在各级学校，所有学生都是自身教育的主要参与者，也是家庭和社区参与的关键伙伴。所有学生都在学校与家庭之间双向传递信息。学生经常向家长解释、说明、翻译备忘录和信息。他们在与家长讨论家庭作业、成绩单、学校活动以及他们在校可能遇到的问题时，充当了一个领导者角色。因此，所有年级的所有学生都应该充分了解 ATP 的目标，以及在让家人参与学校和家里的活动方面发挥重要作用。只有得到学生的参与和支持，学校、家庭和社区的合作才能成功。

ATP 的所有成员、全体学校教职工，以及社区的所有成员都应该能详细地介绍学校合作项目，如哪些人参加 ATP，以及如何联系团队的成员来提供想法或做出决策。学校里的每个人都应该知道在哪里可以看到学校的“年度合作行动计划”，并获得一份家庭和社区参与活动的整个学年的日程表，以便妥善安排他们的时间和参与内容。应该清楚的是，所有的教育合作伙伴都知道他们的学校是一个“合作场所”，在这里，教育工作者、家长、社区成员和学生一起为学生的成功而努力。

（6）如何让成员成为一个有效的团队？

ATP 中的教师、管理人员、家长、社区伙伴和其他人必须学会像团队一样运作。他们彼此相处，学习彼此的长处和才能；制定沟通的基本规则；计划和实施活动；形成结果；评价活动；分享经验；解决问题，替补离开的成员，并不断地改进活动计划和流程，以维持整个团队工作的运转。这个团队本身传递了一种“信息”，即教育工作者、家长和社区合作伙伴正在共同努力帮助所有学生充分发挥他们的潜能。然而，只有一个运作良好的团队才能实现这样的预期效果。

随着时间的推移，团队可能需要历经几个发展阶段才能成为一个有效的团队。有研究提出一种团队成长的理论分析框架，认为团队的发展分成如下四个阶段：成型期、冲突期、规范期和发展期（Hirsh & Valentine，1998，based on Tuckman，1965）。这种类似性格变化的经典观点告诉我们，团队需要有一个良好的开端，尽量减少冲突，建立规则和程序，并采取有效的行动。有一些 ATP 可能会快速成长或跳过这些发展阶段，从而变得高效和卓有成效；也有些 ATP 的发展可能缓慢但稳定；还有其他团队可能陷入困境，无法发挥作用。随着新团队成员的加入，一些 ATP 依旧保持强大和高效，然而，有些 ATP 则需要重组和重新建立所需的团队才能向前迈进，才能有效地处理合作关系。下文我们将根据前述团队成长阶段分析框架来讨论如何建立和维持功能良好的 ATP。

①有一个良好的开端

在组建团队时，成员对取得成功都抱有很高的期望。他们对团队的使命和自己的角色与责任也有很多疑问。成员们必须了解彼此的长处和才能，并建立彼此交流的基本规则。每年都有新成员加入 ATP，以替代那些离开学校的人或增加 ATP 的规模和多样性。因此，每年都有必要重新介绍团队的使命和宗旨，回顾目标和计划，重新分配成员的角色和职责。

对于学校 ATP，选择成员很重要，无论是选择教师、家长、管理人员，还是其他团队成员，遵循的原则都应该是选择那些相信家庭和社区可以促进学生、学校发展的人。同时，团队应选出有效的领导人（最好是联合主席），向所有成员提供“年度合作行动计划”材料，并共享成员的联系信息，以便所有成员能够轻松沟通。如果 ATP 提前一年改选团队领导人，这对团队发展是有益的，因为当选主席可以在整个学年中与现任领导人相互合作学习。或者，联合主席可以在几年时间里一起工作。

当团队在学年初召集会议时，校长、SIT 主席，以及合作学校所在学区领导人（如果合适的话）应该讨论团队的使命、表达支持，并介绍可用于团队工作的资源。ATP 主席或联合主席可进行团队建设活动，以帮助成员互相了解。

②减少冲突

有些团队会在短时间内存在个人或小组矛盾。如果 ATP 的工作要求不明确或“年度合作行动计划”不能解决重要的目标，成员可能不确定他们为什么要留在团队中。如果相关会议不定期召开或计划执行不畅，成员也可能会对团队领导产生批评，并质疑参与其中的价值。

如果ATP撰写一份“年度合作行动计划”，并专注于改善学校环境，让家庭和社区参与学生学习和发展的重要目标，那么，这些担忧和困惑就可以最小化或被消除。此外，还有许多方面的工作也要予以关注。如，为实现选定的目标，开展的活动或采取的策略必须是明确的、经过验证的或创新的、富有成效的、令人愉快的。对于团队来说，每月必须召开一次精心策划的会议，以评价过去一个月进行的活动，并谋划下个月相关活动计划的组织和步骤。同时，会议应该肯定已取得的进展，并强化合作者的共同工作。

下一学年的“年度合作行动计划”应在每年的春季完成编制，并在每年秋季团队重组时进行审查和更新。ATP可以开展团队建设活动，让大家注意到良好团队合作的重要特征、规则和技能，比如相互倾听、讨论分歧、尊重不同意见等。

③建立规则和程序

当所有团队成员都赞同ATP进行会议和开展工作的方式时，那“规范过程”就此产生。除了联合主席的工作之外，部分团队还会安排其他角色，以确保更有效的团队会议。记录员或秘书可能会做笔记，并通过电子邮件将团队会议纪要分发给未能参会的人。计时员可以确保会议严格按照议程进行。与SIT、PTA或PTO的联系或联络则可能有助于提醒和招募家庭和社区参与活动的观众。

ATP也可以制定相应程序和规则来指导团队成员相互倾听、征求意见、表达分歧、讨论问题解决方案、同意妥协和做出决定。团队合作的规范有助于成员之间建立信任和尊重，强化工作中的合作精神。

④采取行动

当团队成员了解团队目标，了解自己和他人的责任与才能，并就互动和合作的规则达成一致时，ATP 就可以成为任何学前或小学、初中或高中的高赋能领导委员会。高赋能团队通过合作和沟通，撰写年度合作计划，实施计划好的活动，评价活动的质量和结果，庆祝成功。每年，优秀的团队都会总结回顾他们的会议安排、程序和职责（请参阅下面的团队流程年度审查）。每年春天，一个运作良好的团队将撰写或编辑下一年度的合作计划，并不断优化学校的合作、活动实践和活动结果。

每个 ATP 都有责任了解自己的使命，尽量减少冲突，创造积极的过程，并采取行动让家庭和社区参与进来，对学生产生重要的影响。通过使用本指南中的工具和指南，任何 ATP 都可以获得成功。

（7）合作行动小组应该多久开一次会？

学校 ATP 应该组织召开适当数量的会议，制定一个现实且有规律的会议安排表，会议不要太多也不能太少。ATP 应该考虑如下关于团队会议和报告的建议。

①全体会议。ATP 应至少每月举行一次至少一小时的全体会议。每次会议都应该有一个精心组织的议程，以加强团队合作，推动“年度合作行动计划”中的活动向前推进。为什么要召开全体会议？其作用包括：指导新成员，建立团队精神；撰写、审查和修订“年度合作行动计划”；监督所有 ATP 小组委员会的进展；评价过去一个月实施的活动；讨论下个月计划的活动以及这些活动的负责人；策划宣传等传播策略；发现并解决问题；在学年结束时进行评价；庆祝进展；为下一学年制定“年度合作行动计划”；处理好 ATP 的其他事务。

②委员会会议。ATP 小组委员会是整个团队的子小组，负责计划、实施或授权和评价“年度合作行动计划”中不同的参与活动。计划的

每一项活动（G分类目标进行或T分类目标）应至少有一个小组委员会。例如，ATP小组委员会可以专注于与学校改进目标相关的参与活动（例如，帮助学生提高阅读或改善学校环境），或专注于六种类型参与。各小组将根据需要召开会议，以确保计划和安排的活动顺利实施。

部分ATP将整体组织视为一个团队，直接承担并完成所有工作。但这并不是一个有效的做法。这种做法不让小组委员会或小组负责全年安排的各种活动。也有一些ATP为行动计划中安排的每个活动创建临时或特别的工作组。如果这些特设委员会能够及时成立，以规划、实施或授权和监督“年度合作行动计划”中的每一项活动，那么这种做法也能取得成功。

ATP必须决定组织小组委员会的最佳方式。在小组会议上，成员可以讨论职责，列出实施即将到来的活动所需的资源（例如设施、材料、宣传，以及与整个ATP、SIT或其他机构的外联和援助）、举办表彰会、改进计划，并承担起其他委员会的责任。

ATP的联合主席和ATP小组委员会或活动的领导人也必须为他们的会议准备议程、安排会议室、提醒成员参加会议、邀请特别嘉宾、主持会议、确保缺席会议的成员清楚相关事项和任务，并担任其他领导角色。

ATP的主席、联合主席或指定成员应定期（至少每年两次）向SIT、全体教师、PTA或PTO和/或其他团体汇报相关工作开展情况，以便所有教师、家长、学生和社区成员了解学校的计划、活动和合作的进展。同时，定期报告和与学校团体进行讨论也是收集信息和想法的重要途径，有助于改变和改进合作项目的计划和实践，并能为各种合作活动招募额外的领导者和参与者。

ATP主席、联合主席或指定成员应通过学校或社区通讯簿、网站、横幅或海报、社交媒体平台和各种论坛向所有家庭、学生和社区宣传合作项目的计划、活动组织与进展，以增加相关人员对合作关系的理解、参与和支持。

（8）哪些规划和工具有助于合作行动小组开展工作？

为了履行其职责，并逐年发展和加强学校的合作项目，ATP应解决表3-8-1第一栏中的问题。表3-8-1第二栏所述的规划和评价工具可用于解决这些问题。

表3-8-1 解决针对性问题的工具列表

需要解决的问题	可使用的工具
1. 学校ATP已经组织开展了一些家庭参与活动。如何对教师个人所开展的活动、对特定年级开展的活动，以及对由不同团体开展的全校性活动进行评价？ 2. 学校自身有一个目标明确的发展计划，ATP能否将家庭和社区参与活动与学校既有的发展目标相关联？ 3. 我们学校已经有一个家长委员会了，我们还需要再建一个吗？ 4. 有很多家长和社区参与活动可供选择，ATP如何为学校制定一个切实可行的计划？ 5. 我们学校所有老师都与自己学生的家长一起开展活动，有些老师的课堂上就有社区合作者参与。那我们如何解释所有在学校里实施的家庭社区参与活动呢？ 6. 这所学校正在实施“年度合作行动计划”，ATP如何知道我们取得了进展？	1. 使用的“起点清单”：一份包含所有六种类型的参与活动的实践清单。 2. 选择“年度合作行动计划”（G－目标分类），为家庭和社区参与撰写一份年度计划，该计划应与学校发展计划中的具体目标密切相关。 3. 如果你们有一个家长委员会，你可以把它发展成ATP。检查重新建立的合作团队成员中是否已经包括家长、教师、管理人员和其他相关人员。（可见第四章和第五章）。 4. 填写“年度合作行动计划”的相关表格，详细说明ATP成员的活动时间和具体职责。（见第七章相应表格） 5. 使用全图。这个模板将帮助您记录个别教师和年级团队为吸引家长和社区伙伴开展的诸多活动。 6. 完成年度活动评价。随着全年活动的开展，我们要反思每一项活动的效果。在年底，审查活动报告，并确定需要改进的地方。

（9）合作行动小组如何命名？

学校可以称其为合作行动小组（ATP），也可以选择其他名称。一些团队将自己命名为学校、家庭和社区合作项目（SFCP）或选择其他更独特的名称，如家长教育网络（PEN）、教师参与家庭（TGIF）、教育合作伙伴(PIE)、学生成功合作伙伴(PASS)、进步合作伙伴(PFP)、学生教师和家长（TAPS）、伙伴关系团队（PT）和其他涉及合作概念的名称。

有些名字不该使用，选择具体名称时要避免使用只涉及家长而不涉及合作伙伴的标题，例如，“家长团队”和“带家长来学校”就不是合作的名称。举例的这些都是糟糕的名称，因为它们表明 ATP 只是一个“家长项目”。如果一个学校、家庭和社区合作的项目不是只关注父母,而是通过调动家庭和其他伙伴的支持来促进学生的发展,那么,该团队需要一个能够传达良好合作关系概念的名称，并表明教育工作者、家庭和社区将共同努力，因为他们对所有学生的发展都有共同的兴趣。

（10）合作行动小组（ATP）与学校促进小组（SIT）有何不同?

SIT、学校理事会和其他决策或咨询小组撰写、批准和监督广泛的改进计划。他们关注教师、管理人员和其他学校工作人员在改进学校课程、教学、评价和管理过程中会做些什么。大多数 SIT 不写明家庭和社区参与活动的详细计划和时间表（见第五章）。

ATP 专注于开发、实施和持续改进合作计划与实践，并以支持学生学习和发展的方式吸引父母和社区伙伴参与其中。如果其他学校委员会定期报告，ATP 也可以定期向 SIT 报告进展或问题（例如一年两次）。ATP 的报告应该有助于 SIT 或其他团体看到，学校正在努力营造一个友好的氛围，家长和其他人每年都在参与紧扣学校发展目标的合作活动。

（11）学校促进小组（SIT）能成为合作行动小组（ATP）吗?

如果学校的 SIT 规模非常大，那么其下属的教师、家长、校长，以及其他人员机构可以视同 ATP。然而，在大多数学校，运转良好的 SIT 规模较小，并有明确的职责，即就学校项目和进展的各个方面向校长提供建议。

大多数 SIT 需要一个 ATP，即行动部门或常设委员会，依靠它来计划和实施家庭和社区参与活动。通常，ATP 成员中有一名成员同时也是 SIT 的成员，他在其中发挥着联络的作用。通过这种方式，ATP 和 SIT 将了解彼此的计划和行动，这有助于创造一个友好的氛围，也有助于学生的发展。当不同的人分别为 SIT 和 ATP 服务时，学校将获得更多有领导技能的教师和家长，并且这也可以防止那些积极的人因为承担太多的任务而筋疲力尽。

（12）合作行动小组（ATP）与 PTA、PTO，或其他上位组织有何不同？

学校受益于 ATP 和 PTA、PTO、家庭学校协会或其他家长组织。PTA 或 PTO 有助于培养家长领导者，并将家长的意见融入学校的政策、决定和活动中。然而，在通常情况下，PTA 或 PTO 并不指导教师或行政人员为了帮助孩子学习和发展而与所有孩子的家庭建立联系。相较之下，ATP 会制定相关计划并组织或委托组织相关活动，以此建立健全与所有家庭的在如下方面的沟通机制，包括每年的学习标准和学习目标、每个班级或年级的家庭作业政策、成绩单、其他课程事宜、测试和评价、中学后计划、家长－教师－学生会议、学校开放日和相关会议，以及其他重要的学校和课堂话题等。当家长们被问及与老师的沟通状况，以及他们在孩子教育中的参与度如何时，上述事项都是家长们关心的内容。

ATP 每年都编写“年度合作行动计划”，以便家庭和社区参与到那些教师、家长、行政人员、顾问、社区伙伴和其他人每年都会开展的活动中来，以帮助所有父母了解他们孩子的工作和学习机会。这确保了家庭和社区参与项目真正与学校发展计划，与学生发展目标联系在一起。ATP 包括教师和管理人员，他们的加入有助于改善与所有家庭在课程、学生工作以及学生学业和品行培养方面的沟通联系。这种方式有效扩展了 PTA 或 PTO 的议程，并且对大多数父母来说很有必要。

PTA 或 PTO 是一个以父母为导向的组织。ATP 则是一个以学生为导向的组织，它调动了所有对学生发展感兴趣的人的精力、资源和努力。PTA 或 PTO 可以有意识地独立于学校，而 ATP 是一个学校委员会，其"年度合作行动计划"是学校发展计划的正式组成部分和附录。

很明显，ATP 与 PTA 或 PTO 是相互联系的，也是可以合作的。它们都是学校整体合作计划的一部分。一名 PTA 或 PTO 的官员或代表应该成为 ATP 的成员，以便充分利用两个组织协同工作的机会。有了 ATP，所有合作伙伴，包括 PTA 或 PTO，以及其他商业和社区合作伙伴都共同努力支持家长、学生和学校。在许多学校，最有效的合作计划就是由 ATP 和 PTA 或 PTO 共同实施的。

本章总结

本指南能够指导学校建立一个统一的合作计划，校长、ATP 和所有其他团体都清楚知晓且能够讲清楚，并为之自豪。一项完整的合作计划确定并认同所有的家庭和社区参与活动，这些活动将由教育工作者、PTA 或 PTO、商业伙伴、社区团体、课后项目和其他人组织开展，它们将有助于改善学校，为学生提供机会，并为家庭和社区的需求和利益提供服务。在一项完整的合作计划中，每个人在家庭和社区参与方面的工作都会得到关注和肯定，学校的合作计划也将不断优化和改进。

参考文献

[1] Ames, R. T., & Sheldon, S. B. (2017). Annual NNPS report: 2016 school data. Baltimore, MD:Johns Hopkins University, National Network of Partnership Schools.

[2] Bolivar, J. M., & Chrispeels, J. H. (2011). Enhancing parent leadership through building social and intellectual capital. American Educational Research Journal, 48, 4–38

[3] Bryk, A. S., Gomez, L. M., Grunow, A., & LeMahieu, P. G. (2015). Learning to improve: How America's schools can get better at getting better. Cambridge, MA: Harvard Education Press.

[4] Bryk, A. S., Sebring, P. B., Allensworth, E., Luppescu, S., & Easton, J. (2010). Organizing schools for improvement: Lessons from Chicago. Chicago, IL, and London: University of Chicago Press.

[5] Epstein, J. L. (2007). Parent liaisons: What IS their role in partnership programs? Type 2, #22, p.2. Retrieved March 14, 2008, from www.partnershipschools.org in the section Publications and Products.

[6] Epstein, J. L. (2011). School, family, and community partnerships: Preparing educators and improving schools (2nd ed.). Boulder, CO: Westview Press.

[7] Epstein, J. L., Galindo, C. L., & Sheldon, S. B. (2011). Levels of leadership: Effects of district and school leaders on the quality of school programs of family and community involvement. Educational Administration Quarterly, 47, 462–495.

[8] Epstein, J. L., & Jansorn, N. R. (2004). Developing successful partnership programs: Principal leadership makes a difference. Principal, 83(3),

10–15.

[9] Epstein, J. L., & Sheldon, S. B. (2016). Necessary but not sufficient: The role of policy for advancing programs of school, family, and community partnerships. Russell Sage Foundation Journal of the Social Sciences, 2(5), 202–219.

[10] Epstein, J. L., & Van Voorhis, F. L. (2010). School counselors' roles in developing partnerships with families and communities for student success. Professional School Counseling, 16, 1–14.

[11] Henderson, A. T., Mapp, K. L., Johnson, V. R., & Davies, D. (2007). Beyond the bake sale. New York: New Press.

[12] Hirsh, S., & Valentine, J. W. (1998). Building effective middle level teams. Reston, VA: National Association of Secondary School Principals.

[13] Lynch, A. (2015). Children as partners at primary school. In B. Thomas et al. (Eds.), Promising partnership practices 2015 (p. 84). Baltimore, MD: Johns Hopkins University, National Network of Partnership Schools.

[14] Sanders, M. (2008). How parent liaisons can help bridge home and school. Journal of Education Research, 101, 287–297.

[15] Sanders, M. (2010). Parents as leaders: School, family, and community partnerships in two districts. In D. Houston, A. Blankstein, & R. Cole (Eds.), Leadership for family and community involvement (pp. 13–32). Thousand Oaks, CA: Corwin.

[16] Sanders, M. (2014). Principal leadership for school, family, and community partnerships: The role of a systems approach to reform implementation. American Journal of Education, 120, 233–255.

[17] Sanders, M. G., & Sheldon, S. B. (2009). Principals matter: A guide to school, family, and community partnerships. Thousand Oaks, CA: Corwin.

[18] Sheldon, S. B., & Turner-Vorbeck, T. (Eds.) (in press). Handbook on family, school, community partnerships in education. Hoboken, NJ: Wiley-Blackwell.

[19] Tuckman, B. (1965). Developmental sequence in small groups. Psychological Bulletin, 63, 384–399.

[20] Van Voorhis, F. L., & Sheldon, S. B. (2004). Principals' roles in the development of U.S. programs of school, family, and community partnerships. International Journal of Educational Research, 41(1), 55–70.

[21] Weiss, H. M., Lopez, E., & Rosenberg, H. (2010). Beyond random acts: Family, school, and community engagement as an integral part of education reform. Cambridge, MA: Harvard Family Research Project.

第四章

组织培训

本章提供了两种培训活动的大纲和议程：一是针对新成立的学校合作行动小组（ATP）举办的为期一天的团队培训；另一个是年终团队表彰会。由本年度优秀的团队分享实践经验，讨论遇到的挑战，并为即将到来的下一学年准备新的合作行动计划。此类培训可以由那些为所有学校的 ATP 准备计划和实施合作计划的学区合作促进员组织，也可以由一所学校的 ATP 领导人指导，或由为学校合作提供专业发展支持的其他人组织。

这些培训会介绍有关如何制定有效且公平合作计划的理论基础，为与会者提供共同语言来讨论他们目前的做法和需要改进的地方，并帮助教育工作者、家长和其他团队成员学会一起计划、实施、评价和不断改进他们的家庭和社区参与计划。

4.1 一日团队培训

一日团队培训是建立有效 ATP 的第一步（见第三章团队合作重要性的相关内容）。最初的、集中的、专业的发展培训旨在帮助 ATP 新成员了解六种类型参与，指导新成员克服困难让所有家庭参与合作活动，确保构建友好的学校环境，并将合作活动与学生学业发展和品行目标联系起来。掌握了这些信息后，ATP 成员就可以计划和实施合作项目。

一日团队培训可以帮助团队成员理解学校、家庭和社区的合作应为实现学校发展计划的目标做出贡献。通过培训完成“年度合作行动计划”的草案，ATP 能够就此与学校其他人进行讨论，确定草案与学校发展计划之间的关系，并为家庭和社区的参与寻求支持，以改善学校合作氛围和支持学校各年级学生的发展。

学区合作事项的有关领导人和 ATP 主席也应该对其他行政人员、教师、家长和社区成员提供相应培训，形式可以是培训，也可以是演讲（报告），从认识上帮助他们更好地理解学校、家庭和社区合作的重要性，帮助他们更有效地与所有家庭合作，以及协助和支持学校 ATP。

本章详细介绍了针对学校、家庭和社区合作的一日团队培训议程。本指南附有一日培训的全部议程的 CD 和一个指导性的 PPT[①]。上述材

① 原著附有 CD，本译著未能提供相关 CD 材料。但为了更加全面地介绍活动，涉及 CD 内容的依旧按原著翻译。本译著类似内容均照此处理。

料可以帮助领导者、主持人或团队主席讨论每个培训的主题。同时，培训负责人也可以根据合作目标对这些内容进行修改或补充。

本章提供的相关建议已经帮助数百个学校团队在强化合作方面提供了良好的开端。所有培训的讲义和活动资料都在第五章中予以介绍。

上午的培训以一个简短的热身活动开始，随后介绍如下信息和相关活动，分别是：（a）六种类型参与；（b）服务所有家庭必须面对的挑战；（c）合作活动与学校目标相关联时，明确学生发展的预期结果，（d）ATP 的组织结构。

下午的培训是帮助 ATP 成员了解家庭和社区参与行动计划的构成。根据上午培训获得的信息和讨论好的行动计划，每个 ATP 为自己的学校写一份“年度合作行动计划”草案。完成这份计划草案是参加培训的学员“培训结业”的基本要求。学区合作促进员保留他们学校计划草案的副本，并且在后续会议中协助每个 ATP 完成“年度合作行动计划”的最终稿，包括向学校其他教育工作者和家长征求意见。

综上所述，为期一天的培训建议所有团队以研究为基础开展与家庭和社区参与目标相关的合作项目。它帮助 ATP 成员中的教育工作者、家长和社区伙伴一起学习、一起工作，共同完成一个有目的的合作行动计划，并就此与他们学校的其他人展开讨论，最终形成一个完整的“年度合作行动计划”。所有参会者将带着关于学校、家庭和社区合作的新知识结束培训，并为学生在学校取得成功而制定家庭和社区参与活动的计划草案，同时，本草案应与学校发展目标紧密相关。

（1）灵活的议程安排

本指南所提出的“一日团队培训”议程、形式和时间安排已成功地在数百个学校团队进行了实践。不过，此类专业性发展活动也要有一定的灵活性。如果一个学区或学校不能拿出一整天的时间来进行这种必要的培训，日程可以分成两个半天或两个晚上，最好是连续的。

在这些情况下，上午的议程即是培训的前半部分，下午的议程即是下半部分。

在特殊情况下，可能会安排两天时间进行最初的团队训练培训。延长的时间使与会者有更多的时间和机会分享想法和信息，评价他们目前的做法和需求，并编写“年度合作行动计划”。此外，培训的部分内容可以单独使用，并进行调整，以便向其他观众进行演示。

每年因成员离开学校和 ATP 而替补加入的新成员，或 ATP 里新增的教育工作者、家长或社区伙伴的人需要接受一次完整的一日团队培训或接受其中部分内容培训。

（2）持续的专业发展

培训是学校 ATP 专业化合作活动的开始，而不是结束。教育工作者要知道，一次性的培训不足以确保学校的改善。最初的团队培训将 ATP 确立为一个学校委员会，具有可行的合作计划、团队会议指南（见第三章）、评价、反思和持续改进所实施活动质量的清单和工具（见第九章）。

学区的合作协调人员必须提供持续的专业发展和技术援助，使所有学校的 ATP 每年都能持续改善其合作计划和实践的质量（见第七章）。外部的专业发展、高级培训、持续的指导、网络培训机会和其他资源也可以从约翰斯·霍普金斯大学的全国合作学校网络（NNPS）或其他研究人员和专业组织那里获得。建立健全一个优秀的家庭和社区参与体系是一个持续的过程，而不是一次性的活动。

4.1.1 一日团队培训（会议议程案例）

针对新的合作行动小组（ATP）举办一日团队培训，上午的培训内容主要是提供有关学校、家庭和社区合作的研究背景和活动，下午主要是编写学校“年度合作行动计划”。

上午的每个报告之后都有一个小组活动，以便让参与者知道如何在自己的学校应用这些新概念。这些信息和活动联系有助于拓展参与者对学校、家庭和社区合作的理解。这些报告的主题包括：六种类型参与的简单介绍；所有家庭参与合作过程中必然面对的挑战；如何达到学生学习和发展的特定目标，以及如何组织一个运作良好的团队。这四个主题将为与会者在下午制定“年度合作行动计划”草案奠定基础。

完成一份“年度合作行动计划”草案是与会者完成培训的“结业凭证”。各校 ATP 将他们的草案带回学校，征求学校其他人（如学校促进小组、教师、家长组织）的意见。然后，由 ATP 完成计划的定稿。

学区联络人收集计划草案的副本，并征集学校其他人的意见，以帮助各校 ATP 审视他们的想法，并完成计划的定稿。ATP 所有成员及学区联络人最后应收到一份“年度合作行动计划”的定稿。这份定稿必须是深思熟虑后的计划，其中要详细说明家庭参与的目标、日期、领导人和所开展行动，这有助于 ATP 实施和评价全年计划的活动。

下文是一个一日团队培训的议程安排案例，该培训由学区合作项目负责人与一所学校或几所学校的 ATP 联合举办。本章的演示材料提出了帮助 ATP 的若干要点：（1）使用六种类型参与的框架；（2）理解所有学生家庭参与必须应对的挑战；（3）实现学生发展的目标；（4）组建一个功能良好的 ATP；（5）制定一个行动计划草案。

根据培训时间的长短，培训议程可以缩短或延长。如果一个学校正在进行它自己的培训，那么，培训的组织角色可以由 ATP 主席、学校校长或指定的领导者来担任。

组织者可以在培训议程中增加其他主题，以满足他们所在学区的具体需求、兴趣和情况。例如，如果小学、初中和高中的 ATP 都参加培训，组织者就应该针对所有学段参与者提供六种类型参与、挑战和合作成效差异化的案例。（小学的例子见第五章，初高中的例子见第六章。）

这种专业发展培训确保在一天内所有 ATP 都能获得开展活动的基本知识，以便计划和实施他们自己学校的合作项目。每个学校的 ATP 都是“实干家”的行动部门，应该具备制定计划、实施活动和持续改进的能力，以促进学校构建一个友好氛围和促进学生发展。

表 4-1-1　一日团队培训议程安排表

日期：	
地点：	
会议安排	
8:00—8:30	欢迎与参加登记
8:30—8:45	致辞和会议介绍
8:45—9:00	会前暖场活动
9:00—9:45	组织者讲解：“六种类型参与的框架”
	小组活动：确定工作“起点清单”
9:45—10:30	组织者讲解：应对挑战
	小组活动：克服困难、解决问题
10:30—10:45	休息
10:45—11:30	组织者讲解：实现学生发展的目标
	小组活动：如何组建 ATP
12:00—12:45	午餐
12:45—13:30	组织者讲解：撰写“年度合作行动计划”
	小组活动：什么是好计划？什么是坏计划？
13:30—15:30	团队活动：编制下学年本校“年度合作行动计划”草案
15:30—16:00	问题、答案和下步工作计划
	培训效果评价

4.1.2 案例：一日团队培训（“年度合作行动计划”方案的制定案例）

概述：在一日团队培训中，提供合作的相关信息，进行了一些活动和讨论，并起草一份“年度合作行动计划”草案，供稍后讨论，并由参与者所在学校最终定稿。

培训的议程确保参加者做到如下几点：

· 理解六种类型参与的框架；

· 明确学校目前实践的起点；

· 理解与所有家庭建立高质量的、富有成效的合作所必须面对的特别挑战；

· 知道要将合作付诸实践就应与学校发展的具体目标相联系，以此帮助学校改善环境，帮助学生实现学业和品行发展目标；

· 了解合作行动小组（ATP）的组织结构和成员构成；

· 撰写下一学年合作行动计划草案。

时间：一日团队培训总共需要 6 到 8 小时，包括注册、休息、午餐时间。

材料准备：

①用于展示 PPT 的笔记本电脑和投影仪、屏幕、麦克风、桌子、椅子、名牌、餐点或零食。

②讲义或会议议程。

③ PPT 材料或电子副本（打印或下载）。

④活动及策划表格。

⑤培训评价表。

⑥资料夹、笔、便签（根据需要）。

（每个参会的 ATP 都应提供一份有关学生或学校主要学业和品行发展目标的改进计划。）

其他服务：

①笔译或口译（视需要而定）。

②在一天的培训结束时，会颁发送上门的奖品或餐桌装饰品。

③学校的津贴、计划补助金、继续教育学分，以及其他将会给予的激励或认可事项。

④为作为 ATP 成员的父母提供交通和儿童保育服务。

4.1.3　一日团队培训（组织方案案例）

（一）培训前的暖场活动（15 分钟）

目的：以一个简短活动开场，让参加培训者关注团队合作相关的概念和好处。下面是一项快速热身活动（建议主持人使用黑体标注）。

活动 1：“掷骰子”是一个需要有效合作的快速热身活动。这个活动需要每张桌子摆放一套骰子。如果没有骰子，每个参与者可以简单地在 1 到 12 之间选择一个数字，并用这个数字来代替骰子。每个人应选择不同的数字。下面是活动的流程：

1. 在每张桌子上放一套骰子，并为所有参与者提供活动文本。

2. 要求所有参与者向同桌做自我介绍。给出明确的方向：这是一个体现良好合作的快速热身活动。桌上的每个人都要轮流掷骰子。计算出骰子的总数并找到对应的活动页面上的一个句子。

轮到你的时候，要用一两分钟的时间提炼一句话快速总结一段合作经历，来完成这个句子。

3.10 分钟后。组织者解释：你们都有丰富的经验，并且能理解不同类型的参与。你们的例子表明，在我们的学校和社区中有积极的，甚至是鼓舞人心的合作活动。我们知道，教育工作者、家庭和社区可以很好地合作。今天，当我们更多地了解如何组织有效的项目，让所有家庭和社区都参与进来，以支持学生在学校取得成功时，我们将把这些成功的例子铭记在心。

活动 2：下面是另一个有关合作的快速热身活动。请每张桌子的人介绍自己，并告诉其他人自己的一项才能。这有助于加强合作行动小组（ATP）的工作，并为他们学校的合作项目提供帮助。例如：有人可能有艺术或计算机方面的才能；有人可能喜欢与邻居交谈，或在社区中寻找合作伙伴；另一些人可能会说不止一种语言；等等。主持人要总结指出 ATP 里每个人对于自己所在学校建立健全一个优秀合作体系的重要性。

（二）介绍六种类型参与的框架

目的：介绍六种类型参与的框架，以帮助所有合作行动小组形成关于学校、家庭和社区合作的共同认识。

指导：请参考以下资源准备您的演示文稿。

· 回顾第一章和第二章内容。

· 制作 PPT，并参照第五章提供的材料。

小组活动材料：为所有与会者准备前述“起点：已开展实践活动清单”（下文统一简称“起点清单”）的相关材料。

1. 内容讲解（20 分钟）

（1）介绍已有研究发现

首先快速回顾一下美国和其他国家的研究结果。快速呈现相关信息。要求参与者思考这些发现是否与他们的学校和他们的经历有关。同时，指出他们的学校应制定一个以研究为基础，让所有家庭和社区都能参与进来的合作计划，并以此促进学生的学习和发展。

如果培训时间很短，那就在你的致辞中总结一下如下这些研究结果：

在美国和其他国家进行的许多研究表明，教育工作者、家长和学生都希望有更多更好的家庭和社区参与学校教育的活动。这些研究表明，必须制定合作计划，为所有家庭提供与学校目标相关的学生发展活动。当然，合作项目必须根据每个学校的目标和需求进行定制。这意味着，每所学校的参与活动都会所有所不同。研究表明，所有学校都可以使用通用框架和团队方法来组织合作和开展合作活动，分享好的想法，解决挑战，评价进展，持续改进这些项目。

（2）介绍交叠影响域的理论模型

讲解交叠影响域的理论模型，以此说明儿童在家庭、学校和社区中的学习和成长。在你参加培训时，你可以使用“一日团队培训”中提供的PPT呈现简化版的理论模型（详见图 5–1–1、图 5–1–2、图 5–1–3）。

模型的外部结构显示，有三个影响域支持孩子的学习和发展，即家庭、学校和社区这三个情境，它们可能因教育工作者、家长和社区其他人的价值观或组织的活动被分开或整合在一起。

解释：指导合作工作的理论是交叠影响域理论。该理论认为，学生在家里、学校和社区学习和成长，当人们在这三种环境中作为伙伴一起工作时，学生发展得最好。

请使用PPT上的动画显示以下内容：

有人说，家庭应该做好自己的工作，另外，学校的老师也应该做好自己的工作。但研究表明，把家庭与学校分开会让学生感到困惑，并限制二者对学生学习的积极作用。相反，当影响力量聚集在一起，教师、家长和其他人就学生学习和发展进行良好的沟通时，学生就会从多个渠道听到类似的观点，即学校和他们作为学生的学习的重要性。这样，更多的学生就能充分发挥他们的潜力。这个理论已经在无数的研究中得到了检验和证明。我们将这一理论作为加强合作的基础。

请参阅第五章研究人员使用的正式理论模型。完整的理论模型显示了外部和内部结构，以及可能发生在教育者、家庭和学生之间的联系和沟通细节。理论模型的内部结构描绘了教师、家长和孩子之间的互动，这些互动将因开展合作而被激活，其有助于增加所有合作者之间的沟通并促进学生的发展。

成功合作的关键：六种类型参与。

解释：研究表明，六种类型参与对于帮助教育工作者、父母、其他家庭成员和社区工作人员成为儿童教育的合作伙伴很重要。六种类型是创建一个学校、家庭和社区综合性合作体系的关键。六种类型参与的活动包括抚养教育、沟通交流、志愿服务、在家学习、制定决策和与社区合作。上述六种类型的参与活动在家庭、学校和社区三类交叠区域内进行。这些活动展示了家庭、学校和社区如何共同承担责任，营造一个温馨的校园氛围，促进学生的发展。

（3）介绍六种类型的参与活动

介绍每种类型的参与活动，依次介绍学校与家庭和社区进行联系以帮助学生发展的主要方法，包括每种类型的参与活动的案例。量身定制合作实践的例子，以满足与会者的需求和兴趣。也就是说，如果小学、初中和高中的 ATP 都来参加培训，就需要提供针对不同学段提供不同的案例，包括相关活动和可能面临的挑战。

当介绍这些信息时，请参加培训者思考目前在他们自己的学校或他们了解或监督的学校中开展的每种类型的活动。在展示类型 1，2，3 之后，请一位志愿者用一两句话简单总结她或他学校成功开展类型 1，2，3 的案例。其他与会者猜一猜这位志愿者所举例子属于哪种类型参与。同样的，在介绍类型 4—6 的例子后再重复一遍此前的做法。随后按照“起点清单”安排所有 ATP 的起点活动。

2. 小组活动（25 分钟）

提供“起点清单”副本：将“起点清单”发给所有参加培训者（详见第五章相关内容）。告诉与会者，你知道他们已经开展让家庭和社区团体参与到孩子的学校和家庭教育中来的活动。基于此，这份清单就是帮助参加培训者确定自己学校在合作方面的工作起点。

给每一张桌子或小组的参加培训者分配不同类型的参与活动，并让他们开始自己的探索，这样所有六种类型的参与活动都能在会场讨论。这个分配按照桌（组）1 —类型 1，桌（组）2 —类型 2，以此类推，根据实际需要，可重复分配任务。根据指定的“工作起点”展开讨论，并要求每个 ATP 检查他们的学校目前正在进行的活动，甚至要清楚知道参加这些活动的年级。

主持人要说明清单不是测试。我们也没有要求学校开展所列的每种类型的参与活动。参加培训者可在所提供的纸张空白处为每一种类型的参与添加其他活动。

清楚告知每个 ATP 只需要一个人在纸上记录讨论，但所有参与者都应该根据“工作起点”来讨论他们的想法。在时间允许的情况下，完成分配任务的小组可以探索“工作起点”中的其他内容。

15分钟后，当小组完成“起点清单”中指定的任务时，请2～3名“报告人”分享他们想法或反思。“报告人”在分享时应介绍本人姓名和工作单位，并指出他们被分配审查的是哪种类型的参与。典型的反思有以下几种：

· 我们有哪些活动是针对部分年级而非全部年级开展的。

· 我们让部分家庭参与合作活动，但并非全部。

· 在我们开展的活动中，部分效果很好，但也有不理想的部分。

· 我们需要强化“类型 4 一在家学习”的参与活动，帮助家长指导孩子在家学习。

要告知 ATP 所有人员，让他们知道，他们可以在学校的团队会议上完成全部的“起点清单”中的任务。

变更（备用）：主持人可以在培训前向各 ATP 小组发送一份“起点清单”的电子版，以便各行动小组在他们学校的团队会议上完成。如果已经这样做了，那么培训中的小组活动必须相应改变。请各 ATP 成员在他们的团队里讨论目前在他们的学校如何涵盖和实施六种类型参与，包括哪些工作进行得很好，哪些地方需要改进。然后，请两到三名志愿者与整个小组分享他们的观点。

小结：询问有关六种类型参与框架的任何问题。总结在“起点清单”反思中讨论的一些主要结论。可能得出的结论包括以下几点。

· 一些合作活动对所有年级都有用；有些合作活动需要随着

年级的变化而变化。

· 学生必须成为合作关系的一部分。他们必须知道他们在联结老师和父母、学校、家庭上扮演着重要的角色。

·进步是循序渐进的。改进和补充要基于每所学校工作的起点。

强调：在培训结束环节，请一定要强调如下观念。

你们已经表现出对所有六种类型参与都很熟悉了，而且你们的学校已经开展了一些非常好的家庭和社区参与活动。六种类型参与的理论框架有助于组织大家对当前实践和需要改进地方的思考。

注释：与会者就“起点清单”相互交谈、倾听。要让他们知道，他们在学校、家庭和社区合作方面开了好头。培训的下一部分将重点讨论如何通过六种类型参与的优秀实践案例来应对所有家庭面临的主要挑战。

（三）介绍可能面临的挑战

目的：介绍每种类型参与所面临的一些重要挑战或困难，必须解决这些挑战或困难，以便让所有家庭了解情况并参与其中，同时，制定一个优秀的合作计划。通过解决关键挑战，学校将让更多的家庭（实际上是所有家庭）参与到孩子的教育中来，而不仅仅是那些最容易接触到的或自己参与的家庭。

指南：参考以下资料来准备你的演讲。

· 回顾第一章。

· 制作 PPT 文稿进行演示。

小组活动讲义：“克服困难”。为所有与会者复印第五章附表3内容。

重新查看这些活动，选择最适合你的。

1. 内容讲解（20 分钟）：介绍六种类型的参与活动所面临的挑战

正如参与者在“起点清单”活动中发现的那样，大多数学校目前开展了一些六种类型参与的活动，但它们可能没有让所有年级的所有家庭都参与进来，尤其是没有以家庭友好和能起到良好效果的方式参与进来。在这个环节中，主持人通过 PPT 介绍每种类型参与可能面临的 1 ～ 2 个关键挑战，并给出一个可以帮助解决挑战且能让所有（或大多数）家庭在学校和家里参与孩子教育活动的例子。

这些挑战包括需要在 21 世纪背景下重新理解并界定学校、家庭和社区合作关系。重新认识有助于教育工作者和家长以一种全新的方式看待一些共同参与活动。

注解：在一场简短的培训或基本概念的陈述中，关于可能面临的挑战的信息可以与六种类型参与的介绍结合起来。在这种情况下，组织“克服困难”小组活动应该在关于类型和挑战的联合议程中使用。然后在学校现场的团队会议上讨论并完成清单中相应的“起点清单”内容。

2. 小组活动（25 分钟）

（1）组织“克服困难”活动

给所有参加培训者一份“克服困难”小组活动的文本材料。让伙伴或小组在他们的学校（或他们监督或熟悉的学校）找到一个非常成功的家庭或社区参与活动案例。了解清楚这项活动遇到的挑战，挑战是如何解决的，以及如果再次面临此挑战，他们会如何改进措施。

组内需要有一个人记录团队的想法或讨论。在 10 到 12 分钟的讨论后，请两到三名志愿者来分享所选择的活动、挑战、解决方案和下一步工作计划。在这个环节中，主持人应该选择那些已经完成所有活动内容的“报告人”，这样他们能够快速、更好地分享这个话题。不要选择那些“即席发言”的“报告人”，因为他们往往会跑题，占用的时间也会超过这个环节的分配时间。

小结：询问有关解决挑战的问题，以确保优秀和公平地合作。总结要点，仅仅知道六种类型参与，或者开展只涉及少数家长的活动是不够的。重要的是要识别和解决每个学校所面临的关键挑战，以确保ATP可以做到如下几点。

· 向不能来学校参加会议的家庭提供信息。

· 以家庭母语和与其适宜的阅读水平家长接触。

· 使志愿者能够在学校、其他场所作为学生演讲和集会的观众作出贡献。

· 与老师一起改进家庭作业的设计和亲子互动作业。

· 确保学校委员会的家长代表来自学校所在学区的所有社区。

· 在社区中找到有用的资源和社会关系。

强调：学校必须努力解决面临的挑战，以便在一个成功的合作计划中覆盖所有家庭。

（2）主持人注意事项

①关于解决合作中挑战的替代活动。

本文所述的替代活动是指可以用来代替前述“克服困难”小组活动的其他方案，以提醒大家注意每个学校所需要解决的挑战，能使所有家庭都参与进来，并制定一个优秀的合作计划。

②挑战赛。

对于这个活动，每个合作小组的成员将他们的名字放在活动页面的顶部。他们在最上面的方框里写下一个必须解决的挑战，让他们学校（或他们监督或熟悉的学校）的所有家庭都参与进来。听到声音信号后，他们将挑战传递给邻桌的新合作团队。新合作团队记录下一种可能的解决方案。在下一次声音信号时，挑战被传递给另一个合作团队，为所陈述的挑战添加一个不同且可能的解决方案。这些建议被返回给“首发团队”，“首发团队”确定一个他们认为可以帮助他们解决既定挑战的建议。

让两到三名志愿者分享他们选择的挑战和解决方案，并告诉大家为什么这个解决方案可能有效。

综上所述，“挑战回合”可以由合作团队在纸上进行，或者可以按照轮询团队海报活动的方式进行。参与者三到五人一组，首先在海报上写下一个让所有家庭参与的挑战。然后，他们一起从自己的海报出发，去看另外两组的海报，在那里他们为所述的挑战添加可能的解决方案。然后，他们回到自己的海报前，从其他队伍给出的解决方案中选择最佳的解决方案。

“克服困难”活动是先确定了一个挑战，让家长参与其中，且这个挑战在学校已经出现并得到了解决。“挑战回合”活动是确定学校需要解决的挑战。这两项活动都表明，让更多家庭参与进来的挑战可以通过精心设计和实施的参与活动来解决，ATP 可以用他们自己的想法来解决出现的挑战。

3. 休息时间（15 分钟）

告诉参加培训者他们工作很努力，可以休息 15 分钟，并通知他们什么时候回来参加下一环节的培训，你会准时开始下一环节活动。

（四）介绍为了学生发展活动应取得的成效

培训的下一环节将讨论一个更困难的问题，即为什么学校应该开展和改进让家庭和社区参与的项目。答案是显而易见的，那就是帮助学生、家庭和学校实现重要目标。我们将了解如何将参与活动同关于学生学习的具体学校发展目标联系起来。

目的：介绍学校、家庭和社区合作如何帮助营造一个友好的学校氛围和实现学生发展所需的结果。通过关注结果，家庭和社区的参与将有助于实现学校发展目标。

指导：参考以下资源来准备你的演示。

· 回顾第一章。

· 制作 PPT 进行演示。

小组活动讲义："使用六种类型参与达到学生发展的目标"。为所有与会者复印相关材料。

1. 讲解内容（20 分钟）

主持人解释研究成果已经确定了两种主要方法，将六种类型的参与活动与改善学校氛围和提高学生成功的预期结果联系起来。主持人应根据时间和与会者的兴趣总结以下信息。

（1）六种类型参与都会产生不同的结果

通过 PPT 展示六种类型参与得到的不同结果。这个 PPT 展示了每种类型的参与如何影响不同类型的行动和行为。

例如：

类型 1 －抚养教育：帮助父母理解孩子就是学生，以及明白自己帮助孩子每天准时上学的责任。比如，此类型活动可以帮助家长了解学校的考勤制度和帮助学生准时上学学习新的课程。如此，家长更有可能确保学生按时上学，并且学校的出勤率也会提高。

类型 2 －沟通交流：该活动可以帮助家长和学校相互了解学生发展的信息（如家长会或成绩单），这样更有利于提高学生对学习的意识，以及帮助家庭明白如何帮助和引导孩子朝学习目标前进。

类型 3 －志愿服务：针对特定学科组织良好的志愿者活动可能提高孩子们在这些学科上的技能。

类型 4 －在家学习：引导家长与学生通过家庭作业展开互动，可以促进亲子间有更多的积极互动，以及引导学生更好地完成作业。

类型 5 －制定决策：让父母的声音影响学校的政策决定，这可能有助于增加家庭对学校的关注度，帮助学生认识到家人是重要的合作伙伴。

类型 6 －社区合作：与社区合作可以帮助家庭找到家庭所需要的服务，增加学生与社区伙伴的联系和技能。

并不是每一种类型的参与和每一项参与活动都直接影响学生的成绩。了解这六种类型参与活动对可能产生的结果很重要。

（2）六种类型参与都可能指向预期的结果

所有六种类型参与都可以设计成专注于特定的、期望的结果。通过针对所有六种类型参与来实现特定的学习目标，家庭和社区参与活动可以帮助许多学生提高学业能力和非学业行为。本指南第五章相关内容展示了如何应用所有六种类型的家庭和社区参与活动来帮助学生提高阅读能力、数学技能、出勤率，以及营造友好的学校氛围。

例如，如果一所小学的目标是帮助学生提高阅读技能和态度，ATP 可以为所有六种类型参与选择专注于阅读的活动。然后，团队必须在“年度合作行动计划”中安排与阅读相关的参与活动。

同样，“年度合作行动计划”可以包含所有六种类型的参与活动，以帮助学生提高数学、写作、科学或其他学科的技能和态度；提高出勤率；改善学习行为或达到学校的其他目标。通过这种方式，学生获得来自老师、父母和其他成年人的多种支持，以实现在其学校取得成功的重要目标。

解释：这里有几个例子，说明学校如何应用六种类型参与来帮助学生实现重要的目标。可以在结果部分展示如下 PPT。

· 小学阶段的阅读。

- 小学阶段的数学。
- 中学段的出勤率。
- 高中的大学教育规划。

注意：如果培训只有小学的 ATP 参加，请展示低年级的例子。如果培训包括初中和高中的 ATP，则包括六种类型参与如何聚焦于高年级学生的目标的例子。

解释：我想强调的是，将六种类型参与同具体的、期望的结果联系起来很重要。现在，你可以在下一环节的小组活动中验证你对此的理解。当你为你所在的学校起草一份“年度合作行动计划”时，这些将对你有所帮助。

2. 小组活动（25 分钟）

（1）利用六种类型参与方式实现学生发展目标

给每位参加培训者一份“利用六种类型参与来实现学生发展目标”的复印件。需要向参加培训者解释说，他们将创建一个“结果图”，将每种类型的参与与特定的学生发展目标联系起来。如果参加培训者深思熟虑地完成了这个活动，那对于下午才需要撰写的学校“年度合作行动计划”而言，他们已经完成了其中的一页内容。

请各 ATP 确定一个人担任“记录者”，记录小组对活动的各种想法，要求每个小组做到：为他们学校的学生确定一个重要的学业或行为目标。这应该是一个具体而明确的目标，在他们的学校发展计划中，这对学生的发展很重要。把这个目标写在结果地图中心的椭圆形中。

指令：确保 ATP 为学生的发展选择一个学业或行为目标（而不是“家长参与”的一般目标）。例如，ATP 可能会在椭圆形上写“在下一次州测试中，所有年级的学生的阅读分数都至少提高 8 个百分点”。这是一个比“提高学生成绩”更明确的目标，因为前者更适合计划和衡量结果。同样的道理，与“数学网络新闻”相比，将“针对不同年级，每月向家长展示孩子们在课堂上学到的新数学技能”作为一个目标更为贴切。后者在下午要写的完整行动计划中更容易被详细描述。

建议ATP为学生选择四到六种类型的活动，以实现学生的既定目标。并不是每个目标都可以通过第一个计划中的所有类型参与轻松实现。建议ATP计划选择可行的活动，以他们认为与既定目标直接相关的方式让家庭和社区参与进来。

在15～20分钟的小组活动后，请两到三名志愿者与整个团队一起分享他们的“结果地图”。选择ATP时要选择那些在中间椭圆中填写了不同学业或行为目标，并为不同的类型参与填写至少四项活动的志愿者。参加培训者应认真听取他们是否认为合作活动与既定目标直接相关，以及结果是否可衡量、观察或记录。

小结：如果参加培训者咨询有关家庭和社区参与活动如何帮助学生实现具体学校的发展目标，请团队务必核查参加培训者是否理解如下要点：

①并不是每一项参与活动都会导致相同的结果（例如，并不是每一项活动都会提高学生的成就测试分数）。有些活动可能会改善学生对某一学科的态度，增加学生对某一学科的自信，或改善一种行为。

②如果设计得好、实施得好，所有六种类型的参与活动都有可能对学生的学习和行为产生重要影响，并改善学校的合作氛围。

强调：家庭和社区参与活动必须与预期目标紧密相连。例如，关于出勤率的参与活动有可能提高出勤率，关于写作的参与活动有可能帮助学生提高写作水平，等等。

注意：让 ATP 知道，通过撰写一个良好的“年度合作行动计划”，团队将帮助他们学校的每个人了解学校、家庭和社区合作的目标与实践的重要性。然后，家庭和社区的参与可以被看作与学校发展计划相关的资源，以帮助学生实现学校改善的目标，而不是作为一个单独的计划或额外的项目。

（2）主持人注意事项

关于实现合作目标的替代活动：对于 ATP 来说，理解与目标相关的参与活动的概念非常重要，因此本指南提供了两个备选活动。学区合作促进员或小组组长可以选择下列任意一项来代替“结果地图”，在培训中，可以放在为学生达成目标的活动部分中使用。（说明：原著附有 CD，本译著未能提供，为完整介绍，依旧保留此部分内容。）

①建立联系（仅原著 CD 中提供）

首先，这项活动要求 ATP 成员表明他们理解“目标导向”的家庭和社区参与活动的要点。该团队报告了教师与学生共同为之努力的学生发展目标。其次，ATP 成员确定他们认为有助于实现该目标的家庭和社区参与活动。最后，他们讨论并指出为什么他们认为所列出的活动有助于学生实现既定目标。

②为行动做好准备（仅原著 CD 中提供）

这项活动要求 ATP 成员列出学生学习、行为和学校氛围的四个目标，这将是他们四页目标计划中的重点内容。然后，专注于其中一个目标，（a）已经进行并将继续进行的六种类型参与活动的 ATP 成员，（b）希望作为“年度合作行动计划”中新开始的活动的 ATP 成员，将进行一场头脑风暴。

（五）介绍 ATP 的组织结构

目的：介绍 ATP 是如何与作为学生教育合作伙伴的重要成员（家长、教师、管理人员等）组织起来的。说明 ATP 如何组织与目标相关的委员会，在学校、家庭和社区合作开展工作，以及与学校发展团队的潜在联系。

指导：请参考本指南的以下页面来准备您的 PPT：

· 回顾第一章和第三章。

· 制作 PPT 进行演示。

团体活动讲义：如何组织你的合作行动小组？将第五章附表 4 内容复印给所有与会者。

1. 讲解内容（15 分钟）

（1）基本结构：ATP 是一个正式的学校委员会

①议题 1：谁是合作行动小组的成员？

展示 ATP 成员的轮廓，并解释必选和可选的成员。描述（或自定义）你关于任期和领导角色的决定。

核心团队至少由六人组成，包括教师、家长、管理人员（如果 ATP 是高中的，则还包括高中阶段的学生）。这些人都是“一日团队培训”的参与者，他们可以将其他致力于改善学校家庭和社区参与项目的人加入团队中。

请说明其他教师、管理人员、家长、学生和社区成员将与 ATP 委员会合作开展各种活动。有些活动将由 ATP 成员领导，但有些活动将由其他具有特定活动才能的人领导。例如，学校的个别教师或其他团体（如 PTA 或 PTO、课后项目、学校社会工作者）可以与 ATP 合作，记录他们在“年度合作行动计划”中进行的家庭和社区参与活动。

②议题 2：ATP 将如何组织委员会、实施计划和评价？

要解释 ATP 是一个学校委员会或工作小组。ATP 的“年度合作行动计划”和对活动的年度评价均是基于团队的组织结构进行的。

实施学校的合作项目，组织 ATP 有两种主要的方式。

第一，专注于目标。ATP 依据学校的四个目标来组织委员会，即两个学业目标，一个行为目标，以及一个良好合作目标。如果选择了这种结构，ATP 将使用“年度合作行动计划”（G－目标分类）和年度活动评价表（G－目标分类）。

第二，专注于类型参与。ATP 依据这六种类型参与组织委员会。如果选择了这种结构，ATP 将使用“年度合作行动计划”（T－类型分类）和年度活动评价表（T－类型分类）。

③主持人注意事项

如果一个学区或组织的合作计划组织者正在协助多所学校，那么，组织者应该在一日团队培训之前决定学校 ATP 采用哪类结构。如果所有的 ATP 都使用相同的组织结构，那么，培训将会更加清晰和连贯，并且随着时间的推移，也会使用相同的活动评价形式。与此同时，相同的组织结构还将使学校 ATP 在开展合作时更容易分享交流彼此的想法。综上所述，在培训过程中，组织者只需要展示已选定的 ATP 组织结构。

如果一所学校是独立开展培训工作的，校长或 ATP 主席或联合主席应在培训之前决定哪一种委员会结构最适合学校，只需在一日团队培训上展示和分发选定的结构。

（2）ATP 的两种组织结构

在培训过程中，向与会者介绍所选 ATP 组织结构（目标形式或类型形式）示意图。

解释：示意图最上面的方框里标识学校促进小组（SC、SIT）是学校重要的顾问团。紧接其下的方框标识，ATP 是一个专门关注家庭和社区参与的正式的学校委员会。

· ATP 将把其家庭和社区参与计划与学校发展计划学生发展等具体目标联系起来。

· 如果符合学校的程序，ATP 将像所有学校委员会一样定期向学校促进小组汇报工作情况。

· ATP 中的一名成员也可以是学校促进小组的成员，以确保 ATP 与学校促进小组之间保持信息沟通。

（详见第三章关于 ATP 的组成和职责部分。）

对于所选的 ATP 组织结构，完成以下解释。

① ATP 结构类型——目标结构（见第五章图 5-1-5）

· 根据四个目标分别设立相应委员会。

○两个学生学业目标或课程目标

○一个学生发展的非学业目标（如，出勤率、行为、安全、健康、大学教育计划）

○一个营造友好合作校园氛围的目标

· 通过使用六种类型参与合理安排家庭和社区参与的类型和定位，计划、实施和评价活动以实现每个目标。

· 从 ATP 成员中选举或选择 ATP 主席或四个小组委员会的联合主席和领导人。

· 将领导权授权给其他开展具体活动的人，并聘请教师，家长、管理人员、社区伙伴和学生参与计划中的活动。

② ATP 结构类型——类型结构（见第五章图 5-1-6）

· 六种类型参与都设置相应的小组委员会。

· 计划、实施和评价每种类型参与的活动，即与改善学校氛围和促进学生发展目标相关的系列活动。

·从 ATP 的成员中选举或选择 ATP 主席或六个小组委员会的联合主席和领导人。

·将领导权授权给其他开展具体活动的人，并聘请教师，家长、管理人员、社区伙伴和学生参与计划中的活动。

③主持人注意事项

一是如果没有学校促进小组或类似的咨询小组，或者如果学校委员会与学校促进小组没有正式联系。那就请把 PPT 中示意图最上面的方框里标识学校促进小组（SC、SIT）是学校重要的顾问团的信息删除。在这种情况下，对团队结构的讨论只集中在 ATP 及其委员会上。

二是规模较大的中学（即超过 2000 名学生）的 ATP 可包括来自各主要学校部门的一名教育工作者和一名家长代表。或者，每个部门（年级、职业学院、宿舍或其他校内学校）可能更喜欢有自己的、单独的 ATP。在这种情况下，每个 ATP 将遵循相同的会员资格、规划和评价实践指南。组织者或助理校长可以收集所有 ATP 计划及进度报告，以界定、监督及支持学校的统一合作计划，并与学区领导人就这方面事项开展合作。（有关协调的内容，可见第六章关于初高中内容。）

2. 小组活动（15 分钟）

（1）组建合作行动团队

给每位参加培训者一份“如何组织合作行动小组”。确定一个人担任“记录员”，记录 ATP 成员的讨论和想法。

要求合作伙伴或团队讨论关于 ATP 成员、会面时间和向其他团体报告合作情况三个问题。建议团队花几分钟时间讨论每个问题。让一到两个人自愿分享他们小组对每个问题的想法。并确保讨论了以下问题。

·ATP 是否需要增加成员来完成团队组建？（如果是的话，ATP 将为额外的成员提供最新的培训信息），团队应记录他们想要添加的人员姓名或职位。

·ATP 会议将于何时举行？提出两到三个关于会议时间的选项。学校和社区里的哪些组织需要从 ATP 那里获得有关合作计划的信息、活动，以及合作的进展？征集两三个不同的想法。

小结：针对如何组织 ATP 进行问答。

强调：对于所有学校而言，如果所有的 ATP 成员都已经确定，ATP 应该完成“如何组建合作行动小组”的相关培训，并与团队成员就会议召开时间、如何制定合作计划、如何与学校其他组织分享合作进展做出决定。建议参加培训者在午餐时间继续讨论团队结构、领导人、会议、委员会或其他主题。

3. 上午培训后的问答

在午餐休息前，针对上午培训讨论的所有主题开展问答交流：使用六种类型参与的框架，迎接所有家庭参与的挑战，通过伙伴活动达到结果，组织 ATP。

赞扬参加培训者成功地完成了一个为学生发展而组织家庭和社区参与的校本项目的基本主题。午餐后，他们准备起草“年度合作行动计划”草案。

4. 午餐

告知参加培训者午餐将如何供应或去哪里吃午餐的信息。

宣布下午的将培训何时开始。并请参加培训者准时参加下午的会议。

（六）撰写“年度合作行动计划”

目标：在下午的团队培训中，安排活动来帮助学校 ATP 起草下一学年合作行动计划。由 ATP 把计划的草案带回学校，征求学校其他人的意见。然后，在此基础上完成计划的定稿，并在规定日期前将其提交给学区或活动组织者。

在起草计划之前，要把 ATP 介绍给整个合作计划所涉及的部门。

指导：参考本指南中以下信息来准备你的演讲，并指导学校 ATP 撰写“年度合作行动计划”：

· 回顾第一章、第三章相关内容。

· 制作 PPT 进行演示。

主持人注意事项：请提前准备“答题卡”，以帮助你引导对优秀合作行动计划的讨论。注意“年度合作行动计划”的不同组织形式（G－分类目标或 T－分类目标）。

1. 讲解“优秀合作行动计划”（15 分钟）

告知参加培训者你将向大家介绍优秀“年度合作行动计划”的构成和内容，并就这些信息做一个随堂测验。

优秀的“年度合作行动计划”应该是什么样的？怎样才能写出一项优秀的计划？使用 PPT 展示优秀计划的构成示意图。

一项优秀“年度合作行动计划”应该包括以下信息。

· 目标：目标 1 到 3 是以学生为中心的。每个目标都明确了一个学业目标或非学业目标，并写在计划中。目标 4 重点是强化学校的良好合作氛围。

· 预期结果：一项优秀的计划应该以具体的、可衡量的方式描述家庭和社区参与的预期结果。例如，数学目标的预期结果可以表述为在州标准化数学成绩测试中达到或超过熟练程度的学生占比要从 60% 提高到 70%。提高出勤率的目标可以表述为在明年把学校的日均出勤率从 85% 提高到 90%。

· 评价活动：一项好的计划应该确定对预期结果进行评价测

量所要使用的工具或测量指标。这些可能包括：（a）学生每一次的正式测量记录（即从时间 1 到时间 2），如考试分数、成绩单、出勤数据和行为记录；（b）教师对学生学习成果的有针对性的评分措施，如家庭作业完成情况、作品集和个人或小组项目；（c）家长参与名单。对家长、学生或教师的调查和访谈，可以解释或支撑特定目标。一项优秀的计划会确定多个指标，而不是仅仅依靠一种措施来衡量结果。

· 合作活动：计划列出了让父母、其他家庭成员，或社区，参与实现计划中四个目标的方式。

· 参与类型：在计划中，安排的活动应该包括所有这六种类型参与。有些活动会激活不止一种类型参与。与此同时，一些目标适合某些类型参与，而不是所有类型参与。

· 活动日期：活动安排应该贯穿整个学年，而不是全部安排在一个月内。日期应该尽可能具体。像“全年”或“春季”这样的术语是不够具体的。一个好的时间表将使 ATP 和其他组织能够很好地制定计划，确保每一项活动都得到成功实施。此外，ATP 应指定测量结果的时间期限（例如一个标记期、一个学年、一个目标时段）。

· 面向年级：一项优秀的计划会明确每个活动面向的目标受众或参与者。有些活动面向全校和所有年级，其他的活动侧重于一个或几个年级的学生、家长和社区伙伴。

· 需要做什么，什么时候做：优秀的计划在这一部分会介绍活动的准备工作、执行方式，以及活动的持续跟进。

· 谁负责，谁提供协助：ATP 的成员在执行和协助每一个计划好的活动的过程中应该分享活动的领导权。同一个人不应该负责计划中的每一项活动。

·需要的资源：一项优秀的计划还应明确每项活动开展所需的财务、物资和实物方面的信息。

针对优秀计划的构成要素进行提问。然后，在小组活动中利用计划的正反案例对参与者进行突击测验。

2. 小组活动（25 分钟）

（1）“好计划 / 坏计划，大家一起找问题”

要求每个 ATP 成员与同伴一起开展“这个计划需要修改！”的诊断活动。

解释：这里假设的计划需要修改；参考优秀计划的构成，在本页上圈出你认为需要改进的地方，并与你的搭档讨论你将如何改进它。

在所有 ATP 进行此项活动 10 分钟后，花 5 分钟让志愿者识别发现的问题。从假设计划的顶部开始，询问是否有人在列出的目标上圈出了一个问题。继续在整页和各栏中找出需要修改的地方。

解释：在计划草案中找到问题是很容易的。我们需要避免发现的这些问题。现在，所有与会者为自己学校撰写一份优秀的“年度合作行动计划”草案。

（2）确定行动计划的格式

培训组织者应预先明确 ATP 撰写“年度合作行动计划”的格式规范。

·G 一目标分类指导 ATP 为家庭和社区写一份四页的参与计划，需包括四个学校发展目标：两个学业目标，一个非学业目标，另一个目标是创造一个友好的合作氛围。每一项活动将明确后续活动开展的类型参与。

·T 一类型分类指导 ATP 为家庭和社区写一份六页的包含六种类型参与的计划。计划中的每一项活动都以学生发展或友好的学校氛围为目标。

3. 讲解如何撰写行动计划（10分钟）

（1）撰写“年度合作行动计划”的指引

展示和讨论选定的“年度合作行动计划”模板，并用PPT予以展示，以提醒每个ATP注意。

你需要为自己的学校起草一份“年度合作行动计划”。这个计划的各个部分与我们在优秀计划讨论中的构成是一致的。

· 目标是什么？期望得到什么样的结果？将使用哪些衡量标准来评价结果？

· 将开展哪些家庭和社区参与活动？针对哪个年级？针对哪些类型的参与？

· 各项活动将在何时进行？

· 需要做哪些准备工作？

· 谁负责开展活动，谁来帮忙？

· 实施每项活动需要哪些资源或资金？

如果ATP专注于目标，他们需要写一份四页的目标计划。第一、二和三页将确定让家庭和社区伙伴与学生一起实现学业和行为目标的活动。早上的“结果地图”可能会让ATP提前进入目标计划环节。该计划的第四页侧重于营造一种友好的合作气氛。各团队可参考“起点清单”和其他培训记录，以明确学校为合作而正在进行和将要开展的活动。

· 在所有ATP开始撰写行动计划之前，应该就“年度合作行动计划”参考一些成功实现学生发展的案例。目标可能集中在提高学生阅读、数学、写作、科学或其他技能和考试分数上，或在改善行为、减少退学、增加安全、改善健康、规划大学教育方面，抑或在特定学校比较重要的学生发展目标上。

· 提醒ATP制定可衡量的目标，以便它们能够记录结果。例如，阅读目标可以如此表述：在州阅读评价中，每个年级的成绩每年提高8%。或者在四年级和五年级学生的年终态度调查中，“阅读态度积极”的学生占比增加10%。

· 确保每个ATP理解第一、二和三页中关于学生的目标和第四页改善学校合作氛围的总体目标。

· 有些人把这些目标称为“SMART目标”——具体的（Specific）、可衡量的（Measurable）、可实现的（Achievable）、专注于结果的（Result-focused），有时限的（Time-based）。如果家庭和社区参与的目标与教师和学生共同制定的学校发展计划中的目标相联系，那么这些目标应该是明确和可实现的。“年度合作行动计划”要详细说明何时开展活动、如何衡量成果，以及有效实施和衡量学生学业、态度或行为改善等其他重要细节。

· 提醒ATP在计划的每一页上列出和描述至少三项活动，且在计划的活动中要包括所有六种类型参与，但并不是每个目标都需要涉及所有六种类型的活动。

如果所有ATP都专注于类型，他们会使用六类型形式的行动计划。他们会为六种类型参与各写一页纸的计划。团队可以将上午的“结果地图”和其他培训笔记中的活动分配到六种类型参与的计划中。每页计划好的活动将以对学生产生重要影响的方式吸引家庭参与。

· 在 ATP 开始工作之前，咨询一些与不同类型相关的活动，如类型 1 —抚养教育，类型 2 —沟通交流，等等，以确保 ATP 理解其中哪些活动应该写进计划里，并且也与学校发展目标相关联。例如，有关学校发展和孩子发展的“类型 2 —沟通交流”活动就可能需要教师们共同设计本年度第一个只专注于阅读的师生家长会。或者，“类型 4 —在家学习”活动可以是家庭数学之夜，其将提供具有标准的、针对具体年级的可带回家的数学游戏活动。

· 提醒 ATP 在计划的每一页上列出和描述至少两项活动，并且在每一页上都要包括学生成绩和行为的关键目标。

（2）主持人注意事项

· 如果为期一天的团队培训在一个学年的春季进行，则要指导 ATP 撰写下一学年的合作行动计划草案。

· 如果培训在一个学年的秋季进行，则要指导 ATP 起草关于本学年剩余时间以及下一个完整学年的总计 18 个月（或其他适当的时间段）的合作行动计划。

4. 小组活动：起草计划（2 小时）

每个 ATP 团队将为自己的学校完成一份“年度合作行动计划”草案。我们鼓励 ATP 带一台笔记本电脑到会场来完成这项任务。“年度合作行动计划”表格可以在培训之前以电子方式提供（或在培训现场上通过 U 盘提供），以便 ATP 团队能够在计算机上完成其计划草案。这也使培训主持人更容易收集 ATP 计划草案的副本。

在两个小时的小组活动期间，主持人可能会与每个团队协商、回答问题、审查草案，并提出建议，以帮助每个 ATP 团队完成一份优秀的计划。

一小时后，请两名志愿者各自分享他们的 ATP 在计划草案中详细列出的一项活动。志愿者应陈述目标、预期结果、活动安排和参加活动的细节。

总结：在所有计划草案完成后和团队离开培训之前对它们进行检查。如可能，以书面或电子方式复印 ATP 的计划草案。告知所有 ATP 完成定稿的日期，并向你（以及 ATP 的所有成员）提交"年度合作行动计划"的定稿。

强调：每个 ATP 应当做好如下几点。

- 讨论计划的草案，并向学校促进小组、教职工、家长组织和其他感兴趣的合作伙伴收集对于计划的相关意见建议。
- 提炼定稿版计划中的亮点，并将其发布在学校通讯平台、学校网站上，或其他社交媒体平台上，供所有家长和所有老师使用。
- 计划的定稿电子副本发送给参与合作的学区领导人和所有 ATP 的成员。

（六）培训问答及介绍下一步工作（30 分钟）

目的：帮助参加培训者了解他们在一天内完成了多少工作，以增加他们对学校、家庭和社区合作计划的知识、技能。

注意：培训主持人可以在团队撰写计划的中途进行总结，这样 ATP 的成员就可以在完成"年度合作行动计划"后离开培训。有些团队会在其他团队之前完成计划草案的撰写。

总结：白天培训中涉及的主题列表如下所示。

- 交叠影响域的理论模型。

· 六种类型参与的框架。

· 实现面向所有家庭必须解决的困难。

· 如何将学校、家庭和社区合作关系与学生的发展联系起来？

· 如何组建 ATP？

· 一份优秀合作计划的构成。

· 完成“年度合作行动计划”草案，将家庭和社区的参与联系起来，以改善学生的学业和行为目标，并确保友好的合作氛围。

就当天的任何话题进行提问。请参加培训者分享他们回到学校后将采取的下一步措施。介绍你作为一个促进者将如何帮助 ATP 的成员完成他们的工作。告知完成“年度合作行动计划”定稿的最后期限，以及如何向你提交定稿。让 ATP 的成员知道如何联系你以获得更多信息或帮助。收集与会者对培训的评价。

4.2 年终表彰会

各学区为本学区内所有 ATP 举办年终团体表彰会，既是表扬优秀 ATP，也是让 ATP 分享在改善学校、家庭及社区合作方面取得的成绩。该表彰会是所有 ATP 专业发展和技术援助计划的一部分，会议内容包括：分享在家庭和社区参与方面的优秀案例；组织小组讨论家庭社区参与所面临的挑战和解决方案；学校依据类型参与和改善学校氛围或改善学生学业和行为结果的目标展示相关的有效的做法。在会上，所有 ATP 可以简单介绍或起草下一学年的“年度合作行动计划”。

无论安排在上午、下午、晚上，或是全天的活动，年终团体表彰会都有一个重要的功能，即将学校 ATP 聚集在一起，表彰优秀的团体、分享认识和实践经验、明确挑战的解决方案、激励参与、鼓励改进，并维持合作项目。表彰会还应包括讨论学区对家庭和社区参与的期望，以及学校完成下一个“年度合作行动计划”的日期。

在本节中，我们介绍了年终表彰会的议程、会议和小组的专题讨论，通过此方式帮助学校 ATP 分享想法、报告进展，并提前计划下一学年的行动计划。该议程设计灵活，已经指导学区合作计划的协调员协助了许多学校围绕“学校工作和进展”主题开展了诸多的活动。学区领导人的议程可以根据单个学校、大型学校团体活动和其他当地情况的需要进行调整。

4.2.1 年终表彰会（议程范例）

年终表彰会是用来表彰合作行动小组（ATP）每年取得的进展，并帮助 ATP 提前计划并改善下一学年合作计划的一个很好的方式。

下面是一个年终表彰会的议程范例和笔记，以帮助计划和实施这些会议。这次表彰会使 ATP 能够扩展他们关于合作的专业学习，分享他们学校的最佳实践、讨论问题和解决方案，并为他们下一个年度的合作行动计划征集想法。

在年终表彰会上，每所学校都会设立一个展柜或展览，分享本校 ATP 在这一年中成功推广学校、家庭和社区合作的信息。学校的展品（例如展示板或电子演示）可能包括海报、图表、照片、PPT、视频、播客、讲义或其他通信方式。ATP 计划会给他们的活动贴上标签，以表明学生发展或学校环境改善的哪些目标得到了解决，哪些类型的参与被激活了，以及活动是如何进行的。这些展示有助于 ATP 相互学习加强以学校为基础的合作。此外，会议可能包括演讲、小组讨论、对优秀工作的奖励或表彰，以及讨论下一学年合作行动计划的时间。根据实际可支配的时间以及 ATP 和其他参加者的数量，一整天的议程也可以缩短到几个小时。

学区和学校以许多不同的方式进行年终表彰活动，如全天、半天、早餐、午餐或晚餐活动。一些州教育部门每年举行一次合作会议，经验丰富的学校和学区在会上展示和讨论其最佳做法，以协助新的 ATP 实施其初步计划。有些学区会在早春举办庆祝及规划工作坊，帮助 ATP 在撰写下一个“年度合作行动计划”前收集及讨论想法。这些变化可能会改变这种活动的名称，但不会改变它的目的。

在策划表彰活动时，学区或组织的组织者需要为主持人安排麦克风、画架、展览用的桌子和其他视听设备、台签、信息和笔记文件夹等资料。

年终表彰会的议程范例

8:30—9:00　报名登记及会前茶点

9:00—9:30　致辞和介绍

介绍全天的议程和目标。

9:30—10:30　通过 PPT 分享最佳实践案例（见 4.2.2 节）

参见计划这段时间的指导方针

9:30—10:00　选定 ATP 提供的最佳实践案例 1

主题：通过不同类型的参与活动实现一个学校的发展目标（例如，提高学生的阅读态度和技能）。

10:00—10:30　选定 ATP 提供的最佳实践案例 2

主题：通过不同类型的参与活动实现一个学校的发展目标（例如，提高学生出勤率）。

10:30—10:45　茶歇

10:45—11:15　专题讨论 1：要让所有家庭都参与合作所面临的挑战

11:15—12:00　征集意见：参观所有 ATP 的创意展品（画廊漫步）

本部分请参见关于提前计划的指南（见 4.2.2 节）。

12:00—13:00　午餐（会议提供或自备）

13:00—13:30　专题讨论 2：要达到学生发展的目标所面临的挑战

13:30—14:30　团队时间：就下一学年的工作开展讨论

团队开会讨论并记录下一年度的合作行动计划。学校 ATP 参考表彰会上提出的各种最佳实践案例、展览和挑战。用他们现有的年度合作行动计划和其他说明（例如活动年度评价），思考学校发展计划中的目标。ATP 可以针对学校发展计划和下一年度的合作行动计划的相关问题开展讨论。

14:30—15:00　会议总结 / 会议休会 / 会议公告

行动小组展望：每个 ATP 委派一名人员报告将在讨论期间提出的 1—2 个想法，以表明 ATP 在下一学年发展的新方向和下一步行动。

主持人宣布：

· 颁发奖项、发表致谢。

· 提交下一年度合作行动计划的定稿日期。

· 寻求活动组织者提供支持的信息。

· 其他重要信息。

会议组织者须知：

· 为你的年终表彰会准备一页纸的议程。

· 对于半天或半天的表彰活动安排一次关于最佳实践案例的展示、一次关于应对挑战的小组讨论，以及全校展览。
· 延长会议至下午 4 点：提供两小时的时间让 ATP 起草下一个年度的合作行动计划，并征求学校其他人的意见。

4.2.2 年终表彰会策划指南

学区或机构的组织者必须提前与所有 ATP 就年终表彰会做好先期计划。包括：（a）最佳实践案例的 ATP 主席演讲；（b）优秀合作小组成员开展关于如何解决挑战的演讲；（c）有助于学校 ATP 分享最佳实践和讨论应对挑战的解决方案的其他事项要求。

（1）预先选定关于最佳实践案例的分享发言

在策划年终表彰会活动时，主持人将指导各 ATP 按照类型参与和目标的不同准备“最佳实践案例”的展览，可以用纸质或电子格式的指南。在与 ATP 的会面中，活动组织者会选出那些在学年期间成功实施家庭及社区参与活动，并愿意与学区内其他 ATP 分享他们的故事的 ATP。演讲者的数量取决于（a）涉及更多家庭；（b）改善学校气氛；（c）实现学生目标的结果。而那些不被要求在会上发言的 ATP 也需要提供一则成功案例，组织者会将这些案例呈现在展览区（画廊步道），以供所有与会者参观和分享。

应提前通知演讲者，告知他们演讲的严格时间限制，并指导他们掌握良好的演讲技巧。演讲者可以使用 PPT、简单的讲义或其他技术。所有的印刷品和图片必须足够大，让观众能够看到。演示文稿还可以包括合唱者、诗歌、歌曲、舞蹈和小品，以展示特别有效的家庭和社区参与活动。

一些主持人可能会为年终表彰会选定主题，并指导参与者介绍与主题相关的信息（例如与提高学生阅读或数学技能相关的合作，或与具有不同文化和语言背景的家庭的合作）。

上午 9:30 到 10:30，可以按照每 15 分钟一个环节来安排活动，用于介绍最佳实践案例，这些案例关注家庭和社区如何利用六种类型的全部或部分来参与，并专注于学生成功或改善学校氛围的具体目标。

例如，两名来自不同学校的 ATP 的演讲者可以在上午 9:30 至 10:00 的时间内，分别用“类型 2”和“类型 4”介绍他们学校的优秀合作活动，即如何让家庭和孩子参与阅读和语言艺术。每位演讲者可能有 10 分钟的时间介绍他们的 ATP 活动，包括活动目标是什么、活动是如何进行的，以及家长和社区伙伴是如何参与的。然后两位演讲者要留出 10 分钟时间供观众提问。同样，上午 10:00 到 10:30 这段时间，可能会有两到三名演讲者进行演讲，留下时间供观众提问。主持人必须决定如何利用这段时间，并相应地指导演讲者。

在表彰会上，主持人的责任是保证演讲者准时发言。这可以通过在会前指导演讲者彩排来实现。当演讲者还有一分钟的时间来结束他们的演讲时，给他们打个信号也很有帮助。简而言之，一个成功的表彰活动会珍惜时间，一个不成功的会议则让演讲者叨叨不停。

（2）预先确定小组活动可能面临的挑战

活动组织者应该确定一到两个具体的挑战，即学校 ATP 在所有家庭参与合作的过程中可能面临的困难，然后将它们作为会议的重要主题。在通常情况下，学校会遇到类似的问题，但有些学校会比其他学校更快地解决这些问题，而且解决方案各不相同。活动组织者应该明确选定的主题，尤其要突显 ATP 试图解决的挑战。例如，主持人可以从成功解决了以下挑战之一的学校 ATP 中选择小组成员：

- ATP 如何将信息和材料传递给不能来现场参加会议的家长。

· 学校校长与 ATP 主席或联合主席如何很好地合作。

· ATP、学校促进小组和 PTA 如何沟通和联系。

· 学校校长如何支持他们的 ATP。

· ATP 如何评价特定合作活动的效果。

· 来自不同社区的家长如何为合作计划做出贡献。

· 其他与特定学区学校相关的话题。

小组成员可以包括教师、家长、学生、校长、学区领导、社区合作伙伴或其他人，他们就挑战和解决方案提出不同的观点。小组成员应该被告知他们进行陈述的严格时间限制，并为他们提供有效的陈述技巧。

一个小时内可以安排两个小组讨论，每个小组有三到四名参与者分享他们的经验和观察。应该留出时间让观众提问。如果有两个小组围绕关键话题展开讨论，每个小组有四名参与者，那么演讲者将有大约 5 分钟的时间进行总结，留下 10 分钟的时间供观众提问。主持人必须提前决定如何利用这一小时，并据此选择小组成员。

例如，在会上，一个讨论如何组织 ATP 的小组包括了校长、教师，以及 ATP 联合主席。他们讨论了四个问题，这些问题的讨论可以对其他正在努力创建有效团队架构的学校提供帮助。

· 你的 ATP 里都有谁？

· 什么时候有时间见面？

· 你如何向学校促进小组、教师和家庭报告 ATP 的情况，如何开展合作？

· 需要怎样的预算和筹款来支持你的 ATP 工作？

第二个关于增加家长参与的小组讨论，邀请了来自四所学校 ATP 的主席。他们讨论了各自 ATP 如何利用一系列沟通工具和社交媒体平台邀请和鼓励所有家长和家庭成员参加特定活动（例如家庭之夜、学生表演、家长－教师－学生会议、学校会议），以确保在线下会议的高参与度，他们还讨论了如何与无法参加的家长联系。

因此，在一小时内，两个小组讨论了所有与会者都感兴趣的主题。

小组演讲要考虑其他话题。除了以上所述的主题外，以下内容可以由教育工作者、家长、学生或其他合作者组成的小组一起讨论。

· 学生如何看待学校、家庭和社区合作关系，以及他们取得成功所需要的学校帮助（例如，来自不同年级的四个学生可以组成小组）。

· 如何识别和联系难以建立沟通的家庭（例如，全职父母、移民父母、有特殊需要的孩子父母，以及住得离学校远的都可以划入这个组别）。

· 如何为学校、家庭和社区合作确定项目和获得资金。

· 该学区的小学、初中和高中在合作过程中面临的其他挑战。

第五章

为演示文稿和培训准备材料

本章包括两个部分：（1）培训所需材料和讲义；（2）培训的小组活动。第一部分提供了表格、图文和总结，这些可能会在第四章中使用。第二部分为培训小组活动做材料准备，以确保与会者理解每个主题的内容，也可以将这些信息应用到自己的学校。主要相关材料都将在下文结合具体内容予以呈现。本指南中对相关材料所依据的研究和实地考察都须进行详细说明。

5.1 培训材料和讲义

5.1.1 有关合作理论模型的研究简述

在本节中，我们将介绍一些有关学校、家庭和社区合作的重要发现，这些研究发现都已经在美国或其他国家得到了实践检验。这些研究的发现明确了家长、学生和教师的需求，并为创建强有力的、可持续的学校、家庭和社区合作所必须采取的合作行动奠定了基础。学校管理层可以通过会议或培训来讨论这些研究结果是否适用于他们的学校。

交叠影响域理论模型（外部模型）：图 5-1-1 所示的理论模型显示了影响儿童学习和发展的三个主要背景因素。图形中相交的区域表明，家庭、学校和社区对儿童在学校的发展负有共同的责任。不同的经历、价值观、历史和其他影响或多或少地创造了这个“交集”——并与这三种背景下的个人之间或多或少地产生了联系。随着与年龄相适应的活动的开展，以及学生越来越多地参与交流并做出关于他们教育的决定，“交集”的影响方式和程度随着时间的推移而变化。

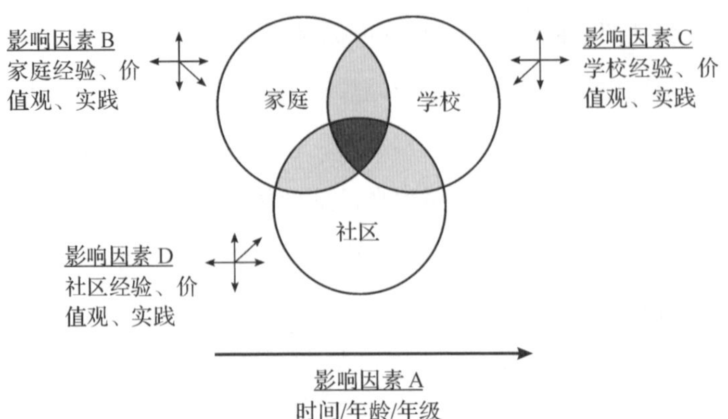

图 5-1-1　交叠影响域理论模型（外部模型）

交叠影响域理论模型（内部模型）：图 5-1-2 所示理论模型显示了学校、家庭和社区中的人们在一起交流和工作时发生的互动。孩子处于这些互动的中心，也是教育的主要参与者。家庭、学校和社区之间的联系可以是组织层面的——包括所有家庭、儿童、教育工作者和社区，也可以是个人层面的——包括一位教师、一位家长、一个孩子、一位社区伙伴或一个小团体。

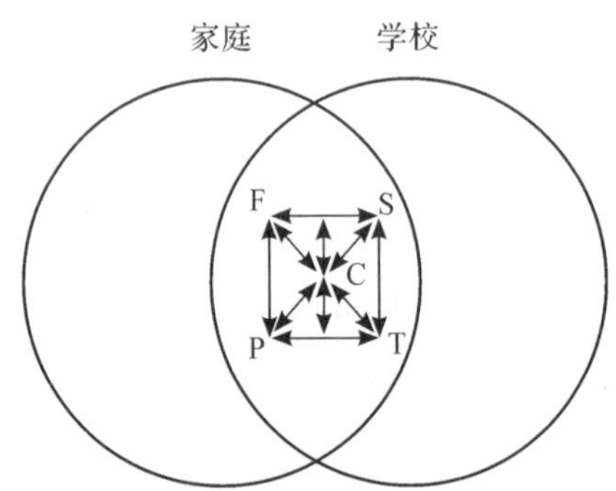

主要制度因素的交互作用（交叠区）

F= 家庭　C= 孩子　S= 学校　P= 家长　T= 教师

组织层面的互动（例如：全部家庭、孩子、教育工作者和整个社区）

个人层面的互动（例如：单个家长、单个孩子、单个教师和某个社区）

图 5-1-2　交叠影响域理论模型（内部模型）

注：在完整模型中，扩大化的内部模型还包括社区（CO）、个体商户（A）和社区机构，以及发生在非交叠区域的互动。

交叠影响域理论模型（通用版）：在教育工作者和家长的培训中，当前通用的理论模型为读者理解该模型提供了形象的图解，帮助他们理解家庭、学校和社区之间有意义的联系对学生在学校取得成功具有重要作用。

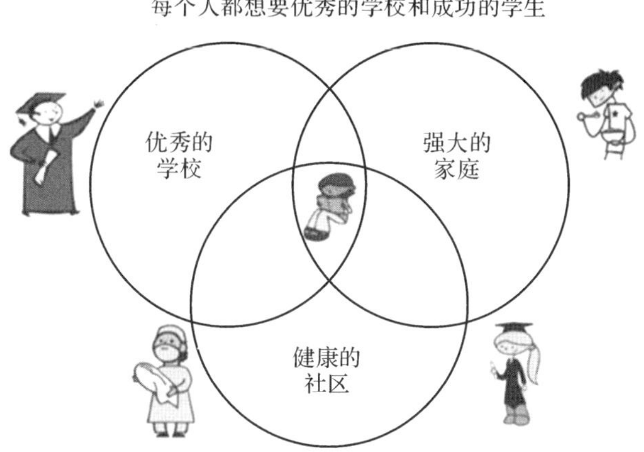

图 5-1-3 交叠影响域的理论模型（通用版）

如上述三个理论模型所示，结合国内外已有研究结果，我们可以形成如下有关于家庭和社区参与的认识：

· 家长的参与程度各不相同。

· 家长们非常关心孩子在学校的发展。

· 学生在学校和生活中需要多方面的支持才能成功。

· 学校必须主动吸引所有家庭参与学校教育。

· 一些教师和管理人员最初可能对增加家庭参与持抵触态度。

· 学校或学区的教师和管理人员需要职前和在职教育，以加强和维持与家庭和社区参与相关的目标导向计划。

· 有家庭参与的特定学科活动对学生学习和取得成功具有直

接作用。

· 基于研究、为每个社区量身定制且能够不断改进的合作项目是最为有效的。

5.1.2 培训活动相关材料与说明

（1）概括性图表

下图 5-1-4 概括了六种类型参与面临的挑战、重新定义和设定的结果。这些概述依据第一章相关表格内容和广泛的实地调查进行提炼，是团体培训中可用的材料。（说明：图表相关信息在培训过程中部分

图 5-1-4 六种类型参与的概括性图表

呈现。概括性图表供参加培训者自行选用，因为六种类型参与的单独表格已经包含了大量的信息。）

（2）六种类型参与的分表

下文所示材料仅作为一日团队培训的可选材料，以配合培训中六种类型参与介绍、需要解决的挑战和学生预期达到的结果。如果与会者收到了培训 PPT，这些讲义可能就不需要了。

表 5-1-1 “类型 1 —抚养教育”内容简介

类型 1 —抚养教育
提供信息和活动帮助家庭履行如下抚养教育职责
· 住房、健康、营养、衣着、安全。
· 了解儿童和青少年的发展。
· 创设家庭条件，以支持每个年级的学生发展。
帮助学校
· 了解家庭背景、文化和孩子的目标。
学校面临的挑战
· 向所有想要和需要获得学校信息的家庭提供相关信息，而不仅仅是向现场参加培训或会议的少数人提供信息。
· 让家庭成员能够与学校分享有关他们家庭的信息，包括家庭背景、文化、孩子的喜好、教育目标和需求等信息。
重新界定概念
培训不是只在学校会议室举行主题会议，而是要让培训的内容可以随时随地被那些没有参加培训的人看到、听到或读到。
对学生的影响
· 合理分配花在家务、家庭作业和其他活动上的时间，保持平衡。
· 按时到校上课。
· 意识到家长监督和学校的重要性。
对父母的影响
· 在孩子求学的过程中，树立良好抚养教育的自信。
· 了解儿童和青少年的发展。
对教师和管理人员的影响
· 理解家庭的教育目标和对孩子的关心。
· 尊重家庭的付出和努力。

表 5-1-2 “类型 2 —沟通交流”内容简介

类型 2 —沟通交流
从学校到家庭的沟通交流
·学校与家庭沟通的途径包括：备忘录、通知、会议、通讯录、电话、电子邮件、短信提醒、网站等。 ·学校向家庭提供学校培养方案、州考试、成绩单和儿童成长的信息。 ·学校向家庭提供有关选择或更换学校、课程、项目或活动的信息。
从家庭到学校的沟通交流
针对问题、意见建议和互动建立双边交流通道。
学校面临的挑战
·如何让所有的备忘录、其他书面和非书面交流材料都能为所有家庭清晰理解，包括与家长们交流所使用的语言也应通俗易懂？ ·依据家长们的意见建议，不断改进交流方式和交流内容，如通讯录、通知、会议时间表，以及方便家长们反馈意见和建议的双向沟通方式的选项。
重新界定概念
关于学校课程和学生发展的交流不仅是从学校到家庭，而且也要从家庭到学校，甚至在社区内部也应有所交流。
对学生的影响
·意识到自己在课程学习和技能上的进步。 ·明白要保持成绩或提高成绩都需要付出行动。 ·意识到自己在沟通过程中需要扮演信息传递和交流者的角色。
对父母的影响
·了解学校的培养方案和教育政策。 ·支持孩子的进步，对问题及时予以回应。 ·让自己与学校、与教师之间的沟通顺畅。 ·高度认可学校的办学质量。
对教师和管理人员的影响
·能够轻松流畅地沟通。 ·能够利用家长的关系网与所有家庭进行交流。

表 5-1-3　“类型 3 —志愿服务”内容简介

类型 3 —志愿服务
家长在学校或为学校提供服务
·在学校或班级里参与活动：协助管理、担任助教；作为学生的辅导员、导师、教练、演讲嘉宾、监护人、热情的支持者或者顾问，或者以其他方式协助。 ·为学校或班级服务：随时随地为学校教学和学生活动提供协助。 ·作为观众：参加集会、表演、体育赛事、表彰会和颁奖典礼、庆典和其他学生活动。
学校面临的挑战
·广泛招募、提供培训，并为志愿者制定灵活的志愿服务时间表，以便让家长们感受到学校为他们付出的时间和对他们才能的肯定。
重新界定概念
“志愿者”不仅仅是那些教学工作日来到学校提供协助的人，也包括那些随时随地通过各种方式支持学校发展目标和孩子学习发展的人。
对学生的影响
·学习志愿者辅导和传授的知识与技能。 ·掌握与成人沟通的技能。
对父母的影响
·理解教师的工作。 ·树立为学校提供志愿服务的意识和教育孩子的自信心。 ·参加学习以提高自身教育能力。
对教师和管理人员的影响
·时刻准备以新方式让家长参与到学校活动中来，而非简单的志愿服务； ·因志愿者的帮助，越来越多的学生个体获得了更多的关注。

表 5-1-4　“类型 4 一在家学习”内容简介

类型 4 一在家学习
家长参与学生的学习活动
·具备指导孩子完成家庭作业的方法。 ·掌握每门课程所需的技能。 ·指导孩子自己做选择课程的决定或者替孩子做决定。 ·开发学生其他方面的能力与特长。
学校面临的挑战
·定期设计和完成交互式家庭作业，指导学生向家长们展示技能，并与家长展开讨论。 ·让家长及时与孩子们一起参与有关课程的重要决策。
重新界定概念
·“家庭作业”不单单是指学生单独完成的作业，还包括有助于课程联系生活实际的、与家长们和社区人员开展的互动式讨论。 ·家长“帮助”就意味着家长们要鼓励、倾听、表扬、引导、监督，以及与孩子讨论作业，而不是指家长们是否或如何教授学校课程。
对学生的影响
·促进与功课相关的技能、能力和考试成绩的提高。 ·完成家庭作业。 ·视家长为教师，视家庭为学校。 ·作为学生要有自信，对学校要持有积极态度。
对父母的影响
·与孩子讨论学校、功课、家庭作业和未来规划。 ·了解孩子在校学习的课程，明白如何在每个年级帮助他们。 ·感激教师的工作和肯定教师的能力。
对教师和管理人员的影响
·重视孩子居家的时间。 ·满意家庭对学生学习的参与和支持。 ·承认单亲家庭、双职工家庭、低收入家庭以及不同种族、民族背景的家庭都能激发和强化孩子的学习。

表 5-1-5 “类型 5 —制定决策”内容简介

类型 5 —制定决策
便于家长参与和共同领导的各类组织
·学校理事会或学校促进小组。 ·学校合作行动小组（ATP）。 ·PTA/PTO。 ·“一号标题法案”委员会和其他委员会组织。 ·独立高级顾问团和支持性团体。
学校面临的挑战
·如何做到在家长组织中，以及在其他各类顾问团、团体和委员会中都有家长担任领导角色，而且这些家长应来自不同的种族、不同民族，并有着不同的社会经济地位? ·如何为担任领导角色的家长提供培训，以帮助他们提升领导能力，并更好地履行家长代表的职责? ·对于高中学校，如何让高中生代表与家长代表共同进入委员会?
重新界定概念
·在学校“制定决策”本质上是一个合作的过程，每个人都是为了“发展优质学校教育，促进学生发展”这一共同目标而相互分享观点、一同解决问题和采取行动，但其绝不是观念之间的相互冲突。 ·“家长领导者”是指能够与其他家长分享信息，并能从其他家长那里获得信息的人，而不是仅仅来学校参加会议的人。
对学生的影响
·意识到家长们的观点可以体现在学校决策中。 ·由家长和家长委员会制定的政策所产生的具体利益。
对父母的影响
·意识到对政策的影响会直接影响孩子的教育。 ·不断在担任代表的活动中和代表其他家长的活动中促进参与能力的提升和提高领导能力。
对教师和管理人员的影响
·在制定政策和学校决策时，吸收家长代表的意见。 ·认同在学校委员会中家长代表拥有平等的权利。

表 5-1-6 “类型 6 —社区合作”内容简介

类型 6 —社区合作
社区对学校、学生和家庭的影响
社区团体包括商业伙伴、文化组织、卫生服务、休闲中心、老年人、宗教团体、政府机构和其他团体。
学校、学生和家庭对社区的影响
服务性学习，慈善事业，以及分享人才、解决地方问题的特殊项目。
学校面临的挑战
· 如何避免或解决与合作伙伴之间因职责范围、目标、责任和经费使用存在的矛盾与冲突？ · 如何确保将社区合作项目和服务等相关信息通知到每个家庭和每位学生，而且要确保每个人都能获得公平的参与机会和服务？
重新界定概念
· 社区不仅包括在校生的家庭，也包括其他对学生教育质量感兴趣并受其影响的人。 · 对提供服务的“社区”的评价不能仅关注其在经济层面的支持，也应该关注该社区在支持学生、家庭和学校的过程中所展现的能力、天赋和组织水平。
对学生的影响
· 通过丰富的课程、课外经验和职业探索等促进知识、技能和才能的发展。 · 在服务社区的过程中提高自信心并形成社区的归属感。
对父母的影响
· 通过了解和使用当地资源来提高自身技能，并获得所需的家庭服务。 · 通过与他人一起参与社区合作来加强社区建设和形成社区意识。
对教师和管理人员的影响
· 通过了解和使用当地资源来丰富学校课程、促进教学，以及增加学生经验。 · 通过社区合作来了解当家庭和儿童需要特殊服务时的相关工作流程。

本章节中所呈现的一系列图表体现了参与合作的不同层次，但这六种类型参与之间没有高低“层次”区别。也就是说，“类型 6”参与并不比“类型 1”更高级。对于合作而言，每一种类型的参与都在以不同方式吸引家庭和社区的关注，它们都很重要。然而，参与合作的程度还是可分为不同层次的，从关心到礼貌，再到知晓情况、合作和协同。因此，一项综合性的合作计划应包括所有六种类型参与，并将努力实现最高水平的合作——向真正的合作迈进。

（3）预期达到的结果

本章提供了两种版本的预期结果，作为培训所希望达到的结果性材料。表 5-1-7 总结了六种类型参与如何与不同的目标相联系。其他表（表 5-1-8、表 5-1-9、表 5-1-10、表 5-1-11）说明了所有六种类型参与如何对标特定的目标，以帮助改善学校气氛，并对小学生的发展产生具体的影响。相关的活动涉及家庭和社区伙伴们，在各个方面帮助学生提高阅读和数学技能和学习行为，并营造良好合作的学校氛围。这些图表也是一日团队培训中有关达成预期结果部分的 PPT 材料。如果与会者得到了 PPT，那么额外的讲义就不需要了。

这些图表上的活动适用于任何年级。请参阅第六章，了解六种类型的参与活动，以帮助初中生和高中生实现目标。活动由全国各地的学校示范实施。以上这些都是《有价值的合作实践案例集》年鉴中提到的众多“目标导向”活动中的几个例子。这些信息可以在全国合作学校网络（NNPS）网站里（www.partnershipschools.org）的“成功故事”栏目中查询。

表 5-1-7　不同类型参与对学生的影响

学生获得的发展
研究结果表明，不同类型的参与可以给学生带来不同的发展结果。 类型 1 －抚养教育 当告知家庭有关学校课堂出勤率的政策并鼓励家长参与到提高出勤率目标中时，学生的出勤率会提高。 类型 2 －沟通交流 当教师和家长就学生学校功课和进步进行沟通交流时，学生能够意识到自己的学科和技能进步在哪里。 类型 3 －志愿服务 学生可以通过志愿者的辅导和教学获得学业技能成长。

类型 4 －在家学习 当教师和家长就家庭作业管理政策和创新家庭作业设计进行沟通交流时，学生在特定学科上的家庭作业完成度更好。 类型 5 －制定决策 学生可以从由家长组织制定和实施的指向发展目标的政策和项目中获益。 类型 6 －社区合作 通过参与社区合作，学生可以在相关课程中或与社区开展的课外活动中获得技能和才能。

表 5-1-8　小学年度合作行动计划目标——提高学生阅读（案例 1）

类型 1：通过各种形式的培训活动或研讨会帮助家长与孩子一同阅读。 类型 2：召开“家长－教师－学生”见面会，共同探讨制定阅读的目标和阅读活动的过程。 类型 3：招募“阅读伙伴”志愿者、最受欢迎故事的阅读嘉宾，以及组织其他“与我一起读”的相关活动。 类型 4：通过组织“家庭阅读之夜”活动向家长示范阅读的相关技巧，并要求与子女一起在家开展阅读活动。 类型 5：学校 PTA/PTO 组织提供房间或家长中心，以此提供有关儿童阅读的相关信息。开展书籍交换活动、为在家阅读提供“阅读包”，以及组织其他阅读活动。 类型 6：鼓励商业合作伙伴为班级，为学校图书馆，以及为孩子们捐赠书籍。 备注：每种类型的参与还有许多其他案例。

表 5-1-9　小学年度行动计划目标——提高数学能力（案例 2）

类型 1：通过培训向家长解读学校数学学习标准和考试要求，并指导家长理解数学技能报告和成绩单。 类型 2：在学校或班级通讯中刊登，或由老师或学校的网站发布由学生和数学教师撰写的有关数学趣味知识和技能的文章，供家长阅读。 类型 3：为那些在数学学习上需要一对一辅导和额外帮助的学生提供数学志愿者服务和专门的数学技能服务。 类型 4：通过每周给学生布置互动式家庭作业，帮助孩子们向家庭合作者展示所学习的数学技能，并讨论每种技能是如何在日常生活中得到应用的。

类型 5：PTA 或 PTO 组织“家庭数学之夜”活动，以此激发学生学习兴趣，并指导学生在家学习。通过讲义和活动指导那些不能出席活动的家长开展在家学习。 类型 6：邀请社区合作者进入课堂，向学生们讲解他们如何在贸易活动、商业活动、服务过程和业余爱好中应用数学。 备注：每种类型的参与还有许多其他案例。

表 5-1-10 小学年度行动计划目标——改进学生行为（案例 3）

类型 1：通过家长论坛或系列演讲讨论学生的行为、适宜的纪律和相关话题。 类型 2：评选“月最佳学生”，并通过公告牌、社会媒体或家长午餐等形式表彰这些优秀学生，以此促进学生的行为、人格和公民意识的提高。 类型 3：通过志愿者在学校长廊、食堂、操场或其他场所进行巡视，以此促进和维持学生的良好行为。 类型 4：通过每月布置互动式家庭作业，要求学生与家长或其他家庭成员讨论特定人物的人格特征、价值观和行为。 类型 5：ATP 通过对父亲或担任父亲角色的人进行调查，来开发相应活动，以提升他们的参与度，从而激发学生的积极行为和促进学业发展。 类型 6：社区与学生建立联系，传授学生解决问题和冲突的技巧，以此减少霸凌和其他问题行为。 备注：每种类型的参与还有许多其他案例。

表 5-1-11 小学年度行动计划目标——营造合作氛围（案例 4）

类型 1：为学生提供免费或廉价的疫苗和健康体检，这些支持将有助于家长达到学校要求。 类型 2：通过由学生主持的“家长－教师－学生”会议，与所有家长就学生发展目标、进度，以及下一阶段工作进行交流。 类型 3：通过调查明确学校可以利用的资源，包括确定家长和其他志愿者能够参与志愿者服务的时间以及他们的特长，以便为全校教师和教职工协调安排全年的志愿者协助。 类型 4：向家长提供学校关于家庭作业的政策信息，并就此与家长进行意见交流，帮助家长明确如何在家指导儿童做家庭作业，以及有问题应该咨询谁。 类型 5：通过家长问卷调查，了解家长想在培训上讨论的话题，以及确定哪些家长愿意担任学校委员会成员。

类型 6：为学生和家庭举办“向艺术家致敬”活动。在活动中，社区的艺术家们可以向大家展示绘画、音乐、舞蹈和手工艺，并提供社区的艺术活动和展览馆信息。 备注：每种类型的参与还有许多其他案例。

（4）合作行动小组的组织结构

图 5–1–5 和图 5–1–6 表明了合作行动小组（ATP）可以有不同的组织形式，可以通过聚焦对标学校目标的方式，或依据六种类型参与框架。

图 5–1–5 和图 5–1–6 所示的目标结构假定学校有一个学校促进小组或其他咨询小组，它们负责在学校改进计划的过程中设定学校发展目标和重点事项，并定期听取学校委员会的进度报告。

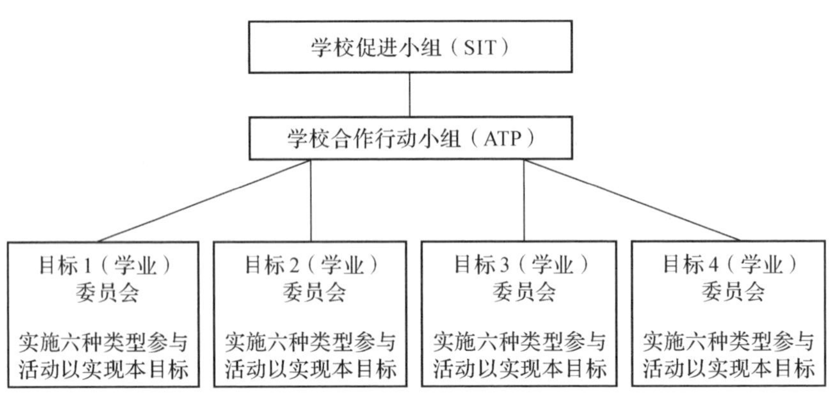

图 5–1–5　学校合作行动小组（ATP）组织结构（G －目标结构）

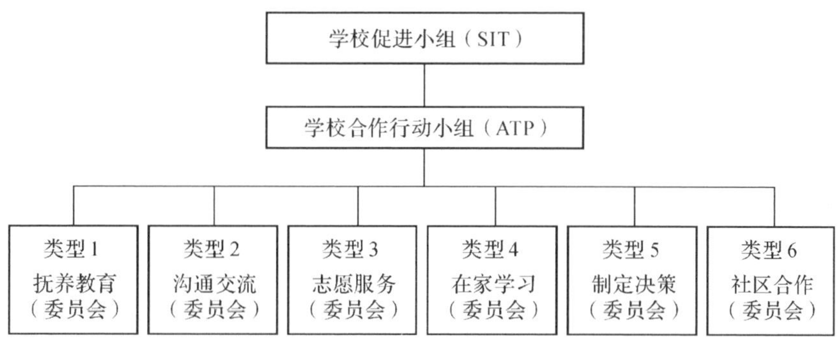

图 5-1-6 学校合作行动小组（ATP）组织结构（T 一类型结构）

ATP 属于学校正式委员会，非常重视开发和改进一个全面的、目标导向的家庭和社区参与项目。ATP 可以设立小组委员会，在团队成员之间划分和委派任务，以实施“年度合作行动计划”中列出的活动。ATP 也可以邀请其他人担任计划活动的领导，以利用他们的才能和兴趣为活动服务。

（5）合作行动小组的成员

表 5-1-12 显示 ATP 的人员包括父母、教师、管理人员、支持人员、社区伙伴、学生（高中学校）和其他人员。儿童教育的所有合作伙伴都必须在 ATP 中占有一席，但团队成员的总数、领导角色和任期需要灵活安排，这取决于每个学校的条件和受到的限制。每个 ATP 必须解决好团队的组成和工作，以确保足够的正式成员、合理的定期会议和有效的工作，使所有家庭和社区参与支持学生的学习和发展。

表 5-1-12　学校合作行动小组（ATP）成员构成

成员数量：6 ～ 12 名成员或者更多。 **成员来源：** （1）2 ～ 3 名或更多教师成员； （2）2 ～ 3 名或更多家长或家庭成员（家长代表包括家长联络员、PTA 或 PTO 的官员、不同年级的学生及其家长、不同社区的家庭）； （3）学校校长； （4）1 ～ 2 名学生（只针对高中阶段学校）； （5）1 ～ 2 名其他成员或者更多（如护士、辅导员、学校心理咨询师、社区成员）。 **成员任期：** （1）2 ～ 3 年（可延长）； （2）当有成员离开时，可以替补； （3）至少有 1 名联络员同时也是 SIT 或 SC 组织的成员。 **组织领导：** （1）主席或联合主席必须是与教育工作者和家庭交流顺畅的人； （2）其他成员可以担任 ATP 分委员会的主席或联合主席，这些分委会依据专门的目标或不同的类型参与或专门计划的活动而成立； （3）非团队成员可以被推选或任命为专门活动的领导人。 上述要求可以根据学校实际条件和需要灵活配置。

（6）学校促进小组（SIT）与学校合作行动小组（ATP）有何不同？

表 5-1-13 显示了学校促进小组（SIT）与学校合作行动小组（ATP）的职责有何不同。

学校促进小组（或同等的学校咨询机构）：学校促进小组（SIT）通过监督学校组织的各个方面和教师的努力程度，来帮助学生达到学校改进计划中设定的目标。ATP 则侧重于学校、家庭和社区合作的计划和活动，通过促进学校改进计划中设定的发展指标、行为目标和学校氛围目标，让所有家庭和社区伙伴参与进来。学校的“年度合作行动计划”可以作为附录加在学校改进计划中，以强化教师、家长及其他社会人士对学生教育的责任。

表 5-1-13 ATP 与 SIT 的区别

学校促进小组（SIT）	学校合作行动小组（ATP）
SIT 或者类似的学校咨询机构负责批准和监督整个学校的改进计划。 SIT 每月开会讨论学校所有项目 / 计划、评价进展，并为实现 SIT 的目标制定下一阶段计划。 SIT 听取所有分委员会的报告并通过各种有益的方式帮助分委员会开展工作。	ATP 通过撰写家庭、社区参与的“年度合作行动计划”监督相应目标。 ATP 每月开会讨论家庭社区参与活动的计划、评价上月度活动的实施情况，并制定下月的活动计划。 ATP 是学校一个分委员会，它要定期向学校 SIT 汇报计划和进展，并寻求建议和支持。

5.2 培训中的小组活动及其相关材料

正如本指南提供的培训议程范本所示，小组活动可在学校、家庭和社区合作培训时使用。

- 如果一所学校独自制定其培训计划，活动将由该校合作行动小组完成。学校的合作行动小组的主席或联合主席将指导本校的培训，或者他们也可以直接咨询所在学区负责合作的人。
- 如果学区领导人正在为多所学校的合作行动小组安排一日团队培训活动，那么本校的培训活动可以由所有参与培训的学校相关团队共同完成。

这些活动使培训的参与者能够处理所呈现的信息，并考虑每个主题（例如：类型参与、面临的挑战、期望获得的结果、团队结构、撰写一个好的行动计划）如何适用于他们自己的学校。当有多所学校的ATP参与同一个培训时，他们在完成和报告每项活动时需要相互交流想法。

5.2.1 培训中的“各类活动”

（1）热身活动：掷骰子

“掷骰子”是一项帮助参与者回忆积极愉快合作经历的活动。在原著CD中有关于活动方案的英语和西班牙语版本。如果ATP成员中有说英语以外语言的父母，则可以根据需要由翻译人员翻译或使用。

热身活动应该简短，并与培训的主题直接挂钩，以帮助参与者直接看到当天的活动将是有重点和有目的的。

（2）确定工作起点

确定“起点清单”是一项团队活动，在主持人介绍六种类型参与之后进行。它将向每个 ATP 表明，学校不是从零开始的，而是已经在开展六种参与活动了。该框架有助于 ATP 组织合作方面的工作。

（3）克服困难

这项团队活动是在主持人介绍“优秀合作可能面临的挑战”之后进行。它向参会的每个 ATP 表明，学校已经面临并解决了“让更多家庭参与”的挑战（见附表 3），与此类似，原著附带的 CD 上还有另一种活动——“挑战轮转”。

（4）使用六种类型参与来达到学生发展的目标

图 5-2-1 可以帮助 ATP 看到，他们可以激活六种类型参与，让父母和社区伙伴为学生的学业或行为发展目标做出贡献。

如何实现学生发展目标，我们提供两种可选择的活动。

· “关系图”可在初始阶段为 ATP 明确相关步骤，帮助理解与目标相关的合作活动的重要性。参加培训的团队成员相互合作，为那些教师正在努力实现的学生学习或行为目标，制定一个目标、确定一个家庭或社区的参与活动类型，这将有助于目标的实现。

· 可以用“做好行动准备”来代替图像化的“关系图”。它要求 ATP 识别并列出他们将列入“年度合作行动计划”的四个目标，并展示这六种类型参与的活动如何有助于实现这四个目标。（本活动只在原著的 CD 上有。）

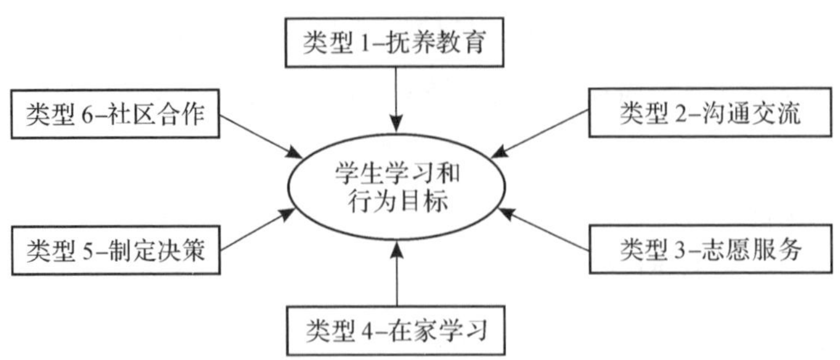

图 5–2–1　六种类型参与活动与学生发展目标的关系

（5）如何组织你的 ATP

这个小组活动是在介绍了 ATP 是如何组织之后进行的。可以询问 ATP 是否需要更多的团队成员来完成这个团队的组建，他们将在什么时候组织团队见面会，以及学校的哪些组织需要了解 ATP 的计划和活动。（见本章附表 4）

（6）好计划 / 坏计划！快帮帮这个计划！

在了解了优秀的“年度合作行动计划”的构成后，ATP 将审查有关计划的初稿，并确定需要改进的条文。（说明：这个活动只在原著的 CD 上有。）

（7）“年度合作行动计划”（目标形式和类型形式）

培训活动最后环节是要求每个 ATP 为自己的学校撰写一份“年度合作行动计划”草案。可以提供两种形式：一种是关注于学生发展的目标（G －目标分类），一种是关注于六种类型参与（T －类型目标）。两种形式都要求 ATP 考虑他们将进行的活动、日期、目标参与者、为有效实施而准备的行动，以及负责开展活动的人。

培训主持人应为所有 ATP 选择好使用哪种形式（G 或 T）。这样可以更方便地在培训中给出指导。从长远来看，这也使 ATP 更容易在学校之间分享他们的想法。（关于如何选择使用哪种表格的指导方针，请参阅第四章。）

·如果ATP将重点放在努力让家庭和社区伙伴参与进来，帮助学生达到学业、行为，以及学校环境方面的目标，那么就应该采用G－目标分类的表格制定学校“年度合作行动计划”。本指南提供的G－目标分类的表格（4页）问了以下问题：“学校将选择六种类型参与的哪一种来帮助实现学校今年设定的学生发展主要目标和计划营造的学校氛围？”

·如果ATP将重点放在六种类型参与，那么就应该采用T－表格来制定学校“年度合作行动计划”。本指南提供的T－表格（6页）要求如下：“对于每一种类型参与，今年你们学校将继续或增加哪些活动？”

·即使学校改进计划中已经包括家庭和社区参与方面的内容，ATP也必须完成“年度合作行动计划”中每项参与活动的重要细节。一些信息可以从学校改进计划中借用，但通常需要对安排的活动细节予以确定，并确定领导活动实施的责任。

·“年度合作行动计划”应附加到每年的学校改进计划中。这表明行动计划将与教师每天和学生一起努力实现的目标保持一致。一致性很重要，因为它证明了教师、家长和社区中的其他人都有责任为学生的学习和发展协同合作。

·ATP全体决定“年度合作行动计划”采用哪种形式。如果ATP委员会和分委员会关注并监测学校改进目标的结果，那么应该使用分类目标的表单。如果ATP委员会和分委员会关注并监测这六种类型参与的结果，那么应该使用类型目标的表单。注意，所选用的表单有一个“合作伙伴表单”——年度活动评价（分类目标或类型目标）——评价所实施的每项活动的质量（见第九章）。

（8）全视角：学校家庭和社区参与

ATP 可以使用来自个别教师、年级团队、PTA 或 PTO，以及其他学校组织的信息，包括在学校开展的所有的家庭和社区参与活动来补充“年度合作行动计划”的内容。通过使用“全视角”整理来自所有教师和团体的关于学校与家庭和社区合作活动的信息，这些活动构成了学校合作项目的全部框架和内容。（说明：这项活动只在原著附带的 CD 上提供，本译著仅作介绍，不提供详细内容。）

5.2.2 培训中各类小组活动所需相关材料

（1）附表 1

培训前的“热身活动”“掷骰子”

1. 向你同一小组的同伴介绍自己。包括你的名字、来自哪所学校，以及你的职务和角色。

2. 掷骰子。掷出骰子 2 次，并回答 2 次骰子的点数之和对应的题序。在 1 ～ 2 分钟之内，通过完整的语言描述分享自己的经验。所讲的内容可以是自己组织开展的，也可以是自己所经历的，也可以是听来的。

骰子的点数之和	分享积极愉快的合作经验 优秀案例：自己组织开展或经历或是听来的有关学校和社区参与的合作经历
2	最鼓舞人心的一次家庭参与活动是……
3	与社区同伴的一次成功合作是……
4	学校举办的一次让所有家庭都感到热情欢迎的活动是……
5	一次有关孩子阅读的大型家庭参与活动是……
6	志愿者帮助学校最好的方式是……
7	介绍团队成功让家庭参与合作活动的一个例子……
8	一次令人愉快的家庭数学或科学活动是……

续表

骰子的点数之和	分享积极愉快的合作经验 优秀案例：自己组织开展或经历或是听来的有关学校和社区参与的合作经历
9	举一个有关校长领导促进学校、家庭和社区合作的例子……
10	强化学校与家庭之间交流的好策略是……
11	举一个由学区领导人促进学校、家庭和社区合作的例子……
12	介绍一次让家长在子女上初中或高中后依然参与合作的活动……

（2）附表 2

确定工作起点：当前学校、家庭和社区合作的实践清单

填写如下问卷有助于明确你所在学校当前六种类型参与活动的开展情况，这些活动是综合性的学校、家庭和社区合作体系的一部分。目前，有可能你的学校已经开展了下列清单上所有活动，也有可能只是开展了其中部分活动，甚至一项也没有开展。毕竟并不是所有活动都适合每所学校、每个年级。

学校 ATP 在填写这份清单前，需要征求学校教师、家长、学校 SIT，以及其他相关人员的意见。因为上述团体对学校开展的下列清单上的活动有不一样的理解。

六种类型参与的理论框架有助于选择适宜的活动来营造学校合作氛围、吸引家庭参与活动，以及促进学生的发展。

说明：仔细核对你的学校已经开展的活动，如果某项活动学校已经开展，就请在对应年级上画圈。你可以在列表的空白线上写下你的学校已经组织开展的其他类型的合作活动。

在复选框中标注如下符号，以说明每项活动开展的情况：

“*”开展得非常好，所有家庭都参加。

“+”已经有好的开始，许多家庭参加。

“◆”还需要改善。

“○”还没有开展，但我们对此很有兴趣。

类型 1 —抚养教育：帮助所有家长理解儿童和青少年的发展，并创造适宜的家庭学习条件，帮助学校了解家庭的背景、文化以及家长的抚养教育目标。

活动名称	在哪个年级 K1—12：从幼儿园开始，直到 12 年级
□ 我们为家长组织了教育培训，以及其他课程和培训	Prek K 1 2 3 4 5 6 7 8 9 10 11 12
□ 我们为家长提供有关孩子或青少年成长的信息	Prek K 1 2 3 4 5 6 7 8 9 10 11 12
□ 我们组织家长之间面对面交流的家庭支持项目	Prek K 1 2 3 4 5 6 7 8 9 10 11 12
□ 我们指导家庭创设相应条件支持学生的学习	Prek K 1 2 3 4 5 6 7 8 9 10 11 12
□ 我们借给家长有关抚养孩子的书籍、DVD 或推荐相关 APP 应用	Prek K 1 2 3 4 5 6 7 8 9 10 11 12
□ 我们询问家长有关孩子的成长目标、特长等信息	Prek K 1 2 3 4 5 6 7 8 9 10 11 12
□ 我们组织家访或社区会议帮助家庭和学校彼此了解	Prek K 1 2 3 4 5 6 7 8 9 10 11 12
□ ____________________	Prek K 1 2 3 4 5 6 7 8 9 10 11 12
□ ____________________	Prek K 1 2 3 4 5 6 7 8 9 10 11 12
□ ____________________	Prek K 1 2 3 4 5 6 7 8 9 10 11 12

类型 2 —沟通交流：帮助家校之间就学校教学工作和学生进步建立有效的双向沟通。

活动名称	在哪个年级 K1—12：从幼儿园开始，直到 12 年级
□ 我们每年与每位家长至少召开一次正式会议	Prek K 1 2 3 4 5 6 7 8 9 10 11 12

□ 我们为有需要的家长提供翻译服务	Prek K 1 2 3 4 5 6 7 8 9 10 11 12
□ 我们向家长提供明确的成绩单和分数标准	Prek K 1 2 3 4 5 6 7 8 9 10 11 12
□ 我们向家长提供关于州考试，以及学生和学校的考试成绩的明确信息	Prek K 1 2 3 4 5 6 7 8 9 10 11 12
我们学校信息栏和网站包括如下信息：	
□ 学校的行事日历	Prek K 1 2 3 4 5 6 7 8 9 10 11 12
学生活动信息：	Prek K 1 2 3 4 5 6 7 8 9 10 11 12
□ 课程和教学计划信息	Prek K 1 2 3 4 5 6 7 8 9 10 11 12
□ 学校志愿者服务信息	Prek K 1 2 3 4 5 6 7 8 9 10 11 12
学校政策信息：	Prek K 1 2 3 4 5 6 7 8 9 10 11 12
□ 学生写作和艺术品样品	Prek K 1 2 3 4 5 6 7 8 9 10 11 12
□ 家长答疑专栏	Prek K 1 2 3 4 5 6 7 8 9 10 11 12
□ATP 的学生、家长、社区等成员介绍	Prek K 1 2 3 4 5 6 7 8 9 10 11 12
□ 家庭、社区参与活动信息栏	Prek K 1 2 3 4 5 6 7 8 9 10 11 12
□ 我们提供关于课程选择、教学计划和学校活动的信息	Prek K 1 2 3 4 5 6 7 8 9 10 11 12
□ 我们每月或每周把学生学习作业发给家长评阅	Prek K 1 2 3 4 5 6 7 8 9 10 11 12
□ 工作人员定期向家长发送有关学生的积极信息	Prek K 1 2 3 4 5 6 7 8 9 10 11 12
□ 我们通知家长有关学生的获奖荣誉等信息	Prek K 1 2 3 4 5 6 7 8 9 10 11 12
□ 我们与学业和行为有问题的学生的家长进行沟通	Prek K 1 2 3 4 5 6 7 8 9 10 11 12
□教师和管理人员可以通过电话、短信、电子邮件和社会媒介与家长轻松交流	Prek K 1 2 3 4 5 6 7 8 9 10 11 12

□ 家长可以通过电话、短信、电子邮件和社会媒体便捷地与教师、管理人员或辅导员交流	Prek K 1 2 3 4 5 6 7 8 9 10 11 12
□ 我们为家长提供关于网络安全的信息	Prek K 1 2 3 4 5 6 7 8 9 10 11 12
□ 家长能够在任何时候在线查阅学生的成绩信息	Prek K 1 2 3 4 5 6 7 8 9 10 11 12
□ 我们开通了自动电话和电子邮件系统向家长发送信息	Prek K 1 2 3 4 5 6 7 8 9 10 11 12
□ 我们开通了家庭作业热线、在线渠道或教师网站，以便学生和家长可以查看每日布置的作业	Prek K 1 2 3 4 5 6 7 8 9 10 11 12
□ 我们开展年度调查，让家长能够就学校教学计划反馈意见、分享信息和关心学生	Prek K 1 2 3 4 5 6 7 8 9 10 11 12
□ ____________________	Prek K 1 2 3 4 5 6 7 8 9 10 11 12
□ ____________________	Prek K 1 2 3 4 5 6 7 8 9 10 11 12
□ ____________________	Prek K 1 2 3 4 5 6 7 8 9 10 11 12

类型 3 —志愿服务：参与并支持学校工作。组织志愿者和观众支持学校和学生发展。

活动名称	**在哪个年级** **K1–12：从幼儿园开始，直到第 12 年级**
□ 我们开展年度调查，明确志愿者的兴趣、才华和提供志愿服务的时间，以及教师和管理人员对志愿者的需求	Prek K 1 2 3 4 5 6 7 8 9 10 11 12
□ 我们为志愿者提供初始的和可持续的培训	Prek K 1 2 3 4 5 6 7 8 9 10 11 12
□ 我们为家长志愿者提供家长教室或家庭中心，方便志愿者开展工作、开会和存放物资	Prek K 1 2 3 4 5 6 7 8 9 10 11 12

我们鼓励家庭和社区通过如下方式参与学校活动：	
□ 支持班级教学活动（如辅导、批改作业）	Prek K 1 2 3 4 5 6 7 8 9 10 11 12
□ 帮助组织旅行或晚会活动	Prek K 1 2 3 4 5 6 7 8 9 10 11 12
□ 在班级或集会上做演讲（有关职业、文化、兴趣等）	Prek K 1 2 3 4 5 6 7 8 9 10 11 12
□ 检查出勤率	Prek K 1 2 3 4 5 6 7 8 9 10 11 12
□ 巡视监督学校走廊或图书馆、咖啡厅或其他区域的工作	Prek K 1 2 3 4 5 6 7 8 9 10 11 12
□ 领导社团俱乐部或组织活动	Prek K 1 2 3 4 5 6 7 8 9 10 11 12
□ 在学生集会、活动、运动会上当观众	Prek K 1 2 3 4 5 6 7 8 9 10 11 12
□ 我们为那些不能来学校参加志愿服务的家庭提供各种形式的在家、在社区的服务活动	Prek K 1 2 3 4 5 6 7 8 9 10 11 12
□ 我们感谢志愿者提供的服务	Prek K 1 2 3 4 5 6 7 8 9 10 11 12
□ 我们组织班级的家长或邻里的志愿者联系学校所有家长	Prek K 1 2 3 4 5 6 7 8 9 10 11 12
□ 我们在白天或晚上不同时间安排表演、音乐会、游戏或其他活动，以便所有家长都能来担任活动观众	Prek K 1 2 3 4 5 6 7 8 9 10 11 12
□ ________________	Prek K 1 2 3 4 5 6 7 8 9 10 11 12
□ ________________	Prek K 1 2 3 4 5 6 7 8 9 10 11 12
□ ________________	Prek K 1 2 3 4 5 6 7 8 9 10 11 12

类型 4 —在家学习：让家长与孩子一道参与以下活动：关于家庭作业活动，其他与课程相关的活动，进行课程和教学选择，以及为孩子规划未来。

活动名称	在哪个年级 K1—12：从幼儿园开始，直到 12 年级
□ 我们向家长提供各门功课的学习要求	Prek K 1 2 3 4 5 6 7 8 9 10 11 12
□ 我们向家长提供如何监督和讨论家庭作业的知识	Prek K 1 2 3 4 5 6 7 8 9 10 11 12
□ 我们组织“家庭之夜”活动或其他培训帮助家长了解学校课程，以及知道如何辅导孩子	Prek K 1 2 3 4 5 6 7 8 9 10 11 12
□ 我们提供指南和资料帮助家长建立一个“作业中心”或必要空间，有助于学生在家完成家庭作业	Prek K 1 2 3 4 5 6 7 8 9 10 11 12
□ 我们定期组织交流，要求学生展示并与任一家庭成员讨论家庭作业中学习到的知识	Prek K 1 2 3 4 5 6 7 8 9 10 11 12
□ 我们要求家长聆听孩子的阅读或者与孩子一起阅读	Prek K 1 2 3 4 5 6 7 8 9 10 11 12
□ 我们向家长提供每日或每星期的活动日历，而且这些活动都与学业成绩相关，这有助于家长有选择性地在家完成	Prek K 1 2 3 4 5 6 7 8 9 10 11 12
□ 我们布置暑假学习任务、活动，以帮助学生巩固所学知识与技能	Prek K 1 2 3 4 5 6 7 8 9 10 11 12
□ 我们指导家长帮助孩子确定学习目标、选择课程和教学活动，以及为大学和职业制定计划	Prek K 1 2 3 4 5 6 7 8 9 10 11 12
□ 我们通过网站为学生提供各种学习资源	Prek K 1 2 3 4 5 6 7 8 9 10 11 12
□ ______________________	Prek K 1 2 3 4 5 6 7 8 9 10 11 12
□ ______________________	Prek K 1 2 3 4 5 6 7 8 9 10 11 12

类型 5 —制定决策：参与和领导：让家长参与学校决策，并且培养家长担任领导者，成为家长代表。

活动名称	在哪个年级 K1—12：从幼儿园开始，直到 12 年级
□ 我们有活跃的 PTA/PTO，以及其他学校组织	Prek K 1 2 3 4 5 6 7 8 9 10 11 12
□ 家长代表成为学校促进小组或其他学校委员会的成员	Prek K 1 2 3 4 5 6 7 8 9 10 11 12
□ 我们有学校 ATP，它帮助学校制定目标导向的所有六种类型的参与活动	Prek K 1 2 3 4 5 6 7 8 9 10 11 12
□ 学区级的咨询委员会中有家长代表	Prek K 1 2 3 4 5 6 7 8 9 10 11 12
□ 我们通过家长代表建立一个可以联结所有家长的关系网，而且所有家长都可以通过家长代表参与学校决策	Prek K 1 2 3 4 5 6 7 8 9 10 11 12
□ 我们采用电子邮件、快速调查或者社会媒体了解家长对学校政策的关注和意见反馈	Prek K 1 2 3 4 5 6 7 8 9 10 11 12
□ 我们让家长参与学校教职员工的聘选	Prek K 1 2 3 4 5 6 7 8 9 10 11 12
□ 我们邀请学校董事会成员、ATP、PTA/PTO 成员中的家长代表一起参加专业发展培训	Prek K 1 2 3 4 5 6 7 8 9 10 11 12
□ ____________________	Prek K 1 2 3 4 5 6 7 8 9 10 11 12
□ ____________________	Prek K 1 2 3 4 5 6 7 8 9 10 11 12
□ ____________________	Prek K 1 2 3 4 5 6 7 8 9 10 11 12

类型 6 —社区合作：为家庭、学生和学校整合社区资源和服务；为社区提供服务。

活动名称	在哪个年级 K1—12：从幼儿园开始，直到 12 年级
☐ 我们向家长和学生提供有关社区机构、项目和服务资源等信息的清单	Prek K 1 2 3 4 5 6 7 8 9 10 11 12
☐ 我们提供与学习技能和特长相关的社区活动信息，包括为学生开班的夏令营活动	Prek K 1 2 3 4 5 6 7 8 9 10 11 12
☐ 我们与当地企业、工厂、宗教团体或其他社区组织开展合作，提高学生的技能	Prek K 1 2 3 4 5 6 7 8 9 10 11 12
☐ 我们通过社区企业、机构或志愿者为学生提供课后服务	Prek K 1 2 3 4 5 6 7 8 9 10 11 12
☐ 我们与地方老年团体组织一起开展代际交流项目	Prek K 1 2 3 4 5 6 7 8 9 10 11 12
☐ 我们邀请校友一起参加学生发展项目	Prek K 1 2 3 4 5 6 7 8 9 10 11 12
☐ 我们通过与学校、委员会、健康中心、就业培训中心和其他机构组织的合作为家庭提供一条龙服务	Prek K 1 2 3 4 5 6 7 8 9 10 11 12
☐ 我们通过学生、家长和学校为社区提供服务	Prek K 1 2 3 4 5 6 7 8 9 10 11 12
☐ 我们的学生组织了公益的或有用的活动回馈社区	Prek K 1 2 3 4 5 6 7 8 9 10 11 12
☐ 放学后，我们学校的场地向社区免费开放	Prek K 1 2 3 4 5 6 7 8 9 10 11 12
☐ ______________________	Prek K 1 2 3 4 5 6 7 8 9 10 11 12
☐ ______________________	Prek K 1 2 3 4 5 6 7 8 9 10 11 12
☐ ______________________	Prek K 1 2 3 4 5 6 7 8 9 10 11 12

（3）附表 3

克服困难（“跨越障碍”）

在推动学校、家庭和社区合作的过程中，每个学校 ATP 都会面临各种挑战。ATP 将努力解决这些困难和提高合作活动质量，以此吸引更多家庭参与合作活动，强化社区联系，并推进学生发展。

· 列举一次**成功举办**的活动：列举一次你们学校成功组织家庭或社区参与学生学习的活动，包括在学校、在家里、在社区举办的。

· 明确**一个挑战或问题**：提出一个你们学校在组织实施上述参与活动过程中面临的挑战或问题。

· 解决方法：简单描述你们学校是如何**解决**这个问题的。

· **下一步**发展：为了使这项活动办得越来越好，你们学校下一步准备怎么做。

一次成功的家庭或社区参与活动：

____

____

____

面临的挑战或困难：

____

____

____

解决方法：

____

____

____

优化活动的下一步计划：

____

____

____

（4）附表 4

团队大讨论："学校如何组织 ATP"

在组织你们学校 ATP 的过程中针对如下问题进行讨论：

①谁是你们学校 ATP 组织的成员和领导？

注意：团队成员控制在 6～12 人，其中包括教师 2～3 人，家长 2～3 人，校长和其他学校或社区人员，辅导员也可以成为团队教育工作者中的一员。

· 如果学校有 PTA/PTO，那么在 ATP 中它应该有一个代表。

· 如果学校有"家长联络员"，那么他 / 她应该成为 ATP 中的一员。

· 如果学校有一个课后服务项目，那么在 ATP 中它应该有一个代表。

______________ ______________ ______________

______________ ______________ ______________

______________ ______________ ______________

______________ ______________ ______________

你们学校还有其他人必须是 ATP 成员吗？

____

____

② ATP 什么时候组织召开成员大会？

注意：ATP 每月必须至少开一次会。

分委员会根据计划和需要适时召开会议。

开会频率：______________________________

开会日期：______________________________

开会地点：______________________________

开会时间：______________________________

ATP 如何把会议信息或内容告知那些未能参加会议的人？

____

____

③哪些学校组织（机构）需要了解 ATP 的计划和工作进度？

根据实际需要，制定定期汇报制度。

哪些组织（机构）	多久一次	汇报的形式
☐ 学校董事会	____________	____________
☐ PTA/PTO	____________	____________
☐ 所有家长	____________	____________
☐ 全体教职工	____________	____________
☐ 当地媒体	____________	____________
☐__________	____________	____________

关于 ATP，你还有其他问题吗？

____

____

（5）附表 5

年度合作行动计划

（学校层面，G– 目标分类）

促进学校、家庭和社区合作以实现学校发展目标的活动安排

在下面 4 页的计划中，选定 2 项学业目标、1 项行为目标以及 1 项维持合作氛围的目标。针对每项目标，列出以下项目：预期结果、如何测量结果、家庭和社区如何参与其中，参与活动的类型、日期、职责分工和所需资源。

<table>
<tr><td colspan="3">学校：</td><td colspan="4">学年：</td></tr>
<tr><td colspan="7">目标 1 —学业目标：从学校改进计划中选择一个课程目标，可以是提高学生阅读、数学、写作、科学或其他技能的目标。写下一个清晰的、有针对性的、可测量的学业目标。</td></tr>
<tr><td colspan="7">目标 1 的主席或联合主席：______________</td></tr>
<tr><td colspan="4">本年度此项目标预期的结果：____________</td><td colspan="3">学校将如何测量结果：______</td></tr>
<tr><td colspan="7">安排相应的家庭和社区参与活动支持本目标的实现。</td></tr>
<tr><td>活动（2 项或者更多的持续性的或新型活动）</td><td>类型（1—6）</td><td>活动日期</td><td>年级</td><td>每项活动需要做什么、什么时候完成</td><td>负责人和协助者</td><td>所需资源（经费、物资）</td></tr>
<tr><td></td><td></td><td></td><td></td><td></td><td></td><td></td></tr>
<tr><td></td><td></td><td></td><td></td><td></td><td></td><td></td></tr>
<tr><td></td><td></td><td></td><td></td><td></td><td></td><td></td></tr>
<tr><td></td><td></td><td></td><td></td><td></td><td></td><td></td></tr>
<tr><td colspan="7">根据本目标 1 需要，可以增设更多的活动（可加页）。</td></tr>
</table>

<table>
<tr><td colspan="3">学校：</td><td colspan="4">学年：</td></tr>
<tr><td colspan="7">目标 2 —学业目标：从学校改进计划中选择一个课程目标，可以是提高学生阅读、数学、写作、科学或其他技能的目标。写下一个清晰的、有针对性的、可测量的学业目标。</td></tr>
<tr><td colspan="7">目标 2 的主席或联合主席：______________</td></tr>
<tr><td colspan="4">本年度此项目标预期的结果：____________</td><td colspan="3">学校将如何测量结果：______</td></tr>
<tr><td colspan="7">安排相应的家庭和社区参与活动支持本目标的实现。</td></tr>
<tr><td>活动（2 项或者更多的持续性的或新型活动）</td><td>类型（1—6）</td><td>活动日期</td><td>年级</td><td>每项活动需要做什么、什么时候完成</td><td>负责人和协助者</td><td>所需资源（经费、物资）</td></tr>
<tr><td></td><td></td><td></td><td></td><td></td><td></td><td></td></tr>
<tr><td></td><td></td><td></td><td></td><td></td><td></td><td></td></tr>
<tr><td></td><td></td><td></td><td></td><td></td><td></td><td></td></tr>
<tr><td></td><td></td><td></td><td></td><td></td><td></td><td></td></tr>
<tr><td colspan="7">根据本目标 2 需要，可以增设更多的活动（可加页）。</td></tr>
</table>

<table>
<tr><td colspan="3">学校：</td><td colspan="4">学年：</td></tr>
<tr><td colspan="7">目标 3—行为目标：从提高学生出勤率、安全意识、身心健康、大学就读计划、职业规划意识或其他学校改进计划中选择一个行为目标作为本年度的学生行为目标。写下一个清晰的、有针对性的、可测量的行为目标。</td></tr>
<tr><td colspan="7">目标 3 的主席或联合主席：____________</td></tr>
<tr><td colspan="4">本年度此项目标预期的结果：__________</td><td colspan="3">学校将如何测量结果：_____</td></tr>
<tr><td colspan="7">安排相应的家庭和社区参与活动支持本目标的实现。</td></tr>
<tr><td>活动（2 项或者更多的持续性的或新型活动）</td><td>类型（1—6）</td><td>活动日期</td><td>年级</td><td>每项活动需要做什么、什么时候完成</td><td>负责人和协助者</td><td>所需资源（经费、物资）</td></tr>
<tr><td></td><td></td><td></td><td></td><td></td><td></td><td></td></tr>
<tr><td></td><td></td><td></td><td></td><td></td><td></td><td></td></tr>
<tr><td></td><td></td><td></td><td></td><td></td><td></td><td></td></tr>
<tr><td></td><td></td><td></td><td></td><td></td><td></td><td></td></tr>
<tr><td colspan="7">根据本目标 3 需要，可以增设更多的活动（可加页）。</td></tr>
</table>

<table>
<tr><td colspan="3">学校：</td><td colspan="4">学年：</td></tr>
<tr><td colspan="7">目标 4—营造合作氛围（必达目标）：根据六种类型参与来组织其他可持续的或开发新的家庭和社区参与活动，以此帮助学校营造一个良好的合作环境。这个目标不包括前述三个目标。核对“确定工作起点”清单上强化和维持合作氛围的活动。</td></tr>
<tr><td colspan="7">目标 4 的主席或联合主席：____________</td></tr>
<tr><td colspan="4">本年度此项目标预期的结果：__________</td><td colspan="3">学校将如何测量结果：_____</td></tr>
<tr><td colspan="7">安排相应的家庭和社区参与活动支持本目标的实现。</td></tr>
<tr><td>活动（2 项或者更多的持续性的或新型活动）</td><td>类型（1—6）</td><td>活动日期</td><td>年级</td><td>每项活动需要做什么、什么时候完成</td><td>负责人和协助者</td><td>所需资源（经费、物资）</td></tr>
<tr><td></td><td></td><td></td><td></td><td></td><td></td><td></td></tr>
<tr><td></td><td></td><td></td><td></td><td></td><td></td><td></td></tr>
<tr><td></td><td></td><td></td><td></td><td></td><td></td><td></td></tr>
<tr><td></td><td></td><td></td><td></td><td></td><td></td><td></td></tr>
<tr><td colspan="7">根据本目标 4 需要，可以增设更多的活动（可加页）。</td></tr>
</table>

（6）附表 6

年度合作行动计划

（学校层面，T– 类型分类）

促进学校、家庭和社区合作以实现学校发展目标的活动安排

根据 T 分类组织的“年度合作行动计划”包括了当前学校已开展的活动和今年将要开展的新活动。这些活动都旨在进一步增强六种类型的参与活动。针对每一种类型的活动，要列出活动名称、举办时间、所针对的年级、职责分工、预期结果和测量方法，以及所需资源。

类型 1—抚养教育：帮助所有家长理解孩子和青少年的发展，并创造适宜的家庭学习条件。帮助学校了解家庭的背景、文化以及家长的抚养教育目标。 类型 1 的主席或联合主席：____________________						
列出 1 ～ 2 项可以通过“类型 1 －抚养教育”实现的学校改进计划目标：						
类型 1 活动（2 项或更多的持续性的或新型活动）	活动日期	年级	每项活动需要做什么、什么时候完成	负责人和协助者	如何测量预期结果	所需资源（经费、物资）
					________	
					________	
					________	
					________	
根据类型 1 需要，可以增设更多的活动（可加页）。						

类型 2 －沟通交流：帮助家校之间就学校教学工作和学生进步建立有效的双向沟通。 类型 2 的主席或联合主席：____________________
列出 1–2 项可以通过“类型 2 －沟通交流”实现的学校改进计划目标：

类型 2 活动（2 项或更多的持续性的或新型活动）	活动日期	年级	每项活动需要做什么、什么时候完成	负责人和协助者	如何测量预期结果	所需资源（经费、物资）
					________	
					________	
					________	
					________	
根据类型 2 需要，可以增设更多的活动（可加页）。						

类型 3 －志愿服务：提高志愿者招募、培训和活动安排，安排家长在学校或其他地方担任活动志愿者或观众，以此支持学校和学生发展。 类型 3 的主席或联合主席：____________________						
列出 1 ～ 2 项可以通过“类型 3 －志愿服务”实现的学校改进计划目标：						
类型 3 活动（2 项或更多的持续性的或新型活动）	活动日期	年级	每项活动需要做什么、什么时候完成	负责人和协助者	如何测量预期结果	所需资源（经费、物资）
					________	
					________	
					________	
					________	
					________	
根据类型 3 需要，可以增设更多的活动（可加页）。						

类型 4—在家学习：指导家长在家与孩子一起参与学习，包括家庭作业设置、课程和教学计划的选择、大学就读计划，以及其他与课程相关的活动或决策。

类型 4 的主席或联合主席：____________________

列出 1 ～ 2 项可以通过“类型 4 －在家学习”实现的学校改进计划目标：

类型 4 活动（2 项或更多的持续性的或新型活动）	活动日期	年级	每项活动需要做什么、什么时候完成	负责人和协助者	如何测量预期结果	所需资源（经费、物资）
					________	
					________	
					________	
					________	
					________	

根据类型 4 需要，可以增设更多的活动（可加页）。

类型 5—制定决策：参与学校决策使家庭能够参与到那些可能影响自己孩子和其他孩子的学校政策、计划和措施的决策中来。这类活动包括在学校促进小组、ATP、其他委员会、PTA/PTO 或其他家长组织中的代表工作。协助家长代表从相应组织中获得和反馈信息。

类型 5 的主席或联合主席：____________________

列出 1 ～ 2 项可以通过“类型 5 －制定决策”实现的学校改进计划目标：

类型 1 活动（2 项或更多的持续性的或新型活动）	活动日期	年级	每项活动需要做什么、什么时候完成	负责人和协助者	如何测量预期结果	所需资源（经费、物资）
					________	
					________	
					________	

					________	
					________	
根据类型 5 需要，可以增设更多的活动（可加页）。						

类型 6—社区合作：整合社区内企业、机构、文化部门、宗教机构以及其他组织的资源，借此改进学校教学工作、促进学生学习和发展。同时，使学生、教职工和家庭也能为社区提供服务和项目。 类型 6 的主席或联合主席：__________________						
列出 1-2 项可以通过“类型 6—社区合作”实现的学校改进计划目标：						
类型 1 活动（2 项或更多的持续性的或新型活动）	活动日期	年级	每项活动需要做什么、什么时候完成	负责人和协助者	如何测量预期结果	所需资源（经费、物资）
					________	
					________	
					________	
					________	
					________	
根据类型 6 需要，可以增设更多的活动（可加页）。						

（7）附表 7

对团队培训或年度表彰大会的整体评价表（范本）

学校、家庭和社区合作培训评价

日期：____________________

地点：____________________

对下列表述，根据你同意或不同的程度在对应的选项上画圈“○”。

评价内容	同意或不同意			
培训组织	完全不同意	不同意	同意	非常同意
培训的目标清晰	SD	D	A	SA
达成了本次培训的目标	SD	D	A	SA
时间安排到位	SD	D	A	SA
培训内容	SD	D	A	SA
我从中学到很多有助于提高我自己学校的家校社合作的想法	SD	D	A	SA
培训中有机会与其他人交流分享	SD	D	A	SA
整体来看，本次培训还是有价值的	SD	D	A	SA
培训安排	SD	D	A	SA
安排的房间适宜	SD	D	A	SA
茶歇让人满意	SD	D	A	SA

本次培训哪部分内容对你最有用？

____

____

____

你想获得什么样的支持或希望我们如何跟进？

____

____

____

谢谢回答！

（8）附表 8

一日团队培训的主题的反馈表（范本）

学校、家庭和社区合作培训评价

日期：____________________

地点：____________________

请结合你自己的认识，判断本次培训提供的主题对你而言有无价值。并在对应的选项上打钩“✓”。

评价内容	有无价值		
背景知识	非常有用	有用	没用
1. 学习六种类型的参与活动的实践案例			
2. 理解所有家庭都参与的挑战			
3. 将六种类型的参与活动与学校发展目标和学生发展相联系			
团队讨论			
1. 梳理你自己学校当前的合作实践			
2. 为你自己学校的“年度合作行动计划”征求意见			
3. 为你自己学校撰写“年度合作行动计划”草案			

针对本次培训的其他方面的评价或建议？

____

____

____

你想获得什么样的支持或希望我们如何跟进？

____

____

____

谢谢回答！

第六章

强化初高中学校教育的合作机制

初中、高中阶段的学校在建立健全学校、家庭和社区的全面合作机制上面临独特的挑战。在通常情况下，相较只教授一个班级学生的小学全科教师，初中和高中教师要给多个班级的学生上课。因此，中学教师必须与更多的家庭建立联系。许多居住地远离学校，不能经常来学校的家长，并不清楚如何与孩子各个科目的老师建立联系，但他们需要了解有关中学课程、政策和对学生的要求等信息。中学生正努力在获得指导的需求和争取独立的需求之间取得平衡。尽管现实情况复杂，但研究表明，家庭、学校和社区的联系对初高中学生的成功仍然很重要。

本章的三篇短文探讨了初高中学校、家庭和社区的合作机制。第一篇文章列出了六种类型的参与活动示例，这些活动在中学创建了一个友好的合作氛围，并指导青少年在学校取得学业和行为上的发展。它还讨论了必须解决的挑战，以及在初中和高中实施良好的、适龄的预期合作结果。本指南其他章节中的许多活动示例主要针对小学，但也适用于初中和高中（见第二章）。本章中的许多示例也可以针对小学进行重新设计。

第二篇文章总结了一项对超过 11000 名高中生家长的研究。其结果表明，家庭参与对学生在 12 年级的成功非常重要。开展活动的高中有更多的家长参与到青少年的教育中来。数据表明，通过实施强有力的协同关系项目，高中可以帮助家庭在重要方面对青少年的生活保持影响力。这仍然是为数不多的将高中在吸引家长参与方面所做的工作与高中生的成长联系起来的研究之一。本文的参考文献列表是拓展性的，以保证读者了解高中生家庭参与情况的最新研究。

第三篇文章循序渐进地指导了中学在规划合作项目时采取目标导向的方法。初中和高中的例子表明，合作行动小组（ATP）可以编写家庭和社区参与计划，以帮助学校实现具体的发展目标。如本指南其他章节所述，这些制定计划的步骤在幼儿园和小学也行之有效。

这三篇文章将重点放在中学年级，扩展了第一章中提出的研究和指导方针。本章还包括以下工具。

（1）通过合作实现初中和高中的发展目标

通过六种类型参与项目实现中学、学生和家庭的具体目标。这六类参与项目用来阐明：如何帮助学生成功实现“小升初”的顺利过渡，如何提高出勤率、阅读成绩、数学技能，如何改善学生体质，如何制定大学教育规划，如何创造一个受欢迎的学校环境。这些关于家庭和社区如何参与帮助中学生实现发展的材料可以用作培训或演讲的PPT和讲义。

（2）为什么合作在初中和高中很重要？

本章摘要回顾了八项研究的发现，解释了为什么学校、家庭和社区合作在中学很重要。

（3）对初高中的特殊考虑

本章节讨论了在初中和高中必须解决的几个共同挑战，以帮助ATP建立和维持成功的合作项目和实践活动。该清单介绍了从正在建立合作关系的初中和高中吸取的经验教训。

（4）学段过渡：当学生进入到新学校时，让家人参与进来

有计划地让学生和家庭参与一些活动，以缓解学生对新学校的适应困难。学校“年度合作行动计划”应该包括欢迎新学生和他们的家庭来到学校的活动，并为学生和家庭成功地进入下一个学习阶段做准备（即从小学到初中，从初中到高中，从高中到大学或其他高等教育项目）。

《有价值的合作实践案例集》和www.partnershipschools.org上的“成功故事”栏目提供了更多关于初中和高中家庭和社区参与学校试验活动的示例。

6.1 促进初中高中家庭、学校和社区合作

乔伊斯·L. 爱泼斯坦（Joyce L.Epstein）

让家庭和社区积极而富有成效地参与，这个目标列在每个学校的发展建设清单上，但很少有中学实施了全面的合作机制。研究表明，这一目标之所以重要，是因为家庭和社区对孩子在每个年级的学习、发展和学业上的成功都发挥着作用。

几乎所有的父母都希望他们的孩子在学校取得成功，从高中毕业，上大学或接受职业教育。然而，大多数父母需要更多更优质的资讯和指导来支持他们的孩子在高中取得成功。考虑到青少年多方面的需求和问题，还有学校课程设置、教学评价和组织制度的复杂性，以及越来越紧张的家庭时间，有些父母在继续参与学校活动方面得不到鼓励（Hutchins，2011）。

越来越多的研究表明，精心设计的合作项目可以帮助所有家庭支持子女在初中和高中的教育（Catsambis，2001；Catsambis & Beveridge，2001；Chen & Gregory，2010；Dauber & Epstein，1993；Eccles & Harold，1996；Epstein，2007，2011；Epstein & Hutchins，2011；Epstein & Lee，1995；Henderson，Mapp，Johnson，& Davies，2007；Hill & Chao，2009；Hill et al.，2004；Hill & Tyson，2009；Hoover-Dempsey，Ice，& Whitaker，2009；Jeynes，2007；Kreider，Caspe，Kennedy，& Weiss，2007；Kreider & Westmoreland，2011；Lee，1994；Mac Iver，Epstein，Heldon，

& Fonseca，2015；McNeal，2014；Sanders 1998，1999；Sanders & Epstein，2000；Sanders & Lewis，2005；Sanders & Sheldon，2009；Sanders & Simon，2002；Sheldon & Epstein，2005a，b；Simon，2004；Van Voorhis，2001，2003，2011；Wang & Eccles，2012；Wang，Hill，& Hofkens，2014；Wang & Sheikh-Khalil，2014；Williams & Sanchez，2012）。研究结果表明，当中学规划和实施全面的合作时，会有更多的家庭做出回应，包括那些原本不会独自参与的家庭。

初高中教师和管理人员都认为家庭参与和社区联系很重要，但他们的信念并不总是能得到行动的支持。为了帮助初高中教育工作者开展更有效的合作，我们需要回答如下四个问题：

1. 初中和高中的以研究为基础的、全面的、目标导向的学校、家庭和社区合作是什么？

2. 团队合作如何确保学校实施强有力的、可持续的家庭和社区参与项目？为什么团队合作是强有力的、可持续的家庭社区参与项目的基本要素？

3. 家庭和社区协同关系如何与成功的初中和高中的其他方面联系起来？

4. 初中或高中如何发展和维持一个富有成效的协同关系项目？

6.1.1 什么是全面合作机制：六种类型的参与活动

学校、家庭和社区全面合作是一个有计划的、目标导向的、不断改进的活动项目，它调动了所有家庭和社区参与到促进学生发展的过程中来。各级学校应对家庭和社区参与的活动项目进行筛选和实施，以实现具体目标，解决关键难题，并对学生、家庭和学校产生积极效果。

六种类型的家庭和社区参与框架指导学校建立全面和富有成效的合作机制（见第一章）。本节总结了六种类型的参与活动，并列举了一些正在初高中实施的活动案例。本节还指出了中学为实现成功的合作所面临的困难与挑战，以及中学生、家庭和教育工作者可从每种类型的参与中预期什么结果，并给出了案例。

全面合作机制包括所有六种类型的参与活动。重要的一点是，有许多活动可供选择，因此初中和高中可以采用不同的方式调动家庭和社区参与进来，以帮助学校实现预期目标。

（1）类型 1 —抚养教育

开展“类型 1 —抚养教育”活动是为了帮助家庭了解青少年的发展，加强这一年龄组的养育技能，并为支持每个年级的学习设置家庭条件。其他活动帮助教育工作者了解家庭的背景、文化和对孩子的目标。此类活动强化了这样一个事实，即教育工作者和家长共同承担学生在中学阶段的学习和发展的责任，并有助于建立相互信任，同时尊重对方在指导学生发展方面的努力。

① 实践样本

许多家庭都会面临关于如何与青少年时期的孩子相处并给予支持的问题。初高中学校可以规划和实施活动，并提供服务，以帮助家庭更好地了解青少年发展。在类型 1 活动中，初高中学校可以为家长举办青少年发展培训，为他们提供简练、明确的关于重要的教育信息的总结，并整理电子邮箱列表和社交媒体链接，组织论坛、支持小组、专家咨询组和其他平台，供家长、教育工作者和社区专家就青少年发展的话题进行意见交流。

青少年的家长感兴趣的话题包括改善健康和营养，种族关系和学校各群体之间的包容性，网络安全，减轻压力和焦虑，消除欺凌现象，防止滥用药物和酒精等高风险行为，了解同伴压力和青少年的性发育，以及对未来做出规划。类型 1 活动还为家庭提供如下信息：学生升学过渡期间的信息，家庭在学生出勤率、校内行为、参加团体和在团体中的领导能力、大学规划和职业规划方面扮演的角色和责任，以及其他有助于青少年在学校取得成功的话题。

中学可以为家长提供 GED 课程、家庭如何支持孩子的培训、金融知识课程、计算机课程，以及其他为家长和学生提供的学习和社交的机会。为了确保家庭向学校提供有价值的信息，教师可以在每个学年开始时要求家长分享对孩子的优点、才能、兴趣、需求和目标的见解。

② 面临的挑战

即使培训计划得很好，也不是所有感兴趣的家长都能参加的。根据美国劳工部（2017）的数据，在 18 周岁以下孩子的母亲之中，超过 70% 的人参加全职或兼职工作。她们不能经常参加在学校内举办的培训。然而，大多数家长可以从精心策划的培训内容中受益。成功的类型 1 活动必须面对的一个主要挑战是，将培训中获取的信息传达给那些不能来学校参加培训的家长们，这可以通过视频、在线培训、摘要、简报、有线电视广播、电子邮件、学校网站、Facebook、Twitter 或其他社交媒体平台，谷歌课堂或其他学习管理平台，以及其他印刷品和非印刷品出版物来实现。另一个挑战是设计流程，使所有家庭都能在必要时便捷地与教师和学校辅导员分享有关他们孩子的信息。

③ 预期的结果

在青少年发展的整个过程中，如果有用的信息在家庭之间持续输入输出，家长的为人父母的信心就会得到增强，学生就会更加了解其父母的用心良苦，并从父母的持续指导中受益，教师也会更好地了解学生的家庭。如果教师、家长和其他人帮助家庭在学校和社区找到所需的服务，那么学生就会从医疗、咨询、辅导和其他他们所需要的服务中受益。研究还表明，如果活动旨在帮助家庭每天按时送孩子上学，那么学生出勤率就会提高，迟到率就会降低（Epstein & Sheldon，2002；Sheldon，2007；Sheldon & Epstein，2004）。如果家庭积极参与孩子“小升初”“初升高”的过渡期，那么更多的学生将顺利地度过适应期，更多的家长也将在今后各个年级阶段中继续参与项目（Elias，Patrikakou，& Weissberg，2007；Seidman，Lambert，Allen，& Aber，2003）。

（2）类型 2 —沟通交流

类型 2 —沟通交流通过通知、备忘录、会议、成绩单、信件、电话、电子邮件、官方门户网站、互联网、社交媒体、开放日和其他传统和新型的交流活动，来增进学校与家庭之间关于学校项目和学生成长情况的交流。虽然所有的初中和高中都会向家里发送一些信息，但许多学校缺乏双向的沟通渠道，以让家庭与学校管理人员、教师和辅导员取得联系。

① 实践样本

家庭依靠与教师、管理人员和辅导员的沟通来跟进孩子的成长情况并解决问题。初中和高中越来越多地将新科技融入传统通信方式中，以便与家庭互相传递信息。在许多类型 2 活动中，初高中学校可能会向家长和学生提供明晰的信息，包括每位教师对成绩单的评判标准，如何解读期中进展报告，以及如何不断加以改进。类型 2 活动包括家长－教师团队的会议，更常见的是家长－学生－教师三方会议，以确保学生在学习上对自己负责。免费或低成本的短信系统、Twitter、Facebook 和其他社交媒体使教师和管理人员能够向选定的小组或整个学校发送更新信息、提醒和公告。

建立“驻班家长”、分组家长、语言小组和其他包含电话或树状联络图的通信系统，将学校的所有家庭都涵盖进去。可以改进纸本或电子形式的学校内部刊物，如包括学生作品、家长问题的专题专栏，重要活动日历表和家长反馈专栏。许多初中和高中现在也使用电子邮件、语音邮件、学校或教师网站、其他家长门户，来促进家长与教师、管理人员、辅导员之间的双向交流（Bouffard，2009；Hutchins，2011）。

② 面临的挑战

并非所有初高中教育工作者与家庭之间的沟通都是成功的。成功的类型 2 活动必须面对的一个主要挑战是：所有家庭的沟通都要清晰易懂，包括那些没有受过正规教育、在家不讲英语或英语阅读能力不强的父母。这可能需要为家庭安排笔译和口译员，并鼓励初高中学生主动担任这些角色。

其他挑战包括了解哪些家庭没有接收到信息或没有理解他们收到的信息，以及建立有效的双向沟通渠道，以便所有家庭都能便捷地联系和回应教育工作者。初中和高中还必须确保学生了解他们在自己的学习以及作为信使、翻译和主要参与者在促进学校与家庭联系方面所发挥的重要作用。在中学阶段，学生在学校内外生活的各个方面都应该是处于中心位置的、积极的行动者，尽管他们仍然需要教师和家长的密切关怀和监督。

对于来到一个新学校或刚升入初高中的青少年的家长来说，清晰的沟通尤为重要。即使有了今天的科技创新和便捷技术，对于那些不容易接触到新技术的家庭来说，保留传统的“低技术含量”通信仍然很重要。

③ 预期的结果

如果沟通是清晰有效的，如果双向渠道畅通，那么学校与家庭之间的互动将会增加；更多的家庭会了解初高中的课程，关注青少年的成长进步，引导学生保持或提高成绩，参加家长－教师－学生三方会议。例如，如果通过电子邮件、短信、教师个人网页、家长门户网站等方式来交流家庭作业的信息，更多的家庭将会对孩子的日常作业有更多的了解。如果初高中的简刊、网站和社交平台包含了反馈式调研，就会有更多的家庭对学校的项目和活动提出想法、问题和评论。研究表明，各级学校与家庭的良好沟通有助于改善学生行为，减少纪律处分（Domina，2005；Hill et al.，2004；Sheldon & Epstein，2002；Tuinstra & Hiatt-Michael，2004）和提高学校数学成绩（Sheldon & Epstein，2005a；Van Voorhis，2009，2011）。

（3）类型 3 －志愿服务

类型 3 －志愿服务旨在改善招募、培训和日程安排，让家长和其他人作为志愿者和观众在学校或其他地方支持学生和学校项目。这些活动还应改善对教师和工作人员需求的识别，并为志愿者提供机会，使学校课堂项目和实践的质量有所不同。

①实践样本

初高中学生的家长经常怀疑他们是否应该继续在学校做志愿者。初高中可以通过新的方式组织志愿者来丰富、扩展和支持他们的课程和课外活动。在许多类型 3 活动中，初高中可能会收集家庭成员的才能、职业、兴趣和作为志愿者的可用性等信息。志愿者可以丰富学生的学科课程，改善他们对职业的了解，担任外语翻译，进行出勤率监测，参与家长安全巡逻，帮助社区开展学生服务项目，以及进行许多其他方面的工作。

学校可以组织志愿者担任“驻班家长”和社区代表，与其他家长沟通，鼓励他们的参与。初中和高中也可以建立电子邮件或社交媒体群，使家长能够相互交流学校的计划和活动。一群志愿者可以充当“欢迎礼车”的角色，为新入学的学生和家庭提供有关学校的信息。

中学也可以为导师、教练、辅导老师和课外项目的负责人创造机会，以确保初高中学生有建立和扩展他们的技能和才能的机会，并保证他们在放学后的安全并受到监督。一些类型 3 活动可能会在学校的咨询办公室或家庭中心进行，家长可以在那里获得信息，进行志愿者工作，并与其他家长见面。

② 面临的挑战

志愿者必须为在初中和高中执行特定任务做好充分准备，他们必须感到自己的努力得到了赞赏。成功的类型 3 活动面临的挑战是广泛招募志愿者，为家长和其他在白天工作的志愿者制定灵活的时间表，提供复杂任务的培训，以便志愿者为学校、教室、课外和课后项目做出富有成效的贡献（Hutchins，2011）。与合作行动小组（ATP）合作的志愿者协调员必须使志愿者的时间和技能与教师、管理人员和学生的需求相匹配。

类型 3 活动的另一个挑战是，将“志愿者”的定义扩大为在任何时间、任何地点支持学校目标或学生学习的任何人。这既包括自愿来到学校，作为学生体育赛事、集会、音乐或戏剧表演以及其他学生活动的观众的家长和家庭成员，也包括在家里、通过自己的企业或在社区里为学校工作的志愿者。

③ 预期的结果

如果志愿者的任务设计得很好，如果时间表、地点和培训多样而具有目的性，那么更多的家长、家庭成员和社区中的其他人将协助初高中，更多人将作为观众支持学生活动。如果家长知道他们参加学生表演、体育活动和其他活动是被“算作”志愿服务的，他们就会觉得自己与学校的联系更紧密了，也会更清楚地意识到自己在为学校项目做贡献。

志愿者的时间、才能和资源目录将有助于教师和 ATP 召集家长和其他志愿者协助特定的学校项目和活动，以产生特定的结果。例如，如果志愿者有效地充当出勤率监测员，更多的家庭将帮助青少年提高出勤率。如果志愿者进行大厅巡逻或活跃在其他地点，学校安全应该会得到改善，学生的行为问题应该会减少。如果志愿者在特定科目上作为导师得到了良好的培训，学生应该能提高他们在这些科目上的技能。如果志愿者们与学生讨论职业，学生们就会更清楚自己未来的选择。一项研究发现，当家长志愿者在社会研究课上分享著名的艺术作品时，学生获得了与他们学习单元相关的艺术作品知识（Epstein & Dauber，1995，见第八章）。这些例子强调了组织志愿者开展活动的重要性，这些活动有助于学校和学生实现特定目标。

（4）类型 4 －在家学习

类型 4 －在家学习活动让家庭参与到孩子在家里的学业学习活动中，这些活动与学生的课堂作业相协调，有助于学生在学校取得成功。这些活动包括监督家庭作业、交互式家庭作业、为学业科目设定目标、其他与课程相关的活动，以及关于课程、学业计划和大学教育规划的决定。

①实践样本

在所有类型的参与中，大多数家庭都更想知道如何在家里帮助他们的孩子，以便他们在学校表现得更好。初中和高中的 ATP 可以与教师和辅导员合作，选择或发展活动，使更多的家庭能够与他们的青少年就学校作业、家庭作业、课程和学分共同讨论决定。

在许多类型 4 的活动中，初高中学校应该向学生和家长提供信息，告诉他们每门课程的标准和所需的技能，以及每个老师的家庭作业政策。教育工作者可以实施一些活动，帮助家长鼓励、表扬、指导和监督孩子的作业。

许多类型 4 活动将由教师与学生家庭一起进行。教师的沟通可以帮助家长参与学生的交互式作业，并在学生主导的家庭会议上与家长讨论写作或其他科目的作业。家长需要信息来理解和讨论长期项目和暑期学习作业。他们可以是设定目标活动的激励者和向导，并讨论帮助学生提高成绩或行为的想法。

初高中的“家庭之夜”活动可以作为一个起点，帮助家长和学生专注于课程相关的话题和家庭互动。在中学阶段，“家校合作课堂作业”（TIPS）这种互动作业过程提供了一个系统的方法来促进父母和青少年关于数学、科学和语言艺术的对话（Epstein，2017；Van Voorhis，2009，2011，见第八章）。

② 面临的挑战

让父母和孩子一起做家庭作业是很困难的，因为父母不能也不应该被期望“教”初高中的科目。学生本身是家庭参与家庭学习活动成功与否的关键因素。一个主要的挑战是设计和实施一个定期的互动式家庭作业计划，使学生能够讨论他们在学校学习的重要内容，采访家庭成员，记录反应，并在家里分享他们的工作和想法。

类型 4 活动面临的另一个挑战是每学期让家庭和学生一起设定出勤率、成就、行为、个人才能发展、选择高中以及规划大学或职业。通过设定目标，学生可以按照他们学校的计划逐步成长，但家庭参与可以是这个过程的重要组成部分。还有一个挑战是将两种类型的参与联系起来。即如果学校提供了有关课程选择和学习机会的信息（类型 2），那么父母可以讨论这些选项，以帮助他们的孩子对学校项目做出正确的决定（类型 4）。

③ 预期的结果

如果类型 4 活动设计得好，实施得好，更多的家庭将知道他们的孩子在课堂上学了什么，以及如何监督、支持和讨论家庭作业。更多的学生应该能提高他们的家庭作业完成情况、成绩单等级和特定科目的考试成绩（Epstein & Van Voorhis，2012；Nuñez，Suárez，Rosário，Vallejo，& Epstein，2015）。如果家庭参与的关注重点是学生的课程选择，那么更多的学生应该能完成高中毕业的必修课程学分，选择好高级课程，参加大学入学考试，并按时毕业（Allensworth & Easton，2007）。

良好的合作项目有助于学生和教师意识到家庭对学生工作的兴趣。学生与家庭成员之间应该有更多关于他们的学业、家庭作业和学业想法的积极对话。研究表明，在中学阶段，互动式家庭作业增加了家长对学生学业的参与，提高了家庭作业的完成度，并提高了语言艺术和科学的测试分数（Epstein，Simon，& Salinas，1997；Harackiewicz，Rozek，Hulleman，& Hyde，2012；Shumow & Schmidt，2014；Strayhorn，2010；Van Voorhis，2008，2011，2003，2011）。

（5）类型 5 －制定决策

类型 5 －制定决策包括让父母和其他家庭和社区的成员参与到制定、审查和改进影响到儿童和家庭学校政策和办学宗旨的工作中来。家庭成员是学校促进小组（SIT）、ATP、其他委员会、PTA、PTO 或其他家长组织，一号标题法案委员会和其他学校和学区的咨询和倡导委员会的积极参与者。

① 实践样本

对于学校的许多问题，家长可能与老师有不同的看法。初中和高中教育工作者应该确定对学生和家庭来说重要的问题，并通过让家长代表参加学校委员会来听取家长的声音和观点，从而决定有关项目和程序。在类型 5 活动中，初中和高中应该组织一个家长协会，并积极发挥其作用，同时在学校所有委员会（例如，课程设置、校园安保、物资供应和仪器设备、家庭和社区参与、资金筹集、大学教育规划和职业发展等各种委员会）中遴选家庭代表。在高中阶段，这些委员会也应吸收学生代表。一些高中称该组织为 PTSA，意为家长、教师和学生协会。

越来越多的初中和高中使用电子邮件、网站、Skype、其他社交媒体和线上会议，来让所有家长了解学校的计划，即使他们不能参加学校的会议，也为他们提供参与制定决策的机会。

特别是，家长与教师、行政人员和来自社区的其他人，都是学校合作行动小组（ATP）的成员，该小组就能计划和实施与学校发展目标有关的家庭和社区参与活动。在高中阶段，学生们也参加这个以行动为导向的小组来改善合作关系。

学校可以为家长和教师提供领导力、决策、倡导和合作方面的培训。类型 5 活动有助于确定和分发家庭所需的有关信息，包括学校政策、课程设置、学生安置和团体、大学和职业规划、特殊服务、测试和评价、学生期末考试结果，以及学校教学项目评价。

② 面临的挑战

对于家长来说，家长领导在学校委员会中代表他们的声音、想法和利益是很重要的。类型 5 活动在初中和高中要取得成功所必须解决的一个挑战是确保家长的领导角色由学校里所有主要种族和民族、社会经济群体和社区的代表担任。另一项相关的挑战是通过针对所有家长关于学校问题和决定信息的双向交流，帮助家长领导有效发挥代表的作用。这一点尤其重要，因为在中学，出席学校会议的家长人数往往会下降。还有一个挑战是让初高中学生代表出现在决策小组和领导岗位上，和家长一起制定决策。

教师和管理人员必须学会作为平等的成员参加委员会，与家长领导合作，致力于他们学生取得成功这一共同利益。一个持续的挑战是帮助在 ATP 或其他委员会服务的父母、教师和学生学会信任、尊重和倾听彼此。因为他们的合作，有助于实现学校发展和学生发展的共同目标。

③ 预期的结果

如果类型 5 的活动在初中和高中得到很好的实施，更多不同的家长将对影响孩子教育质量的决定起到作用；学生将更加意识到他们自己和他们的家庭在学校政策上有发言权；而教师也会更加了解家长对改善学校政策和项目的看法。

（6）类型 6 －社区合作

类型 6 －社区合作活动利用和协调了社区企业，文化、公民和宗教组织，老年人团体，高校，政府机构，校友以及其他协会的工作和资源，以加强学校项目、家庭实践以及学生的学习和发展。其他类型 6 活动包括促使学生、工作人员和家庭为社区服务作贡献的活动。

①实践样本

学生在青春期的需求和兴趣比之前更加多样化，他们在社区中的活动也变得更加丰富和引人注目。初高中需要识别并提醒青少年和他们的家庭注意社区中可供他们使用的资源、服务和机会。在许多类型 6 活动中，一些初中和高中创建了有用的社区项目和资源的目录，以帮助家庭和学生找到双学位项目、课后运动和娱乐、学习辅导、艺术拓展、健康服务、文化活动、志愿服务、暑期实践、大学博览会、兼职工作和其他机会。这些目录能使学生和家庭获得他们感兴趣的资源和项目的信息。其他初高中与当地企业合作，设置了“金卡”折扣优惠，作为学生提高出勤率和成绩的激励措施。

值得注意的是，与社区企业、团体和机构的合作也有助于加强其他五种类型的参与活动的效果。例如：通过在社区和商业场所举办家长教育或家庭扫盲培训班，以及让企业提供茶点或激励措施，以提高学校为家长举办培训的成功率，来促进类型 1 活动；通过在当地广播电台、电视台、印刷媒体（包括外语电台、报纸和社交媒体）以及在教堂、诊所、超市、自助洗衣店和其他社区场所传播有关学校活动的信息，以促进类型 2 活动；从退休人员、企业和社区中招募志愿者，以促进类型 3 活动；为学生提供与艺术家、科学家、作家、数学家和其他与学校课程相关的专业人士一起学习的机会，以丰富类型 4 活动；将社区成员纳入决策委员会，以促进类型 5 活动。

多方联系对于有效推进类型 6 活动非常重要。学生、老师、家长和其他家庭成员可以参加回馈社区的服务学习、解说服务和慈善活动。许多社区服务活动都与学生的社会研究、STEM 学科、语言艺术、表演艺术、视觉艺术、体育和其他学科的课程目标相关联。

②面临的挑战

对教育工作者来说，与校外合作并不总是一帆风顺的。例如，一些学校和社区合作伙伴必须解决“地盘”问题，明确哪些组织和领导负责资助、指导和监督合作活动。开展学校－社区合作的最初热情和决定必须落实在行动上，并维持长期富有成效的合作（Sanders & Harvey，2002，并见本书第 1.2 节）。

另一个挑战是发现学生在社区中获得的宝贵的学习经验，并将其与学校课程联系起来，包括建立在学生校外技能和才能基础上的课程、俱乐部和志愿者工作及兼职工作。

一个主要的挑战是帮助学生和家庭了解他们的社区和有益于学生的活动。相关的挑战是帮助青少年了解社区伙伴如何为学校做出贡献，并让学生在自己的学校和社区参与服务和志愿者活动。这些活动是青少年为社区做贡献和体现价值的依据。

③预期的结果

如果类型 6 活动得到很好的实施，将促进家庭、学生和学校对社区资源和项目的了解，帮助学生实现学习和发展的重要目标。通过确保他们平等参与社区项目，更多不同的学生和家庭将参与并受益于社区项目和服务。如果社区服务得到更好的协调，青少年及其家庭可能会预防健康、社会和教育问题，或在问题变得严重之前解决问题。类型 6 活动也可以支持和丰富学校的课内和课外项目（Sanders，2001，2005）。例如，辅导、指导等活动可以直接影响学生的学习、成就和大学教育规划及路径。

（7）六种类型参与活动的总述

这六种类型的参与活动衍生创造了一个全面的初高中合作机制，但每一种类型的参与活动在实施中面临的挑战必须得到解决，才能使计划有效。活动的设计、实施和内容的质量直接影响到预期结果。

并不是每一个让家庭参与的实践都能带来更高的学生学业测试分数。相反，我们可以选择不同类型的实践来帮助学生、家庭和教师达到不同的目标，如提高出勤率、增加作业完成度、帮助实行大学规划并进行相应的培训，以及实现其他结果（Epstein，1995，2011）。

上面的例子只是几百条建议中的一小部分，这些建议可以帮助初中和高中发展强有力的合作项目。要了解更多有效活动的例子，请参阅 www.partnershipschools.org 网站上“成功故事”栏目中的“有价值的合作实践”。请使用按年级组织的目录来寻找全国初高中实施的创意活动。

6.1.2 学校、家庭和社区合作如何与初高中其他方面的发展建立联系

好的学校拥有资历高的教师和管理人员，对所有学生也有高期望值；它们有严密的课程，引人入胜的教学，及时有效的测试和评价，以及对每个学生的强有力的指导和有效的学校、家庭和社区合作机制（AMLE，2010）。在一所好学校，这些因素结合起来促进学生学习，并为所有学生、教育工作者和家庭创造一个友好、安全、关怀、鼓舞

人心和愉悦的学校氛围。

成功学校的所有要素都是相互关联的（Bryk，Sebring，Allensworth，Luppescu，& Easton，2010）。对于初高中教育工作者来说，理解家庭和社区参与对学校的“实际工作”而言并不是额外的、独立的或不同的，这一点尤为重要。相反，家庭参与对良好的学校组织和学生的成功是不可或缺的。

以下两个案例说明了家庭参与是如何促进初高中学生学业发展和指导项目取得成功的。

（1）家庭和社区合作有助于改善学校课程质量和学生学习效果

国家和地方调查表明，中学生及其家庭极其渴望在学校和生活中取得成功。在美国全国抽样的八年级学生中，有 98% 的人表示他们计划从高中毕业，82% 的人计划至少接受一些高等教育，超过 70% 的人打算完成大学学业（Epstein，1995）。十年级的学生也有类似的雄心壮志，大约 90% 的学生说他们时而或经常与父母谈论大学（Simon，2001）。这几年来，这些比例没有太大变化（Wong，2016），尽管只有不到 70% 的人在高中毕业后立即进入了大学。

为了帮助学生实现他们的远大抱负，初高中教育工作者和学生家庭必须共同努力，引导学生学习他们所需的课程，获得所需的学分，完成高中学业，并申请和参加大学或其他培训项目。在家长的支持下，学校也必须为部分学生提供额外的帮助，花更多的时间在课业辅导、课外辅导、暑期学校、家教、答疑和其他答疑式的项目（全球联合劝募基金会 & 哈佛家庭研究项目，2011）。

家庭需要清楚地了解初高中学校的项目和课程选择、课程要求、教师的教学方法、州考试或其他主要评价方法，以便能够在家中与孩子讨论学习上的话题。社区中的其他人（例如兼职学生的雇主）也需要了解学校出勤率和课程要求，以及如何支持学生履行他们的责任。

家庭需要一些信息和支持，以帮助学生每年在学习上取得进步，设定成绩和行为目标并加以实现，解决可能会导致不及格的重要问题。一些初高中与所有学生和家长一起制定个别学生教育和职业计划，一些州则要求所有学生制定高等教育规划，才能从高中毕业。

初中和高中使用的各种教学策略对大多数家庭来说都是陌生的。其中包括小组活动、解决问题程序、写作技巧、历史学家视角的观察法、互动作业和其他促进学习的创新方法。家庭和社区中的其他人还需要了解各州对学生在每个年级的新课程标准、新的评分标准及其对学生高中毕业的影响，以及学校用来确定学生在初中和高中阶段进步的来自州和地方的其他标准。一些学校的 ATP 实施活动，让家长了解和尝试可能决定学生排名的州考试项目。一些学区领导则通过 PPT 宣传展示有关学生学习的州标准，以帮助学校团队。

有了关于学业项目和学生进步的明确信息，更多的家庭将能够指导他们的孩子选课、完成作业、准备考试以及为大学或工作做准备（Anguiano，2003）。此外，如果教师、学生和家长在整个高中期间能够无障碍而密切地沟通，更多的学生将取得高水平的成功，并实现他们自己和家人的高期望。

（2）家庭和社区的参与有助于提高初高中教学质量和改善学生的态度和行为

如果教育者、学生和家庭有良好的联系，学校的指导和支持可能会更强大，会更好地为学生服务。学生需要知道他们的辅导员和老师理解并欣赏他们家庭的文化、希望和梦想。许多青少年都在努力平衡他们对家庭的爱，对指导的需要，对得到同伴接纳和友谊的需要，以及对更大独立的需要。初高中教育工作者和家长可以通过他们的行动，帮助学生看到这些看似矛盾的压力是可以共存的。

辅导员、学校社工和学校心理医生应该与学生的家庭见面，并作为关键联系人。当学生的学业进展、出勤率、行为、同伴关系或与老师的互动出现问题时，家长可以打电话向他们询问。在一些初高中，指导顾问是ATP的成员，因此一些参与活动更关注学生的态度、行为和心理健康（Epstein& Van Voorhis，2010）。一些学校的辅导员是跨学科的教师团队，他们定期与家长和学生见面。初中或高中的一些辅导员会全程跟进一个学生的情况。在一个运行良好的合作项目中，辅导员会在学生因缺勤或态度、行为，以及课堂或家庭作业方面的原因而面临学业不及格的严重风险之前联系家长，以便寻求办法来帮助学生。

家长们需要了解中学和高中的正式和非正式的指导项目。这包括指导老师、辅导员、倡导者和管理人员的姓名、电话号码、电子邮件地址或其他电子通信信息，以便与他们联系，询问孩子的进步情况或问题。这在学生从小学到初中、从初中到高中的过渡时期尤其重要。有了良好的沟通信息，父母和其他家庭伙伴可以帮助学生顺利地适应他们的新学校（Crosnoe，2009；Mac Iver et al.，2015）。

当学生、辅导员、教师和家长在学生的青少年时期就其学业、社交和情感发展以及特殊需求进行顺畅沟通时，更多的学生可能会获得成功并愿意待在学校。

6.1.3　初中或高中如何建立和维持一个富有成效的合作机制

许多初中和高中学校表示，他们可以使用本指南中论述的基于研究的方法来设计、实施和维持强有力的学校、家庭和社区合作机制（Thomas，Greenfeld，Ames，Hine，& Epstein，2017）。教育工作者和家长正在使用六种类型参与框架，以确保家庭了解并参与青少年在学校和家庭的教育。他们正在以多种方式与社区进行联系，支持学校，帮助家庭和学生。他们得到学校校长、学区行政人员、骨干人员、州领导人和其他人的支持和协助。

在精心设计的合作项目中，每一所初中和高中都会形成一个ATP，由教师、家长、行政人员和社区伙伴组成，也可以包含高中生（见第三章）。每个团队编写“年度合作行动计划”，实施和监督活动，保持足够的预算，评价合作的质量，并逐年改进计划和活动。

每个ATP都制定与六种参与活动对应的合作计划，以实现学校具体的发展目标，例如提高学生在阅读、写作、数学、科学教育或其他科目的成绩，改善态度和行为，完成作业，获得学分，为大学和工作，以及初中和高中的其他成功指标做准备。一个完善的合作机制也为学生、家庭和社区创造了一个友好的环境。

“年度合作行动计划”附加在学校发展计划之后，以便教育工作者、家长和社区伙伴能够看到，每个人都可以在帮助学生实现学校成功的重要目标方面发挥作用。即使在复合型的初高中，学校－家庭－社区合作项目也不是额外的项目，而是每一个学校改进计划的一部分，是优秀学校的组成部分。

特殊情况：超大规模中学。

上述的以及本指南其他章节中概述的基于研究的架构和流程能够指导所有学校，包括幼儿园和小学、初中和高中。然而，由于学校规模的关系，超大规模的中学在组织家庭和社区参与项目方面面临着额外的挑战。学生人数超过2000人的学校可决定是否成立一个全校性的ATP，或为学校每个主要部分组织一个以上的ATP。

如第四章所述，大型高中可能有一个ATP代表每个学校部门，或有多个ATP代表学校的每个主要部门（例如年级水平、职业学院、宿舍或学校内的其他机构）。每个小组将遵循相同的成员准则，撰写与目标相关的计划，并实施和评价活动。协调人或助理校长可以收集多个ATP的计划并监督其进度，以确保学校有一个统一连贯的合作计划，并与学区领导人合作。而在组织结构和程序上可能需要根据不同学校的特点和限制进行必要的调整。

本节小结

本指南提供了研究基础、工具和指导方针，以帮助所有初中和高中发展和维持强大和富有成效的学校、家庭和社区合作关系项目。ATP可以使用这些工具和实例来规划和评价家庭和社区参与活动，以帮助实现初中和高中学生成功的目标。约翰斯·霍普金斯大学邀请初中和高中及其学区加入全国合作学校网络（NNPS），以获得对学校、家庭和社区合作关系的持续指导和支持。

本节注释

中年级这个术语是指四到九年级，这可能存在于有着不同年级组织的学校（例如，中学，初中，K–8，K–12和其他学校）。在本章，“中学”“中级学校”“中等年级学校”以及类似的“名词”是指任何为青少年学生及其家庭提供服务的学校。

参考文献

[1] Allensworth, B. S. E., & Easton, J. Q. (2007). What matters for staying on track and raduating in Chicago public high schools? Research Report. Chicago, IL: Consortium on Chicago School Research at the University

of Chicago.

[2] Association for Middle Level Education (AMLE). (2010). This we believe: Keys to educating young adolescents. Westerville, OH: Author.

[3] Anguiano, R. P. V. (2004). Families and schools: The effect of parental involvement on high school completion. Journal of Family Issues, 25, 61–85.

[4] Bouffard, S. M. (2009). Tapping into technology: Using the internet to promote family-schoolcommunication. In N. E. Hill & R. Chao (Eds.), Families, schools, and the adolescent:

[5] Connecting research, policy, and practice (pp. 147–161). New York: Teachers College Press.

[6] Bryk, A. S., Sebring, P. B., Allensworth, E., Luppescu, S., & Easton, J. Q. (2010). Organizing schools for improvement: Lessons from Chicago. Chicago, IL: University of Chicago Press.

[7] Catsambis, S. (2001). Expanding knowledge of parental involvement in children’s secondary education: Connections with high school seniors’ academic success. Social Psychology of Education, 5, 149–177.

[8] Catsambis, S., & Beveridge, A. A. (2001). Does neighborhood matter? Family, neighborhood, and school influences on eighth grade mathematics achievement. Sociological Focus, 34, 435–457.

[9] Chen, W.-B., & Gregory, A. (2009). Parental involvement as a protective factor during the transition to high school. Journal of Educational Research, 103(1), 53–62.

[10] Crosnoe, R. (2009). Family–school connections and the transition of low-income youths and English language learners from middle school to high school. Developmental Psychology, 45(4), 1061–1076.

[11] Dauber, S. L., & Epstein, J. L. (1993). Parents’ attitudes and practices

of involvement in inner-city elementary and middle schools. In N. Chavkin (Ed.), Families and schools in a pluralistic society (pp. 53–71). Albany: State University of New York Press.

[12] Domina, T. (2005). Leveling the home advantage: Assessing the effectiveness of parental involvement in elementary school. Sociology of Education, 78, 233–249.

[13] Eccles, J. S., & Harold, R. D. (1996). Family involvement in children's and adolescents' schooling. In A. Booth and J. Dunn (Eds.), Family-school links: How do they affect educational outcomes (pp. 3–34). Hillside, NJ: Erlbaum.

[14] Elias, M. J., Patrikakou, E. N., & Weissberg, R. P. (2007). A competence-based framework for parent school community partnerships in secondary schools. School Psychology nternational, 28, 540–554.

[15] Epstein, J. L. (1995). School/family/community partnerships: Caring for the children we share. Phi Delta Kappan, 76, 701–712.

[16] Epstein, J. L. (2007). Family and community involvement. In K. Borman, S. Cahill, & B. Cotner (Eds.), The Praeger handbook of American high schools (pp. 165–173). Westport, CT: Praeger.

[17] Epstein, J. L. (2011). School, family, community partnerships: Preparing educators and improving schools (2nd ed.). Boulder, CO: Westview Press.

[18] Epstein, J. L. (2017). Teachers Involve Parents in Schoolwork (TIPS). (Manuals for teachers and prototype activities for the elementary and middle grades.) Baltimore, MD: Johns Hopkins University, Center on School, Family, and Community Partnerships.

[19] Epstein, J. L., & Dauber, S. L. (1995). Effects on students of an

interdisciplinary program linking social studies, art, and family volunteers in the middle grades. Journal of Early Adolescence, 15,114–144.

[20] Epstein, J. L., & Hutchins, D. J. (2011). Family involvement. In This we believe in action: Implementing successful middle level schools (pp. 181–198). Westerville, OH: Association for Middle Level Education.

[21] Epstein, J. L., & Lee, S. (1995). National patterns of school and family connections in the middle grades. In B. Ryan, G. Adams, T. Gullotta, R. Weissberg, & R. Hampton (Eds.), The family-school connection: Theory, research and practice (pp. 108–154). Thousand Oaks, CA: Sage.

[22] Epstein, J. L., & Sheldon, S. B. (2002). Present and accounted for: Improving student attendance through family and community involvement. Journal of Educational Research, 95, 308–318.

[23] Epstein, J. L., & Sheldon, S. B. (2006). Moving forward: Ideas for research on school, family, and community partnerships. In C. F. Conrad & R. Serlin (Eds.), SAGE Handbook for research in education: Engaging ideas and enriching inquiry (pp. 117–137). Thousand Oaks, CA: Sage.

[24] Epstein, J. L., Simon, B. S., & Salinas, K. C. (1997, September). Effects of Teachers Involve Parents in Schoolwork (TIPS) language arts interactive homework in the middle grades (Research Bulletin 18). Bloomington, IN: Phi Delta Kappa, Center on Evaluation, Development, and Research.

[25] Epstein, J. L., & Van Voorhis, F. L. (2001). More than minutes: Teachers' roles in designing homework. Educational Psychologist, 36, 181–194.

[26] Epstein, J. L., & Van Voorhis, F. L. (2010). School counselors' roles in developing partnerships with families and communities for student success.

Professional School Counseling, 16, 1–14.

[27] Epstein, J. L., & Van Voorhis, F. L. (2012). The changing debate: From assigning homework to designing homework. In S. Suggate & E. Reese (Eds.), Contemporary debates in child development and education, (pp. 263–273). London: Routledge

[28] Harackiewicz, J. M., Rozek, C.S., Hulleman, C.S., & Hyde, J.S. (2012). Helping parents to motivate adolescents in mathematics and science: An experimental test of a utility-value intervention. Psychological Sciences, 23, 899–906.

[29] Henderson, A. T., Mapp, K. L., Johnson, V. R., & Davies, D. (2007). Beyond the bake sale. New York: New Press.

[30] Hill, N. E., Castellino, D. R., Lansford, J. E., Nowlin, P., Dodge, K. A., Bates, J. E., & Pettit, G. S. (2004). Parent academic involvement as related to school behavior, achievement, and aspirations: Demographic variations across adolescence. Child Development, 75, 1491–1509.

[31] Hill, N. E, & Chao, R. K. (Eds.). (2009). Families, schools, and the adolescent: Connecting research, policy, and practice (147–161). New York: Teachers College Press.

[32] Hill, N. E., & Tyson, D. F. (2009). Parental involvement in middle school: A meta-analytic assessment of strategies that promote achievement. Developmental Psychology, 45, 740–763.

[33] Hoover-Dempsey, K. V., Ice, C. L., & Whitaker, M. C. (2009). "We're way past reading together:" Why and how parental involvement in adolescence makes sense. In N. E. Hill & R. K. Chao (Eds.), Families, schools, and the adolescent: Connecting research, policy, and practice (pp. 19–36). New York: Teachers College Press.

[34] Hutchins, D. J. (2011). Parent involvement in middle school: Cultivating comprehensive and inclusive programs of partnership. Unpublished doctoral dissertation, University of Maryland– College Park, College Park, MD.

[35] Jeynes, W. H. (2007). The relationship between parental involvement and urban secondary school student academic achievement: A meta-analysis. Urban Education, 42, 82–110.

[36] Kreider, H., Caspe, M., Kennedy, S., & Weiss, H. (2007). Family involvement in middle and high school students' education (Research Brief 3). Cambridge, MA: Harvard Family

[37] Research Project.Kreider, H., & Westmoreland, H. (Eds.). (2011). Promising practices for family engagement in out-of-school time (pp. 71–84). Charlotte, NC: Information Age.

[38] Lee, S. (1994). Family-school connections and students' education: Continuity and change of family involvement from the middle grades to high school. Unpublished doctoral dissertation, Johns Hopkins University, Baltimore.

[39] Mac Iver, M., Epstein, J. L., Sheldon, S. B., & Fonseca, E. (2015). Engaging families to support students' transition to high school. The High School Journal, 99, 27–45.

[40] McNeal, R. B, Jr. (2014). Parent involvement: Academic achievement and the role of student attitudes and behaviors as mediators. Universal Journal of Educational Research, 2, 564–576.

[41] Núñez, J. C., Suárez, N., Rosário, P., Vallejo, G., & Epstein., J. L. (2015). Relationships between parental involvement in homework, student homework behaviors, and academic achievement: Differences among

elementary, junior high, and high school students. Metacognition & Learning, 10(3), 375–406.

[42] Sanders, M. G. (1998). School-family-community partnerships: An action team approach. High School Magazine, 5(3), 38–49.

[43] Sanders, M. G. (1999). Improving school, family and community partnerships in urban middle schools. Middle School Journal, 31(2), 35–41.

[44] Sanders, M. G. (2001). Schools, families, and communities partnering for middle level students' success. NASSP Bulletin, 85(627), 53–61.

[45] Sanders, M. G. (2005). Building school-community partnerships: Collaboration for student success. Thousand Oaks, CA: Corwin.

[46] Sanders, M. G., & Epstein, J. L. (2000). Building school-family and community partnerships in middle and high schools. In M. Sanders (Ed.), Schooling students placed at risk (pp. 339–362). Mahwah, NJ: Erlbaum.

[47] Sanders, M. G., & Harvey, A. (2002). Beyond the school walls: A case study of principal leadership for school-community collaboration. Teachers College Record, 104(7), 1345–1368.

[48] Sanders, M. G., & Lewis, K. (2005) Building bridges toward excellence: Communityinvolvement in high schools. High School Journal, 88(3), 1–9.

[49] Sanders, M. G., & Sheldon, S. B. (2009). Principals matter: A guide to school, family, and community partnerships. Thousand Oaks, CA: Corwin.

[50] Sanders, M. G., & Simon, B. S. (2002). A comparison of program development at elementary, middle, and high schools in the National Network of Partnership Schools. The School Community Journal, 12, 7–27.

[51] Seidman, E., Lambert, L. E., Allen, L., & Aber, J. L. (2003). Urban adolescents' transition to junior high school and protective family transactions.

Journal of Early Adolescence, 23, 166–193.

[52] Sheldon, S. B. (2007). Improving student attendance with school, family, and community partnerships. Journal of Educational Research, 100, 267–275.

[53] Sheldon, S. B., & Epstein, J. L. (2002). Improving student behavior and school discipline with family and community involvement. Education and Urban Society, 35, 4–26.

[54] Sheldon, S. B., & Epstein, J. L. (2004). Getting students to school: Using family and community involvement to reduce chronic absenteeism. School Community Journal, 14, 39–56.

[55] Sheldon, S. B & Epstein, J. L. (2005a). Involvement counts: Family and community partnerships and math achievement. Journal of Educational Research, 98, 196–206.

[56] Sheldon, S. B., & Epstein, J. L. (2005b). School programs of family and community involvement to support children's reading and literacy development across the grades. In J. Flood & P. Anders (Eds.), Literacy development of students in urban schools: Research and policy (pp. 107–138). Newark, DE: International Reading Association (IRA).

[57] Shumow, L., & Schmidt, J. A. (2014). Parent engagement in science with ninth graders and with students in higher grades. School Community Journal, 24, 17–36.

[58] Simon, B. S. (2001). Family involvement in high school: Predictors and effects. NASSP Bulletin, 85(627), 8–19.

[59] Simon, B. S. (2004). High school outreach and family involvement. Social Psychology of Education, 7, 185–209.

[60] Strayhorn, T. L. (2010). The role of schools, families, and

psychological variables on math achievement of Black high school students. High School Journal, 93(4), 177–194.

[61] Thomas, B. G., Greenfeld, M. D., Ames, R. T., Hine, M. G., & Epstein, J. L. (Eds.). (2017). Promising partnership practices 2017. Baltimore, MD: Johns Hopkins University, Center on School, Family, and Community Partnerships.

[62] Tuinstra, C., & Hiatt-Michael, D. (2004). Student-led parent conferences in middle schools. The School Community Journal, 14, 59–80.

[63] United Way Worldwide & Harvard Family Research Project. (2011). The family engagement for high school success toolkit: Planning and implementing an initiative to support the pathway to graduation for at-risk students. Alexandria, VA: United Way.

[64] U.S. Department of Labor. (2017). Employment characteristics of families 2016 (USDL-17-0444). Washington DC: Bureau of Labor Statistics.

[65] Van Voorhis, F. L. (2001). Interactive science homework: An experiment in home and school connections. NASSP Bulletin, 85(627), 20–32.

[66] Van Voorhis, F. L. (2003). Interactive homework in middle school: Effects on family involvement and students' science achievement. Journal of Educational Research, 96, 323–339.

[67] Van Voorhis, F. L. (2008). War or peace? A longitudinal study of family involvement in language arts homework in the middle grades. Paper presented at the annual meeting of the American Educational Research Association, New York.

[68] Van Voorhis, F. L. (2009). Does family involvement in homework make a difference? Investigating the longitudinal effects of math and language arts interventions. In R. Deslandes (Ed.), International perspectives on student

outcomes and homework: Family-schoo-community partnerships (pp. 141–156). London: Taylor and Francis.

[69] Van Voorhis, F. L. (2011). Costs and benefits of family involvement in homework. Journal of Advanced Academics, 22, 220–249.

[70] Wang, M. T., & Eccles, J. S. (2012). Social support matters: Longitudinal effects of social support on three dimensions of school engagement from middle to high school. Child Development, 83(3), 877–895.

[71] Wang, M. T., Hill, N. E., & Hofkens, T. (2014). Parental involvement and African American and European American adolescents' academic, behavioral, and emotional development in secondary school. Child Development, 85(6), 2151–2168.

[72] Wang, M. T., & Sheikh-Khalil, S. (2014). Does parental involvement matter for student achievement and mental health in high school? Child Development, 85(2), 610–625.

[73] Williams, T., & Sánchez, B. (2012). School parental involvement (and uninvolvement) at an inner-city high. Urban Education, 47, 625–652.

[74] Wong, A. (2016, January 11). Where are all the high-school grads going? The Atlantic. https://www.theatlantic.com/education/archive/2016/01/where-are-all-the-high-school-grads going/423285/

6.2 高中阶段家庭参与行为的影响及其预测

贝斯·S. 西蒙（Beth S. Simon）

本报告分析了 11000 多名高中高年级学生（12 年级）家长和 1000 名高中校长关于高中、家庭和社区合作的调查数据。分析显示，无论学生的背景和先前的成就如何，抚养教育、志愿服务和在家学习等参与活动对学生的学习成绩、课程学分、出勤率、行为和入学准备都有积极影响。当教育工作者指导父母并寻求让他们参与孩子教育活动时，父母的反应是增加参与，以支持学生的成功。

大量的研究已经探讨了家庭与小学和初中关系的问题。很少有研究关注高中的学校和家庭关系。早期的研究表明，随着学生从小学升入初中，再升入高中，家庭参与往往会减少。然而，越来越多的重要研究表明，家庭与学校之间的合作对高中生的成功仍然很重要（Anguiano，2003；Catsambis，2001；Catsambis & Beveridge，2001；Hill et al.，2004；Kreider，Caspe，Kennedy，& Weiss，2007；Lee，1994；Sanders & Lewis，2005；Sheldon & Epstein，2005；Simon，2004；可在本章节之前查看初高中家庭和社区参与的最新文献）。

6.2.1 研究方法

关于高中阶段学校、家庭和社区合作的性质和强度，合作对学生成功的影响，以及影响家庭和社区参与的影响因子，仍然存在重要疑问。

为了填补本领域研究空白，并支持教育工作者在加强高中阶段合作方面的工作，这项研究旨在解决如下三个主要问题：

1. 高中阶段学校、家庭和社区的合作是什么样的?

2. 家庭参与如何影响高中学生的发展?

3. 高中学校如何影响家庭参与?

本研究分析基于 1988 年全国教育纵向研究中 11000 多名高中生家长和 1000 多名高中校长的报告（NELS:88）。这项研究跟踪了一群学生，从他们进入初中，到高中，再到高等学校或加入工作的情况（Ingels，Thalji，Pulliam，Bartot，& Frankel，1994）。1988 年，来自 1052 所学校的 24599 名八年级学生接受了具有全国代表性的抽样调查。这些学生被长期追踪观察，并在他们高二和高三的时候再次接受了研究调查。随着时间的推移，学校校长和学生家长也接受了研究调查。调查收集了一系列主题的信息，包括学校、家庭和社区联系的特点和做法。以下是关于高中、家庭和社区合作性质，关于合作对学生成功的影响，以及学校主动的联系同家庭参与之间的关系的主要调查结果的摘要（Simon，2001，2004）。

6.2.2 研究结果

（1）高中阶段学校、家庭和社区的合作是什么样的?

有很多报道称，青少年进入高中后，家庭参与程度下降。与较早年级的合作关系相比，高中阶段的学校、家庭和社区的联系显得较为薄弱（Clark，1983；Dornbusch & Ritter，1988；George，1995）。然而，这一结论是基于对参与持狭隘观点的研究，并没有考虑到在家庭、学校和社区中开展的广泛的合作活动。

本研究广泛使用爱泼斯坦（Epstein，1995）的六种类型参与框架来概念化合作关系，该框架承认广泛的合作活动。我们分析了高中学校高年级学生的家长和高中校长的报告，以了解各种类型的参与活动的性质和程度，包括抚养教育、沟通交流、志愿服务、在家学习、制定决策和与社区合作。以下是对“NELS：88”特定数据的分析结果，数据可以表明学校、家庭和社区在高中期间是如何联系的。

①类型 1 －抚养教育

培训在许多高中都是很受欢迎的教育活动。超过一半的高中校长报告说，他们的学校为家长提供预防药物和酒精滥用（这对许多青少年和他们的父母来说是一个重要的问题）的培训。大约三分之一的 12 年级学生家长报告说，他们参加了大学教育规划的培训，以了解大学教育机会和财务规划。

②类型 2 －沟通交流

通常而言，包括“从家到校”和“从校到家”模式的参与活动并不是连贯性的，而是断断续续或不连贯的。家长和高中老师很少就青少年的学习成绩（成绩单除外）、出勤率和行为（有问题的除外）进行交流。例如，约有三分之二的家长从未因孩子的出勤情况接到学校的联系，约有四分之三的家长也从未就孩子的出勤情况主动与学校联系。虽然家长会是小学和初中年级的常见活动，但约有三分之一的高中校长反映，他们的学校没有举办家长会来为学生的进步、面临的挑战、存在的担忧和未来计划做沟通。

③类型 3 －志愿服务

大多数父母自愿和孩子们一起参加学校活动。大约三分之二的家长至少作为观众参加过一次学校活动，其中三分之一的家长参加过一次以上。较少的家长以传统志愿者的身份参与（例如，作为教师助手、食堂监督员或野外考察的监护人）。高中家长可能会质疑他们的参与能有多大帮助；老师也可能不愿意在课堂上被家长监视；青少年也可能不希望父母在学校上学的时间里一直盯着他们。这些以及其他原因可以解释为什么高中阶段的家长参与减少了。尽管有报道称三分之一的高中有招募和培训志愿者的正式项目，但只有大约八分之一的家长自愿参加。

④类型 4 —在家学习

家长们可能会觉得帮助高中生准备三角函数或化学考试，或者审阅他们关于文学名著的论文是一件令人畏惧的事情。家长们在这方面几乎没有得到学校的帮助。大约四分之三的家长表示，学校工作人员从未就如何指导和帮助青少年做家庭作业与他们联系。尽管如此，三分之二的家长报告说，他们有时或经常试图帮助青少年做家庭作业或学校项目。许多家长会从教师的指导中受益，这些教师会教他们如何与孩子们一起做家庭作业或学校项目。校长们说，很少有家长向老师询问如何帮助青少年完成家庭作业或培养特定技能。在大多数高中，只有不到四分之一的家长询问如何帮助青少年做家庭作业。尽管许多家长对帮助孩子做家庭作业感到捉襟见肘，但大多数家长还是会和孩子们谈论学校的事情，而且几乎所有人都知道孩子们的学业进步情况。

⑤类型 5 —制定决策

许多学校利用 PTA 或 PTO 作为一个论坛，让家长对他们孩子就读的高中提供意见。然而，大约三分之一的高中校长报告说，他们的学校没有这样的组织。PTA 或 PTO 的缺失可能会限制父母对学校政策决定的影响，并加剧父母与子女就读高中之间的距离感。

⑥类型 6 —社区合作

校长报告说，社区伙伴通过各种协作活动支持高中学校。例如，大多数校长报告说，雇主要求学校张贴工作并推荐学生做兼职。半数校长报告说，当地商业组织参与并努力打造安全和无毒品的学校环境。在服务社区方面，不到一半的校长报告说他们的高中有社区服务项目。

大多数校长都报告说，学生每周花两个小时或更少的时间在社区场所做志愿者。

随着学生从童年到青春期的发展，他们从一个以家庭为中心的世界走向了一个更广阔的世界，其中包括社区中的同龄人和其他成年人。青少年越来越依赖家庭之外的社交网络，但数据显示，在高中的最后几年，许多家庭是通过以下几种方式支持青少年发展的：

- 家长继续监控青少年潜在的危险行为。
- 父母和青少年会有部分闲暇时间待在一起。
- 家长和青少年讨论中学后的教育计划和当前的学校活动。
- 家长们意识到青少年在学校的进步。

大多数家长都参加了一些学校活动，许多家长还参加了中学后教育规划培训，如果高中学校提供这些活动的话。

当然，家庭和社区可能会参与许多其他支持青少年学习和发展的活动。尽管如此，“NELS：88”一系列指标数据显示，家庭参与了各种合作活动，正如下一组分析显示的那样，这些活动对一些学生的发展产生了积极影响，包括成绩单、完成的课程学分、出勤率、行为，以及入学准备。

（2）家庭参与如何影响高中学生的发展？

家庭、学校和社区都可以从精心策划、实施良好的合作活动中受益，但学生的成就和发展是教育改革的底线。教育工作者想知道：合作是如何影响学生学习的？学生们会取得更好的成绩吗？他们会更有规律地上学，更有准备地进入课堂学习吗？了解合作如何影响学生的成功是健全合作机制和研究的重要一步。通过搞清楚家庭和社区参与同学生发展之间的联系，合作项目的制定者可以最有效、最高效地利用家庭、学校和社区内的资源，研究人员可以用理论上更加合理的方式来对合作及其结果进行衡量，并以此加强他们的研究。

一些早期研究探讨了合作对学生发展的影响，但许多研究对“合作机制”测量指标很有限（Astone & McLanahan，1991；Lee，1993；Stevenson & Baker，1987），包括对有限范围的学生结果的测量，以及对合作活动与学生结果之间微弱关联的分析（Desimone，1999；Ho & Willms，1996；Pong，1998；Singh，Bickley，Trivette，Keith，& Keith，1995）。

与之前只考虑几个合作关系指标的研究不同，这项研究（Simon，2004）使用“NELS:88”随访数据分析了 17 种包括各种养育、沟通、志愿服务、在家学习和决策活动影响了学生发展的合作实践。在评价合作关系对学生发展的若干指标影响的基础上，这项研究测试了特定的合作活动如何影响学生如下方面的表现：英语和数学成绩、标准化考试成绩、英语和数学课程完成学分、出勤、学习行为和入学准备（例如，学生完成了家庭作业并带了书和钢笔或铅笔来上课）。

结果显示，在控制了种族和民族、家庭结构、性别以及学生先前成绩和社会经济地位等重要影响因子后，当父母以各种方式参与孩子教育时，青少年在英语和数学方面的成绩更高，并完成了更多的英语和数学课程学分，出勤率和行为更好，上课时也更有准备。该研究强调了“特定的家庭参与活动”与“学生成绩”实质性关联之间的关系模式，分析还揭示了“家庭参与”与同学生发展不太相关的衡量标准之间的一些重要联系。

①有助于提高学习成绩和完成课程学分

不管青少年以前的英语和数学成绩如何，或者他们的家庭背景如何，当父母参加大学规划培训时，当父母和学生谈论大学规划时，青少年会在英语和数学方面获得更好的成绩，并完成更多的英语和数学课程学分。由于各种原因，父母参加大学规划培训和与青少年讨论大学规划可能对学生的成绩和完成课程学分数量产生了积极的影响。首先，青少年可能已经得到了这样的信息，即他们的父母重视他们的大学计划，支持他们努力取得好成绩，并参加大学入学所需的课程。其次，当父母参加大学计划培训时，他们可能已经了解到平均绩点和课程学分对大学录取的重要性，随后，他们会鼓励或监督孩子努力提高成绩，学习必要的课程以进入大学。

②标准化考试成绩对学生发展的预测效果

学生之前的标准化考试成绩对预测他们下一次和未来的考试成绩具有显著影响，以至于这种显著效果让其他预测因素在提高或降低未来的考试成绩方面黯然失色。然而，本研究发现，即使在考虑了之前成绩的强大影响之后，父母和青少年谈论大学以及父母参加大学规划培训对 12 年级学生的考试成绩依然有微小但积极的影响。

③出勤率

除了孩子之前的出勤率或家庭背景因素的影响外，当父母与孩子一起参加各种学校活动时，孩子按时上学的频率会更高。一般来说，当父母参加学校活动时，他们有机会认识其他学生的父母，并可能建立一个父母关系网络。就像在关系紧密的社区里，孩子不仅仅要受到他们自己父母的监督，而且也会受到社区其他成年人的监督。同样的道理，父母关系网络可能会起到阻止学生逃学的作用，因为学生知道其他同学的父母可能会监视他们，或者他们知道其他学生的父母也会像自己的父母一样强调按时上学的重要性。此外，家长可能有机会与参加学校活动的教师或高中学校管理人员聊天。这些非正式的谈话加强了家庭与学校之间的联系，并可能提醒学生，他们在学校的所作所为可能会被通报给他们的父母。

④学习行为和学习准备

各种参与活动对学生的良好学习行为和学习准备会产生积极影响。例如，当学生与家长谈论学校和大学计划时，他们也表现了更好的行为，并更有可能准备来校上课。当父母与孩子交谈时，可能会向孩子传达对教育的重视，并有可能会激励孩子在学校的表现。同样，父母和孩子在一起的时间越长，学生的表现就越好，上课准备也就越充分。家长可以通过闲暇时间的活动来强化学生行为的规范和规则。孩子也可能会因为这些课外活动以及这些活动对父母的重要性而形成学习动力。

⑤家庭参与和学生发展之间的负相关关系

一些沟通行为（家长联系学校了解青少年的出勤率和行为）与学生的成功呈负相关。换句话说，父母越是经常联系学校了解孩子的出勤率和学习行为，学生在学校取得成功的可能性就越小。这些发现并不意味着家庭与学校之间的联系导致了学生的学习成绩不佳。相反，分析表明，父母联系学校是因为他们的孩子已经在挣扎了。与十年级学业表现良好的学生的父母相比，这些出勤率较低、数学和英语成绩较差、标准化考试成绩较差的学生的父母更有可能就 12 年级孩子的学习行为和出勤率联系学校。纵向数据显示，家长与学校的联系发生在学生出现持续性学业挣扎的背景下，而且家长的联系增加很可能是因为学校联系家长的增加，因为学校会因孩子的出勤率、学习行为和学业问题主动联系家长。

总之，数据分析揭示了抚养教育、志愿服务和在家学习等活动与 12 年级学生发展的各种指标（包括青少年的成绩，学生完成的课程学分数量以及学生的出勤率、学习行为、入学准备情况）之间的积极关系。然而，“NELS:88”的数据不能彻底分析合作关系的其他方面对学生发展的影响，例如家庭参与学校决策制定和与社区合作。与所测试的抚养教育、志愿服务和在家学习等活动一样，如果计划良好，家庭参与学校决策制定和与社区的合作预计将会改善学生发展的相关指标。（关于类型 2 —沟通交流的更多信息，请参阅下一节关于学校外部联系的内容。）

到了高中的最后一年，学生已经有了一些根深蒂固的学习习惯、态度和与学校有关的行为模式。尽管如此，研究表明，即使在高中的最后一年，无论学生的背景或先前的成绩如何，家庭对教育的参与都会影响学生的学业成功。当父母在多方面支持孩子的学习时，青少年更有可能在学校取得成功。

（3）高中学校如何影响家庭参与

由于许多原因，随着年级提升，学校和家庭的合作呈下降趋势。例如，高中复杂的组织、复杂的课程，以及青春期的紧张使一些家庭不愿意继续参与孩子的教育。在这项研究中，我们考虑了一些因素，它们可能会改变这一趋势，并在多年后增加学校和家庭的联系。

为了了解高中家庭参与水平的差异，研究人员调查了学生的背景对参与的影响，包括种族和民族、家庭结构和社会经济地位（Astone & McLanahan，1991；Catsambis，2001；Clark，1983；Desimone，1999；Goyette & Xie，1999；Lee，1994；Phelan，Davidson，&Yu，1998；Pong，1998；Singh et al.，1995）。这些研究揭示，学生的背景解释了高中阶段家庭参与的一些差异。

尽管家庭的社会经济地位对部分家庭参与行为具有重要且积极的影响，但它并不影响合作活动本身。（Epstein，2011；Simon，2000）。其他背景指标，包括学生的种族和民族、家庭结构、性别和先前的成绩，并不总是能预测家庭是否会或如何支持青少年的学习。虽然经常被分析，但家庭和学生背景的变量并不是家庭参与的唯一潜在预测因素。相反，一系列条件可能会影响青少年的家庭是否会以及如何参与他们的教育。在那些只考虑学生背景的研究基础上，本研究将进一步把高中学校联系家庭的活动作为家庭参与孩子学习和发展的预测因素。

这项研究（Simon，2004）考察了17项高中学校联系家庭的活动如何对家庭参与产生影响。一些分析侧重于高中学校的这些实践和家庭参与活动之间是否存在实质性联系（例如，学校联系父母帮助孩子做家庭作业与父母和孩子一起做家庭作业之间的联系）。结果显示，当高中开展特定的联系活动时，家庭更有可能以这些方式参与。无论孩子的成就水平、社会经济地位、家庭结构、性别、种族和民族如何，高中学校联系家庭的活动都能积极影响家庭参与。事实上，在一些情况下，高中学校的联系活动对家庭参与的影响比家庭背景或学生的成就的影响更显著。

以下是一些关于高中学校的项目和实践活动如何吸引家庭积极参与，使其为学生提供家庭支持的例子。这些分析的重点是特定的学校联系活动与父母的反应之间是否存在关系。高中生家长们做了如下报告：

- 当高中学校的工作人员就孩子的大学教育规划联系家长时，家长更有可能参加高等教育规划培训，并更频繁地和孩子谈论大学和就业问题。
- 当高中学校工作人员与家长联系志愿服务时，家长更愿意在学校活动中担任观众志愿者。
- 当高中学校工作人员告知家长如何帮助孩子学习时，家长们开始更多地辅导孩子做家庭作业。
- 当高中学校工作人员就一系列与学校有关的问题（包括他们孩子的学业计划、选课和高中毕业后的计划）联系家长时，家长和孩子会更多地谈论学校。

校长的报告证实了家长的报告。高中学校的项目和联系活动对家庭参与的影响远远超出了学校体制（公立或私立）、学校区位（城市、郊区、农村），或接受免费或优惠午餐的学生比例，或生活在单亲家庭的影响。具体来说，高中校长的报告表明，当高中有一个正式的计划来招募和培训家长作为志愿者时，更多的家长可能会为学校提供志愿服务。他们还报告说，当高中鼓励家长会时，更多的家长加入了PTA或PTO，并参加会议。

本节小结

所有的父母都希望自己的孩子在学校取得成功。然而，并不是所有的父母都知道如何更好地支持孩子成为学习者。本研究表明，高中可以在联系活动中扩大家庭参与。家庭的参与习惯并不是由高中最后一年决定的。相反，高中联系家庭的活动——以及其他潜在的影响——可以提高家庭参与的水平。以下是主要研究结果的摘要：

· 在高中的最后一年，学校、家庭和社区继续以各种方式开展合作。

· 不管学生以前的成绩或背景，高中和家庭合作对青少年的成绩、完成的课程学分、出勤率、学习行为和入学准备具有积极影响。

· 无论家庭背景或学校背景如何，当高中学校向家庭提供与年龄相适应的重要活动时，家庭的反应是增加参与（见表6–2–1）。

家庭以各种参与方式支持学生在高中最后一年的在校学习。高中学校不仅有特殊的责任组织合作项目让各个年级所有的家庭都参与进来，而且它们也有能力改变家庭支持学业发展的方式。

表 6-2-1　高中学校外部联系对家长参与的影响

当高中学校……		家长更可能……
就孩子高中毕业后的教育计划联系家长时	→	参与大学规划和职业规划的培训，并与孩子谈论大学和职业的话题
联系家长提供志愿者服务时	→	在学校活动中担任观众志愿者
向家长提供如何帮助孩子学习的信息时	→	与孩子一起完成家庭作业
就学校事宜联系家长时	→	与孩子谈论学校相关话题
正式招募和培训家长志愿者时	→	为学校提供志愿服务
鼓励家长与学校协同合作	→	加入学校 PTA 或 PTO 组织以及参加学校会议

本节注释

本章节内容总结了西蒙（Simon，2004）的研究报告结果，这是对高中联系家庭的活动如何影响家长参与和学生成长结果的第一项大规模研究。该研究表明，与年龄和年级相适应的参与活动有助于学生在 12 年级的发展，包括学生的高等教育计划和高中毕业的可能性。西蒙的研究对于学术、政策和实践仍然很重要。最近的研究通过对同一数据集的其他分析加强和拓展了这些发现（McNeal，2014）。虽然对高中阶段的学校、家庭和社区合作的研究不如对低年级的研究那么普遍，但相关文献正在增加，这可以从本章第一篇文章的参考文献中得到佐证。

参考文献

[1] Anguiano, R. P.V. (2004). Families and schools: The effect of parental involvement on high school completion. Journal of Family Issues, 25, 61–85.

[2] Astone, N. M., & McLanahan, S. S. (1991). Family structure, parental practices and high school completion. American Sociological Review, 56, 309–320.

[3] Catsambis, S. (2001). Expanding knowledge of parental involvement in children's secondary education: Connections with high school seniors' academic success. Social Psychology of Education, 5,149–177.

[4] Catsambis, S., & Beveridge, A. A. (2001). Does neighborhood matter? Family, neighborhood, and school influences on eighth grade mathematics achievement. Sociological Focus, 34, 435–457.

[5] Clark, R. M. (1983). Family life and school achievement: Why poor black children succeed or fail. Chicago, IL: University of Chicago Press.

[6] Desimone, L. (1999). Linking parental involvement with student achievement: Do race and income matter? Journal of Educational Research, 93, 11–30.

[7] Dornbusch, S. M., & Ritter, P. L. (1988). Parents of high school students: A neglected resource.Educational Horizons, 66, 75–77.

[8] Epstein, J. L. (1995). School/family/community partnerships: Caring for the children we share.Phi Delta Kappan, 76(9), 701–712.

[9] Epstein, J. L. (2011). School, family, and community partnerships: Preparing educators and improving schools (2nd ed.) Boulder, CO: Westview Press.

[10] George, P. (1995). Search Institute looks at home and school: Why

aren't parents getting involved? High School Magazine, 3(5), 9–11.

[11] Goyette, K., & Xie, Y. (1999). Educational expectations of Asian American youths: Determinants and ethnic differences. Sociology of Education, 72, 22–36.

[12] Hill, N. E., Castellino, D. R., Lansford, J. E., Nowlin, K., Dodge, K. A., Bates, J. E., & Pettit, G.S. (2004). Parent academic involvement as related to school behavior, achievement, and aspirations: Demographic variations across adolescence. Child Development, 75, 1491–1509.

[13] Ho, E. S-C., & Willms, D. J. (1996). Effects of parental involvement on eighth-grade achievement. Sociology of Education, 69, 126–141.

[14] Ingels, S. J., Thalji, L., Pulliam, P., Bartot, V. H., & Frankel, M. R. (1994). National educational longitudinal study of 1988. Second follow-up: Parent component data file user's manual.Washington, DC: Office of Educational Research and Improvement, U.S. Department of Education.

[15] Kreider, H., Caspe, M., Kennedy, S., & Weiss, H. (2007). Family involvement in middle and high school students' education (Research Brief 3). Cambridge, MA: Harvard Family Research Project.

[16] Lee, S. (1994). Family-school connections and students' education: Continuity and change of family involvement from the middle grades to high school. Unpublished doctoral dissertation, Johns Hopkins University, Baltimore.

[17] Lee, S.-A. (1993). Family structure effects on student outcomes. In B. Schneider & J. S. Coleman (Eds.), Parents, their children, and schools (pp. 43–76). Boulder, CO: Westview Press.

[18] McNeal, R. B, Jr. (2014). Parent involvement: Academic achievement and the role of student attitudes and behaviors as mediators.

Universal Journal of Educational Research, 2, 564–576.

[19] Phelan, P., Davidson, A. L., & Yu, H. C. (1998). Adolescents' worlds: Negotiating family, peers, and school. New York: Teachers College Press.

[20] Pong, S.-L. (1998). The school compositional effects of single parenthood on 10th grade readingachievement. Sociology of Education, 71, 23–42.

[21] Sanders, M. G., & Lewis, K. (2005). Building bridges toward excellence: Community involvement in high schools. High School Journal, 88(3), 1–9.

[22] Sheldon, S. B., & Epstein, J. L. (2005). School programs of family and community involvement to support children's reading and literacy development across the grades. In J. Flood & P.Anders (Eds.), Literacy development of students in urban schools: Research and policy (pp.107–138). Newark, DE: International Reading Association.

[23] Simon, B. S. (2000). Predictors of high school and family partnerships and the influence of partnerships on student success. Unpublished doctoral dissertation, Johns Hopkins University, Baltimore.

[24] Simon, B. S. (2001). Family involvement in high school: Predictors and effects. NASSP Bulletin, 85(627), 8–19.

[25] Simon, B. S. (2004). High school outreach and family involvement. Social Psychology of Education, 7, 185–209.

[26] Singh, K., Bickley, P. G., Trivette, P., Keith, T. Z., & Keith, P. B. (1995). The effects of four components of parental involvement on eighth-grade student achievement: Structural analysis of NELS-88 data. School Psychology Review, 24, 299–317.

[27] Stevenson, D. L., & Baker, D. P. (1987). The family-school relation and the child's school performance. Child Development, 58, 1348–1357.

6.3 基于目标导向法制定中学合作计划

娜塔莉·罗德里格斯·詹森（Natalie Rodriguez Jansorn）

为上大学做更充足的准备、加强写作能力、提高出勤率、提高数学技能，这些都是大多数初中和高中为学生设定的目标。除了有效的课程和优秀的教学，学校、家庭和社区的合作项目可以支持学生实现这些目标和其他的学校改进目标。一个以目标为导向的合作计划直接与学校改进计划相关联，以提高学生在学校的成功机会。

本节讨论了基于目标导向法制定合作计划的要素，并为学校、学区和州领导人提供了与学生具体学业和行为目标及强化学校合作氛围有关的六种类型参与合作活动的例子（如抚养教育、沟通交流、志愿服务、在家学习、制定决策和与社区合作）。本节后续内容可以用作培训的幻灯片、间接材料或讲义，帮助初中和高中考虑适合年龄和年级的参与活动，并为学校、家庭和社区合作撰写与目标相关的计划。这些信息补充了第二章和第五章中关于小学与目标相关的参与活动的讨论和例子。

6.3.1 初中和高中的“年度合作行动计划”

（1）什么是合作的目标导向法？

如果学校 ATP 要采用目标导向的方法，就需以如下问题作为思考的起点：我们学校今年将为学生设定什么目标？ ATP 审查学校改进计划，并从中选择几个主要目标，这些目标将受益于家庭和社区的参与。初中和高中的目标可能包括以下内容：

- 提高阅读、写作、科学、数学、社会研究或其他学科的学业成绩。
- 提高出勤率。
- 提高学生在校期间的积极行为和参与度。
- 确保学生顺利步入高中。
- 为大学和职业生涯提供积极的建议。
- 加强学生的身心健康、可塑性和安全性。
- 实现学校为学生制定的其他重要学业或非学业目标成就。

然后，ATP 为家庭和社区参与活动撰写年度行动计划，这些活动联系并支持学校改善学生学业和非学业进步所选定的具体目标。一项全面的计划应该包括所有六种类型的参与活动，以富有成效和适合年龄的方式让家庭和社区伙伴参与进来。

（2）为什么要使用目标导向法？

研究表明，到了初中和高中，家庭参与往往会减少；家长仍然希望参与，但是他们会在家长参与同孩子随年级日益增长的独立需求之间寻求平衡。教师们仍然认为家长的参与很重要，但他们可能不知道如何使用具体的策略来帮助家长与孩子建立联系，以应对具有挑战性的课程，或对将要学习的课程做出选择。

合作中的目标导向法使教育工作者和家庭能够以帮助学生达成具体目标的方式相互合作。例如，一所高中的 ATP 开发了与写作相关的合作活动，指导家庭帮助学生提高他们的写作技能，以实现学校的写作目标。教师、管理人员和辅导员用多种语言为家庭制定了关于写作课程和学习标准的明确信息。家长们被引导去倾听学生们阅读文章、讲故事和朗读诗歌初稿，讨论学生的想法并提供反馈建议。ATP 也会设计有助于家长与老师交流学生写作成绩及其所取得的进步的方法。

一项与目标相关的合作计划向所有利益相关方明确表明：学校、家庭和社区合作机制是可以被设计出来并加以实施的，它可以使初中生和高中生从中受益。很显然，包括“年度合作行动计划”在内的合作活动专注于具体的目标，以充分利用每个参与者的时间和资源的方式来帮助取得学生关键领域的进步。

（3）谁来为合作计划选择目标？

最常见的是，ATP 为每年的合作行动计划选择目标，这些目标与学校改进计划中的目标相关。在选定目标后，ATP 可以招募更多的成员或目标负责人，他们的工作或兴趣与特定的目标有关。例如，一所城市中学关注提高学校和学生安全的目标，ATP 就将社区警察队长加入团队。他们可以为实现目标提供独特的见解和资源，并通过家庭和社区参与活动来提高学校安全性。

一个运作良好的SIT、PTA或PTO，学校教师，以及家长也可以就“年度合作行动计划”目标向 ATP 提供支持。个别教师和学科领域的教学团队也可以开展与目标相关的家庭和社区参与活动，以丰富学生的学习，并将这些项目添加到合作行动计划中。

（4）ATP 需要选择多少个目标？

在一个完整的学年里，ATP 应该选择四个目标，这些目标将通过家庭和社区参与活动来实现，其中包括两个学业目标，一个非学业目标，以及一个创造和维持学校合作氛围的总体目标。目标的数量可能会有所不同，这取决于各个学校的需求、兴趣和资源。

（5）ATP 如何制定一个基于目标导向的合作计划？

首先，ATP 审查学校改进计划，以确定教师正在努力提高学生成功的四个目标。这将是“年度合作行动计划”的基础。例如，可以从教师的工作中选择两个学业目标，以提高学生的阅读、写作、数学或科学学科的技能和考试成绩。合作计划的一个非学业目标可以集中在提高或保持良好的学生出勤率。而加强和维持一种欢迎、尊重，以及与所有家庭友好合作的学校氛围这一总体目标，可能与合作学校的总体政策或优先事项有关（例如，确保与家庭和社区的积极沟通）。初中和高中也可以设定目标，如为了帮助即将入学的学生及其家庭在新学校的第一年成功过渡，让所有学生在高等教育和职业道路上茁壮成长，或培养学生和家庭应对社区共同挑战（例如，移民问题、抑郁或焦虑的激增、社交媒体欺凌、食品安全）的能力。

当家庭和社区参与活动有明确的目标，并得到了良好的实施，以支持教师和管理人员的努力并使其发挥更大作用时，初高中学生的这些目标和其他目标将更有可能实现。

其次，ATP 制定完整的“年度合作行动计划”。第五章提供了与目标相关的计划撰写模板。每个目标对应一页的书面计划。为了撰写计划，ATP 可能会为每个目标成立分委员会或“页领导”[①]，以确保所有团队成员都为选择、发展和安排有针对性的家庭和社区参与活动做出贡献。

每一个由“页领导”组成的分委员会将确定至少三项家庭和社区的参与活动，以支持其目标，并在行动计划页面的对应内容上提供实施活动的必要细节。这些活动可以是一次性的活动、持续的交流、一系列的会议或培训，或其他让家长在学校或家里参与的创新策略。选择的活动可以是新开发的活动、根据原来的活动修改而来的或现有的活动，以使所有家庭和社区伙伴与学生和学校联系起来。

① 负责年度合作行动计划中具体每一页目标的负责人。

最后，在每个小组完成其计划页后，整个 ATP 将分享其想法，提供反馈意见，并对整个“年度合作行动计划”进行修订。例如，ATP 将检查所有六种类型的参与活动是否在计划的四个页面中都有体现，活动是否安排在整个学年（不是安排在一起），以及 ATP 成员和学校的其他人是否共同领导所计划的活动。

（6）评价的重要性

任何项目的成功在很大程度上取决于其评价的质量。ATP 必须考虑如何持续观察、记录、衡量或监测“年度合作行动计划”中每个目标的结果。ATP 应选择一种以上的方法来评价：（a）合作活动的质量；（b）目标参与者的反应；（c）是否以及如何实现每个目标。

评价策略包括从简单地记录某项活动的参与者数量或记录收到信息的家庭数量，到更复杂的程序（比如统筹调查或进行访谈或设置焦点小组），再到进行复杂的纵向研究，以评价家庭参与活动对学生标准化考试分数、成绩等级和出勤率的影响。

每一个 ATP 都应该对每一项活动进行深思熟虑的讨论，并与“年度合作行动计划”的格式相匹配。这些反思将有助于 ATP 每年改进活动的设计、外部联系和实施质量。通过评价进展，ATP 能够改善行动、外部联系、父母的反应和学生的结果。评价显示了目标的严肃性，并将帮助 ATP 增加学校和学区合作者对合作的支持，以确保 ATP 活动的资金和资源。

年度评价是由约翰斯·霍普金斯大学的全国合作学校网络（NNPS）作为一项服务提供的，以帮助学校和学区监督其合作项目的质量和进展。一项年度更新调查使 ATP 能够反思和报告其合作方案关键组成部分的质量，并考虑在下一个“年度合作行动计划”中改善家庭和社区的参与。

在撰写“年度合作行动计划”和确定评价策略后，ATP 就可以在学校相关人员的帮助下开展基于目标的合作实践了。

（7）基于目标导向的合作计划是如何实施的？

①一所初中的合作行动计划

在美国南部一个州的一所城市中学里，一个由 10 名成员组成的 ATP（包括家长、学校工作人员、行政人员、社区和学生成员，代表了学校的所有学习伙伴）在审查了学校的改进计划后，制定了本校“年度合作行动计划”，其重点是如下四个目标：

· 提高阅读和语言艺术成绩。

· 提高数学成绩。

· 增加出勤率。

· 持续开展活动，营造欢迎气氛，并与社区组织建立新的、富有成效的合作。

根据六种类型参与分析框架，ATP 选择了一些活动来实现每个目标。例如，为了帮助学生提高数学技能、学习态度和成绩，ATP 举办了一场“家庭数学之夜”活动，家长和学生一起参加特定年级的、基于标准的数学活动。学校还与社区合作开展了课后数学辅导项目和“数学马拉松”活动。在每一份学校给家长的通讯简报中，ATP 提供了包括数学课程的最新情况、学生在数学课上学习的例子，以及父母应如何与学生谈论数学和帮助学生完成家庭作业等在内的信息。通讯简报还会表彰学生所取得的数学成就。

通过让家庭了解数学课程，为与孩子们一起学习数学展开互动提供指导，并与社区联系以获得进一步的支持，这所初中激活了学校、家庭和社区的合作，支持教师努力提高学生的数学成绩。ATP 为行动计划中的其他三个目标实施了同样有针对性的活动，从而创建了一个全面的目标导向的合作行动计划。

②一所高中的合作行动计划

美国中大西洋地区的一所城市高中在学年中启动了合作行动计划，并在第一年专注于两个目标：

- 提高写作成绩。
- 提高出勤率。

这所大型高中有一个由 18 人组成的 ATP。为了撰写“年度合作行动计划”，该团队分为两组，每组都有学校、家庭、社区和学生的代表。在一次会议上，两个小组花了大约 40 分钟的时间，针对当前的合作活动进行头脑风暴，以制定新的合作活动，以选定目标。头脑风暴会议允许 ATP 成员发挥创造力，以“天空才是极限”的态度考虑许多可能的合作活动，而不必担心细节。然后，整个 ATP 聚集在一起分享想法，并就潜在的合作活动向每个小组提供反馈。

接下来，两个小组一起开会，对合作活动做出最终决定，这些活动将被纳入为期半年的启动计划。每个小组都选择了两到四项参与活动来支持其目标。例如，提高写作成绩的小组为学生策划了一个“开放式诗歌之夜”活动，让他们与受邀作为观众的家长分享他们的创造力。他们还计划邀请家庭志愿者担任学生辩论俱乐部的助理教练和评委。作为第三项活动，他们计划在 PTA 通讯简报上建立一个专注于“提高写作成绩”的专栏，其中包括课程信息、对学生成绩的认可，以及为家长提供帮助青少年完成家庭作业的建议。ATP 很清楚，在高中阶段，让学生作为参与活动的领导者，并突出学生的工作，是增加家庭和社区参与的重要特点。

在两个小组分别完成与写作和出勤有关的最终目标相关的行动计

划后，整个团队又一起共同合作。他们检查了所有六种类型的参与活动是否都被包含在最终计划的两个目标中。ATP 全体成员又对综合计划做了一些调整，以改进并在整个学年里均匀地安排活动。然后，ATP 指派至少一名成员监督或协调每项活动，并确定可以帮助他们实施活动的其他教师、工作人员、家长、学生和社区伙伴。

在制定目标导向合作计划的过程中，这所高中的 ATP 成员合作并共同承担责任为剩下的学年设计了一个为期半年的启动计划。有了这些经验，ATP 会在下一学年的春季写一份四页的完整合作行动计划。

（8）基于不同目标的合作活动案例

下文为初中和高中学校合作计划的重要目标提供了一些案例，以及与每个目标相配套的六种类型参与活动案例。每个 ATP 可以选择、调整或设计适合其学校学生目标的家庭和社区参与活动，并确保它们受学校欢迎。这些活动是全国各地初中和高中已经实施的众多活动中的一部分。想要了解更多案例，请参见 www.partnershipschools.org 网页里“成功故事”专栏中来自各级各类学校成功团队的“有价值的合作实践案例”年度合集。你可以使用搜索功能，检索你想用的高中活动。

【初中案例 1】

表 6-3-1　年度行动计划之“学段衔接”

类型 1	组织“寻宝游戏”让新生不断了解学校信息、教师和员工、教学计划、课程，以及各类教育资源。组织家长游览校园。
类型 2	针对小学五年级学生组织“小组讨论”，并组织他们的家长聆听已经从六年级升入初中的学生、中学教师、辅导员、教育管理人员，以及六年级学生的家长的分享报告。
类型 3	为正在读六年级的学生家长提供一份“资源目录”，目录里应包括如何提供志愿服务、特殊才艺，或在家里、在工作上或社区中能为初中学校、特定的部门和活动提供的资源。

类型 4	通过目前中学在校生、家长和教育工作者共同拍摄的视频告诉五年级的学生及其家长如何帮助学生在初中取得成功。
类型 5	PTA、PTSA、PTO 可以通过电子邮件、公示栏或其他通信方式向所有新入学的学生家长发送信息，帮助学生和家长了解学校和社区的合作项目和提供的服务。
类型 6	暑期在附属学校为小部分学生举办为期一周的迎新营。

注：更多每种类型的参与活动的其他信息，请见本指南网站资源。

【初中案例 2】

表 6-3-2 年度行动计划之“提高出勤率”

类型 1	为家长举办“成功峰会”，主题就是学生的成长和学生的出勤率的重要性。邀请的演讲者包括学校教育管理人员、辅导员、法律专家、教师、卫生服务提供者，以及学生和家庭成员。
类型 2	如果出勤率良好或不断提高，学校颁发表扬信。
类型 3	家庭志愿者担任班级考勤助理，联系那些缺席和迟到学生的家长，就出勤情况进行沟通，并帮助他们解决准时上学的问题。
类型 4	给学生和家庭成员布置一道互动作业，要求他们制作一张关于“为什么良好的出勤率很重要”的海报。
类型 5	如果需要，PTA/PTO 应该与学生或家长沟通，并解释学校相关政策要求，内容包括学校发展目标、学生出勤和到校时间要求，以及学生生病后返校应采取的步骤指南。
类型 6	与医疗诊所和儿科医生合作，当学生患者就诊的时候，向他们和家长询问有关其在校期间的出勤情况。

注：更多每种类型的参与活动的其他信息，请见本指南网站资源。

【初中案例3】

表6-3-3　年度行动计划之“推进阅读”

类型	内容
类型1	为家长开设关于如何组织暑期读书会的培训和指南，让学生在家享受阅读的乐趣。
类型2	由学生领导的家长－教师－学生会议，讨论他们的阅读计划、成功经验和下一个评分期的挑战；学生将做什么；老师会怎么做，以及家长如何支持其在家阅读。
类型3	家庭成员在上学期间或课后服务中担任志愿识字导师、阅读伙伴或图书馆助手。
类型4	布置阅读和写作的互动式作业，让学生与他们的父母或家庭成员分享学习心得和写作初稿（例如，散文、诗歌、评论）。
类型5	PTA或PTO为学校媒体中心捐赠书籍、杂志和其他阅读材料的筹款活动提供支持。
类型6	学校组织的学生公益服务阅读项目，让学生为当地的老年中心或老年机构的老年人朗读。

注：更多每种类型的参与活动的其他信息，请见本指南的网站资源。

【初中案例4】

表6-3-4　年度行动计划之“为大学做准备”

类型	内容
类型1	为家长举办培训，让他们尽早了解上大学所要承受的负担、为上大学做好储蓄，以及大学里的奖学金和助学金等。
类型2	学校通信栏中的学院专区，主要介绍不同类型的学院信息，并重点介绍在大学里取得成功的校友情况。
类型3	家长和学生到当地的学院和大学进行实地考察，由父母、哥哥姐姐和其他志愿者担任向导和讨论者。
类型4	互动式家庭作业，要求学生与父母谈论自己的优势和兴趣，以及这些优势和兴趣与未来职业之间的关系。
类型5	一个由家长、教师和辅导员组成的大学准备委员会，在整一个学年中都在创造一种鼓舞人心的“大学是可能的”校园文化。
类型6	与入学的高中合作，确保在核心学业科目上保持学段一致性，以便学生准备好在符合大学目标的课程上取得成功。

注：更多每种类型的参与活动的其他信息，请见本指南网站资源。

【高中案例5】

表6-3-5 年度行动计划之“达到数学要求”

类型1	为家庭成员提供继续教育课程（例如GED/ABE课程），或为家庭和学生一起提供继续教育课程（例如计算机课程）。
类型2	在学校网站、班级网页上发布信息，教师定期向家长和学生发送关于数学学习资源的电子邮件，例如同伴辅导、低成本的专业辅导、免费网站，以及学校的辅导机会等。
类型3	家长作为数学“圈子”、“数学碗”或其他比赛（如机器人比赛）的组织者、教练和观众。
类型4	为学生提供互动作业活动，并让学生与家长讨论如何将数学概念应用到现实环境中。
类型5	PTA或PTO通过购买计算器、计算机和其他材料来支持数学学习。
类型6	为两年制和四年制的大学代表举办的“大学之夜”，可以提供很多的信息，其中就包括告诉家长大学入学的数学要求和学校招生信息。

注：更多每种类型的参与活动的其他信息，请见本指南的网站资源。

【高中案例6】

表6-3-6 年度行动计划之“中学后的教育规划”

类型1	为家长和学生举办培训，介绍课程学分和高中毕业对学分的要求、大学的财政资助、大学入学考试，以及职业规划。
类型2	针对家庭和学生举办系列网络培训，介绍如何使用网络来搜索有关大学报考、奖学金以及职业发展的信息（检索的结果保存以备后续使用）。
类型3	家长志愿者可以在学校大厅摆放各类大学的横幅，以此观察高年级学生对两年制和四年制大学的兴趣。
类型4	布置互动式家庭作业，让学生与家庭成员讨论自己的学业目标和职业规划，并描述自己达到这些目标的策略。通过智能手机录制采访一位最近毕业的高中校友的视频，向他/她了解高中按时毕业的要求和申请大学或其他高等教育项目的信息。

类型 5	PTA/PTO 倡导开设高中阶段大学预科班课程，扩大大学预科班的招生以及与社区大学的双录取计划。
类型 6	建立一个关于职业的网络和指导项目，将学生、家长与校友、社区合作伙伴联系起来。借此为学生提供中学毕业后的教育和培训方面的知识和行动指导。

注：更多每种类型的参与活动的其他信息，请见本指南网站资源。

【初高中案例 7】

表 6-3-7　年度行动计划之“营造良好的合作氛围”

类型 1	教师乘坐校车参观学生居住的社区，作为领导与学生一起步行参观，并与身处各处的每一位家长见面，了解更多关于社区的情况。
类型 2	为了及时交流学生的进步与成长，可以通过“好消息”明信片、电话和其他双向通信方式（例如电子邮件、语音留言、网站）将教师与家长联系起来。
类型 3	志愿担任学校的安全员，帮助学校迎接、协助或阻止来访人员。
类型 4	为学生布置季度性的互动家庭作业，让他们与家庭成员一起回顾成绩单，并讨论下一次评分期间的学业和行为目标。
类型 5	PTA/PTO 赞助“学校展示日”活动，向学生介绍学校教学计划、学生俱乐部、学业管理部、家长组织以及合作活动。
类型 6	定期为教育工作者、学生、家长和市民举办社区论坛，讨论学校改进主题，家庭和社区对教育的支持，以及其他重要问题。

注：更多每种类型的参与活动的其他信息，请见本指南的网站资源。

【初高中案例 8】

表 6-3-8　年度行动计划之“学生健康”

类型 1	家长支持以培训和论坛的形式就家长们提出的问题和促进青少年身心健康、提升恢复力和保证安全的最优举措进行讨论。
类型 2	在学校网站或学校通讯栏刊登有关学校、学区的健康和安全条例、健康小贴士以及其他关于青少年的重要话题。

类型 3	担任学校步行马拉松活动、集体运动和其他活动项目的志愿者、观众或参与者。
类型 4	定期布置科学、健康和体育课的互动家庭作业，让学生与家庭成员讨论疾病预防、健康和保健。
类型 5	学校－家长－学生团体审查学校和学区关于学生状态的信息数据，并倡导在政策和具体措施上进行改进。
类型 6	在上学前或放学后或周末，由社区专家为学生提供冥想、瑜伽、园艺、健康烹饪、跑步和其他运动方面的课程。

注：更多每种类型的参与活动的其他信息，请见本指南的网站资源。

6.3.2 为什么合作对于初高中学校很重要

研究表明：

·如果父母参与他们孩子的教育，学生往往在学业测试、成绩等级、出勤率、行为和中学后教育规划方面表现更好。

·如果青少年感觉到自己与家庭之间的纽带，他们更有可能避免危险或消极的行为（例如，酗酒或滥用药物，暴力）。

·合作活动有助于建立更安全的学校。

·与课程相关的家庭参与活动，如互动作业，可以帮助学生提高特定学科的学业技能。

·优秀的初中和高中学校都会让家长和社区伙伴参与学校教，并将合作作为学校教学计划的一部分。

·父母希望参与青少年的教育，并在其中发挥影响。

·初高中的学生们希望他们的父母以有意义的方式参与到自己的学习中来。

·当学校主动接触更多的家庭让他们参与进来时，更多的家长也会参与进来。

6.3.3 初中和高中的特殊注意事项

所有建立全面合作关系的学校都应该成立合作行动小组（ATP），并根据六种类型参与的分析框架制定本校的“年度合作行动计划”，而且这个计划应该与学校发展目标紧密相关。初中和高中也应该考虑如下指导原则。

（1）将合作与学校发展目标联系起来

初中和高中的合作必须是目标导向的。有许多适合具体年级和学校具体背景的目标可供选择，包括提高学生的写作能力、科学技能、出勤率，减少校园欺凌，改善学生健康，规划中学毕业后的教育，以及营造一个友好的学校环境。本校的 ATP 可以使用本书第五章的模板和附带光盘上的模板撰写“年度合作行动计划”，并评价实施进展。

（2）关注年级的衔接

那些重视新生家庭参与的学校，更有可能在初中和高中期间保持“家－校－社”合作。例如，一所刚刚开始开展合作的高中可能更希望把重点放在吸引九年级学生家庭的新活动上，而且会将合作活动纳入学校“年度合作行动计划”中。

（3）为就业和中学毕业后教育规划做准备

始终如一地强调职业意识和中学毕业后的教育规划有助于确保更多的学生设定并达到目标，能够在高中毕业后考上大学或接受其他职业教育培训。初中和高中学校的 ATP 应该针对每一个年级的学生和家长提供一系列的信息和活动，帮助他们树立一个长期的教育目标，确认其对学习成绩和经济方面的要求，并采取行动去实现这些目标。合作活动可以包括培训活动、信息宣传单；在学校信息公告栏、网站以及社会媒体上发表文章；布置有关教育和职业目标的家庭作业；实地调查或走访；与校友讨论；对个体学生的持续教育和培训计划；其他有针对性的活动。

（4）让学生积极参与

学生是教育的主体。学生需要参与学校、家庭和社区合作活动，他们可以通过向家长传递和解释信息，并为改善参与活动提供想法和反应。在高中学校，必须有 1 ～ 2 名高中学生是 ATP 的成员，在各级学校中，都有部分 ATP 包括了学生成员和相应的由学生领导和提出建议的委员会。我们的青少年需要明白，学校和家庭正在通力合作，努力让他们按时从高中毕业。有研究显示，当知识渊博的父母成为孩子教育中的合作伙伴时，青少年将会培养起更大的独立性。

（5）联系家庭

几乎所有初中和高中学生家长都希望知道如何在家帮助孩子，以及如何帮助他们在学校里获得成长。研究证实，初中和高中青少年的家庭需要也希望从学校获得更多的信息和帮助。研究表明，当学校实施精心策划的合作活动时，更多的家庭将会参与进来，而且学生的学习技能也能得到提高，对学校的态度也会得到改善。

（6）逐步扩展教师的角色

在初中和高中，因为许多教师是按照专业学科培养的，他们不一定能够意识到家庭和社区的参与如何能够帮助青少年成功。学校各 ATP 可以从实施合作活动开始，让学生和学校都能产生重要且可见的变化。ATP 可以鼓励那些参与过合作活动的教师分享他们的成功经验，并招募同事实施类似的活动。

第七章

强化学区和州对合作的领导

在决定学校是否需要发展，以及怎样发展和保持有效的家庭和社区参与项目方面，学区和州的领导人发挥了重要作用。本章阐述了适用于学区和州领导的行动，用以增加他们关于合作的知识、技能和活动，并支持学校合作行动小组的工作，从而加强目标导向的家庭和社区参与活动。

组织机构也可以帮助学校、学区和州建立对合作项目的领导并实施合作项目。有些机构［如学区职业发展服务中心、教育服务协作机构（BOCES）、大学项目］开展活动的方式与州教育管理部门一致。这些机构与各州或大区的多个学区合作，其他机构的工作则与学区类似，帮助多所学校开发合作项目。机构负责人可以根据情况针对学区或州灵活使用本章的信息和工具。

本章中的一篇介绍性文章探讨了学区和州制定清晰全面的合作政策的重要性。学区和州领导推进合作项目发展，制定出台相应政策是很重要的。这篇文章基于全国多所学校、学区和州所做的研究工作，分析并提供了有关合作项目费用和资金来源的信息。

我们提供了一些工具来帮助学区和州的领导人理解他们在促进和指导学校、家庭和社区合作的可持续发展方面的角色和作用。本指南提供的大纲、摘要、清单和模板应能帮助学区和州的合作负责人为一个“年度合作领导力计划”选择活动。学区和州领导也可以展示这些材料，帮助同事和利益相关者更多地了解领导合作项目的重要性。

7.1 学区领导人参与合作的工具

7.1.1 领导与成功：学区领导与促进合作的策略清单[①]

使用该清单来确定你的部门已实施的领导行动以及对你所管辖学区有用的新想法。该清单以全国多个学区领导人所做的工作为基础，它包含有助于改进学区级、校级家庭社区参与项目的具体策略和活动。清单中列出了六项有关提高合作领导力的主要策略，具体包括：提高认识、协调项目和政策、引导学习和项目开发、分享知识、庆祝里程碑，以及记录进展和评价结果。该清单还列出了实施六项策略时可供选择的 50 多项活动。学区领导人无须实施所有选项，但可以使用清单来选择活动，以帮助改进辖区内学区领导力和学校合作项目。具体的策略清单，见下文。

作为合作项目发展方面的专家，学区领导人必须指导所有学校开展和推动以研究为基础的优秀合作项目。为了实现这一目标，学区合作促进员[②]必须撰写并实施一份合作领导计划：

（1）开展支持合作政策的学区活动。

① 本清单来自乔伊斯·L. 爱泼斯坦等著的《学校、家庭和社区的协同合作：行动指南（第四版）》，其版权归 CROWIN 出版公司所有。仅授权购买本书的当地学校网站或非营利组织进行复制。

② 学区合作促进员（district facilitator）是指学区内负责组织推动各学校参与合作项目、制定相应合作计划，协调州政府、学区、学校等合作各方开展合作事项所需资源等工作的人员。本译著将其译为“学区合作促进员”。

（2）直接协助学校的合作行动小组（ATP）制定有效的、以目标为导向的学校家庭和社区合作项目计划。

这份清单紧扣六项促进合作的领导策略展开：提高认识、协调项目和政策、引导学习和项目开发、分享知识、庆祝里程碑，以及记录进展和评价结果。该清单列出了可供选择的50余项活动，学区合作促进员可从中选择并用于他们自己的合作项目。清单中的策略和活动源于学区合作项目的多年研究成果，相关案例也是学区领导人多年来与全国合作学校网络（NNPS）分享的实践案例。

学区合作促进员不需要执行所有列出的活动，但是应该考虑将哪些活动纳入他们的计划，以便在学区层面提高学校家庭和社区参与项目的有效性和可持续性。

填写说明：

· 勾选（√）您所在学区目前开展的所有活动。

· 星号（*）表示您在开展学区项目时希望在未来发起的活动。

· 在每个部分的末尾，添加没有列出来的您目前正在开展或计划开展的其他活动。使用此信息撰写您所在学区的合作领导力计划。

策略一：提高认识。积极向所有重要的利益相关者（包括教师、管理人员、家庭和社区团体）宣传合作项目。 □ 与区督学召开一对一的会议，讨论合作项目的目标。 □ 向校董会、家长咨询委员会或其他主要领导团体介绍区合作项目的目标。 □ 为校长举办关于合作项目的认识普及会议，包括你的办公室将向所有学校的合作行动小组提供援助信息。 □ 确定参与学区合作倡议的学校。 □ 在学区网站上公布学区的合作项目。 □ 向家长和公众（包括企业和社区组织）发布消息，公布启动该学区的合作倡议。 □ 为 SIT、PTA、教职员工，以及其他人在校内进行活动展示，告知他们该学区的合作项目。

□ 在新学年开始时与每所学校的校长单独会面，阐明学区合作促进员的工作，以及校长应当如何支持合作行动小组和合作项目。
□ 发布有关学区合作项目的信息，如果适当的话，告知该项目与约翰斯·霍普金斯大学全国合作学校网络中心的关系。
其他学区为提高认识开展的活动
□ ______________________________
□ ______________________________

策略二：协调项目和政策。在学区领导支持下，将合作项目与学区政策、要求和程序整合。
□ 确保学区合作政策适用于学区级的领导行动，并直接帮助所有学校开发与目标相关的合作项目。
□ 起草一份领导合作的提升计划，包括学区级的行动和对学校合作行动小组的直接促进（将此清单作为一种资源）。
□ 确定用于实施学区合作项目的一笔预算资金。
□ 获得督学的批准和支持，以便学校建立合作行动小组，并将他们的合作行动计划与学校改进计划的目标联系起来。
□ 提醒督学和校董会注意领导合作提升计划如何反映学区的家庭和社区参与政策。
□ 发展或检视学区政策，使家庭和社区参与的工作和进展成为校长和教师专业评价的一个组成部分。
□ 协助学校确定预算，以实施他们的合作项目。
□ 获得每个学校校长和 ATP 的承诺，加强促进家庭和社区参与的、目标导向的活动。
其他学区为协调项目与政策开展的活动
□ ______________________________
□ ______________________________

策略三：引导学习和项目开发。组织和开展专业发展活动，协助学校发展他们的合作项目。
□ 协助学校采取初步措施开始合作项目（例如，确定 ATP 的成员，安排团队培训）。
□ 为所有学校的 ATP 举办为期一天的团队培训。内容包括六种类型参与框架的基本信息；如何迎接挑战以使所有家庭参与进来，如何将参与活动与学生的学业和行为结果的目标联系起来，如何拥有一个运作良好的团队，以及如何为合作伙伴撰写一份良好的“年度合作行动计划”（参见第四章、第五章来指导该培训）。

□ 每月至少联系或会见一次各个 ATP 的领导和团队成员。

□ 为学区合作促进员制定一个清晰的流程，以便给每个学校的项目提供反馈和支持。

□ 召开 ATP 主席或联合主席的季度联席会议，分享经验并了解具体的项目主题。

□ 为所有学校教职工开发和实施关于合作伙伴关系的专业发展培训和演示。

□ 为家长举办关于如何与学校合作以提升学生成功的培训。

□ 为 ATP 举办进修培训班，帮助他们每年持续开展合作项目。

□ 向学校提供小额拨款，作为使用基于研究方法建立合作项目的奖励。

其他学区为引导学习和项目开发开展的活动

□ ______________________________

□ ______________________________

策略四：分享知识。促进全学区持续沟通，建立对学校、家庭和社区合作项目的认知。

□ 与督学、校董会、校长和其他领导分享学区合作项目的进展。

□ 使用在线学习平台为 ATP 领导创建一个论坛，分享与学区合作项目相关的信息、资源和挑战。

□ 发布电子时事通讯，分享学区和学校合作项目的信息、活动和亮点。

□ 发推文、写博客、在 Facebook 上发帖或使用其他社交媒体在全学区范围内引发大家对合作活动的兴趣和关注。

□ 促进与其他学区致力于处理家庭参与问题（如特殊教育，为新移民或外国学生所设的特别英语课程 / 双语教育，一号标题法案）的部门定期召开会议。

□ 主持每月一次的系列网络培训午餐，分享信息并回答有关合作主题的问题。

□ 协助学校在整个学年中在当地媒体（包括外语电视和广播电台）上分享有关合作活动的信息。

其他学区为分享知识开展的活动

□ ______________________________

□ ______________________________

策略五：庆祝活动。肯定学校和学区在合作项目和实践中的成功，并广泛宣传。

□ 为所有学校合作行动小组举办年终庆典，分享最佳实践，解决面临的挑战，并制定下一个“年度合作行动计划”。

□ 编辑并以印刷或电子版的形式分发给每所学校推广有价值的合作实践案例合集。

□ 向学校发送谢信，感谢他们向学区提交有价值的合作实践案例。

□ 每年向校长、ATP 成员和志愿者发送消息，感谢他们在合作项目活动方面所做的工作。

□ 撰写学区合作项目的年度进度报告，并分享给主要利益相关者。

□ 组织一个表彰活动来庆祝学校取得的里程碑性进展，例如实施第一个家庭和社区参与的活动，不断提升的活动出勤率，或将活动与学生的特定学习目标联系起来。

□ 创建选定的合作活动视频、PPT 或其他展示材料，并分享给校董会、校长、社区团体、家长协会和其他人。

□ 协助 ATP 去认可并感谢学校的志愿者和支持者。

其他学区为庆祝开展活动

□ ______________________________

□ ______________________________

策略六：记录进展和评价结果。收集信息以记录活动和评价学区项目目标的达成进度，协助每个 ATP 记录和评价实施合作行动计划的进展情况。

□ 为学校提供易于使用的电子记录保存系统，以记录和保存学校 ATP 的计划和活动。

□ 每年收集学校的“年度合作行动计划”，用于每月检查学校的进展。

□ 为学区合作促进员建立季度或每月记录系统，以记录校访，以及所提供的或被请求获取的技术援助。

□ 使用学校访问总结（见光盘）联系每个学校的 ATP 和其他人。

□ 每年根据既定指标评价学区合作促进员。

□ 帮助学校 ATP 使用简单的评价工具，包括年度活动评价和年度团队建设过程回顾，持续改进他们的合作项目。

□ 鼓励学校完成学校年度更新调查（如果它们是全国合作学校网络的成员的话），评价其合作项目的质量。

□ 完成年度学区更新调查（如果它们是全国合作学校网络成员的话）以评价学区合作项目的品质。

其他学区为记录进展和评价结果开展活动
□ ______________________________
□ ______________________________

7.1.2 学区领导的职责

使用本指南提供的相关材料，告知一起合作的同事们，学区领导人如何协调跨部门的学校、家庭和社区合作项目与活动。这些材料重点关注在每所学校建立 ATP，以开发校本的、与目标相关的合作项目，此类合作项目要将学校所有家庭都纳入进来，并帮助全体学生在学校取得成功。

学区领导应执行部分或全部以下措施来加强学区的合作项目：

1. 制定一项政策，确定学区合作目标，正式认可六种类型参与，并说明学校需要采取团队方式制定基于地点的合作项目，并让所有家庭和社区合作伙伴参与进来，以帮助改善学校氛围，促进学生在学校获得成功；详细说明学区承诺如何支持学校实施该政策；根据家长的意见定期审查和修订政策。

2. 指定一名合作负责人，监督和指导学区在家庭和社区参与方面的工作，促进所有学校在合作方面的工作。在大的学区，负责人需要一批合作项目促进员。研究和实地工作表明，在发展他们的合作项目方面，一名合作项目促进员可以协助多达 30 所学校的 ATP 开展工作。

3. 撰写一份领导合作的计划，列出学区一级的活动，安排对每所学校 ATP 的直接援助。为了学生在学校的发展，促进活动应培育每个 ATP 开展引导家庭和社区参与校本合作项目的能力。

4. 确定一个有足够资金的方案，以支付员工工资和项目费用。其中可能包括为学校 ATP 成立工作室的资金、对学校项目的小额拨款、支持开展分享最佳实践的活动以及其他支持性活动的经费。

5. 指导每所学校建立合作行动小组（ATP），ATP 应由教师、家长、管理人员和其他人员组成，致力于计划、实施、评价并不断改进学校的合作项目。ATP 是一个正式的学校委员会，重点关注有成效的家庭和社区参与，与学校改善学生学习和发展的目标保持一致。

6. 为教师、家长和管理人员提供在职教育，并为每个学校 ATP 举办培训班。每个 ATP 将撰写一份“年度合作行动计划”，以帮助学校促进学生发展为目标，让所有家庭参与其子女的教育。学区合作负责人谋划专业活动方案和提供持续的技术援助，以确保所有学校，即幼儿园、小学、初中和高中都有运转良好的团队和有效的合作项目。

7. 举办年终表彰会，旨在为学校 ATP 分享最佳实践案例，讨论进展，处理挑战，谋划下一步的工作。学区负责人也应该表彰优秀的合作项目和实践活动。

8. 开发或选择工具和产品，并且学校可以直接使用或调整，以改进他们的合作项目。

9. 建立一个学区网站、电子图书馆，或通过其他交流方式来分发工具和材料、研究结果和其他有助于学校 ATP 和其他人改进合作项目的信息。与公众和媒体分享本国和其他国家有关此类合作的信息。

10. 与企业、其他社区团体和机构合作，改善学校课程和学生项目，鼓励家庭和社区参与，并为家庭和学生提供各类基本的、丰富的服务。

11. 支持研究和评价，以了解哪些做法有助于学校为学生、家长、教师、学校和社区带来具体成果。建立一个问责系统，以监测和记录所有学校在合作关系方面的进展。

12. 开展其他学区的领导活动，在学区一级与所有学校建立稳固且永久的合作关系。

7.1.3 学区领导清单

学区领导通过此清单来加强对学校、家庭和社区合作的领导，并采取相关措施支持学校的合作项目，记录进展情况。对照方框中的内容，在已经完成的选项前勾选相应的方框。

建立优秀学校、家庭和社区合作计划的步骤

本清单帮助学区领导人采取基本步骤，在学区一级的所有学校建立学校、家庭和社区合作项目。本清单有助于领导者监控他们在合作项目开发方面的进展。

本指南中的章节介绍了每个条目背后的研究以及组织和实现这些领导任务的工具。完成以下任务后，请在方框前勾选（√）：

☐ 制定或定期审查一项关于学校、家庭和社区合作的学区政策。

☐ 确定学校改善和学生成功的学区目标，这些目标的达成将受益于家庭和社区的参与。

☐ 撰写年度学区领导合作计划，确定策略、活动、时间表以及负责完成特定家庭和社区参与活动的人员。

☐ 确保实施计划的合作活动的预算。

☐ 争取学校参与学区的合作计划。创建一个与约翰斯·霍普金斯大学的全国合作学校网络（NNPS）有联系的本地网络。

☐ 为学区的同事开展专业发展，并为学校 ATP 举办团队初期训练培训班。

☐ 促进每个学校 ATP 的工作，帮助校本项目取得成功。

☐ 建立程序，选择工具来评价学区和学校合作项目的质量和结果。

☐ 年终庆功会，帮助学校分享最佳实践和处理挑战。

☐ 与其他部门负责家庭和社区参与各方面工作的领导定期召开会议，分享想法并与学校共议新的人才发展方向。

☐ 向家庭、全学区的教育工作者、媒体和社区宣传有关学区的工作和学校的合作进展的信息。

☐ 简要阐述在领导层变动的情况下，维持学区合作项目的策略。

7.1.4 学区合作的领导计划范例

请看下文提供的一份学区计划案例。该计划注重一些明确的目标和为达成每个目标所实施的数量有限的活动。这些目标和活动反映了前文"领导与成功"清单中促进学区领导作用的主要策略，包括在学区一级和直接促进学校合作行动小组之间的平衡。

促进学校、家庭和社区合作的学区领导合作计划范例

此学区领导合作计划范例指出了三个重要的目标和一些为了达到目标而安排的特定的且经过慎重考虑的活动。这些目标和活动涉及上述所有六种领导合作的策略。

这些条目可见于领导合作计划模板中，可在其中添加详细信息（例如活动、日期、责任、预期结果、成本）。

目标一：

- 推动一种对学校、家庭和社区合作的全面定义。
- 领导和促进策略：提升认识，协调项目和政策。
- 目标受众：所有学校校长、教师和其他群体。

示例活动

1. 由督学向所有学校校长发送一封关于学区合作政策、合作目标和服务的信函或电子邮件，信中要写明学区帮助学校开展家庭社区参与校本合作项目的负责人是谁。
2. 在每个月的学区校长会议上提醒大家注意合作项目。
3. 在每个月的学校教师会议上提醒大家注意合作项目。
4. 定期为校长和学区同事召开宣讲会，介绍合作方式和项目进展。

目标二：

- 培训校本团队开发和维持目标导向的合作项目。
- 领导和促进策略：指导学习和项目开发。记录进展并评价结果。
- 目标受众：所有幼儿园、小学、初中和高中的合作行动小组。

示例活动

1. 为所有学校的 ATP 提供为期一天的团队培训。
2. 奖励给 ATP 小额拨款并监督其使用，以支持其"年度合作行动计划"中让家庭或社区合作伙伴参与的特定活动，这有助于学生实现在学校改进计划（例如家庭参与学生的阅读）中取得成功的特定目标。

3. 提供现场的专业发展指导和随叫随到的技术援助，提升所有学校 ATP 发展，并评价他们的合作项目的技能。
目标三：
· 在全区的学校合作项目开发中担任专家。
· 领导和促进策略：分享知识，庆祝里程碑。
· 目标受众：该学区的所有学校、其他家庭、社区团体和受众。
示例活动
1. 建立一个网站和电子图书馆，与所有学校分享合作信息。
2. 建立一个数据库或知识库，对学校合作行动计划中的所有家庭参与活动进行分类。
3. 与学校 ATP 举行季度联席会议和年终庆祝活动，帮助学校分享最佳实践、收集好的想法、讨论挑战、学习新的东西和撰写他们下一个“年度合作行动计划”。
对于每个目标，使用模板的一页作为领导合作的计划，或重新分配活动，显示哪些活动将在学区一级进行（计划的第 1 页），哪些活动将促进每所学校的 ATP 人员的能力建设（计划的第 2 页）。

7.1.5 学区合作促进员需要做些什么？

使用下文提供的列表指导和帮助学校合作行动小组开展工作。同时，定期审查和调整本表内容以满足当地的要求和期望。该表是一份学区合作促进员应该执行的基本事项清单，以帮助每所学校 ATP 负责其家庭和社区参与项目。

学区合作促进员需要做些什么？

学区合作促进员帮助学校设定课程、保持课程、达成目标、分享彼此想法，并继续他们的合作项目。学区合作促进员对于帮助所有学校改进合作项目、联系所有家庭、随着时间的推移继续积累知识和技能至关重要。有效率的学区合作促进员会开展以下部分或全部活动。[①]
· 帮助每所学校建立 ATP。
· 向 ATP 提供培训，帮助他们理解六种类型参与的理论框架，以及如何应用该框架来实现具体的学校发展目标，如改善出勤率、成绩、行为和学校的合作氛围。
· 引导每一个 ATP 利用该框架撰写以目标为导向的“年度合作行动计划”。
· 帮助 ATP 聚焦所有家庭都参与所带来的具体挑战，并提高其合作实践的成功率。
· 帮助学校的 ATP 通过评价每项活动的效果，以及对项目质量和进展的年度考核来评价他们合作实践的结果。
· 每月至少会见或联系一次 ATP 的领导和团队成员。
· 为 ATP 主席或联合主席召开季度联系会议，分享最佳实践，讨论问题和解决方案。
· 在新学年开始时与校长会面，明确学区合作促进员将如何协助学校，以及校长将如何支持 ATP 的工作。
· 与所有学校的 ATP 一起举行年终庆祝活动，分享最佳实践，讨论和解决挑战，并继续规划下一学年计划。
· 开展其他有助于 ATP 工作的活动，比如向教师、家长、SIT 和其他人做展示。
促进员也主持学区级的会议和展示活动。他们可能：
· 与学区管理人员会面，讨论他们对学区合作文化的期望，并阐明他们将如何鼓励校长支持学校 ATP 的工作。
· 向校长、行政人员、校董会、其他学区领导、家长或其他对改进合作感兴趣的团体做展示。

7.1.6 学年初学区合作促进员的任务

帮助每个学校的 ATP 组织工作并实施“年度合作行动计划”，从而在学年的第一个月有一个良好的开端。学区领导人也应该在每学年

① 注意：“领导与成功”清单分享了大约 50 项学区负责人可能在其所在地开展的领导和促进合作的活动。没有某个人会负责所有 50 项活动。“学区合作促进员做什么？”列出了 10 个被证明能帮助合作行动小组开始建立特地场所且与目标挂钩的合作项目方案。合作负责人可能会做出其他选择，但应该继续专注于帮助每所学校与自己的学生家庭合作。

开始时与学区办事处的同事重新建立联系，加强他们对目标导向的合作项目的支持。

学区合作促进员的任务如下：

在每所学校

· 安排与每位校长、ATP 主席或联合主席的会议，讨论学校“年度合作行动计划”、家庭和社区参与目标，以及学区合作促进员如何能最大程度地帮助学校。

· 如果被邀请这样做，在返校夜或其他学校教师会议上介绍学区的学校、家庭和社区合作项目。或者参加这些会议以支持 ATP 主席或联席主席。

与各 ATP 的主席或联合主席

· 为整个团队的第一次会议定一个日期。

· 检查 ATP 是否对离开学校的团队成员进行了替换。

· 收集 ATP 成员、团队和委员会领导的联系信息列表，并向合作行动小组成员分发副本。

· 回顾并讨论“年度合作行动计划”的活动，并检查在接下来的一两个月中安排了哪些活动。

· 讨论团队成员和其他人的责任，以确保计划的活动将按计划顺利实施。根据需要提供直接帮助。

· 感谢 ATP，感谢他们对学校的服务。

在学区办公室

· 与学校、家庭和社区合作负责人或你的直接主管会面，讨论今年的合作计划。

· 如有可能，参加校长、社区和家长团体或其他团体的会议。

· 为学区网站和其他交流方式做出贡献，重点关注高质量、与目标挂钩的学区和学校的关于家庭和社区的参与实践活动。

· 向你的主管提供一份简短的月度报告，汇报与学校团队和学区同事在学校、家庭和社区合作方面开展的所有活动。

· 开展其他有关学校、家庭和社区合作的学区领导活动。

7.1.7 学校相关会议记录

记录与学校 ATP、校长以及其他个人和团组的正式联系和会议，计划后续活动以协助各学校开展合作工作。除此之外，该表格还可用于记录通过电话、电子邮件、微信或其他电子会议进行的其他联系，以及与学校 ATP 的主席或联合主席举行的季度分组会议。

7.2 州领导人参与合作的工具

乔伊斯·L. 爱波斯坦（Joyce L. Epstein）

7.2.1 领导与成功：州级合作领导清单

使用该清单来确定你的部门已实施的领导行动，以及对州有价值的新想法。“领导与成功：州级合作领导清单”以全国多个州的领导人所做的工作为基础，包括能提高州一级领导家庭社区参与学区和学校项目能力的策略与活动。该清单共有六项主要领导策略：提高认识、协调项目和政策、引导学习和项目开发、分享知识、庆祝里程碑以及记录进展和评价结果。该清单列出了六项策略的40多项活动。州领导人无须实施所有选项，但应使用该清单来选择能够提高他们自身领导活动的能力，帮助他们指导学区和学校改进家庭和社区参与项目。

领导与成功：州级合作领导清单

州一级的合作负责人正在努力：（1）改进州政策和行动；（2）鼓励和指导学区提升对合作的领导，以便他们能够帮助所有学校实施有效的家庭和社区参与项目。为了达到这些目标，州一级合作负责人必须制定和实施年度合作领导计划。

本清单紧扣六项领导策略进行组织：提升认识、协调项目和政策、引导学习和项目开发、分享知识、庆祝里程碑、记录进展和评价合作的结果。清单介绍了40多项活动，州负责人可以选择在学校、家庭和社区合作方面开展全州范围的计划。这些活动基于的是多年来州负责人在全国合作学校网络中的数据分析。

我们不期望州一级的负责人实施所列出的所有活动，然而，他们应该考虑在他们的计划中增加或调整哪些活动，以提升学校、学区、州层面的合作项目的质量。

填写说明：

· 勾选（√）你部门或你所在州教育部门的同事现在开展的所有活动。

· 星号（★）表示你希望在未来开展的活动，因为提升了你所在州在合作项目方面的领导力。

· 添加每个部分中未列出的，但你现在正在进行或计划进行的其他活动。

· 使用此信息编写你部门的合作领导力计划。

策略一：提高认识。积极向所有重要的利益相关者宣传州合作项目，包括管理人员、教师、家庭和社区团体。

□ 确定在州教育部门中负责合作且是跨部门工作的同事。定期召开跨部门小组的会议，讨论多种活动和州的合作议程。

□ 定期与州督学（指定人员或主管）召开一对一会议，讨论州合作项目、计划和进展的目标。

□ 为州教育委员会、理事会、委员会、会议和其他主要领导团体进行展示，促进该州的合作项目。

□ 为学区督学和学区合作负责人举办提高认识的会议，讨论州将向学区和学校提供的援助。

□ 在州网站和其他社交媒体平台上发布关于州一级合作政策、建议、领导人和行动的信息。

□ 确定将参与该州合作倡议的学区。

□ 与州同事或选定的学区领导人一起参加专业发展会议，以获得有关合作项目发展的知识和技能。

□ 与商业、工业和社区团体开发合作项目。

□ 定期发布新闻，介绍州在合作项目方面取得的成就。

其他为提高认识开展的州级别的活动

□ ______________________________

□ ______________________________

策略二：协调项目和政策。在州领导人的支持下，将合作项目与该州的其他政策、要求和程序相结合。

☐ 检阅、发展或更新关于学校、家庭和社区合作的州政策。

☐ 确定实施州合作项目的预算和其他资源。

☐ 撰写一份州年度合作领导计划，其中包含州级行动和活动的详细时间表，鼓励学区和学校建立合作关系。包括目标、策略、活动、时间表、负责人、预算和其他资源。

☐ 获得州督学的批准和支持，通知并鼓励学区和学校加强以研究为基础的、与州政策和学校发展目标挂钩的家庭和社区参与项目。

☐ 获得学区和学校的批准，将合作计划作为年度学校改进计划的正式部分或附录。

☐ 制定一个广泛的三至五年的州合作目标计划，其中包括关于你的部门将如何逐步扩大合作范围以涵盖更多学区及学校的内容。

☐ 建立研究州政策和实践的州咨询委员会或咨询小组，以增加和改善有意义的家庭和社区参与，促进学生发展。

其他为协调项目和政策开展的州级别的活动

☐ ____________________

☐ ____________________

策略三：引导学习和项目开发。组织、实施或支持专业发展活动以协助州同事、学区领导人和学校，以发展和加强他们的合作项目。

☐ 为准备指导他们的学校发展全面的合作项目的学区合作负责人定期举办为期两天的培训。

☐ 与学区领导人一起，为学校 ATP 定期举办为期一天的团队培训，开发与学校目标（学生的发展）挂钩的有效项目。

☐ 定期召开学区或区域合作负责人会议，分享想法和经验，更新关于合作主题的知识。

☐ 为教师和学校工作人员开发和实施关于合作的专业发展培训。这些调查可以在网上、学区办公室或其他地方进行。

☐ 为父母、企业和社区负责人提供信息和培训机会。这些机会可以从网上、学区办公室或其他地方获得。

☐ 举办年度的州或区域性的会议和研讨班，帮助学区合作负责人和学校团队分享最佳实践，并继续增加关于合作的知识和技能。

☐ 开发或确定并测试有用的工具和资源，指导学区和学校将其合作项目与学业和行为标准保持一致。

□ 向学区和学校提供小额拨款，以激励使用以研究为基础的路径来建立合作项目。
□ 与学院、大学合作，开发教学和管理课程或模块，为未来的专业学习和实践教育者开展有效的家庭和社区参与项目做准备。
□ 建立一个为学区和学校提供服务的技术援助中心，改善家庭和社区参与的学习和项目发展。
其他为引导学习和项目开发开展的州级别的活动
□ ________________
□ ________________

策略四：分享知识。促进整个州教育部门与州合作伙伴、学区领导人及其学校之间的持续沟通，增加对学校、家庭和社区合作项目的了解。
□ 推动与从事处理家庭参与问题（如特殊教育、为新来移民或外国学生所设的特别英语课程 / 双语教育，一号标题法案）的各部门的同事定期举行会议，以分享工作和进展。
□ 就联邦（一号标题法案）关于家长参与的要求来协调州教育机构的行动，并指导学区满足第 1116 条款和其他法律的要求。
□每月向州同事和学区合作负责人发送一封电子邮件或进行其他电子通信，为他们提供有用信息、新研究结果、即将举行的活动，以及全州在合作方面的工作亮点。
□ 指导全州各区在整个学年，包括在州会议上，分享有关创新和有效的学区级和校本的合作活动信息。
□ 开发和维护一个信息丰富的网站，介绍该州在学校、家庭和社区合作方面的计划和行动。
□ 与企业和行业合作，制定灵活的请假政策，以便家长可以参加志愿活动或参加孩子学校的家长会。
其他为分享知识开展的州级别的活动
□ ________________
□ ________________

策略五：庆祝里程碑。肯定州、学区和学校在合作项目和实践中的成功，并宣传有关成功的信息。

☐ 撰写一份州合作项目的年度进展报告，与州长、州委员会、学区领导和主要利益相关者分享。

☐ 组织一个表彰活动，表扬学区和学校在与学校发展目标相关的合作方面的优秀表现。在年度州合作会议或其他会议上突显这些项目。

☐ 鼓励学区领导在他们自己的学校收集和宣传最佳实践。

☐ 收集、编辑和宣传（通过印刷品或在线的方式）来自该州各学区和学校的最有价值的合作实践案例。

☐ 为州网站上的合作栏目制作视频或光盘，展示全州各学区和学校特别成功的合作活动。将其链接到对学区和学校有帮助的其他网络培训和展示平台。

☐ 引导学区和学校认可并感谢那些帮助他们强化合作项目的人。

☐ 为协助您部门实施州年度合作计划活动的伙伴举行答谢早餐会或活动。

其他为庆祝里程碑开展的州级别的活动

☐ ________________________________

☐ ________________________________

策略六：记录进展和评价结果。收集信息以记录贵部门在实现州合作目标方面的活动和进展。指导学区和学校记录并评价其合作和项目的进展。

☐ 建立程序并确定工具，以此评价各州在合作方面的工作质量和成效，以及各学区和学校的计划（包括本指南中的工具）。

☐ 收集学区政策及学区的年度领导合作计划的信息。检查这些信息是否符合联邦和州对学区领导和基于研究的合作方法的要求。

☐ 使用评价工具逐年改进和维持合作计划。

☐ 指导学区建立可行的记录保存系统，记录他们的工作以及学校在合作方面的工作。

☐ 创建、进行或发起对学区、学校和家长的定期调查，以衡量家庭和社区参与计划是否符合州标准以及程度如何。检查合作项目的质量，需要改进的地方，以及你的部门所需要的服务。

☐ 支持研究和评价，了解哪些结构、流程和实践有助于学区提高对合作的领导，哪些实践使学校能够以支持学生发展的方式联系所有家庭。

☐ 完成州年度更新调查（如果是全国合作学校网络的成员的话），评价该州在合作方面的工作质量和改进方法。

☐ 指导学区和学校完成年度更新调查（如果他们是全国合作学校网络的成员的话），评价其合作项目的质量和改进方法。
其为记录进展和评价结果开展的州级别的活动
☐ ____________________
☐ ____________________

7.2.2 州领导的职责

下述材料告知同事，州一级领导人如何以跨部门的方式协调州教育部门共同探讨州级合作行动的重要性，尤其是通知和指导学区、学校建立全面的、以目标为导向的、所有家庭共同参与的合作项目的重要性。

为了学校、家庭和社区合作项目州领导应执行部分或全部以下措施来加强州的合作项目。

1. 拟定一项政策，确定包括所有的六种类型参与在内的学校、家庭和社区合作关系的州目标。明确指出制定该政策是为了帮助学区和学校理解和执行合作。定期审查政策，听取教育工作者、家庭和公众的意见。

2. 确定一个办公室或部门、负责人或协调员，为学校、家庭和社区合作配备足够的工作人员和资源。该办公室将制定计划、采取行动并协调家庭和社区参与工作。合作负责人将确定并定期召集由各部门同事组成的领导小组，分享他们在家庭和社区参与方面的工作，讨论下一步措施和新方向。

3. 为合作撰写一份领导计划，列出并安排行动，以此促进、增加和支持在州一级和州内各学区和学校开展有关合作的知识和技能。

4. 确定一个有足够资金的预算方案，用于支付员工工资和项目费用。该预算方案可以用于职业发展基金、学区或学校小额拨款、分享最佳实践的会议、评价、州合作咨询委员会和其他领导活动。

5. 提供在职教育和年度培训，让全州的准备好与他们的学校合作实施有效合作项目并愿意承担责任的学区负责人参加。如果州领导人能够指导学区负责人与他们自己的学校按照该议程合作，他们将产生最大的影响。但是学校的 ATP 或其他教育者或父母也可以参加州主办的合作培训班。

6. 举办年终培训或年度会议，庆祝和表彰活动中的突出表现，鼓励全州或学区开展最佳实践案例交流，并讨论应对学校、家庭和社区合作挑战的解决方案。

7. 开发或选择工具和产品，学区和学校可以使用或调整它，以改进他们的合作项目。帮助学区领导人了解能改善学区一级和校本合作项目的可用资源。

8. 建立一个网站、电子图书馆或其他交流方式，以传播有效的工具和材料、研究结果和其他信息，帮助学区和学校改进他们的合作项目。与公众和媒体分享关于合作的信息。

9. 支持研究和评价，了解哪些做法有助于提升学区领导效果，使其在与所有学校共同努力并促成有效的学校项目的过程中，为学生、家长、教师、学校和社区带来发展。这包括建立一个用于监督学区领导和学校项目发展进度的问责制度。

10. 与州立学院和大学合作，制定教学和管理的相关要求，让教师和管理人员了解并开展广泛的学校、家庭和社区合作项目。

11. 与企业和行业合作，建立灵活的休假政策，以便家长能够参加他们孩子学校的会议。增加校企合作和志愿者项目。

12. 开展其他州级的领导活动，在州一级、所有学区和学校建立强有力的可持续项目。

7.2.3 州领导的步骤清单

州一级领导应采取措施加强州对学校、家庭和社区合作的领导，支持学区和学校，跟踪进度。完成措施后，在表中的复选框中勾选所对应的选项。

开发学校、家庭和社区优秀合作项目的步骤
该清单假设已经确定设立一个合作办公室，而一名负责人或协调员准备采取基本步骤在州一级、学区和各学校层面推进学校、家庭和社区合作项目。该清单有助于负责人监控他们在合作项目开发方面的进展。本指南中的各章介绍了每个条目背后的研究以及组织和实施这些领导任务的工具。 完成以下操作后请勾选（√）： ☐ 制定或定期审查关于学校、家庭和社区合作的州政策。 ☐ 撰写州的年度领导合作计划，确定策略、时间表和负责开展具体家庭和社区参与活动的人员。专注于扩展和改善全州各学区和各学校的合作项目的关键目标。 ☐ 保障员工工资和计划合作项目活动的预算。 ☐ 确定并定期召集各部门从事家庭和社区参与活动的各方面工作的州领导人开会，分享他们的观点、计划和活动，并确定可能开展合作项目的领域。 ☐ 与州一级的同事、学区领导人或学校 ATP 一起开展家庭和社区参与项目的专业发展工作。 ☐ 通过定期安排培训、会议或其他活动来促进学区和学校的工作，不断提高项目质量。 ☐ 建立程序，选择工具，定期评价州合作项目，以及学区和学校合作项目的质量和结果。 ☐ 在年底举办庆祝活动，并帮助全州的学区和学校分享他们的最佳合作实践案例。 ☐ 在州网站、社交媒体平台和印刷品上向州教育工作者、州教育委员会、家长、公众和媒体宣传关于州的工作，以及学区和学校合作进展的信息。 ☐ 如果该州加入了全国合作学校网络（NNPS），则向州教育部门、其他州机构和商业团体的主要政策团体，以及全州的学区和学校通告这种关系。 ☐ 开发和实施定制的活动，以此推进全州的基于研究的学校、家庭和社区合作项目。

7.2.4 州一级合作的领导计划范例

请看一份州级合作的领导计划范例。该计划注重合作领导的三个目标。这些目标和活动反映了“领导与成功”清单中州领导的主要策略。该范例平衡了州一级为建立良好合作关系而制定合作政策，以及州领导人帮助学区和学校加强其计划和实践的行动。

州一级学校、家庭和社区合作的领导计划范例

该学区的合作领导计划的范例确定了三个重要目标和一些实现目标的具体的且经过慎重考虑的活动。这些目标和活动涉及上述所有六种领导策略。这些条目可以转到合作领导计划模板中，可以添加具体细节（如活动、日期、责任、预期结果、成本）。

目标一：推动对学校、家庭和社区合作的全面定义。

· 领导和促进策略：提升认识，协调项目和政策。

· 目标受众：州同事、学区、学校和社区领导人。

示例活动

1. 州督学向所有区督学传达关于家庭和社区参与的州政策和立法计划信息。包括州合作负责人和协调员的姓名和联系信息，他们将与学区合作负责人就其工作和进展进行沟通。

2. 检视和更新州合作政策。

3. 举办有全州代表参加的合作政策论坛。

4. 发展并将示范学区针对学校、家庭和社区合作制定的政策发布给当地教育局。

5. 在部门负责人会议和学区领导人的会议上，报告全州各学区和学校执行州政策的活动和进展情况。

目标二：为学区合作负责人提供专业发展和技术援助，以便他们能够指导各级学校制定有效的家庭和社区参与项目，帮助学生取得成功。

· 领导和促进策略：指导学习和项目发展；记录进展并评价结果。

· 目标受众：学区合作负责人。

示例活动

1. 为学区合作负责人提供合作培训，指导他们与所有学校合作。

2. 为选定学区的学校提供小额拨款，这些学校有清晰、目标宏大的学区领导计划。

3. 为学区和学校提供该州网站和电子资源的信息，以及使用或定制信息来推进学区和学校的合作项目的方法。
4. 为学区提供评价他们的合作项目、学校计划和进度的指导。
5. 与州内其他机构合作，增加学区领导人在与学校合作方面的知识和技能。

目标三：作为州教育部和其他机构同事的合作资源。

· 领导和促进策略：分享知识，庆祝里程碑。
· 目标受众：州教育部办公室、其他的州级机构和组织。

示例活动

1. 建立和维护一个网站和电子图书馆，与州级机构的同事、学区和学校、家长和公众分享有关合作的信息。
2. 与其他机构联系开展培训、展示和会议。
3. 作为州教育委员会和其他的州级机构的合作资源。
4. 建立年度档案，分享最佳学区领导人及全州学校的最佳合作实践案例。

对于每个目标，使用模板的一页作为合作领导计划，或用来重新分配活动，以显示哪些活动将在学区一级进行（计划的第 1 页），哪些活动将促进每个学校的 ATP 成员的能力建设（计划的第 2 页）。

7.3 学区、机构和州领导人参与合作的工具

统一大家对促进学生发展的家庭社区参与合作新方向的认识。领导人可以利用召开会议的形式向同事和其他观众介绍学校、家庭和社区合作综合性框架的组成部分，统一大家的认识，并阐述他们怎样促进学校加强家庭和社区的参与项目。这种阐释可用于合作项目开发的不同阶段。在计划阶段，这种演示和讨论有助于建立对基于研究的合作项目的支持。项目实施后，该简介将帮助所有参与者了解合作活动的领导者如何指导学校 ATP 通过支持学生在学校取得成功的方式与家庭和社区开展合作。

7.3.1 合作领导计划——学区和州模板

使用该模板为合作伙伴撰写年度合作领导计划。修改模板以包含特定学区、州教育部门和机构所需的信息（见表 7-3-1 至表 7-3-3）。

· 合作的领导计划中应至少有一页篇幅是用来详细说明一年中为了支持学区、州或机构的领导参与合作而拟采取行动的计划。

· 在学区层面，计划中应至少有一页介绍为了培养幼儿园、小学、初中和高中 ATP 的能力，而与家庭和社区合作，帮助学生在学校取得成功所拟采取的行动。

· 在州的层面，至少应有一页的计划着重关注为协助学区合作领导人指导他们自己的学校所拟采取的行动。

只有在州、学区和学校 ATP 的嵌套式领导下，所有学生的家庭才会积极参与到孩子的教育中来。

表 7-3-1 学区领导合作行动计划之一

<table>
<tr><td colspan="6">学区领导合作行动计划
附加活动复印页</td></tr>
<tr><td colspan="2">学区：</td><td colspan="3">合作负责人：</td><td>学年：</td></tr>
<tr><td colspan="5">目标：在学校、家庭和社区合作中实施学区级的领导活动</td><td>本目标的预算：</td></tr>
<tr><td colspan="6">领导和促进策略：勾选计划活动涉及的策略
☐ 提升认识 ☐ 协调项目和政策 ☐ 指导学习和项目发展
☐ 分享知识 ☐ 庆祝里程碑 ☐ 记录进展并评价结果</td></tr>
<tr><td>活动</td><td>预期结果</td><td>时间 / 日期</td><td>负责人</td><td>成本、资金和资源的来源</td><td>评价工具</td></tr>
<tr><td></td><td></td><td></td><td></td><td></td><td></td></tr>
<tr><td></td><td></td><td></td><td></td><td></td><td></td></tr>
<tr><td></td><td></td><td></td><td></td><td></td><td></td></tr>
<tr><td colspan="6">该计划活动能帮助学区达成：
☐ 学区政策 ☐ 联邦要求（一号标题法案）（列举）________________
☐ 州政策 ☐ 其他政策和建议（列举）________________________</td></tr>
</table>

表 7-3-2 学区领导合作行动计划之二

<table>
<tr><td colspan="3">学区领导合作行动计划
附加活动复印页</td></tr>
<tr><td>学区：</td><td>合作负责人：</td><td>学年：</td></tr>
<tr><td colspan="2">目标：促进学校发展全面、校本、以目标为导向的学校、家庭和社区合作项目</td><td>本目标的预算：</td></tr>
<tr><td colspan="3">领导力和促进策略：勾选计划活动涉及的策略
☐ 提升认识 ☐ 协调项目和政策 ☐ 指导学习和项目发展
☐ 分享知识 ☐ 庆祝里程碑 ☐ 记录进展并评价结果</td></tr>
</table>

活动	预期结果	时间 / 日期	负责人	成本、资金和资源的来源	评价工具
该计划活动能帮助学区达成： ☐ 学区政策 ☐ 联邦要求（一号标题法案）（列举）________ ☐ 州政策 ☐ 其他政策和建议（列举）________					

表 7–3–3 州教育部领导合作行动计划

州教育部领导合作行动计划 各目标和附加活动复印页					
地区：	合作负责人：			学年：	
目标：				本目标的预算：	
领导力和促进策略：勾选计划活动涉及的策略 ☐ 提升认识 ☐ 协调项目和政策 ☐ 指导学习和项目发展 ☐ 分享知识 ☐ 庆祝里程碑 ☐ 记录进展并评价结果					
活动	预期结果	时间 / 日期	负责人	成本、资金来源和资源	评价工具
说明：					

7.3.2 合作项目负责人的领导和促进策略

制作 PPT，与同事们一起分享相关内容，并对用于指导学区和州领导人选择开发合作项目活动的策略进行讨论，这些策略主要是指前文“领导和成功”清单中的六大策略。提高认识、协调项目和政策、引导学习和项目开发、分享知识、庆祝里程碑以及记录进展和评价结果——每项策略都应该在所有政策层面得到支持。

学区和州合作项目负责人的领导和促进策略

研究和实地工作表明，成功的领导者，能在学区和州一级组织强有力的合作项目，开展活动并促进学校 ATP 的工作。他们的努力反映了六种领导力提升策略，下面将简要介绍这些策略，并在本章的“领导和成功”清单中详细说明。

提高认识。积极向所有主要利益相关者（包括教师、管理人员、家庭企业和社区团体）宣传学区或州的合作项目。

协调项目和政策。在学区和州领导人的支持下，将合作计划和实践活动与官方政策、优先事项和学生发展目标相结合。

引导学习和项目开发。组织、开展或支持专业发展培训、会议和持续的技术援助，以帮助学区或州的同事和学校加强他们的项目合作。

分享知识。促进整个学区或州的持续沟通，增加对有效的学校、家庭和社区合作项目的了解，并分享最佳合作实践案例。

庆祝里程碑。肯定学校、学区和州一级合作的进步和优秀表现。

记录进展和评价结果。收集信息以监测和报告学区和学校在实施合作领导计划方面的进展。帮助所有学区和学校评价其计划的质量和进度，让所有家庭参与进来，支持学生在学校取得成功。

（1）承诺、契约或合同的范本

与家长、教师、学生和管理人员达成协议，为学生的成功而共同努力。“承诺”通常包括一些基本责任，确定学生教育中所有合作伙伴的共同目标、共同责任和个人承诺。这些内容在家长、教师、学生和管理人员的承诺书中具有可比性。一些学区和州要求学校收集已签署的承诺书，作为一号标题法案要求的“学校－家长”契约。如果需要，这是可以做到的，但是如果家长、老师、管理者和学生要成为真正的合作伙伴，他们签署的承诺也应该互相分享。

应该指出的是，一号标题法案规定，“学校－家长”契约是确保合作项目的详细计划和活动时间表。“年度合作行动计划”（见第四章和第五章）更好地体现了这一指示。尽管如此，已签署的承诺或协议可作为第二类沟通活动纳入行动计划，并作为加强学校良好合作氛围的一项活动放在本指南行动计划模板的第 4 页。

学校需要“年度合作行动计划”以制定有组织的项目和详细的活动时间表，以此让家庭以支持学生在学校取得成就和成功的方式参与进来。在本指南的指导下，通过组织和实施一个全面的、以目标为导向的合作项目，学校、学区和州将满足一号标题法案中关于家庭和社区参与的要求。

承诺、契约或合同是象征性的协议，正式承认学生、家庭、教师和管理者必须共同努力，帮助所有学生每年在学校取得成功。承诺的形式、内容和措辞会因学生是在小学、初中还是在高中而有所不同。项目应反映学生的发展阶段、学校的组织特点和家庭情况。

承诺、契约或合同应该包括家长、学生、教师和管理者的共同承诺。通过签署共同承诺，所有签署者都意识到他们的共同目标、共同责任和个人承诺。

注意事项

· 尽量使用“承诺”一词，而不是“契约”或“合同”，表明这些承诺的自愿性和诚信。

· 承诺清单包含 5 到 10 项内容，简洁明了。

· 包括一封由校长签名的简短信函，向学生、家庭和老师解释该承诺是学校、家庭和社区全面合作计划的一部分。

· 向合作伙伴提供他们签署的承诺书副本。

· 开展学校实践，使家长、学生、教师和管理人员能够履行该承诺中的内容。例如，如果家长被要求与学校的老师或其他人交流，那么家长必须有明确的信息以及联系老师、辅导员或管理人员的简单途径。如果要求父母做志愿者，那么必须有一个慎重策划的项目，一个负责招募、欢迎和培训志愿者的领导或委员会；将志愿者与教师或学校项目、地点相匹配；并监测志愿者的参与模式和预期结果。

·包括一个“开放”项目，供学生、家长、教师或管理人员根据他们自己的情况、兴趣和需要来修改承诺。开放项目可以回答类似这样的问题：作为学生在学校取得成功的合作伙伴，今年你还想做什么事情？

·每年与学生、家庭、老师和其他人讨论承诺的内容；并根据需要增删修改。

·制定一个包括六种类型参与的合作项目。承诺是加强学校、家庭和社区联系的“类型 2- 沟通交流”活动之一。

这一部分的注意事项可以根据你的学校对学生和合作的政策与目标进行调整。共同承诺的主题包括学生努力、行为、出勤率、学校与家庭、家庭与学校之间的沟通、家长会、志愿者、家庭作业、学习习惯、合适的着装以及其他学校发展目标。

范本 1：家长承诺

学校－家庭－社区合作

（家长承诺）

√ 我会帮助我的孩子在学校竭尽全力，鼓励他 / 她刻苦学习，并与老师还有其他同学保持良好合作。

√ 我会每天按时送孩子上学，并对学校保持积极的态度。如果我的孩子因病缺课，我会补上错过的课程和作业。

√ 我会及时阅读通知，如果我对学校或孩子的成长有疑问，我会及时与教师或其他工作人员沟通交流。

√ 我会检查孩子有没有完成学校布置的家庭作业，我会鼓励我的孩子跟我讨论家庭作业、课堂作业、成绩报告单，以及他的学业目标。

√ 我会在学校或在家里担任志愿者，以此协助我的孩子，或者教师，或者班级，或者学校，或者社区一起完成某项活动。我也会鼓励我的孩子为了家庭、为了学校、为了社区积极贡献自己的才智。

家长姓名或监护人姓名（请打印）______________ 日期______________

签名____________________

孩子姓名（请打印）____________________

范本 2：学生承诺

<table><tr><td>

学校—家庭—社区合作

（学生承诺）

√ 我会在学校尽最大努力。我会努力学习，与我的老师和其他学生合作。

√ 我将每天准时上学，对学校保持积极的态度。如果我因病缺课，我会补上我错过的课程和作业。

√ 我会及时把学校的通知带回家，并把笔记从家里带来交给老师。我将参加家长、教师和学生的会议，并把学校的活动和事件告知我的家人。

√ 我会完成我的家庭作业。我会和家人讨论家庭作业，分享我在课堂上学到的东西。我会和家人讨论我的成绩和学业目标。

√ 我将欢迎志愿者来到我的学校，与家长和其他帮助我的人、我的同学、我的老师和我的学校一起工作。我将把我的才能和时间贡献给我的家庭、学校和社区。

学生姓名（请打印）__________________ 日期__________________

学生签名__________________

</td></tr></table>

范本 3：教师承诺

<table><tr><td>

学校—家庭—社区合作

（教师承诺）

√ 我会帮助我所有的学生在学校全力以赴。我会鼓励每个学生努力学习，发展他或她的才能，达成对他或她的期望，并与其他教师和学生合作。

√ 我将每天带着对学生和他们家庭的积极态度来学校，用准备充分的课堂教学来帮助学生学习。我将帮助学生和家庭理解、达成学校的考勤规则。

√ 我会清晰而频繁地进行沟通，让所有的家庭都了解学校项目、学习标准和他们孩子的进步。我会让学生家长有问题时联系我。每年我将至少与每个家庭召开一次集合家长、教师和学生的会议。

√ 我会定期布置互动式家庭作业，引导学生和家长或家庭成员讨论我们在课堂上学到的有趣的东西。此外，我会指导家庭监督孩子的家庭作业，并与孩子讨论成绩和学业目标。

√ 我会安排家长和其他志愿者利用他们的时间和才能，作为观众在学校、在我的课堂上，或者在家里帮助学生。我会修改时间表鼓励学生家庭参加学校的活动、集会和庆祝活动。

教师姓名（请打印）__________________ 日期__________________

教师签名__________________

</td></tr></table>

范本 4：管理人员（校长）承诺

<table>
<tr><td>

学校—家庭—社区合作

（管理人员或校长承诺）

√ 我会鼓励所有学生在学校全力以赴。我会鼓励每个学生努力学习，发展他或她的才能，达成对他或她的期望，并与教师、学校工作人员和其他学生合作。

√ 我将每天带着对教师、学生、家庭和社区的积极态度来学校。我也将帮助教职员工、家庭和学生理解、促进和遵守学校的考勤和其他政策。

√ 我会清晰而频繁地沟通，让所有的家庭都了解学校的计划和他们孩子的进步。我鼓励家庭联系老师和管理人员，提出关于孩子和学校项目的问题和想法。我也将支持和帮助老师每年至少与每个家庭举行一次集合家长、教师和学生的会议。

√ 我将帮助老师、家庭和学生理解和讨论家庭作业政策、成绩、学业目标和其他鼓励家庭参与学生学习的活动。

√ 我会安排家长和其他志愿者利用他们的时间和才能来帮助学生和学校。我也会鼓励家庭成员参加学校的活动、集会和庆祝活动。

√ 我将帮助这所学校建立一个由教师、家长和管理人员组成的团队，加强和支持学校、家庭和社区开展广泛的合作项目，实现学生发展的目标。

校长姓名（请打印）____________________ 日期____________________

校长签名____________________

</td></tr>
</table>

（2）优秀合作项目的要素

另一个确保高质量合作的方法是满足优秀合作项目的八个基本要素——领导力、团队合作、书面计划、实施、评价、同侪支持、充足资金和人际网络。研究表明，这些要素年复一年改善了学校、学区和州的学校、家庭和社区合作项目（Ames & Sheldon，2017；Epstein & Hine，2017）。本指南为学区、州和学校的领导人提供了达到这些标准的工具和指南。

附录：学区和州在学校、家庭和社区合作方面的领导

乔伊斯·L. 爱波斯坦（Joyce L. Epstein）

越来越多的学区和州一级的政策将学校、家庭和社区合作的目标包含在内。学区和州的法律和指导方针开始超出家长参与的重要性的一般陈述，将对领导和活动的明确期望纳入其中，以帮助所有学校制定惠及所有学生的全面合作项目。《每个学生都成功法案》（ESSA），即重新授权的《初等和中等教育法案》（ESEA）的当前名称，告诉学校、地方教育局和州教育机构建立家庭和社区参与机制（第1116条款），但没有告诉领导人如何制定有效公平的合作项目。同样，家庭和学校合作的双重能力建设框架（美国教育部，2013年）告诉教育者应采取行动支持良好的合作，但框架中却没有“该如何组织合作”这一重要组成部分。本指南提供了基于研究和实践检验的策略和工具，使所有学校、学区或州能据此满足联邦、州和地方的要求。

1. 学区

大多数学区都有针对学校、家庭和社区合作的官方政策、目标和指导方针。一些大的学区已经建立了家庭和社区参与办公室，由主任和学区合作促进员帮助所有的小学、初中和高中开展基于研究、与目标挂钩的合作项目。研究和实地调查表明，一名相当于全职的区级学区合作促进员可以帮助多达30所学校的ATP规划、实施和不断改进他们的家庭和社区参与项目。

对全国数百个规模和人口统计数据各不相同的学区进行的研究和实地调查确定了学区领导在组织合作工作时应该采取的六大策略：提高认识、协调项目和政策、引导学习和项目开发、分享知识、庆祝里程碑以及记录进展和评价结果。为了实现这些策略，学区领导可以为构建学区级的领导和服务，以及帮助每所学校建立与学生家庭合作的能力，选择一系列活动（Sheldon，2016）。

例如，为了协调项目和政策，学区负责合作的领导人应该将他们的合作计划建立在学区针对家庭和社区参与的官方政策基础上。如果没有关于合作的正式政策、优先事项或建议，学区领导人、同事和家长将需要共同努力制定一项以研究为基础的方法来开展合作项目。

为了增进学区对合作的投入，帮助学校的 ATP 加强计划和实践，优秀的学区领导人依据六大策略开展活动。首先是为学校的 ATP 举办为期一天的团队培训，以便他们了解基于研究、与目标挂钩的合作项目的组成（参见第四章、第五章）。此后，定期指导所有学校的 ATP。

学区领导人还可以与校长和 ATP 主席进行单独会谈，向学校提供赠款以支持合作项目，并帮助学校在学区内与其他学校分享成功的实践经验和举办合作项目庆典。优秀的学区领导人知道评价进展的重要性，他们指导学校 ATP 评价其合作活动的质量，并对所有家长的拓展服务和对学生的结果进行评价（见第九章评价）。

随着时间的推移，开展这些活动将使领导人能够增加该学区学校、家庭和社区合作项目的学校数量，并提升这些项目的质量。科本（Coburn，2003）的多维尺度概念确定了四个相互关联的维度——深度、可持续性、广度和所有权。因此，扩大合作关系包括：（1）确保深入了解学校和学区内的合作机制；（2）创建结构和流程，如书面计划、评价，以及为维持长期合作，必须做好合作领导人更替的准备工作；（3）在该学区所有年级和学校传播信息和支持合作关系；（4）在主要利益相关者之间建立合作的所有权关系，以便每个学区和学校可以讨论属于自己的家庭和社区参与项目。为了在学区内的所有学校推广合作计划而培养合作文化，学区领导人必须有意与学生教育的主要利益相关方建立牢固的关系。这种对关系建设的有意关注将有助于确保学校、家庭和社区合作关系，实现所有学生学习和福祉的关键目标

（Sanders，2009，2012）。

“领导与成功——学区领导与促进合作的策略清单”帮助学区领导人确定在学区一级和所有学校加强学区领导合作的活动。

2. 州

很多州都在加强领导力，改进合作项目，以指导和支持学区和学校的合作工作。一些州设立了家庭和社区参与（FACE）或学校、家庭和社区合作（SFCP）常设办公室或部门，其主任、协调员和学区合作促进员都是合作项目发展方面的专家。州领导人有责任深入学区和学校以增加知识、获取资源，并为他们的家庭和社区参与做计划并加以改善。

州一级的领导有多种形式，但可以按照上述学区的领导策略进行分类。州领导人也必须决定他们将如何提高认识、协调项目和政策、引导学习和项目开发、分享知识、庆祝里程碑、记录进展和评价合作结果。了解了这些策略和实践范例，州一级的合作领导人可以选择一系列活动，告知并鼓励州内所有学区的领导人来展示他们对家庭和社区参与的承诺，并指导所有学校发展与家庭和社区参与目标挂钩的项目，以促进学生成功。

如果州领导人将外联和帮助的重点放在学区一级的合作领导人身上，学区级领导人就将能够指导和支持他们所有的学校通过支持学生学习和发展的方式让所有家庭参与进来。实际上，各州促成了一种联系明确的“嵌套领导”模式：各州指导各区促进学校让家庭和社区合作伙伴参与进来，帮助学生在学校做到最好。

合作的州领导人必须使他们的计划、展示和项目与州政策同有关家长和社区参与的相关法案相匹配，并与学生发展的州目标相匹配。州领导人也可以召开会议或培训，指导和支持学区领导人发展他们的专业知识，以及家庭和社区参与项目。一些州政府向学区和学校拨款，以建立和改善他们的合作项目、实践和评价。州的“领导和成功——学区领导与促进合作策略清单”指导州领导人选择要开展的活动来推进这一议程。

3. 学区和州合作的基本领导力

每个州在合作机制、政策发展、学区数量和规模等方面的情况都是不同的。例如，马里兰州共有 24 个学区，而得克萨斯州有 1000 多个学区，其他州介于两者之间。学区的数量和组织形式、地区、专业发展服务中心、学校数量和其他因素影响着州政府告知和指导所有学区及其学校发展合作项目的计划。

许多州正采取措施告知并帮助学区和学校与学生家庭和社区更好地合作，以便更多的学生在学校取得成功，按时从高中毕业，并为大学或职业生涯做好准备。这是对州政策、联邦要求以及对所有学校的改进工作都要基于研究的认识的回应，家庭和社区为了学生在学校成功而参与也包括在内。

同样，大的或小的学区正在为建立合作领导而开展行动。最终，每所学校都必须负责规划、实施、建立预算和持续改进自己的合作项目。学校是学生所在之处，也是家庭获得最多有关孩子学习和进步信息的地方。学校必须不断改善与家庭的关系，帮助更多学生充分发挥他们的潜力。学区和州政府的领导与支持，对于学校设计和维持的家庭社区参与项目是否有效以及效果如何至关重要（Epstein，2007；Epstein，Galindo，& Sheldon，2011；Epstein & Sheldon，2016；Sanders，2005）。

4. 基本行动

全国各学区和州的教育部门领导正开展以下基本行动来提高领导技能，指导学校开展关于学校、家庭和社区合作的工作。

撰写或审阅一项概述、讨论学区或州对学校、家庭和社区开展广泛合作项目的期望和承诺的政策。该政策应界定学校、家庭和社区的合作，包括六种类型参与在内。它应该包含认可团队协同对开展有效合作项目的重要性的描述。该政策应包括规定学区或州将提供哪些服务来帮助学校实施该政策的“法令”。

学区和州政府关于学校、家庭和社区合作的政策必须清晰全面，同时也要灵活。好的政策认同所有学区和所有学校在合作实践中有不同的起点，以为不同的家长和学生群体服务。这些政策应该指导学校建立包括教师、家长、管理人员和其他人在内的ATP，专门关注家庭和社区参与度（见第三章）。政策应规定团队将编写、实施和评价与目标挂钩的计划和实践，帮助学生达到特定的学业和行为目标，从而在学校取得成功。

书面政策是必要的，但不足以帮助所有学校创建强大的合作项目（Epstein，2007；Epstein，Galindo，& Sheldon，2011；Epstein & Sheldon，2016；Sheldon，2007）。建立合作关系的学区和州领导人必须有雄心勃勃且可实现的计划，指导学校在学校层面实施基于当地情况的合作项目，从而促进学生成功。学区领导人尤其应该通过提供训练、资金、鼓励、认同和其他协助，来帮助学校制定学区的合作政策。没有资金支持和领导人不支持的政策是不受欢迎和无效的（Epstein，2011）。

建立一个办公室或部门，配备一名专家和足够的工作人员，以此促进学校、家庭和社区合作项目的发展和持续改进。每个州和学区都应该有一个确定的学校、家庭和社区合作项目的负责人。这位主任或协调员必须已经是或将成为领导州或整个学区的合作项目的专家。一些州和学区在立法中规定了这一职位。其他州在现有部门或办公室中指定一名合作负责人。

小的学区可以指定兼职负责人来指导学校的合作工作。例如，负责一号标题法案、联邦项目、课程与教学的办公室可以负责领导合作项目的开发。在非常小的学区，每位校长都可以领导一个学校发展目标，其中包括家庭和社区的参与。其他小学区与服务提供商（如学区服务中心）合作，指导学校改革，包括家庭和社区的参与。还有一些学区建立了一个由每个学校的 ATP 主席组成的核心团队，作为内部领导小组与指定的学区领导人一起工作。有多种方法可用于建设合作关系的专业知识。

州一级的合作负责人必须定期与他们的学区合作关系领导人联系。学区负责人必须指导所有学校的ATP发展他们的家庭和社区参与项目。这些负责人提供信息、培训和技术援助，开展其他活动来增进理解、增长技能和开展行动，将在所有政策层面形成高质量的合作机制。通过这种方式，嵌套式领导对校本合作项目具有最强和最可持续的影响（Epstein，Galindo，& Sheldon，2011；Epstein & Sheldon，2016）。

撰写年度合作领导计划。为了提高效率，学区和州负责人必须为合作活动撰写年度合作计划。州计划将列出并安排在州一级的与所有学区负责人共同促进和支持学校、家庭和社区合作的行动。学区计划将列出和安排行动来加强学区一级和每所学校的合作关系，采取团队方式让所有家庭参与其子女的教育。学区和州领导合作计划应包括以下活动：

· 提升学区或州领导人在合作方面的能力。

· 发展部门间联系以加强对合作的领导。

· 在整个学区或州加强技能并增加关于合作的知识。

· 促进所有学校努力开发、维护和不断改进其基于当地的、以目标为导向的合作项目。

为学校、家庭和社区合作确定资金，以支付员工和项目成本。学区和州领导人必须明确保障他们的预算，以支付员工工资，并支持培训项目，每年为合作项目、年终庆祝活动或分享最佳实践的会议提供的小额拨款、评价研究，以及关于合作的其他领导活动。应列明合作项目预算的明细来为这些活动提供稳定的支持。

一些州和学区合作负责人为解决具体优先事项的活动与其他部门的同事合作分担预算。例如，让家长参与的新的家庭作业设计可能由合作负责人与课程和教学部门的同事共同领导，并由后者资助，因为家庭作业是一种教学实践。同样，合作负责人可能与健康和安全部的同事携手，对家长和学生参与社区健康服务活动进行资助。

州、学区和学校领导人应报告支持其合作项目的初始资金水平和来源。由于各州、学区和学校的规模以及所服务的学生和家庭数量差异很大，所以投资也不同。考虑到各州、学区和学校的大小不同，合作的成本是按生均支出或一次性投资来预估的，如表 7-3-1 所示。该表显示了州、区和学校各级合作项目的预估拨款范围。当然，资金可以增加，用以扩大和改进项目。类似地，项目可以被简化以应对资金减少的情况。

下面的例子说明了支持合作的初始项目所需的最低资金。

· 学校应计划每年为每位学生投资 15 至 24 美元，用于在学校层面支持学校的 ATP 以及教师所计划的家庭和社区参与活动。每所学校的合作“年度合作行动计划”应包括六种类型参与的活动以满足学校目标，并让所有家庭参与。资金必须支持学校合作项目中计划的活动。这可能包括对在 ATP 工作的兼职协调员或联络员、印刷材料、茶点、激励措施、培训主持人、网站开发，以及年度行动计划中的参与活动所需的其他行动和材料提供资金支持。

· 学区应计划每年为每位学生投资 6 至 12 美元，用于支付学区合作促进员的工资，并为学区领导活动和服务提供资金。资金可用于支持学校的 ATP 培训、其他在职教育、对学校的小额赠款、庆祝活动、有效实践的传播以及其他学区层级的领导职能，以促进每个学校制定其家庭和社区合作计划和方案的努力。这些资金必须足以支持学区领导人年度合作领导计划中的所有项目。

· 各州应计划每年为每位学生投资 0.20 至 1.25 美元，作为州一级合作负责人、所需的工作人员，以及州一级提供的领导活动和服务的薪资。资金可用于支持初级和高级在职教育和培训，为学区和学校提供启动或改进合作项目的拨款，全州或学区会议以及其他州层级的领导职能，以告知并协助州内所有学区发展他们在合作方面的领导力和专业知识。这些资金必须充分支持州领导人的年度合作领导计划中的所有项目。

对生均支出的预算表明在学校、学区和州的各个层面上，为强劲的合作项目提供资金是让所有学生家庭参与进来的投资。根据美国人口普查局（2016 年）的数据，各州公共教育的生均支出从每年 11000 美元到 20000 美元不等。而每年生均对应的学校、学区和州各级合作项目的工资、福利和成本总计在 21 美元到 37 美元之间，这在任何一个州的生均支出中都只占很小的一部分，这项支出确保了所有家庭都以与目标挂钩的方式参与其子女的教育。

考虑到接受服务的学生人数以及学生、家庭、学校和社区的特殊需求，合作项目的生均支出预算可以转化为州、学区和学校的一次性投资。如表 7-3-1 所示，州合作项目负责人、学区合作促进员和学校团队的成本可能有多个来源，也因州和学区而有所不同。

表 7-3-1 在全国合作学校网络（NNPS）中支持基于研究的合作项目需要多少费用？

	学校（356 个）	学区（83 个）	州（12 个）
资金水平	范围：121 至 107300 美元 中等：2440 美元 平均：6980 美元 建议生均支出范围： 15 至 24 美元	范围：975 至 339 万美元 中等：79250 美元 平均：259670 美元 建议生均支出范围： 6 至 12 美元	范围：2440 至 731620 美元 中等：213390 美元 平均：257390 美元 建议生均支出范围： 0.20 至 1.25 美元
家庭和社区参与项目的资金来源	双语教育 社区合作伙伴 学区预算 毒品预防 常规基金 校长基金 家长教师协会或家长教师联谊组织 校基金募捐者 特殊教育基金 州基金 一号标题法案 三号标题法案 21 世纪学校拨款 其他联邦、州、学区和本地基金	双语教育 社区合作伙伴 学区预算 毒品预防 区基金募捐者 常规基金 地方基金会 家长教师协会或家长教师联谊组织 特殊教育 州基金 一号标题法案 二号、三号标题法案 联合募捐 21 世纪学校拨款 其他联邦、州、学区基金	残疾人教育法案——特殊教育基金 州专业发展基金 州教育部门一般基金 一号标题法案 21 世纪学校拨款 其他联邦和州基金
这些数字表明，在大多数地方，所有三个政策层面，即学校、学区和州层面，生均每年 21 至 37 美元的总成本将用于支持家庭和社区参与基本项目的领导和开支，包括以下内容： · 学校合作关系一年行动计划的实践，让所有家庭作为合作伙伴参与其子女教育； · 按一名学区合作促进员最多负责 30 所学校的标准计算，为学区合作负责人支付工资、福利和项目成本； · 州合作负责人的工资、福利和项目成本费用。			

数据来源：2007 年约翰斯·霍普金斯大学对全国合作学校网络中的学校、学区和州所作的调查。数据四舍五入到最接近的美元数值，并根据通货膨胀进行校正，以反映在 2017 年的美元数值。

· 学校示例。一所约有 500 名学生的学校每年需要 7500 至 12000 美元的合作总预算，以支付合作"年度合作行动计划"中的典型活动费用。这将使 ATP 能够开展与目标相关的六种类型参与的活动，让所有家庭参与其子女的学校和家庭教育。相比之下，一所拥有 1500 名学生的学校将需要 22500 至 36000 美元的合作预算总额，以让所有家庭有效参与基础项目的活动。

· 学区示例。一个服务 5000 名学生（或大约 10 所学校）的小区域应该每年投资 30000 到 60000 美元或更多资金用于兼任学区合作负责人的工资、福利以及为所有学校提供的相关服务。相比之下，一个服务 10 万名学生（或约 200 所学校）的大学区需要 60 万至 120 万美元或更多的年度预算来聘请一名全职负责人和 6 至 9 名学区合作促进员来协助多达 30 所学校的合作行动小组群开发合作项目，让所有家庭都参与进来，支持所有小学、初中和高中学生取得学业和行为上的成功。

· 州示例。一个服务 30 万名学生的州可以设定年度预算为 6 万至 37.5 万美元，用于支付一名州合作负责人的费用以及帮助该州各学区建设能力，以指导学校开展合作的费用。相比之下，一个服务 80 万学生的州需要 16 万至 100 万美元的年度预算来实施州级合作领导项目。建议每个州，无论大小，都有一名全职的合作负责人。资金水平将影响各州为合作项目向学区和学校提供服务的性质和范围（Epstein，2011）。

这些基于发展项目报告的预算表明，所有的州、学区和学校都有能力组织以研究为基础的学校、家庭和社区合作项目。这里所建议的投资只是每年生均教育和学生服务支出的一小部分，是每年让所有家庭参与其子女教育的一种非常节省的方式。有了这些资助制度，学校、家庭和社区合作项目将成为学校、学区和州一级所有儿童教育机构的标准组成部分。

表 7-3-1 报告了州、学区和学校用于支持学校、家庭和社区合作项目的一些主要资金来源。这包括来自一号标题法案的联邦资金，一号标题法案要求在学校、学区和州一级为与目标挂钩的合作实践提供资金。其他联邦资金来源，包括二号和三号标题法案，它们鼓励与教师和校长的专业发展、双语教育和英语学习相关的家庭参与实践。其他项目的资助关注特殊教育、课外项目和学校改善的其他领域。

一些资金由家长教师协会或家长教师联谊组织、当地基金会和其他来源提供给学区和学校。表 7-3-1 清楚地表明，只要对预算过程进行较小的改动，所有的州、学区和学校就可以找到充足的资金来组织、实施和维持有效的合作项目。

如本指南的指导所示，全国合作学校网络中学校、学区和州报告的数据显示了支持领导力的投资范围和基本合作项目的成本。因学区规模大小不同，生均支出预算对任何学校、学区或州教育部门来说都是有用的参考标准。

针对合作开展持续性的在职教育。学区和州领导人应该提供或支持在职教育的初级和高级主题，以发展、加强和维持学校，家庭和社区的合作。在职教育包括学校 ATP 的专业发展，以启动他们的合作计划、高级培训和持续的技术援助，帮助团队不断提升计划质量。（关于举办培训的指南请参见第四章、第五章。）

评价教师和管理人员在合作方面的工作。州教育委员会和学区的学校董事会应该将学校、家庭和社区合作纳入专业和准专业工作人员的年度或定期评价中。应该向教师、校长、教学助理、督学和其他领导提供关于官方政策、对高质量项目的期望以及对课堂和整个学校的合作实践的指导方针。

专业人员和准专业人员应该知道他们在合作项目方面的工作将怎样与他们的其他能力一起被评价。校长应该了解，是否有一个由教师、家长和管理者组成的运作良好的合作团队能与之共同努力以不断提高所有家庭在学校和家中对其子女教育的参与度，这是他们被评价的内容。

支持州、学区和学校的职业阶梯，建立合作方面的专业知识和领导力。州和学区应该投资培养学校、家庭和社区合作的领导者，就像专业人士在学业科目、运动教练和学生服务方面积累专业知识一样。领导职位包括学区和州的合作项目负责人和联络员，协助学校开展合作项目的学区合作促进员，以及担任 ATP 及其委员会的主席和联合主席的学校教师和行政人员。通过担任这些领导角色，教育者和家长在组织增强社区意识的项目和开展帮助家庭和助力学生成功的活动中积累了宝贵的技能。

开发合作工具或产品。各州和学区的合作领导人不仅可以使用本指南中的工具和指南，还可以开发和定制工具，以满足当地学校、家庭和学生的需求和目标。领导人可以为英语能力有限的家庭创建网站、小册子、日历、时事通信、电子通信、信息和材料的翻译、调查结果摘要，以及其他出版物和产品。在非常具有挑战性的情况下，可能需要与特定环境相关的材料和方法来让父亲、新生和其他家庭成员参与进来。所有家庭都需要关于学校的出勤政策、学区和州学生学习标准、新测试和评价，以及其他学校项目的信息来帮助他们的孩子在学校取得成功。

鼓励企业、工厂和其他社会力量加入以加强学校、家庭和社区的合作。一些企业制定了政策，允许并鼓励身为父母的员工在灵活的时间内参加家长会，不会因此受到处罚。有些公司制定了政策，让所有员工，无论家中有无学龄儿童，都去义务帮助当地学校。学区和州领导人可以与立法者、商业领袖和社区团体合作，起草立法或为鼓励家长和社区参与学校活动的企业提供税收优惠、信贷服务、优先地位或其他支持和认可。

学区和州领导人也可以鼓励企业、工厂、大学和社区机构领导负责人提供如下服务：

- 建立媒体中心或资源室，为身为父母的员工提供有关婴儿、儿童和青少年发展的信息、育儿小贴士，以及学校、家庭和社区关系。
- 为学龄前儿童建立托育服务。
- 为学龄儿童提供课外、假期、暑期和其他特殊的项目。
- 为患有轻微疾病的儿童提供“替代品”或替代性儿童护理。
- 为学校和社区机构的家庭和社区参与项目提供资助。
- 开展其他有益于员工、员工子女以及当地学校和社区的活动。

应建立一个咨询委员会，以便教育部门领导人听取家长和社区对合作和其他教育问题的意见。每个州都应该有一个关于学校、家庭和社区合作的咨询委员会，由全州的主要利益相关者的代表组成。该小组将为州一级以及州内各学区及学校的合作项目的质量和公平性提供意见和建议。咨询委员会可向州领导人或州督学汇报合作项目，以协助全州的教育工作者执行州家庭和社区参与政策。

每个学区应该建立一个学区咨询委员会，由来自所有学校（或一个具有代表性的样本学校）的 ATP 代表组成，包括校长、教师、家长和社区代表。该小组将为该学区学校的进展和需求提供意见和建议，实施和改进学校、家庭和社区合作项目，从而帮助学生在学校取得成功。该小组可向学区合作负责人或督学汇报，以确保该学区所有学校的家庭和社区参与项目取得有效和公平的进展。

建立一个网站、图书馆或传播中心，以研究学校、家庭和社区合作的优秀实践案例。各州和学区可以通过其网站、家庭资源中心、社交媒体或使用其他传播策略来收集和传播关于合作项目的信息，以覆盖所有学校和所有家庭。通过不同的方式，学区和州领导人可以使用新技术来收集和分享关于合作的研究结果，组织合作项目的有效方法，让家长参与会议、家庭作业、课堂和课外活动的教师实践，评价合作项目质量和进展的工具，与父母沟通的形式和技术，关于儿童和青少年发展的养育策略信息，以及其他信息和材料。

学区领导人将为他们所在地的家庭和社区量身定制所有信息，并在学校间宣传最佳实践方法。州领导人应该为州内学校提供易于理解又有用的信息。

支持新教师和管理人员开展优秀合作项目的要求。州领导人尤其应该支持或推动州认证立法，要求向教师和行政人员开展职前和高级教育，为他们开展学校、家庭和社区的有效合作和实践做准备。这一要求超出了新教师和管理人员应该与家庭沟通的声明，它包括要求教育工作者做好准备，开发和支持基于家庭和社区参与的研究项目，其计划和实践与学校发展目标相一致。学区领导在聘用新教师和管理人员时，应强调知识、经验和对家庭和社区参与的积极态度的重要性（De Bruine et al.，2014；Epstein，2011；Quezada，Alexandrowicz，& Molina，2013）。

支持对学校、家庭和社区合作项目和实践的质量和效果开展研究和评价。学区和州领导人应定期收集数据，记录他们的学区和州级计划以及校本合作项目的进展情况。一些评价可能相对简单，例如列出当前实践的清单以确认项目开发的节点，收集进行实践的证据和物品。其他评价可能更复杂，如收集和分析家庭对合作的建议、对实践的反应以及特定实践对学生成绩和行为的长期结果。部分学校可能会开展比较研究，即教师和家长如何看待这些支持学生在校发展的合作项目，以及他们对此类项目的要求。学区和州领导人也可以与大学研究人员或其他外部评价人员合作，并对合作的结果进行正式研究（见第九章评价）。

总结

总之，学区和州的领导人在提升他们自身对学校、家庭和社区合作知识的了解，发展和不断改进学校、家庭和社区合作活动方面负有重要责任。

他们还必须采取积极措施来提升学校 ATP 的知识和技能，以便每所小学、初中和高中都能够发展自己的合作项目。

州合作负责人可以与各部门的同事合作，同学区工作人员发展办公室合作，或与大学合作伙伴和其他人联系，制定和实施一项长期计划；与全州的学区领导人沟通并协助他们在学区一级和所有学校开展合作工作。

学区合作负责人必须计划和实施活动，不仅要加强学区的与家庭沟通和合作的承诺，更主要的是帮助所有小学、初中和高中建立和维持运转良好的 ATP。这包括帮助所有的 ATP 计划、实施、评价和持续改进他们合作项目的质量（Sanders，2008）。本指南所有章节的信息和工具将帮助学区和州领导人履行这些职责。更多有关学区和州领导人实践的信息和范例，请访问 www.partnershipschools.org 网站的“成功故事”栏目中的“有价值的合作实践案例集”，以及全国合作学校网络的样本和获奖项目总结。

参考文献

[1] Ames, R. T., & Sheldon, S. B. (2017). Annual NNPS report: 2016 school data. Baltimore, MD:Johns Hopkins University, Center on School, Family, and Community Partnerships.

[2] Coburn, C. E. (2003). Rethinking scale: Moving beyond numbers to deep and lasting change. Educational Researcher, 32(6), 3–12.

[3] de Bruine, E. J., Willemse, T. M., D'Haem, J., Griswold, P., Vloeberghs, L., & van Eynde, S. (2014). Preparing teacher candidates for family-school partnerships. European Journal of Teacher Education, 37, 409–425.

[4] Epstein, J. L. (2007). Research meets policy and practice: How are school districts addressing NCLB requirements for parental involvement? In A. R. Sadovnik, J. O'Day, G. Bohrnstedt, & K. Borman (Eds.), No Child Left Behind and the reduction of the achievement gap: Sociological perspectives on federal educational policy (pp. 267–279). New York: Routledge.

[5] Epstein, J. L. (2011). Strategies for action in practice, policy, and research. In School, family, and community partnerships: Preparing educators and improving schools (Chap. 7). Boulder, CO: Westview Press.

[6] Epstein, J. L., Galindo, C. L., & Sheldon. S. B. (2011). Levels of leadership: Effects of district and school leaders on the quality of school programs of family and community involvement. Educational Administration Quarterly, 47, 462–495.

[7] Epstein, J. L., & Hine, M. G. (2017). Annual NNPS report: 2016 school data. Baltimore, MD:Johns Hopkins University, Center on School, Family, and Community Partnerships.

[8] Epstein, J. L., & Sheldon, S. B. (2016). Necessary but not sufficient: The role of policy for advancing programs of school, family, and community partnerships. Russell Sage Foundation Journal of the Social Sciences, 2(5), 202–219.

[9] Quezada, R., Alexandrowicz, V., & Molina, S. C. (2013). Educating preservice teachers for family, school, and community partnerships (Special issue). Teaching Education, 24, 119–122.

[10] Sanders, M. G. (2005). Building school-community partnerships: Collaborating for student success. Thousand Oaks, CA: Corwin.

[11] Sanders, M. G. (2008). Using diverse data to develop and sustain school, family, and community partnerships: A district case study. Education Management, Administration, and Leadership, 36, 530–545.

[12] Sanders, M. G. (2009). Collaborating for change: How an urban school district and community-based organization supports and sustains school, family, and community partnerships. Teachers College Record, 111, 1693–1712.

[13] Sanders, M. G., (2012). Achieving scale at the district level: A longitudinal multiple case study of a partnership reform. Educational Administration Quarterly, 48, 154–186.

[14] Sheldon, S. B. (2007). Getting families involved with NCLB: Factors affecting schools' enactment of federal policy. In A. R. Sadovnik, J. O' Day, G. Bohrnstedt, & K. Borman (Eds.), No Child Left Behind and reducing the achievement gap: Sociological perspectives on federal educational policy (pp. 281–294). New York: Routledge.

[15] Sheldon, S. B. (2016). Moving beyond monitoring: A district leadership approach to school, family, and community partnerships. In S. M.

Sheridan & E. M. Kim (Eds.), Family-school partnerships in context (pp. 45–64). Cham, Switzerland: Springer International.

[16] U.S. Census Bureau. (2016). Annual survey of school systems, 2014. Washington, DC: Author.

[17] U. S. Department of Education. (2013). Dual capacity–building framework for family and school artnerships.https://www2.ed.gov/documents/family-community/frameworks-resources.pdf

第八章

家校合作课堂（TIPS）①

① Teachers Invovle Parents in Schoolwork（简称 TIPS），为便于阐述，全文均使用简称。

本章介绍了两种基于研究的用于增加家庭对学生教育的关于参与方法的背景信息和指南。设计、开发和评价这些实用方案是为了帮助教育工作者系统地、有效地、更公平地让家长参与到家庭和学校中来，这种方式与学生的学习目标直接相关。一种途径是强化类型 4 的参与活动，即在家学习，在小学和初中阶段增加家庭对学生数学、科学和语言艺术互动作业的参与。另一种途径是强化类型 3 的参与活动，即志愿服务，通过艺术欣赏来丰富初中的社会研究课堂，增加家长与在校学生的互动。

因此，将六种类型参与的框架应用于家庭有效参与时，合作行动小组（ATP）、教师和家长可以考虑组织一次性的活动（例如与社区、家庭成员一起为学生举办培养职业意识的展览会）或更广泛的全年安排，例如用交互式家庭作业，或者让初中的志愿者参与社会研究和艺术的跨学科学习，丰富其完成家庭作业的过程。

家校合作课堂的交互式家庭作业让教师能在与课程相关的活动中设计和布置家庭作业，将学校与家庭联系起来。家校合作课堂活动使学生能与家庭成员分享他们的作业和想法。这些作业让家长进一步理解孩子在课堂上学到了什么，促进他们在家中就课堂作业进行积极对话。如果实施得好，家校合作课堂可以提升学生的作业完成率、课程技能，改善他们对家庭作业的态度，以及对课堂作业的准备程度。（参见本指南表 1-1-1 的“类型 4 －在家学习”一栏，了解家校合作课堂在全面合作项目中的地位。）

在本章中，我们将概述家庭作业的目的，讨论在语言艺术、数学和科学中家校合作课堂交互式家庭作业的目标和组成部分，提供小学和初中的示例活动，并解释实施交互式家庭作业的步骤。

教师指南中有本章信息的支撑材料，有超过 600 个数学、科学和语言艺术方面的交互家庭作业原型（Epstein，2017a，2017b；Epstein

& Associates，2017a，2017b）。这些资源旨在指导教师和课程专家使用或改编家校合作课堂交互式作业，将其作为改进家庭作业过程的策略。如需了解更多信息，请访问 www.partnershipschoools.org 并点击“交互式家庭作业”的链接。

社会研究和艺术的家校合作课堂志愿者创建了一个团队，他们在初中的社会研究课上和学生讨论著名画作。这些教学融合了艺术和历史，让学生增长知识，欣赏各种艺术风格，并确保志愿者有效地帮助教师和学生在初中进行跨学科学习。

我们在本章中解释了家校合作课堂中使用社会研究和艺术志愿者的基本原理及其组成，以及实施这一过程的步骤。其中包括达·芬奇的《蒙娜丽莎》的教学案例。我们在课程原型和一本教师或志愿者领导指南中提供本章信息的支撑材料。这些资源旨在指导学区和学校的合作负责人与艺术专家教师合作，在社会研究和艺术领域使用、调整或发展家校合作课堂志愿者，作为增加跨学科学习的策略。如需了解更多信息，请访问 www.partnershipschoools.org 中“社会研究和艺术”栏目。

8.1 家校合作课堂的交互式家庭作业

如果足够多的研究显示出同样的结果，你就会开始相信它。学校和家庭的合作就是如此。数百项研究证实，家长的参与提升了学生的发展，改善了他们的学习态度、家庭作业完成率、成绩单等级，以及人生志向。调查显示，大多数家长希望与他们的孩子交谈，监督、鼓励和指导孩子，但很多人表示他们需要从学校获得更多信息，了解如何在家中帮助不同年级的孩子。

研究还表明，当教师指导家长与各年级学生互动时，更多的家长会以有利于他们孩子的方式参与进来。例如，相对于那些教师不让家庭参与的学生，当教师经常开展家庭参与阅读活动时，学生会获得更多的阅读技能（Sheldon & Epstein，2005）。同样，随着时间的推移，引导家庭参与学生的数学、科学和语言艺术交互式家庭作业，可以提高学生的作业完成率、成绩等级和测试分数（Epstein，Simon，& Salinas，1997；Epstein & Van Voorhis，2001，2012；Van Voorhis，2001，2003，2004，2008，2009，2011a，2011b，2011c，2011d；Van Voorhis，Maier，Epstein，& Lloyd，2013）。这些研究和其他研究表明，父母对特定科目的参与同学生在这些科目上的成功之间有着重要的联系。研究结果还显示，教师在帮助家庭积极参与孩子家庭作业方面发挥着重要作用。（研究结果回顾参见本指南1.3节相关内容。）

学校与家庭合作还有其他益处。当父母获得教师的帮助时，他们对孩子的教育有了更多的了解，增加了孩子的学习互动。当孩子们看到他们的父母与教师在交流时，他们意识到教师希望他们的家人知道他们在课堂中学什么，由此他们可以和家人谈论课堂作业和家庭作业。

8.1.1 发生在家里的家庭参与行动

在所有类型的参与中，父母最想知道的是：在家中我该如何帮助我的孩子？这个诉求在家长的愿望清单上排在首位，但这种参与对学校来说通常难以组织。它要求每个年级的每个教师都要与家庭沟通，交流如何在家里就学习活动与孩子互动。教师报告说，他们需要时间和有针对性的专业培训，以此改善家庭作业的完成过程，以及他们与学生家长的联系（Markow，Kim，&Liebman，2007）。

为了满足这一需求，研究人员与教师一起设计、实施和评价了一个名为“家校合作课堂交互式家庭作业”的合作活动。有了家校合作课堂，任何教师都可以帮助所有家庭了解并参与到他们孩子的教育中，在家里开展针对不同年级的学习活动。有了家校合作课堂，更多学生完成了作业，这将会促进他们在学校的成功。

家校合作课堂的家庭作业要求学生在家和某人谈论他们在课堂上学到的有趣内容。这些活动解决了家庭作业的一些重要问题。

· 家校合作课堂帮助所有父母参与进来，而不仅仅是那些能应对学校课程的少数人。

· 家校合作课堂不要求家长“教”科目或技能。在低年级，它能引导家长与孩子进行积极对话和学习活动。从二年级开始，它能引导学生积极开展学习活动，并与家长进行积极对话。

· 家校合作课堂引导学生享受学习、想法和进步，并与家人分享。

· 家校合作课堂活动包括学生与家长讨论如何在现实世界中

使用学校技能。

·家校合作课堂包含了家校沟通，邀请家长评论他们与孩子的互动，并向教师提问。

在家校合作课堂，家庭作业涉及学生、教师和家长三方。参见教师指南中关于家校合作课堂的研究总结（Epstein，2017a，2017b）。家校合作的一个直接结果是，家庭感谢教师的努力，让他们得以了解情况并以有用的方式参与。家校合作课堂活动将学校放在了家庭议事日程上，这样孩子们就知道他们的家人认为家庭作业很重要，值得讨论。

8.1.2 教师在作业设计中的角色

设计家庭作业是教师的责任，但许多教师报告说他们觉得没有准备好去设计有效的家庭作业活动。精心设计的作业应该满足特定的目的，能提高学生在特定学科的技能。

家庭作业有十大目的（10PS）：练习、准备、参与、个人发展、家长－教师交流、亲子关系、同学互动、符合政策、公开展示和处罚。如表8-1-1所示（Epstein，2011；Epstein & Van Voorhis，2001，2012）。除了处罚，其他都是有效的目的。

家庭作业服务于教学、交际和政治目的（Van Voorhis，2004）。每一个目的都需要不同的设计，并对学生的学习和发展、家长的信息和参与，以及教学和管理产生不同的结果。家校合作课堂交互式家庭作业可以达到一些目的。每项作业都旨在延长学习时间，为学生提供练习技能和积极参与学习的机会，帮助学生为第二天的课程做好准备，增加家长与教师之间关于课程的交流，并且改善家长与孩子在家庭学习活动中的关系。有些家庭作业鼓励同学在项目或讨论中互动。一些学区和学校为不同年级的家庭作业时长制定了政策，或者将家庭作业作为学校质量的一个指标来实现公开展示或满足社会对家庭作业的期望。然而，布置家庭作业作为处罚是没有道理的。

表 8-1-1　家庭作业的十个目的

<table>
<tr><td rowspan="4">教学目的</td><td>练习</td><td>让每个学生都有机会练习课堂上教授的技能，复习和强化技能，提高学习速度和信心，掌握和保持技能。</td></tr>
<tr><td>准备</td><td>确保为下一堂课做好准备；完成课堂上没有完成的活动和作业；为新任务收集想法、建议或材料。</td></tr>
<tr><td>参与</td><td>在应用特定技能和知识以及享受学习方面增加每个学生的参与度。</td></tr>
<tr><td>个人发展</td><td>培养每位学生的责任感、时间管理、自信和成就感；开发和肯定学生各种天赋和技能，这些可能是教学中没有的。</td></tr>
<tr><td rowspan="3">交际目的</td><td>亲子关系</td><td>鼓励父母和孩子就学校、课堂作业和家庭作业的重要性进行交流；鼓励将学校技能应用到现实生活中的对话；让父母或家庭成员参与关于每个学生想法和任务的积极对话。</td></tr>
<tr><td>家长—教师交流</td><td>使教师能够告知家庭并让他们参与孩子的课程活动；让家庭了解课堂上教授的主题、孩子的进步情况，以及如何在家里支持孩子的学习和进步。</td></tr>
<tr><td>同学互动</td><td>鼓励学生一起完成作业或项目，相互激励和学习。</td></tr>
<tr><td rowspan="3">政治目的</td><td>符合政策</td><td>每天或每周完成规定数量的家庭作业，实现学区或学校管理者的政策和优先事项；进一步关注更好的作业设计，以此挖掘和培养不同的技能。</td></tr>
<tr><td>公开展示</td><td>向公众展示学校对学生在校学习和家庭作业有严格的标准；为学生学习建立有效的企业和社区合作基础。</td></tr>
<tr><td>处罚</td><td>纠正学生行为、举止或效率的问题（注意：这不是为了论证家庭作业的合理性）。</td></tr>
</table>

8.1.3 克服对作业的错误认知

跨越障碍 1：作业不应总是一个人做。一些教师认为所有的作业都应该在远离其他人的安静地方完成。这种类型的家庭作业允许学生练习课堂上教授的内容，为测验而学习，并独立完成其他工作。虽然有些家庭作业为这些目的服务，但其他家庭作业可能服务于其他目标。家校合作课堂要求孩子们定期与父母或其他家庭成员谈论他们在课堂上学到的东西。家校合作课堂家庭作业一周一次或一个月两次，旨在保持学生与他们的家人在家谈论作业的习惯。父母会收到孩子取得进步的成绩单，但这并不能代替父母与孩子的定期谈论有趣的想法。

跨越障碍 2：并非任何作业都起作用。有些作业很无聊。它需要学生投入时间，但不需要太多思考。与"忙碌的工作"不同，家校合作课堂活动必须具有挑战性和吸引力，这样学生才会愿意与家长分享他们的作业和想法。家校合作课堂帮助学生在与他人互动的过程中练习基本技能，建立更高层次的思维技巧。这些活动鼓励学生思考、写作、采集信息、收集建议、解释、演示、绘画、构建事物，或以其他方式与父母互动。

有些学生不想做任何作业，但是如果教师让作业成为课业和学习的重要部分，他们就会去做作业。研究表明，与"常规作业"相比，更多的学生完成了家校合作课堂作业，这是因为它有趣，看起来有吸引力，并使学生成为家中互动的领导者（Van Voorhis，2009，2011a，2011b）。

8.1.4 什么是家校合作课堂的交互式家庭作业活动?

家校合作课堂的原型活动是家庭作业，教师可以加以使用或修改，使之符合他们自己的课程和学生的特定学习目标。我们提供了数学（幼儿园 K–5 年级和 6–8 年级）、语言艺术（早期读写幼儿园 K–3 年级和 6–8 年级）和科学（3 年级和 6–8 年级）的家校合作课堂原型活动。这些例子可能适用于其他科目和年级。

（1）家校合作课堂：语言艺术

家校合作课堂语言艺术活动（幼儿园 K–3 年级和 6–8 年级）可以让学生与父母或家庭成员分享阅读、写作、口语和听力方面的想法和技能。学生做作业——家庭作业一直是学生的责任。学生负责自己的家庭作业以及与家长的互动，这可以用家庭语言进行。他们可能喜欢讨论、分享和交换想法。家长可以听孩子讲述画作背后的故事、帮助学生思考单词、对学生的写作作出反应、回忆故事并分享其他经历。

语言艺术的家校合作课堂的家庭作业应该定期布置（每周一次或每月两次），让家庭了解并参与学生在语言艺术方面的学习和进步。

①关联到课程

a. 早期读写（K–3）。幼儿园 K–3 早期读写的家校合作课堂活动涉及四个主要的识字标准：口头表达和听力、不同目的取向的阅读、书写和作文、研究和推理。不管家庭背景特征如何，父母都可以从中获得乐趣并帮助提升学生对儿歌、故事和家族历史的热爱。幼儿园 K–3 早期读写的家校合作课堂安排活动指导父母帮助学生练习字母、发音和沟通技巧。这些活动要求父母分享他们在学校时最喜欢的故事或经历。这些对话有助于加强学生的沟通技巧（Van Voorhis，Maier，Epstein，&Lloyd，2013）。

b. 语言艺术，6–8 年级。语言艺术的家校合作课堂活动帮助学生加强阅读、写作、口语和听力技能，改善他们对语言艺术作业的态度。例如，活动要求学生与父母或家庭成员谈论他们对描述性、叙述性和解释性段落，短篇故事和长篇故事的想法。其他作业旨在提升学生与家长就明喻、同音异义词、类比、上下文线索、多重含义、事实和观点以及时间顺序进行互动时的语法水平和词汇量。

小学和初中的语言艺术的家校合作课堂活动的标准和技能与州的和本地的其他学生学习标准、目标一致。

②家校合作课堂的模式——以语言艺术学科为例

语言艺术的家校合作课堂活动有六个部分：

a. 给父母的信解释活动的具体功能。学生填写截止日期并在信上签名。

b. 目标解释活动的学习目标，以防在标题和文字中没有明确表述目标。

c. 如果需要的不仅仅是纸和笔，还会列出所需材料。特殊材料应由学校提供。

d. 程序和互动（也称为“让我们做这个”和“让我们找出答案”）指导学生向家长展示他们在课堂上正在做的事情，并与家长或家庭成员进行对话、采访或其他互动。这部分的活动为写作前的活动提供空间。

e. 家校沟通邀请家长向教师作出反馈或评论，内容是孩子是否理解家庭作业，他们是否都喜欢这项活动，家长是否了解了孩子在课堂上所学的知识，以及他们是否有任何问题。

f. 每项活动都需要家长签名。

（2）家校合作课堂：数学

数学家校合作课堂活动要求学生向家长展示他们是如何在课堂上学到特定的数学技能。这包括教师教授的程序和概念。互动活动有助于解决家长对数学的困惑和学生向家长发出的抱怨，即“你的做法和我老师教的不一样”。然后，学生完成几个示例来练习该技能，向家长解释他们的学习成果，将该技能应用到现实世界中，家长对此予以积极反馈。

活动可能包括相关的数学游戏、解决问题以及在日常生活中寻找特定数学技能的例子。通过讨论数学在现实世界中的应用，父母可以激励孩子享受数学，并理解数学在学校内外的价值（Van Voorhis，Maier，Epstein，& Lloyd，2013）。

数学家校合作课堂作业应该每周布置一次，让学生和家人谈论数学，以此让学生对数学更有兴趣，态度积极。

①关联到课程

a. 数学技巧（K–5）。家校合作课堂——小学阶段的数学活动涉及四个主要标准：计数、数字和运算，规律、函数和代数思维，测量和数据，几何。这些标准帮助学生练习各类数学技能：加法、减法、乘法、除法、不等式、时间关系、金钱关系、测量、几何、分数、图形、四舍五入和解决问题。

b. 家校合作课堂（初中数学 6–8 年级）。活动涉及如下标准：数字系统、比率和比例、表达式和方程、几何、统计和概率，以及一般的数学过程和实践。学生强化和扩展加法、减法、乘法、除法、测量、图形、分数、规律和解决问题的技能。

当数学家校合作课堂布置的家庭作业结束后，教师应该在课堂上为学生开展简短、激励性的后续活动，以此展示他们对所练习技能的掌握、对基本概念的理解以及他们在家中针对该技能在现实世界中的应用进行讨论。

数学家校合作课堂侧重于学生在小学和中学应该知道和能够做到的基本和高级技能。这些与全国大多数州、学区和学校的学习标准以及符合年级水平的数学能力是一致的。

②家校合作课堂的模式——以数学课程为例

每个数学家校合作课堂活动包括以下部分：

a.“仔细看这里”显示教师在课堂上教授技能的形式和方法。该部分引导学生向家长解释他们是如何学会解决问题的。这个例子教师已给出答案。

b.“现在试试这个”为学生提供了另一个例子以供理解复习，并演示如何使用特定的技能。答案在这一页的背面。

c.“练习和更多的练习”给学生提出了一些额外的问题来练习和掌握技能。教师可以改变或简化或增加问题的数量和难度以满足学生的特殊需要。为学生提供展示他们成果的空间。不提供答案。教师会在课堂上查看这部分家庭作业，了解学生对每道题目的解题步骤和基本概念的理解，并检查学生完成作业的准确性。

d.“让我们找出来”或“在真实世界中”帮助学生和家长讨论如何在家里或在常见情况下使用数学技能。游戏或其他互动可能被包括在内，以加强或扩展学生的思维。现实世界中的问题可能有很多“正确”答案。

e. 家校沟通邀请家长就活动向教师提供反馈和意见，包括他们的孩子是否理解了作业，他们的孩子是否仍然需要教师的帮助或指导（小学数学），亲子双方是否都喜欢活动（初中数学），他们是否了解了孩子正在学习的数学知识，以及他们是否有任何困难。

f. 每次家校合作课堂数学活动都需要家长签名。

（3）家校合作课堂：科学

科学家校合作课堂为学生提供了一种让学生负责与父母或家庭成员在家中就课堂上学习的主题开展科学活动的模式。这些活动要求学生采集数据，收集反馈，并讨论生命科学、物理科学、地球科学以及健康和学生发展问题。科学家校合作课堂活动帮助学生和父母看到科学是令人愉快的、丰富充实的，是日常生活的一部分。互动应该以家庭的语言进行。

应该定期布置科学作业（每周一次或每月两次），让学生和家庭在家里谈论科学。

①关联到课程

a.3年级的科学。许多小学没有安排定期的科学课，不布置科学作业，也不引导家长在家与孩子讨论科学话题。科学家校合作课堂通过主动学习帮助教师解决这些问题。

科学家校合作课堂活动案例说明了小学教师如何指导学生“像科学家一样”与家长一起学习科学技能，如分类、制定问题、假设、测量、实验、收集和记录数据、识别模式和关系、观察、比较、预测、解释数据、解决问题、得出结论、总结、交流，以及其他高级思维技能。当科学、健康或相关单元在课堂上进行时，家校合作课堂活动应每周，或每两周，或按确定的时间表进行安排。

b.6–8年级的科学。家校合作课堂初中阶段的科学活动旨在加强学生在科学和健康方面的技能、兴趣和积极态度。科学家校合作课堂活动侧重于分类、收集数据、交流、比较、决策、定义问题、设计模型、得出结论、实验、制定问题、假设、识别模式和关系、推断、解释数据、测量、观察、预测、解决问题、记录数据、使用科学方法、总结和其他高级思维技能。

小学和初中的家校合作课堂的科学活动与全国大多数州、学区和学校的科学学习目标是一致的，是让学生为高中科学课程做好准备。

当家校合作课堂的科学作业完成后，教师应该计划在课堂上进行简短的、激励性的后续讨论或演示，以拓展学生的理解。这些部分应该给学生机会去讨论他们的数据图表、实验报告、家庭反应和反馈，并提出问题。

②家校合作课堂模式——以科学课程为例

每个家校合作课堂科学活动都包括以下部分：

a. 给家长的信简要解释了主题和活动中涉及的具体科学技能。学生写下他们的名字和截止日期，并在信上签名。

b. 目标告诉学生将通过做什么（例如观察、列举、识别、发现、图解或其他动作动词）来学习关于科学主题的一些东西。目标应该简短明了，便于学生向父母或家庭成员朗读。

c. 材料是普通的、无成本的或便宜的物品，家中现有或容易获取。特殊材料应由学校提供。

d. 步骤程序能指导学生逐步进行作业。每项作业都包括动手操作，要求学生像科学家一样思考和行动。教师可以减少或增加活动的难度以配合课堂内容或满足学生的特殊需求。

e. 实验报告（或数据图表或其他工作空间）允许学生陈述假设、提供文献汇编和报告发现。

f. 结论引导学生与家庭成员讨论科学的结果和现实应用，得出结论，并讨论关于科学或健康的发现。学生可以向家长大声朗读他们的结论，分享他们的成果并获得反馈。

g. 家校沟通邀请家长就活动向教师提供反馈和意见，包括他们的孩子是否理解作业，他们和他们的孩子是否喜欢该活动，他们是否了解了孩子在科学课上学习的内容，以及他们是否还有任何问题。

h. 每个家校合作课堂科学活动都需要家长签名。

（4）小结

一些家校合作课堂作业模板可以直接使用。然而，因为所有的家庭作业都必须符合学生的课程和当地的学习目标，教师们必须确保家校合作课堂交互式家庭作业与他们教授的主题相一致。教师可以使用或改编活动模板，或者以示例作为指导来设计新的活动。教师指南提供了空白模板。请参见下面关于开发家校合作课堂程序的内容。

8.1.5 家校合作课堂交互式家庭作业的目标

家校合作课堂交互式家庭作业为学生、家长和教师设定了明确的目标。

（1）学生目标

·提高学生在家谈论学业的能力和意愿。

·增加学生对学校技能在现实世界中应用的了解。

·提高学生的家庭作业完成率，提升其技能、能力以及考试成绩。

（2）父母目标

·增加家长对孩子在课堂上所学知识的了解。

·增加家长与孩子谈论家庭作业的信心。

·让父母更多地参与孩子的家庭学习活动。

（3）教师目标

·使教师能够设计引导学生分享他们的想法、同家长合作的家庭作业。

·提高家庭作业的质量，以此帮助学生掌握特定科目的技能，并了解学业在日常生活中的应用。

·提高教师关心孩子学业的积极态度。

（4）针对所有合作伙伴的目标

·增加对家庭作业的积极态度。

·增加教师、家长和学生交流课程和学生作业的机会。

·增加庆祝学生学习进步的机会。

·增加每个人对父母的“知识基金”的认识，即父母经验和专业知识的众多领域，以此丰富家庭作业的讨论（Moll，Amati，Neff，&Gonzalez，1992；Moll & Cammorata，2010）。

8.1.6 家校合作课堂的过程为什么有效?

家校合作课堂旨在解决在关于家庭作业和家庭参与的研究中发现的问题。家校合作课堂的过程提供了一个成功的组合——参与活动，通过家庭作业促进教师与家长之间产生更多更好的交流以及家长与孩子之间有重点的互动。

家校合作课堂的过程有效，因为它：

· 可以用于任何文本或课程；

· 让学生成为积极的学习者，引导他们向家长展示他们在课堂上学习的内容，并让他们分享想法；

· 强调掌握基本技能和高级技能；

· 帮助教师将作业组织成易于管理、重点突出的部分；

· 在学校与家庭之间建立关于课程的定期联系，而不需要家长经常参加学校的会议；

· 将学生的作业与现实世界的应用联系起来，尊重家长的经验和专业知识；

· 每年向父母提供他们要求的信息，比如如何在家中帮助孩子学习特定科目。

教师和管理人员可能知道，关于应该多留作业还是少留作业的讨论一直存在。家校合作课堂侧重于教师如何设计和分配更好的作业，让学生在与家长互动的过程中积极学习。

8.1.7 如何实施家校合作课堂的家庭作业？

教师、管理人员或学区领导制定和实施家校合作课堂的过程有七个基本步骤。另请参见教师指南（Epstein，2017a，2017b），其中包含600多种活动案例和新设计空白模板（Epstein & Associates，2017），以及一段关于实施过程的视频（ASCD，2001）。

（1）选择家校合作课堂交互式家庭作业的科目

教师和课程负责人应决定开展家校合作课堂的科目和年级。应该确定一个单独的教师团队来组织和指导各年级、每个家校合作课堂科目的实施。

（2）每周选择一项技能作为家校合作课堂的作业

各年级的每个家校合作课堂科目至少由两名教师组成，团队应考虑他们在全学年每个教学单元中教授的技能顺序。教师应该每周确定一项技能或学习目标，这些技能或学习目标将从愉快而有效的学生－家长互动中得到彰显。这些将是家校合作课堂交互式家庭作业的任务主题。

（3）选择、调整或发展家校合作课堂活动以匹配课程

教师应该检查现有的家校合作课堂活动原型。他们必须决定哪些可用的家校合作课堂作业对他们教授的技能有用，哪些应该调整以适应他们的课程，或者是否必须开发新的交互式家庭作业以匹配他们的学习目标。如果需要新的作业，一个至少由两名教师组成的团队应该签订合同，在夏季一起设计、测试、编辑和安排新的活动。

新的和现有的家校合作课堂作业可以增加一个计分系统来帮助教师给作业打分。学生作业的每一部分都应该分配适当的分数，所有部分加起来是100分，以便于评分。家校合作课堂作业的两个部分，即

给父母的信和家校沟通，它们可以被翻译成家庭的常用语言。

家校沟通在每个科目的家校合作活动中都是一样的，可以根据需要剪切并粘贴到活动中。学生作业的其他部分应该是英文的，并且应与其他非家校合作家庭作业一样对待。

（4）向学生和家庭介绍家校合作课堂交互式家庭作业的实施过程

教师必须向学生和家长解释家校合作课堂的实施过程和目的。本步骤可以通过给家庭发送信件、在课堂上与学生讨论、在家长会上发言，或其他方式来实现。需要特别注意去告知阅读能力有限或在家说英语以外语言的家长并让他们参与进来。所有学生都需要被引导和提醒，用在家里使用的语言与家庭成员谈论他们的作业。在第一次家校合作课堂任务后，教师可以与学生交谈，并给没有完成作业的孩子的家长打电话，讨论家校合作课堂实施过程并鼓励他们充分参与。

在顺利完成家校合作课堂交互式家庭作业的过程中，关于教师、学生、家长和校长角色的详细信息、引导家长的信件样本，以及引导活动的议程样本请参见教师指南（Epstein，2017b）。

（5）将家校合作课堂活动定期安排在适合家庭开展的时间段

教师每周或每隔一周给学生分配家校合作课堂活动，并给学生两到三天或一个周末的时间完成每项作业，让学生和家长能有时间一起交谈、共同学习。学生们按照每项作业的要求，与父母或其他家庭成员分享他们的技能和想法。

关于家校合作课堂的研究表明，父母（通常是母亲）是与学生谈论家庭作业最常见的家庭成员。然而，教师应该让学生知道，在家校合作课堂活动中，他们可能会与父母、姨妈、祖父母、哥哥姐姐、邻居、家庭教师或其他亲戚或家庭朋友互动。如果给学生一天以上的时间来完成家校合作课堂活动，大多数人会找时间与家长或家庭成员讨论家庭作业。然而，如果没有人在家，学生仍然必须独立完成作业，可以省略互动过程。或者，教师或同龄人可以代替家庭成员。家校合作课堂交互式家庭作业不是一个新奇的事物或者选项；这是被布置的作业，学生有责任完成。

（6）评价学生作业，回答家庭问题

教师给家校合作课堂活动打分，就像他们给其他家庭作业打分一样。教师还要检查家长对家校沟通部分每项活动的意见，并回答家长的问题。这将鼓励家庭与学校之间建立关于学生学习和进步的双向沟通渠道。（参见以下评价部分。）

（7）根据需要修改和改进活动

教师应注意学生和家长对每项家校合作课堂作业、课程内容变化，或者对全年中作业的特定部分的其他问题的反馈意见。教师将修改那些麻烦的活动，并根据需要开发新的活动。

（8）教师合作在家校合作课堂中的重要性

在某一特定科目中开展家校合作课堂，方法之一是学校或学区与各个年级的教师团队签订合同，在夏季一起工作。各年级每个科目至少需要两名教师的支持，用两至四周的时间来开发、编辑和制作家校合作课堂交互式家庭作业活动，供其他许多教师在全学年使用。

对学生来说，家校合作课堂交互式家庭作业一定既有趣又有挑战性。这要求教师仔细考虑家庭作业的设计，以及如何建立学生与家长或其他家庭成员的交流。两个或更多教师组成的小组一起讨论、写作、测试（例如扮演父母和孩子的角色），并编辑家庭作业任务。教师的工作可由课程主管、部门主任、校长助理、班主任或主导教师、学校－家庭协调员或其他了解课程设计和家校合作课堂交互式家庭作业目的的领导来指导。

家校合作课堂活动可与遵循相同课程目标的其他教师共享。从现有活动案例或新活动中选择或改编的作业应保存在计算机文件中，并与学校或学区内教授相同技能的其他教师共享。那么，几位教师在夏天的工作可以让许多教师受益多年，这足以使家校合作课堂具有十足的收益。

（9）所有合作伙伴如何参与家校合作课堂交互式家庭作业？

教师、学生、家长和管理人员都为家校合作课堂的成功承担相应的职责：

· 教师设计家庭作业，或从现有的家校合作课堂作业中选择与他们的课堂作业相匹配的活动，向家长介绍这一过程，为学生解释家校合作课堂和家庭参与，在课堂上开展后续活动，并保留家庭作业记录。

· 学生完成家校合作课堂作业，并按照活动要求与父母或家庭成员进行互动。

· 父母或家庭成员了解家校合作课堂的实施过程，每周留出时间与孩子讨论家校合作课堂作业，并完成家校沟通。

· 校长帮助教师引导家长参与该项目，支持和表扬很好地使用了家校合作课堂的教师、学生和家庭。

（10）教师如何评价家校合作课堂交互式家庭作业？

家校合作课堂交互式家庭作业有三个主要目标：

· 鼓励学生完成作业，练习特定技能，改善其对作业的态度和提高成绩。

· 为教师与家长之间关于家庭作业的双向交流创建渠道，不要求家长来学校开会。

· 促进学生与家长在家中积极互动，完成家庭作业。

当教育者实施家校合作课堂时，他们想知道这个过程是否达到家庭参与和学生学习的目标，以及如何达到这些目标。我们可以采用许多方法对该项目的有效性进行评价。

①内置评价

家校合作课堂有两个内置评价。

第一，学生像完成所有作业一样完成家校合作课堂活动。教师收集、标记和讨论家校合作课堂，了解这些活动是否有助于学生练习和掌握特定技能。

第二，每个家校合作课堂活动都包括家校沟通部分。家长提供对活动和孩子作业的评价和反应。评价因学科而异。

· 父母评价他们的孩子是否理解并能够完成作业。该评价告诉教师，针对这个主题孩子在学校是否需要更多帮助。

· 父母评价他们和孩子是否喜欢这项活动。该评价告诉教师们这是不是一个可以在学年再次使用的好活动，或者是否需要改进。

· 父母评价他们是否学到了课堂上所教授的内容。该评价可以告诉教师这项作业是不是学校与家庭之间的一个很好的“连接器”。

· 家长可以添加评论或问题。教师应该在几天内处理问题，以保持学校与家庭之间的良好沟通。

②针对性评价

当布置第一个家校合作课堂活动时，教师可以通过电话或电子邮件进行快速回顾。他们可能会联系那些没有做家庭作业孩子的家长，以强调提示所有家庭作业对学生学业成功的重要性。他们可能会询问父母家庭作业或家校合作课堂过程是否存在问题。教师还可以定期进行非正式访谈、电话沟通、电子邮件调查、班级与家长会议或开展其他交流，以了解家长对家校合作课堂的反应。

教师可能会收集其他数据来跟踪学生的作业和进展。他们可以监督以下内容：

· 有多少学生完成了家校合作课堂活动。

· 有多少学生正确遵循要求，准确完成作业。

· 有多少学生记录了他们与家庭成员的互动。

· 有多少家长完成了家校沟通和签名部分。

· 家长的意见和问题是什么。

· 学生在课堂上对活动的评价。

可能需要后续沟通来提高家长的参与度和学生的作业完成率。

③家校合作课堂研究

研究人员对家校合作课堂是否有助于家长参与和学生学习的影响进行了正式评价，包括家校合作课堂班级与非家校合作课堂班级的比较（Epstein，Simon，&Salinas，1997；Epstein & Van Voorhis，2001；Van Voorhis，2003，2009，2011a，2011b）。

（11）家长怎么评价家校合作课堂?

在小学和初中的语言艺术、科学和数学课中运用家校合作课堂的过程中，数百名家长在家校沟通部分给教师写了评论。几乎所有的父母都感谢教师使用家校合作课堂来帮助他们和孩子谈论家庭作业。以下是几个典型的评论。

①关于家校合作课堂语言艺术作业：

· 我喜欢做这些作业，因为它给我很多思考的空间，以及帮助我想起之前忘记的知识。

· 它勾起了美好的回忆。我的孩子让我意识到她已经长大了。

· 这个练习帮助西丽塔在对错问题上做出重要的决定。

· 她知道有时候你必须做正确的事，即使那时很痛苦。

· 詹尼卡将这个故事分享给我，由此我知道她真的很喜欢阅读《珍妮和月光》。

· 布莱恩需要注意他的拼写。

· 安东尼每天都在进步。我相信他的成绩会更好。

②关于家校合作课堂科学与健康作业：

·凯莎更了解自己了，她需要努力使自己成为一个更好的人。

·我很高兴我们讨论了如果与盲人一起工作会是什么样子。我们仍在努力保持整洁。

·这项任务对我们俩来说都很难。希望您给学生们解释一下。接下来，她会帮我理解。

·阿尔泰娅的思维过程比我想象的更成熟。

·我认为她本可以做得更好，取得更好的结果。

·对我和我侄女来说，这是一次非常有趣的采访。它开启了一种更简单的谈论性。学习也可以这样有趣。

③关于家校合作课堂数学作业：

塞拉很好地解释了这个问题。

·我想我需要回到学校。

·我喜欢它们——我可以假装没听懂，然后让她给我解释。

·我喜欢这些绿色表格，因为有时我会和孩子一起学习。

·我喜欢和我的孩子一起做（数学活动）。这些表格一目了然，易于理解。

·我希望每个科目都能这样（与父母一起）做。

8.1.8　家校合作课堂交互式家庭作业活动案例

接下来的几页提供了六个家校合作课堂活动示例，如表 8–1–1 所示。

·家校合作课堂活动仅限于一页纸张的两面，有助于降低复印成本，并要求教师们把注意力集中在提问的质量上，而不是数量上。

·家校合作课堂活动清晰、有吸引力。应该在相关地方添加电脑绘图。

·家校合作课堂活动应在浅色纸上复印，帮助学生和家庭识别和享受这些活动。例如，如果数学活动总是印在浅蓝色的纸上，学生和家庭将每周寻找“蓝色作业”。

表 8-1-1 交互式家庭作业案例

课程	年级	标题	主题
家校合作课堂（数学）	小学 5 年级	分数部分	认识分数
家校合作课堂（数学）	中段 6-8 年级	终于找到了！频率表	编制频率表
家校合作课堂（语言艺术）	小学 3 年级	这是美好的一天	讲述故事的开头、中间和结尾
家校合作课堂（语言艺术）	中段 6-8 年级	关于发型的往事	写清楚阐述
家校合作课堂（科学）	小学 3 年级	物质的三种形态	识别固体、液体、气体
家校合作课堂（科学）	中段 6-8 年级	各就各位，预备，GO！	理解黏度

如需更多信息、模板和资源，请访问 www.partnershipschools.org 的“家校合作课堂”栏目。

案例 1 低年级的数学家校合作课堂：分数部分

姓名：＿＿＿＿＿＿＿＿＿＿ 日期：＿＿＿＿＿＿＿＿＿＿

尊敬的家长：

通过本表，学校将向你展示你的孩子在学校里都学习了哪些数学知识。希望你能够与我们一同完成本项活动。

本次作业的截止日期：＿＿＿＿＿＿＿＿

致以敬意！

学生签名：＿＿＿＿＿＿＿

仔细阅读下文：向你的家人解释一下。

你的家人是谁？________________

案例：这个形状有阴影部分的比例是多少？

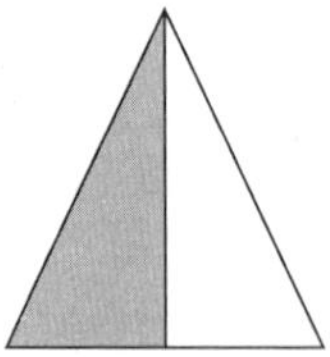

数一下共有几部分：2

阴影的部分有多少？ 1

2 部分中的 1 部分 =1/2

答案：1/2 的部分有阴影

现在就尝试：

例子：这个形状有阴影部分的比例是多少？

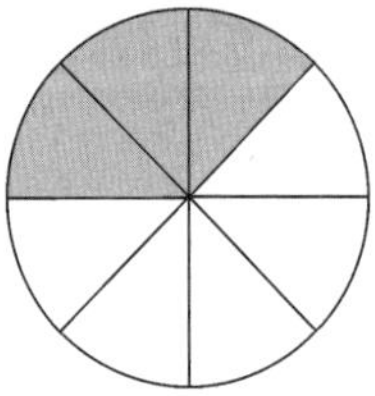

数一下共有几部分：________

阴影的部分有多少？________

答案是多少？____________

如果你需要帮助，可以请你的家长指导你复习一下上文的案例。

当你明白了这个知识，向家长解释你是怎么学会的。

练习巩固：独立完成如下内容，展示你的学习成果。

并向你的家长解释其中一道题目。

这个形状有阴影部分的比例是多少？

1.

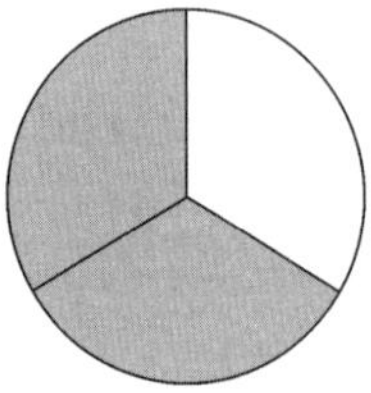

答案：______________

2.

答案：______________

强化练习：

这些形状有阴影部分的比例是多少？

3.

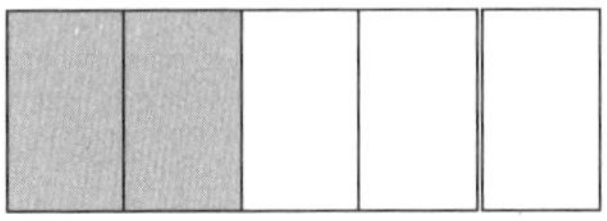

答案：________________

4.

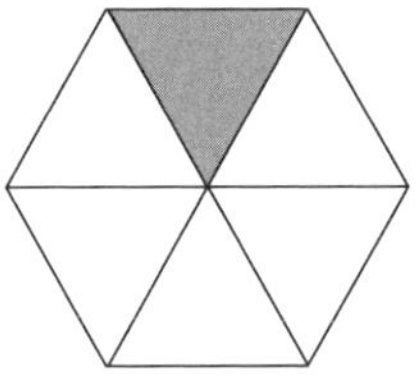

答案：________________

5.

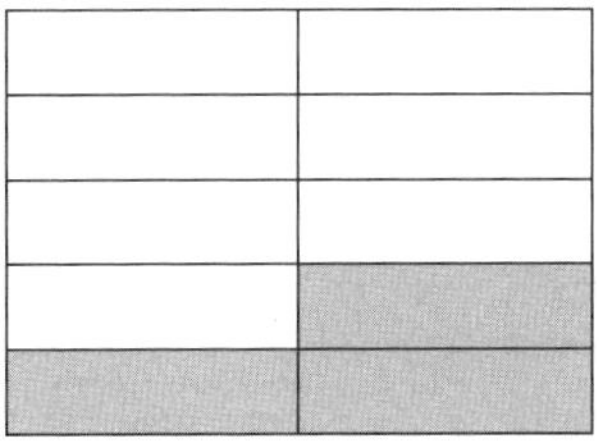

答案：________________

6. 创设一个属于你自己的图形

答案：________________

讨论：（1）与你的家庭成员一起，检查你已经完成的题目并用分数表述图形中哪些部分没有阴影。

（2）咨询家庭成员：在什么情况下我们可以在家里使用到分数？

"现在就尝试"试题的答案：

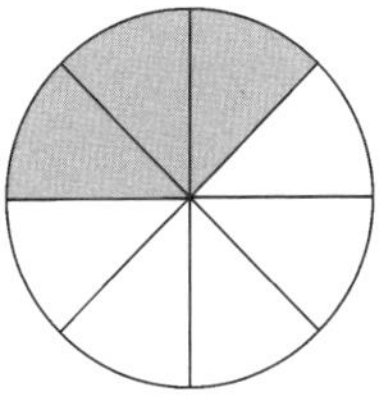

数一下共有几部分：8

阴影的部分有多少？ 3

8 份当中的 3 份 =3/8

答案：3/8 的图形是阴影

家校沟通：
亲爱的父母或家长：
请根据你孩子完成这项作业的情况，给予学校适当的反馈。
□ 很好。我孩子已经理解这项知识并掌握相应技能。
□ 请检查一下。我孩子的学习好像已经理解了这项知识，但似乎需要一些帮助。
□ 请提供帮助。我孩子依然需要在指导下完成这项学习任务。
□ 请注意。（其他建议）______________________________
____
____
家长签名：______________

案例 2 中段年级数学的家校合作课堂：频率表

姓名：______________ 日期：______________

尊敬的家长：
在数学课程上，我们组织了频率表的学习，以帮助学生理解某件事情发生的频率。我希望你能与我一道完成这项学习任务。
本次作业的截止日期：______________
致以敬意！
学生签名：______________

仔细阅读下文：
请仔细向你的家长解释这则案例。
频率表使用计数符号来标记某件事情发生的频次并统计它的数量。例如，史密斯老师的班级里的学生被要求统计他们最喜爱的音乐类型。

学生最喜爱的音乐

音乐类型	统计	频数
乡村音乐	正	5
摇滚乐	正　下	8
Hip-Hop	正　正	10
经典	下	3
总计		26

注意：每项标记符号计数为 1。
1. 多少学生参与了本次调查？ 26
2. 多少学生最喜爱摇滚音乐 9
3. 多少学生最喜爱乡村音乐？ 5
4. 哪种类型音乐最受欢迎？ Hip-Hop

现在就尝试：
向你的家长呈现你是如何完成下述题目的。

在学前阶段，4岁大的孩子被要求在一系列颜色中选择他们喜欢的颜色。下表就是他们选择的结果统计：蓝色、绿色、粉色、粉色、绿色、红色、红色、粉色、粉色、蓝色、粉色、绿色、红色、粉色、粉色、绿色、粉色、红色、蓝色、红色、蓝色、蓝色、红色、蓝色、蓝色、蓝色、蓝色。

1. 完成右侧的统计图表并计算总计数。

2. 多少孩子参加了本次调查？

3. 选择蓝色比选择绿色的孩子多多少？

4. 哪类颜色孩子们选择最少？

5. 多少学生喜欢粉色和红色？

孩子最喜欢的颜色		
颜色	符号	频次
红色		
绿色		
蓝色		
灰色		
粉色		
总计：______		

练习部分：独立完成如下内容，展示你的学习成果，并向你的家长解释你的结果。
詹姆斯调查了朋友们喜欢的运动类型，下述表单就是统计结果：篮球、排球、美式足球、英式足球、篮球、篮球、英式足球、排球、美式足球、美式足球、排球、美式足球、排球。

1. 完成右侧的统计图表并计算总计数。

2. 多少孩子参加了詹姆斯的调查？

3. 朋友们最喜欢的运动是什么？

4. 喜欢美式足球或英式足球的朋友有多少？

5. 哪项运动有超过4位朋友选择？

朋友们最喜欢的运动		
运动	符号	频次
排球		
篮球		
美式足球		
英式足球		
总计：______		

模拟实践：选择一位家长与你一起完成。

与你一起的家长是：____________

1. 与你的家长一起思考设计一个调查问卷，这个调查可以面向家庭成员或朋友（不少于6人），每个问题设计3～4个选择以便答题者回答。比如，如果你想了解他们喜爱什么口味的冰激凌，就给他们设计选项，如巧克力味、香草味、草莓味或其他。

写下你计划调查的问题和选项：

问题：____

3～4个答案选项：______________________________________

2. 实施你的调查并收集你家人和朋友回答的数据。

3. 现在制定一个频率表并标识你收集到的数据。给这张表格设计一个标题，在第一栏中写清楚标签并列出你的调查选项。

标题：		
____________	标记符号	频次

4. 你准备调查多少人？　　　　　总数：______________

5. 和家人一起讨论你的频率表。讲一讲你在表格中看到的有趣的现象。

我的想法：____

我家人的想法：____

"现在就尝试"部分的答案：

现在就尝试：向你的家长呈现你是如何完成下述题目的。

2. 多少孩子参加了本次调查？ 28
3. 选择蓝色比选择绿色的孩子多多少？ 6
4. 哪类颜色孩子们选择最少？ 灰色
5. 多少学生喜欢粉色和红色？ 14

孩子最喜欢的颜色		
颜色	符号	频次
红色		6
绿色		4
蓝色		10
灰色		0
粉色		8

家校沟通：

亲爱的父母或家长：

请根据你孩子完成这项作业的情况，给予学校适当的反馈。

根据自身实际情况，在每项表述前写下"是"或"否"。

________ 1. 我孩子能够理解这份家庭作业，并能完成它。

________ 2. 我和我的孩子都很喜欢这项作业。

________ 3. 这项任务帮助我了解我孩子在学校学习了哪些数学知识。

其他意见：______________________________

家长签名：______________________________

案例3 低年级语言艺术的家校合作课堂：这是美好的一天

姓名：________________ 日期：________________

尊敬的家长：

我们正在尝试如何在故事开头、中间和结尾提炼重要信息。我们希望你可以和我们一起完成这项任务。

本次作业的截止日期：________________

致以敬意！

学生签名：____________

让我们一起做：

选择一位家人共同合作。一起合作的人是谁？ ____________

让你的家人回想一下他们小时候美好的一天，并向你介绍那是怎样的一天。你分别在故事的开头、中间和结尾列出 3 个关键信息。

故事的开头	故事的中间	故事的结尾

让我们来看看：

使用你的图片作为指导，在下方写下一个有关你与家人美好一天的故事。从一个好的主题句开始。确保你的阐述细节是有序的，即有一个开头、中间和结尾，且要有一些细节信息帮助读者理解并喜欢你的故事。

1. 给故事命名。

题目：________________

____

____

家校沟通：

亲爱的父母或家长：

请根据你孩子完成这项作业的情况，给予学校适当的反馈。

根据自身实际情况，在每项表述前写下“是”或“否”。

__________ 1. 我孩子能够理解这份家庭作业，并能完成它。

__________ 2. 我和我的孩子都很喜欢这项作业。

__________ 3. 这项任务帮助我了解我孩子在学校学习了哪些知识。

其他意见：____

家长签名：______________

案例 4　中段年级语言艺术的家校合作课堂：关于发型的往事

姓名：＿＿＿＿＿＿＿＿　日期：＿＿＿＿＿＿＿＿

<table>
<tr><td>尊敬的家长：
　　我们有一个清晰的说明。在这项任务中，我们会从你那里采集一些有用的信息。我们希望你可以和我们一起完成这项任务。
本次作业的截止日期：＿＿＿＿＿＿＿＿
致以敬意！
学生签名：＿＿＿＿＿＿</td></tr>
<tr><td>步骤：
1. 家庭访谈。你访谈对象是谁？＿＿＿＿＿＿
访谈如下问题：
a. 你出生于哪个年代？（20 世纪 60 年代、70 年代等）＿＿＿＿＿＿
b. 你像我这么大的时候，流行什么发型？
回答男孩：＿＿＿＿＿＿＿＿＿＿＿＿
回答女孩：＿＿＿＿＿＿＿＿＿＿＿＿
c. 你在我这个年纪留什么发型？＿＿＿＿＿＿＿＿
d. 你的父母同意你选择的发型吗？＿＿＿＿＿＿＿＿
同意是为什么？不同意又是为什么？＿＿＿＿＿＿＿＿
＿＿＿＿＿＿＿＿＿＿＿＿＿＿＿＿
e. 你最喜欢当下什么发型？为什么？＿＿＿＿＿＿＿＿
＿＿＿＿＿＿＿＿＿＿＿＿＿＿＿＿
f. 你最不喜欢当下什么发型？为什么？＿＿＿＿＿＿＿＿
＿＿＿＿＿＿＿＿＿＿＿＿＿＿＿＿
向你的家人要一张带有过去他们那个年代的发型的照片，或者让他或她描述一下他们在你这个年纪喜欢的发型。
2. 现在根据你采访得到的答案，写一段关于过去的发型和现在的发型的解释性文字。</td></tr>
<tr><td>注意以下事项：
· 为自己的文字拟定一个标题。
· 如果你比较或对比了一些事物，请告知它们如何相似，以及它们如何不同。
· 缩进段落的第一个字母。
· 确保你所有的句子都与你的中心思想有关。
· 使用书面语言，让你的写作有趣。</td></tr>
</table>

题目：________________

____

____

____

____

____

____

____

____

____

____

____

____

3. 向你的家人大声朗读你的文字段落，并修改任何不清楚的句子。

4. 选择任何主题进行过去与现在的比较。例如穿衣类型、音乐类型、娱乐休闲的方式、家规，或者任何你父母在你这个年纪让你感到好奇的事情。你选择的主题是

____

紧扣上文选择的主题写下 3 个问题（Q）并在采访你家人的时候写下答案（A）。

1.Q：____

A：____

2.Q：____

A：____

3.Q：____

A：____

把上述信息带到班级里进一步讨论和写作。

家校沟通：

亲爱的父母或家长：

请根据你孩子完成这项作业的情况，给予学校适当的反馈。

根据自身实际情况，在每项表述前写下“是”或“否”。

__________ 1. 我孩子能够理解这份家庭作业，并能完成它。

__________ 2. 我和我的孩子都很喜欢这项作业。

__________ 3. 这项任务帮助我了解我孩子在学校学习了哪些语言艺术。

其他意见：____

家长签名：______________

案例 5 低年级科学的家校合作课堂：物质的三种形态

姓名：__________ 日期：__________

尊敬的家长：

我们正在学习如何辨别物质的三种形态。这项活动有助建立科学观察和辨别物质的分类形式。我们希望你可以和我们一起完成这项任务。

本次作业的截止日期：__________

致以敬意！

学生签名：__________

学习观察：识别和明确物质的三种形态：固体、液体和气体。

概念界定：

固体：一种保持其自身形状和体积的物质。（例如，一支钢笔就是固体。）

液体：一种不能保持其形状，但有体积的物质。（例如，果汁就是液体。）

气体：一种没有形状和体积的物质。（例如，水蒸气就是一种气体。）

步骤：

1. 与你的家人讨论下述内容。谁与你一起？__________

请为下面每一种物质圈出适当的物质形态。第一道题已为你做好。

1	弹珠	(固体)	液体	气体
2	胶泥	固体	液体	气体
3	汽车尾气	固体	液体	气体
4	木琴	固体	液体	气体
5	牛奶	固体	液体	气体
6	汽水泡泡	固体	液体	气体
7	空气	固体	液体	气体
8	雪人	固体	液体	气体
9	水	固体	液体	气体
10	飞机	固体	液体	气体

现在就尝试：

1. 与你的家人一起，回想一下昨天或今天你吃的一餐饭中包含的不少于 2 种物质的形态。例如，面包是固体，水或汤是液体。描述你的膳食，并明确它们目前处于什么物质形态。

我们吃的东西	处于物质的哪种形态
________________	____________________
________________	____________________
________________	____________________
________________	____________________

2. 现在画一张你食物的图片。

结论：与你家人一起讨论下述内容。然后，用一个完整的句子来叙述这件事。思考一下水的三种形态。人们如何使用各种形态的水？

____

____

____

____

____

家校沟通：

亲爱的父母或家长：

请根据你孩子完成这项作业的情况，给予学校适当的反馈。

根据自身实际情况，在每项表述前写下“是”或“否”。

________ 1. 我孩子能够理解这份家庭作业，并能完成它。

________ 2. 我和我的孩子都很喜欢这项作业。

________ 3. 这项任务帮助我了解我孩子在学校学习了哪些科学知识。

其他意见：____

家长签名：____________

案例 6 中段年级科学的家校合作课堂：各就各位，预备，GO！

姓名：__________________ 日期：__________________

尊敬的家长：

在科学课中我们正在学习物质的变化阶段。这项活动通过观察液体来记录相应数据，促进科学观察能力的养成，并形成结论。我们希望你可以和我们一起完成这项任务。

本次作业的截止日期：________________

致以敬意！

学生签名：____________

学习观察：了解黏度——液体对流动的阻力

材料准备：分别准备四种一茶匙的不同黏度液体，例如番茄酱、芥末、水、糖浆、蜂蜜、牛奶以及其他你家人允许你使用的材料。一个烤盘；茶匙；一个闹钟或手表用来读秒或者记录时间。

实施步骤：

1. 向家人解释以下内容，以分享我们在课堂上学到的内容：

谁与你一起学习？____

有些液体比其他液体更浓、更黏，它们流动得很慢。

有些液体比其他液体更稀、更不黏，它们流动得很快。

2. 与家人一起讨论决定，准备测试哪 4 种液体。

a.______________________ c.______________________

b.______________________ d.______________________

3. 将烤盘倾斜并将其靠在电话簿上或另一个物品上，以便保持一个倾斜角度（介于 45° 到 60° 之间），你的平底锅大约倾斜了多少度：

____

◆确保在整个实验过程中，烤盘的倾斜角度保持不变。

◆在烤盘顶部画一个“起跑线”，在其底部画一个“终点线”。

◆你们中的一个把每一种液体放入烤盘中，其他人负责记录时间。

◆你们可以互换角色相互检查，以确保获得准确的观察。

◆当你准备好所有材料后，按照下列指示执行。

a. 把一茶匙液体放在烤盘的顶部（起跑线）。

b. 记录下液体从顶部到达烤盘底部（终点线）的时间。

c. 在数据图表中记录下信息。

d. 继续测试每一茶匙液体。确保每种液体都是从烤盘顶部的同一水平面开始。但至少远离前一种液体 3 厘米。

数据图表

液体	到达终点线的时间	观察（液体的黏度如何）
________	____________	________________
________	____________	________________
________	____________	________________
________	____________	________________

结论：

1. 已完成测试的液体：

第一（最快的）________________________________

中间的：________________________________

最后（最慢的）________________________________

2. 哪种液体黏度最高？________________________

3. 哪种液体黏度最低？________________________

4. 为什么你的烤盘在所有的测试中保持同一个倾斜角度很重要？

____

家庭调查：

问：你能想到任何食品或其他产品使用黏度（流动最快或最慢）作为广告的一部分，让你去购买它？

家人的观点：________________________________

我的观点：________________________________

为什么高黏度（流动缓慢）是你使用的产品的一个好特征（或一个坏特征）？

____

____

为什么低黏度（流动快）是你使用的产品的一个好特征（或一个坏特征）？

____

____

家校沟通：

亲爱的父母或家长：

请根据你孩子完成这项作业的情况，给予学校适当的反馈。

根据自身实际情况，在每项表述前写下“是”或“否”。

________ 1. 我孩子能够理解这份家庭作业，并能完成它。

________ 2. 我和我的孩子都很喜欢这项作业。

________ 3. 这项任务帮助我了解我孩子在学校学习了哪些科学知识。

其他意见：________________________________

家长签名：____________

8.1.9 交互式家庭作业的替代方法

本章侧重于家校合作课堂的交互式作业，因为该过程是基于研究的，通过对小学和中学 TIPS 和非 TIPS 班级学生进行严格的评价，并将其系统化，以供教师在特定科目中实施交互式作业。然而，还有其他方法可以设计和开发交互式家庭作业来加强类型 4 的活动（Epstein，2011）。以下是我们的一些想法。

（1）学生－家长的家庭会议

学生和家长约定讨论某一特定科目学生作业的选定部分。例如，本书原著 CD 中有三篇关于英语语言艺术的文章。在家里，学生大声朗读作品，与家长讨论，并在一篇建立了结构的访谈文字中收集反馈。学生写下对这些评论的反思，确定如何在下一个评分阶段维持或提高写作质量。每年可定期安排家庭会议，帮助家长了解学生在课堂上学到的知识，以及如何随着时间的推移提高技能。

（2）自制家庭作业

学生和家长一起定期自行设计家庭作业，选择他们重视、喜欢的学校相关主题活动。每个学生的作业都会不一样。例如，学生和家长可以选择写一个关于家庭的故事或诗歌、给祖父母发送电子邮件、艺术品创作、拍照、唱歌或播放歌曲并录制、评论一部电影或电视节目，或者做一些其他活动。教师可以提供一个选择清单，学生和家长也可以选择清单之外的选项。学生必须汇报自制家庭作业并在课堂上分享。这些活动使学生能以多种方式发展才能，并看到如何将学校技能应用于现实世界。

（3）全校交互式家庭作业

学校可以每季度或每半年选择一个关键主题或话题，给特定年级的学生或所有年级学生布置相同的交互式家庭作业。这有助于不同年级的学生思考一个对每个人都很重要的问题或想法。例如，所有学生都可以与家长或家庭成员讨论如何减少或消除霸凌，如何欢迎新生入学，或如何确定社区中需要帮助的群体。

一所学校改变了主意，让两个学科部门每季度为交互式家庭作业选择特定主题。例如，某季度英语部门和艺术部门提供了两种备选的交互式家庭作业，学生可以选择在家和家长一起完成。（参见第二章，类型 4 －在家学习，了解学校如何安排学科的交互式家庭作业。）

（4）家庭参与设定学生发展目标

每个评分阶段，学生可以与家长讨论他们的成绩分数，并探讨他们在下一个评分阶段提高或保持成绩的目标和策略。例如，在课堂上，学生可以写下他们在出勤、成绩、行为和未来计划上的个人目标。然后，作为家庭作业，学生与父母或家庭成员详细探讨他们的目标，收集关于他们在下个评分阶段为达成目标使用的策略。此外，他们可能会讨论父母如何帮助他们达到设定的目标。

在学校，学生反思他们的讨论，写下最终目标，将他们的计划存储在一个文件夹中直至下个评分期，那时他们将回顾、修改、讨论、反思计划。这种互动让学生对自己的学习负责，并让家长和学生在家里谈论他们的作业和进步。

8.2 社会研究和艺术的家校合作课堂志愿者服务

8.2.1 学校里的家庭参与

家校合作课堂过程的另一个层面，即社会研究和艺术的家校合作课堂志愿者服务，解决了如何在初中组织富有成效的志愿者服务问题。这一过程建立了教师—志愿者合作关系，以此丰富所有学生的社会研究课程。（参见章节 1.1 类型 3 —志愿服务，表 1-1-1，将家校合作课堂置于全面合作体系之中。）

社会研究和艺术的家校合作课堂志愿者整合了初中的两个科目。这一过程将志愿者（家长、其他家庭成员或社区成员）定期带入学校，在社会研究课上向学生介绍艺术家和艺术作品。例如，当学生学习美国历史时，他们看到并了解美国艺术家，知道世界历史与世界各地艺术家的作品息息相关。政府和公民的参与同这些主题的艺术作品也有关。专为初中设计的社会研究和艺术的家校合作课堂可能也适用于其他年级、其他社会学科单元和其他科目（例如，艺术可以与阅读、外语或其他科目相关联）。

（1）什么是社会研究与艺术的家校合作课堂志愿者服务？

从 10 月到来年 5 月之间，志愿者每月向学生介绍一幅新的艺术作品。超过三个初中年级（例如，6–8 年级或 7–9 年级）的学生将接触到至少 24 位有着不同风格、使用不同媒介、采纳不同主题的艺术家的作品，这些艺术家生活在不同时代，住在不同的地方。

每个月，家长或其他志愿者对每幅艺术作品的展示需要大约20分钟的课堂时间。每个展示包括艺术家的生活、风格和技术的信息，一件特定的艺术品，与社会研究的联系，课堂讨论的主题，以及后续写作和艺术作品的选项。讨论主题包括能引起初中学生兴趣的关于艺术家和艺术品的轶事和信息。时间被分配给学生进行反馈，表达学生自己的喜欢程度、各种想法，以及关于艺术和艺术家的问题。为新展示做准备的研究可以由那些无法在学校做志愿者但想贡献时间和想法来改进这个项目的家长进行。

（2）为什么在社会学科和艺术课程中安排家校合作课堂志愿者服务？

社会研究与艺术的家校合作课堂的志愿者服务旨在增加艺术与历史、地理和社会重要问题之间的联系。家校合作课堂过程有助于解决初中的三个常见问题：对综合性或跨学科课程的需求，对更富有成效的家长志愿者服务的需求，以及学生学习一些作为文化素养重要组成部分的艺术知识的需求。

我们提供了美国历史（14位艺术家）、世界文化（14位艺术家）和政府与公民参与（12位艺术家）的展示案例，以及教师或志愿者领导指南，介绍了如何组织、实施和评价社会研究和艺术的家校合作课堂志愿者服务。案例展示由家长和其他志愿者与教师和研究人员合作设计，由初中教师测试并评价（Epstein & Dauber，1995）。该指南包括供学生在艺术博物馆实地考察时使用的活动案例，评价学生的知识和对项目反馈的样本测验，以及针对教师和志愿者的关于该项目的问卷调查。

8.2.2 如何实施社会研究和艺术的家校合作课堂志愿者服务？

实施过程包括 10 个步骤。

（1）选择一名教师协调员或共同协调员。他 / 她可能是致力于实施跨学科项目、重视家庭和社区志愿者的社会研究或艺术学科的主席、团队领导或者社会研究或艺术方面的教师。该教师可能是合作行动小组的成员，也可能是该项目的指定负责人。

（2）选择一名家长协调员或多名联合协调员。此人将协调家长或其他志愿者的时间表，帮助培训志愿者。家长联合协调员将在下一学年担任志愿者领导，并将选择一名新的助理。这位家长可以是合作行动小组的成员，也可以是该项目的指定负责人。

（3）订购适合各年级社会研究学科课程的印刷品。可以从印刷品和海报供应商处订购干裱和层压的印刷品。例如，“艺术图像出版”便以合理的价格提供装裱和层压印刷品（佛蒙特州德比线邮政信箱 160 号，邮编：05830，电话：800–361–2598）。请访问 https://artimagepublications.com/product-category/resources/sets-of-art-prints。

查看艺术印刷品目录。“艺术图像出版”提供的复制品（18 英寸 ×22 ¾ 英寸）一套 30 张，每张 5 ～ 10 美元或更低。整套依据不同年级被标记为 1—6，但是可以混合搭配印刷品，用于匹配初中的社会研究课单元。在网站上，向下滚动网站页面可以看到每套印刷品中所有艺术家的名字和作品名称。装裱和层压的印刷品可以保存几年，是艺术欣赏的节俭投资。

（4）订购足量印刷品，供参与教师每月轮换使用。例如，大多数学校每个年级至少需要 8 张印刷品在一学年的 8 个月中轮换使用。拥有 8 名以上社会研究课教师的学校，或者教师在年级内教授不同社会研究课单元的学校，将需要更多的印刷品以便在整个学年的课堂上每月轮换使用。

（5）挑选各年级志愿者每月展示和讨论的艺术作品。根据各年级教师的意见，教师主任和家长主任为志愿者制定一份时间表，按教师、社会研究班级和时间段显示每月将讨论哪些作品。

（6）招募志愿者从 10 月到来年 5 月每月进行一次课堂展示。（全年制学校和 8 月份开始新学年的学校必须调整时间表以适应他们的需要。）

（7）培训志愿者，让他们能够自如地在指定的社会研究课上向学生做展示。家校合作课堂的社会研究与艺术志愿者服务指南详细描述了如何为志愿者进行一小时的定向培训。指南和展示原型可在 www.partnershipschools.org 的“家校合作课堂”栏目获得；可点击家校合作课堂资源查看。

（8）在志愿者和老师双方都方便的时候安排每月展示。分配志愿者，确保每个月覆盖所有教师的社会研究课。在一学年中，志愿者每个月都会同一个或多个班级见面。

（9）登记。家长协调员将在第一次访问后与志愿者一起登记，并在一年中定期检查项目是否按计划进行。

（10）评价结果。教师将评价该项目，确定学生是否学习了艺术家及其作品的知识，并发展出对各种艺术风格的理解和欣赏。教师指南中包含了学生的单元测试样本。

在实施计划、培训志愿者、监测结果和根据需要更换印刷品方面进行必要的改进，并继续该项目。当家长协调员和教师协调员逐渐熟悉了他们的角色，而志愿者和教师一起工作时，这些步骤将顺利开展。

8.2.3 社会研究和艺术的家校合作课堂展示案例

以下是在世界文化系列中关于列奥纳多·达·芬奇的油画《蒙娜丽莎》的社会研究和艺术的家校合作课堂展示案例，所有的案例展示包括艺术家的生活、绘画风格、画作特点和绘画故事等信息。将本画作与社会研究课程或其他学校科目联系起来的建议也包括在内。志愿者必须选择学生感兴趣的信息，并分配好时间。最后，所有案例都为学生提供了亲身实践体验和有关跨学校课程的想法，并且在整个课程写作过程中，教师可以使用这些想法来补充家长志愿者的演示。

艺术家：列奥纳多·达·芬奇（1452—1519）

画作：《蒙娜丽莎》

又名：La Giaconda

（一）个人简介

列奥纳多·达·芬奇出生于1452年。他的名字是列奥纳多，他出生于芬奇镇，所以他被称为列奥纳多·达·芬奇。他在意大利以艺术闻名的城市佛罗伦萨接受艺术训练。他在米兰宫廷当了17年的画家。

达·芬奇在很多方面都很有天赋。法国国王曾经说过：“没有人比达·芬奇知道得更多。”虽然他主要是一位画家，但他也是一位科学家、音乐家、发明家、工程师、数学家、建筑师和作家。

今天，我们把多才多艺的人称为“文艺复兴男”或“文艺复兴女”。达·芬奇生活在文艺复兴时期，那是一个天才、新思想、新思维和探索层出不穷的时代。达·芬奇多才多艺，是真正的文艺复兴时期的人。

（二）艺术风格

列奥纳多·达·芬奇认为，为了画物体或人，艺术家必须了解它们的结构——它们是如何形成或组合在一起的。他能够研究事物并清楚地理解它们。在慢镜头摄像机显示出同样的想法之前的几个世纪里，他发现并绘制了图表来解释鸟类是如何飞行的。

达·芬奇认为艺术家可以在肖像画中表现情感。他用一种叫作 sfumato（sfu-ma-to，意思是烟）的技巧来做到这一点，他画了一种颜色，从浅色调慢慢变成暗色调，散发出一种朦胧的光芒或烟熏的神秘。他试图画出能表现情感的肖像，而不是空洞的凝视。

（三）在这幅画中

《蒙娜丽莎》是世界上最著名的肖像画。在《蒙娜丽莎》中，达·芬奇描绘了一个凝视着你的优雅女人，她的眼神出奇平静，却又令人难以忘怀。这幅肖像的神秘质感，是通过运用涂抹法（sfumato）的技巧来实现的。你可以看到一种立体的质感，这种质感来自柔和的背景，这让地平线看起来非常遥远。

达·芬奇对完美的形体如此感兴趣，以至于他画了其他女人的手来配合蒙娜丽莎的脸。

注意图片中同时使用了人像和风景画。这种组合是达·芬奇的艺术发明之一。

蒙娜丽莎的微笑似乎发自内心。这微笑是在她的嘴里还是在她的眼睛里？如果遮住她的嘴，你觉得她的眼睛在微笑吗？如果遮住她的眼睛，她的嘴在笑吗？

不久之前，一些艺术历史学家提出了一个关于蒙娜丽莎的新理论。他们认为《蒙娜丽莎》的原型是达·芬奇的一幅自画像。他们用一种 X 光机观察画，发现了画面下的线条和图画。一位计算机研究人员将达·芬奇的自画像与这幅画进行了比较，发现两者的眼睛、头发、脸颊、鼻子和微笑都非常相似。这些线条和图画支持了艺术历史学家的理论。另一些人坚称她是意大利贵族的妻子蒙娜·丽莎·盖拉尔迪尼·德尔·吉奥坎多。

这幅画非常受欢迎，巴黎卢浮宫博物馆的负责人说，人们甚至写信给“蒙娜丽莎夫人”，向她致以新年的问候。每年大约有 300 万人来参观蒙娜丽莎。

有人说，无论你站在哪里，蒙娜丽莎都会看着你。在课堂上与教室里不同位置的人测试一下这个说法。有人会说她相貌平平，也有人说她的脸很有趣，你怎么看？

（四）把这幅画和社会研究单元联系起来

历史：哥伦布和其他探险家在世界各地进行探险的同时，列奥纳多·达·芬奇正在意大利画画和发明东西。透视绘画被发明了，这使得艺术家可以控制他们对世界的看法，就像探险家可以控制他们的越洋旅行一样。在生活和艺术上，这都是一个探索的时代。

在达·芬奇作画的时期，意大利是一个城邦的集合，而不是一个统一的国家。城邦是一个小的、独立的政治区域——有点像今天的大城市或小国家。人们宣誓效忠于他们所居住的城邦，并为城邦工作和纳税。达·芬奇的名字表明了人们与他们居住的地方之间的紧密联系，因为他来自芬奇。

在达·芬奇的时代，受过教育的人需要学习拉丁语，以理解和欣赏艺术和文学。文艺复兴时期，艺术家和他们的作品成为日常生活的重要组成部分。

除了贵族和农民阶级之外，一个被称为“中产阶级”的新阶级正在崛起。中产阶级的成员开始赚到足够的钱来购买艺术品。可用于购买艺术品的资金不断增加，为艺术家创造了更多的机会。

地理：定位意大利和城市芬奇，佛罗伦萨和米兰。在 YouTube 上看看芬奇镇，并寻找其他与列奥纳多·达·芬奇有关的链接。

（五）把这幅画与学校的其他科目联系起来

数学：达·芬奇借用了他的数学知识并使用了金字塔的形状，为他的绘画提供了力量。你在画中“看到”金字塔的形状了吗（例如，蒙娜丽莎的头和肩膀的形状）？

广告：蒙娜丽莎被用作西班牙橄榄油、意大利发夹、德国柏林一家名为 The Smile 的餐厅、电脑公司，以及其他许多企业的商标。

（六）把这幅画和其他画作放在一起比较

把《蒙娜丽莎》和其他肖像画——比如盖恩斯·伯勒的《蓝色男孩》——比较一下。达·芬奇与后来的艺术家有什么不同？不同的画面给观者带来了怎样的感受？哪种画传达了更深层的情感？你更喜欢哪一种画，为什么？

（七）在哪里你可以看到达·芬奇的原创作品？

华盛顿特区的国家美术馆有一幅名为《吉内薇拉·班琪》（*Ginevra de Benci*）的肖像画，这是美国博物馆中唯一一幅达·芬奇的原作。1967 年，它以 500 万美元的价格被买下。

《蒙娜丽莎》在巴黎的卢浮宫，但美国的许多画廊都有它的复制品。

去当地的博物馆和画廊看看达·芬奇的原创作品或复制品。

（八）艺术体验

1. 选择一种颜色的蜡笔或铅笔画一个正方形。用蜡笔在正方形上慢慢地涂上颜色。从正方形的底部开始，用非常非常浅的颜色，随着你到达正方形的顶部，颜色逐渐变得越来越深。这个颜色会“发光”吗？这被称为 sfumato。

2. 达·芬奇喜欢为他看到的几乎所有东西画素描，以便从他的画中学习。他画过建筑物、动物、手、树、石头、发明物，甚至绳结，以了解形状、线条、光和影。他画满了草图的笔记本闻名遐迩（学生们可以在图书馆或互联网上找到这些笔记本的复制品或有关他们的书籍）。在学校、家里或户外选择一个常见的物体进行素描。试着把同一个物体素描三四遍，看看从不同的角度画出它的形态后你学到了什么。

3. 为自己或他人画一幅表现情感的肖像。

（九）写作：围绕本课程

1.《蒙娜丽莎》可能是世界上最著名的肖像画。它可能是世界上最著名的一幅画。你认为人们为什么喜欢这幅画？这幅画对你“说”了什么？

2. 今天你可能会看到《蒙娜丽莎》。例如，一些现代产品的广告使用了《蒙娜丽莎》。为什么一个公司会这样做（比如，把自己的产品与杰作联系起来，把产品与这个世界对美丽或神秘的定义联系起来）？你会把什么产品与《蒙娜丽莎》联系起来，为什么？画出你的广告，展示你将如何使用《蒙娜丽莎》来销售产品。

3. 写一段话，说明一幅肖像画和一张照片的不同之处。

4. 写一段话解释为什么你认为艺术在你的教育中很重要。无法理解和欣赏艺术的人能被“教育”吗？

参考文献

[1] ASCD. (2001). How to do homework more meaningful by involving parents [Video recording on CD]. Available from http://nnps.jhucsos.com/tips/resources/

[2] Epstein, J. L. (2011). Homework practices, achievements, and behaviors of elementary school students (chap. 3), and Linking family and community involvement to student learning (chap.6). In School, family, and community partnerships: Preparing educators and improving schools (2nd ed., pp. 231–246 and pp. 493–572). Boulder, CO: Westview Press.

[3] Epstein, J. L. (2017a). Manual for Teachers: Teachers Involve Parents in Schoolwork (TIPS) language arts, science, and math interactive homework in the elementary grades. Baltimore, MD: Johns Hopkins University, Center on School, Family, and Community Partnerships.

[4] Epstein, J. L. (2017b). Manual for teachers: Teachers Involve Parents

in Schoolwork (TIPS) language arts, science, and math interactive homework in the middle grades. Baltimore, MD:Johns Hopkins University, Center on School, Family, and Community Partnerships.

[5] Epstein, J. L., & Associates. (2017). TIPS interactive homework CD for the elementary grades: Prototype activities in math (K–5), literacy (K–3), and science (grade 3). Baltimore: Johns Hopkins University, National Network of Partnership Schools.

[6] Epstein, J. L., & Dauber, S. L. (1995). Effects on students of an interdisciplinary program linking social studies, art, and family volunteers in the middle grades. Journal of Early Adolescence, 15,114–144.

[7] Epstein, J. L., Simon, B. S., & Salinas, K. C. (1997). Effects of Teachers Involve Parents in Schoolwork (TIPS) language arts interactive homework in the middle grades [Research Bulletin 18]. Bloomington, IN: Phi Delta Kappa/Center for Evaluation, Development, and Research.

[8] Epstein, J. L., & Van Voorhis, F. L. (2001). More than minutes: Teachers' roles in designing homework. Educational Psychologist, 36, 181–194.

[9] Epstein, J. L., & Van Voorhis, F. L. (2012). The changing debate: From assigning homework to designing homework. In S. Suggate & E. Reese (Eds.), Contemporary debates in child development and education, (pp. 263–273). London: Routledge.

[10] Epstein, J. L., & Van Voorhis, F. L. (2017). TIPS interactive homework CD for the middle grades: Prototype activities in math, science, and language arts (6–8). Baltimore, Johns Hopkins University, National Network of Partnership Schools.

[11] Markow, D., Kim, A., & Liebman, M. (2007). The MetLife survey

of the American teacher: The homework experience—a survey of students, teachers, and parents. New York: MetLife.

[12] Moll, L. C., Amati, C., Neff, D., & Gonzalez, N. (1992). Funds of knowledge for teaching:Using a qualitative approach to connect homes and classrooms. Theory Into Practice, 31(2), 132–141.

[13] Moll, L. C., & Cammorata, J. (2010). Cultivating new funds of knowledge through research and practice. In K. Dunamore & D. Fisher (Eds.), Bringing literacy home (pp. 290–106). Newark, DE: International Reading Association.

[14] Sheldon, S. B., & Epstein, J. L. (2005). School programs of family and community involvement to support children's reading and literacy development across the grades. In J. Flood & P. Anders (Eds.), Literacy development of students in urban schools: Research and policy (pp.107–138). Newark, DE: International Reading Association.

[15] Van Voorhis, F. L. (2001). Interactive science homework: An experiment in home and school connections. NASSP Bulletin, 85(627), 20–32.

[16] Van Voorhis, F. L. (2003). Interactive homework in middle school: Effects on family involvement and students' science achievement. Journal of Educational Research, 96, 323–339.

[17] Van Voorhis, F. L. (2004). Reflecting on the homework ritual: Assignments and designs. Theory Into Practice, 43, 205–212.

[18] Van Voorhis, F. L. (2008). War or peace? A longitudinal study of family involvement in language arts homework in the middle grades. Paper presented at the annual meeting of the American Educational Research Association, New York City.

[19] Van Voorhis, F. L. (2009). Does family involvement in homework

make a difference? Investigating the longitudinal effects of math and language arts interventions. In R. Deslandes (Ed.), Family-school-community partnerships international perspectives (pp. 141–156). New York: Taylor and Francis Group/Routledge.

[20] Van Voorhis, F. L. (2011a). Adding families to the homework equation: A longitudinal study of family involvement and mathematics achievement. Education and Urban Society, 43, 313–338.

[21] Van Voorhis, F. L. (2011b). Costs and benefits of family involvement in homework. Journal of Advanced Academics, 22, 220–249.

[22] Van Voorhis, F. L. (2011c). Engaging families in student homework: Action steps for educators. In H. Kreider & H. Westmoreland (Eds.), Promising practices for family engagement in outof-school time (pp. 71–84). Charlotte, NC: Information Age.

[23] Van Voorhis, F. L. (2011d). Maximum homework impact: Optimizing time, purposes,communication, and collaboration. In S. Redding, M. Murphy, & P. Sheley (Eds.), Handbook on family and community engagement (pp. 109–112). Charlotte, NC: Information Age.

[24] Van Voorhis, F. L., Maier, M. F., Epstein, J. L., & Lloyd, C. M. (2013). Impact of family involvement on the education of children ages 3–8: A focus on literacy and math achievement outcomes and social-emotional skills. New York. MDRC.

第九章

合作项目的评价

教育工作者知道应该评价他们的合作项目和实践活动。他们希望每年都能改进他们的项目。然而，许多人对如何科学地开展学校、家庭和社区合作项目评价头疼不已。一位负责合作项目的学区领导解释说："评价是我们面临的最大挑战。"这通常是因为提出了不可能的问题，使用了未经测试的措施，工作人员无法处理和分析数据并以有效的方式报告结果，而且项目评价的预算很低，评价的时间很短。

与过去一样，大多数学区和学校仍然通过计算参加活动的家长人数、商业伙伴数量、志愿者服务时间、家访与家长的电话次数，或其他统计方法来评价家庭和社区参与活动。这些统计可能是有用的，但需要更有针对性的措施来监测合作计划的结构、过程和结果的质量和进展。

本章提供了明确的指导方针和工具，任何学校、学区、州或组织都可以用它来评价合作工作的质量和进展。本章提供了一篇介绍性文章讨论了如何将为家庭和社区参与制定的目标与所进行的评价相匹配。我们讨论了从简单到复杂的各种评价中可能得出的各种估计，以解决这些重要问题：如何用一个及时和简单的询问过程来评价整个学年中实施的每一项活动？学区领导人如何帮助学校评价他们的项目？如何向不同的受众报告结果？我们讨论了评价项目实施质量与评价项目结果之间的重要区别。

本章还包括学校合作行动小组（ATP）的两个基本工具，以评价其合作计划的实施和外联质量，以及家庭和社区伙伴的反馈。这些工具旨在解决学校合作行动计划中设定的目标（见第四章和第五章）。其他内置的规划和评价工具在介绍性文章中都会列出，这可以帮助学校、学区、州和组织评价关键项目组成部分的质量，并随着时间的推移监测进展情况。

9.1 学校、家庭和社区合作活动的评价

9.1.1 评价清单

这份清单有助于ATP评价一所学校关注六种类型参与的各种活动和方法的力度和规模。该测量方法包括了表明学校正在努力应对让所有家庭参与的关键性挑战的活动。对学校、家庭和社区合作项目的评价，每年或每两年进行一次，而且该测量标准促进了对合作相关内容的思考，并且可以将这些见解和想法运用到对下一学年"年度合作行动计划"的保持、改进或增加当中。

说明：该措施被设计成每个ATP都可使用的清单，用于监测和反映其工作和进度。一些研究人员和研究生使用该方法从大量的家长和教师样本中收集了个人层面的数据，以了解他们对六种类型的参与活动的熟悉程度和使用情况。研究人员的报告表明测量的整体及其六个子量表之间的内部信度系数较高。但是，由于这些研究不是基于全国随机样本，与个人报告一起使用测量方法的研究人员必须测试并说明在他们研究样本中，这些量表的可靠性如何。

这项工具有助于评价学校是否以有意义的方式让家长、社区成员和学生参与进来。该测量措施基于六种类型参与的框架，且重点关注所实施的活动是如何让所有家庭都参与到孩子教育中来的。

你的学校可能会开展所有、开展部分或不开展所列的活动或方法。并不是每个活动都适合每个年级。也不是每一项活动都要经常进行——有些活动可能一年只实施一两次。在目标导向的合作项目中，选择活

动并在学校的“年度合作行动计划”中详细列出，以帮助实现对应的学校发展目标。每项活动都将在适当的时间进行。

你的学校可能会针对每种类型参与实施其他活动。在每个部分的空行中添加这些内容，并对它们进行评分，以反映学校进行的所有主要合作实践。

说明：使用下面的评分标准对你学校六种类型的参与活动进行评分。当你回顾每个项目时，在最符合你学校实际开展情况的选项上画圈。

评分标准：

1——从不：我们学校不使用。

2——很少：在一两个班级或少数几个家庭中进行。在这所学校的合作项目中没有得到强调。

3——偶尔：在几个班级或一些家庭中进行。在学校各年级的合作项目中，很少受到重视。实施质量有待提高。

4——较多：在许多但不是所有的班级中进行，或在许多但不是所有的家庭中进行。在这所学校的跨年级合作项目中给予很大的重视。实施质量高，只需要细微的改变。

5——经常：发生在大多数或所有班级和年级，和大多数或所有家庭。这是学校合作项目的重要组成部分，实施质量高。

该评价措施应由一个 ATP 每年或每两年讨论一次并加以完成，以便评价学校家庭和社区参与项目的进展情况。测量的结果指标可以揭示参与活动的范围和质量，并为下一“年度合作行动计划”提出新的方向和需要改进的地方。

I. 抚养教育：帮助所有家庭了解儿童和青少年的发展，创造支持儿童学习的家庭环境。帮助学校了解家庭的背景、文化和学生的发展目标。

所在学校	评价等级				
	从不	很少	偶尔	较多	经常
1. 为家长举办有关儿童或青少年发展的培训或提供相关资料。	1	2	3	4	5
2. 为所有想要或需要获得信息的家庭提供信息，而不仅仅是针对少数可以现场参加培训或会议的家庭。	1	2	3	4	5
3. 为家长提供与孩子在学校发展有关的清晰的、有用的信息。	1	2	3	4	5
4. 向家长了解孩子的发展目标、特长和才艺。	1	2	3	4	5
5. 支持家访活动和社区会议，帮助家庭了解学校，并帮助学校了解家庭。	1	2	3	4	5
6. 为家庭提供适宜儿童的信息，以帮助其建立有利于孩子成长的家庭条件和环境。	1	2	3	4	5
7. 尊重学生群体中的亚文化。	1	2	3	4	5
其他的抚养教育活动：________________ ________________________________	1	2	3	4	5

II. 沟通交流：针对学校合作活动和孩子的学习进步开展家校双向沟通。

所在学校	评价等级				
	从不	很少	偶尔	较多	经常
1. 审查各种备忘录、通知和其他书面或非书面交流材料的可读性、清晰度、格式和使用频率。	1	2	3	4	5
2. 与英语说得不好和不能很好阅读的，以及需要大号字体的家长进行沟通。	1	2	3	4	5
3. 使用家长能够理解的语言进行沟通，并在需要的时候提供口译和笔译。	1	2	3	4	5

续表

所在学校	评价等级				
	从不	很少	偶尔	较多	经常
4. 建有明确的家校双向沟通渠道。	1	2	3	4	5
5. 每年至少与家长举行一次正式会议。	1	2	3	4	5
6. 对家庭开展定期调查，以便与家庭交流学生需求、对学校提供的课程意见，以及家长对在学校和家里参与孩子教育的满意度和意见建议。	1	2	3	4	5
7. 为新入学的家长举办迎新会。	1	2	3	4	5
8. 每周或每月把学生的作业以文件夹的形式发送给家长，供家长审阅。	1	2	3	4	5
9. 提供有关学校课程、州考试、学校和学生成绩单的清晰信息。	1	2	3	4	5
10. 联系有学习或行为问题的学生家长。	1	2	3	4	5
11. 提供在线成绩册，让家长随时可以查看学生的成绩。	1	2	3	4	5
12. 通过电子邮件和学校网站与家长就互联网安全和儿童使用社交媒体的情况进行沟通。	1	2	3	4	5
13. 培训教师、员工和校长，使他们了解家庭参与的价值和意义，以及如何在学校和家庭之间建立积极联系。	1	2	3	4	5
14. 制定相关政策，鼓励所有教师与家长就学校课程设置、作业期望以及家长如何在家里提供帮助进行沟通。	1	2	3	4	5
15. 定期更新学校博客或时事简报，提供学校相关信息、特殊活动、组织信息和像育儿技巧这样的会议信息。	1	2	3	4	5
16. 为没有电脑、互联网、电子邮件或不使用社交平台的家庭提供电子通信的纸质版本。	1	2	3	4	5
其他的沟通交流活动：________________ ________________	1	2	3	4	5

III. 志愿服务：招募和组织家长志愿者支持学校和学生。

所在学校	评价等级				
	从不	很少	偶尔	较多	经常
1. 每年都开展调查，以确定家长志愿者的兴趣、才能和是否能够参与，保证志愿者的技能和才艺都符合学校和班级的需要。	1	2	3	4	5
2. 提供一间家长或家庭活动室，供志愿者和家庭成员见面和工作之用，并提供有关育儿、辅导相关的资源。	1	2	3	4	5
3. 建立灵活的志愿服务机会和服务时间表，让有工作的父母也能参与其中。	1	2	3	4	5
4. 在全天不同时间策划专门的活动，以便所有家庭都能作为观众参加活动。	1	2	3	4	5
5. 根据实际需要，通过提供交通工具、儿童看护或口译和笔译，为家长参加志愿服务提供机会。	1	2	3	4	5
6. 培训志愿者，让他们更加有效地利用自己服务的时间。	1	2	3	4	5
7. 对志愿者付出的时间和努力表示感谢。	1	2	3	4	5
8. 鼓励家庭和社区以各种方式参与学校活动（例如，协助班级、巡视大堂、主持讲座或活动、充当观众）。	1	2	3	4	5
其他的志愿服务活动：________________ ________________________	1	2	3	4	5

IV. 在家学习：为家庭提供信息帮助学生完成家庭作业、其他与课程相关的活动，以及课程选择和未来计划。

所在学校	评价等级				
	从不	很少	偶尔	较多	经常
1. 为家庭提供监督和讨论家庭作业的方法。	1	2	3	4	5
2. 为家庭提供主要学科学习所需的技能。	1	2	3	4	5

续表

所在学校	评价等级				
	从不	很少	偶尔	较多	经常
3. 为家长提供专门信息，以便他们有技巧地帮助那些需要提高的学生。	1	2	3	4	5
4. 要求家长关注孩子的阅读，听孩子读书或者与孩子一起大声朗读。	1	2	3	4	5
5. 协助家长帮助学生设定学习目标、选择课程和制定学习计划。	1	2	3	4	5
6. 为家长提供相关信息和想法，帮助他们与孩子讨论大学和职业的规划，以及高等教育计划。	1	2	3	4	5
7. 给学生定期安排家庭互动作业，让他们与家庭成员示范自己所学，讨论正在学习的内容。	1	2	3	4	5
其他的在家学习活动：________________	1	2	3	4	5

V. 制定决策：让家长参与学校决策，培养家长担任领导和代表。

所在学校	评价等级				
	从不	很少	偶尔	较多	经常
1. 学校有一个活跃的 PTA/PTO 或其他家长组织。	1	2	3	4	5
2. 学校促进小组和其他委员会都有家长代表。	1	2	3	4	5
3. 学区级的咨询委员会有家长代表。	1	2	3	4	5
4. 让家长有组织地、持续地、及时地参与学校改进项目。	1	2	3	4	5
5. 让家长参与审核学校和学区的课程。	1	2	3	4	5
6. 从学校里属于不同种族和民族，讲不同语言，属于不同社会经济地位，以及其他群体中招募家长担任领导。	1	2	3	4	5

续表

所在学校	评价等级				
	从不	很少	偶尔	较多	经常
7. 在家长代表与所有家长之间建立起正式的社会网络。	1	2	3	4	5
8. 学校决策小组成员中包括学生以及家长。	1	2	3	4	5
9. 记录家长们的疑问、关心，并公开且怀有敬意地回应这些问题。	1	2	3	4	5
10. 指导家长代表联系所有家长参与学校决策，包括那些通常是学校单方面决定、家长很少参与的决策。	1	2	3	4	5
11. 根据教育工作者、家长和其他人的意见，制定学校的家庭和社区参与计划和项目。	1	2	3	4	5
其他的制定决策活动：________________ ________________________________	1	2	3	4	5

VI. 社区合作：社区为家庭、学生和学校协调资源和服务，学生和学校为社区提供服务。

所在学校	评价等级				
	从不	很少	偶尔	较多	经常
1. 为家长和学生提供社区机构、服务和计划的资源目录。	1	2	3	4	5
2. 让家庭参与开发和使用社区资源。	1	2	3	4	5
3. 与当地企业、工厂、图书馆、公园、博物馆和其他组织开展项目合作，提高学生的技能和学习能力。	1	2	3	4	5
4. 在社区企业、机构和志愿者的支持下，为学生提供课后服务。	1	2	3	4	5
5. 成功解决分工问题，明确责任、经费、人员分配，以确保社区合作的成功。	1	2	3	4	5

续表

所在学校	评价等级				
	从不	很少	偶尔	较多	经常
6. 构建一个提供一站式服务，包括家庭服务、咨询服务、健康服务、娱乐、职业训练、暑期项目，以及与其他机构联系等全方位服务的学校。	1	2	3	4	5
其他的社区合作活动：________________ ________________	1	2	3	4	5

9.1.2　合作活动的年度评价

这是 ATP 在实施“年度合作行动计划”中的每项活动后评价该活动是否继续开展的一个简单工具。ATP 成员被要求反思和讨论团队计划、支持、实施和结果的质量，并考虑是否在未来再次进行相同的活动，或以特定的方式改进它。在评价过程中，评价内容应该与基于目标导向分类制定的行动计划或依据六种类型参与制定的年度行动计划保持一致。通过这种方式，ATP 将保存每个计划活动进行和结果的记录材料。这将有助于团队回顾这一年的工作，并决定哪些活动需要重复执行，哪些活动需要在下一学年的“年度合作行动计划”中予以改进。

表 9-1-1　学校合作项目的年度反思

回顾所有六种类型的参与活动的评价。讨论以下问题，并考虑如何在未来“年度合作行动计划”中改进学校的家庭和社区参与计划和实践。 1. 今年你们学校的家庭和社区参与活动取得成功的主要因素是什么？ 2. 今年限制你们学校家庭和社区参与获得成功的主要因素是什么？ 3. 你们学校在改善学校、家庭和社区合作方面的主要目标是什么？

表 9-1-2　合作活动年度评价表（G- 目标分类）

学校____________________　　　　　　学年____________________

合作活动的年度评价

（G- 目标分类）

学校、家庭和社区合作希望实现的学校目标

此评价表有助于 ATP 讨论和评价其“年度合作行动计划”实施的进展。学期末，第一页的评价表可以帮助 ATP 讨论和判断学校合作项目整体的实施质量。其他评价表则会进行一个简单调查过程，内容包括每项活动实施的效果如何，以及是否或如何在后续不断提高每项合作活动的设计与组织。学校“年度合作行动计划”中的每项活动在实施以后都应该在下一次 ATP 年度会议上进行质量评价。在年终的时候，完整的年度活动评价报告有助于 ATP 决定在下一阶段的“年度合作行动计划”中应该继续、删除、改进或增加哪些活动。

（在学年结束时完成本页内容）

（在全年每项活动结束后，完成所有其他页内容）

项目整体评价

1. 在过去的一年里，学校在家庭和社区参与方面的工作最大的变化是什么？

____

2. 总体来说，ATP 如何评价学校、家庭和社区合作项目的质量？

这所学校的合作项目：

__________ 差：刚刚起步，萌芽阶段，需要大量的工作。

__________ 一般：已实施但需要改进和扩大。

__________ 良好：发展良好，专注于学校发展目标，涵盖所有六种类型的参与，并解决了大多数年级的多数家庭的需要。

__________ 优秀：发展良好，实施到位。专注于学校发展目标，涵盖所有六种类型的参与，并解决所有年级家庭的需要。

3. 列出今年 ATP 成员名单，在即将完成任期或即将离职的成员前打上“*”。

ATP 成员（本学年）	职务（教师、家长、管理人员等）	ATP 中的角色（主席、联合主席、委员等）	是否需要替换
1.______	______	______	______
2.______	______	______	______
3.______	______	______	______
4.______	______	______	______
5.______	______	______	______
6.______	______	______	______
7.______	______	______	______

8.______ ____________________ ____________________ ______

如果 ATP 成员超过八个，可以加页。

目标 1——学业：“年度合作行动计划”中列出的提高学习成绩和发展的具体目标是什么？

目标达成进度表

（学业目标 1）

使用优秀（E）、良好（G）、一般（F）、差（P）四个等级来评价已经实施的旨在实现学业目标 1 的合作活动。作为一个团队来讨论下一学年学校每项活动下一步应该怎么办，是维持、改善或是停止。如果学校在本目标下开展的家庭和学校参与活动超过 3 项，可另行加页。

合作活动	计划	支持	实施	效果
	合作行动计划中合作活动安排得如何？	ATP 成员和其他学校人员对活动的支持有无价值？	合作活动实施得如何，有无满足目标群体？	活动组织得如何，有无实现目标 1 的预期？
1. ____________ ____________	☐	☐	☐	☐
该项活动下个学年还会继续吗？	☐ YES	☐ NO		
如果不继续，请说明为什么。	______________________			
如果继续，请说明哪些地方需要改进。	______________________			
合作活动	计划	支持	实施	效果
2. ____________ ____________	☐	☐	☐	☐
该项活动下个学年还会继续吗？	☐ YES	☐ NO		

如果不继续，请说明为什么。	______			
如果继续，请说明哪些地方需要改进。	______			
合作活动	计划	支持	实施	效果
3. ______ ______	☐	☐	☐	☐
该项活动下个学年还会继续吗？	☐ YES		☐ NO	
如果不继续，请说明为什么。	______			
如果继续，请说明哪些地方需要改进。	______			
对目标 1 的年终评价				
本年度，家庭和社区参与对目标 1 的达成是否有贡献？			☐ YES	☐ NO
本目标在下一学年“年度合作行动计划”中是否依旧保留？			☐ YES	☐ NO

目标 2——学业：“年度合作行动计划”中列出的提高学生学习成绩和发展的具体目标是什么？

目标达成进度表

（学业目标 2）

使用优秀（E）、良好（G）、一般（F）、差（P）四个等级来评价已经实施的旨在实现学业目标 2 的合作活动。作为一个团队来讨论下一学年学校每项活动下一步应该怎么办，是维持、改善或是停止。如果学校在本目标下开展的家庭和学校参与活动超过 3 项，可另行加页。

合作活动	计划	支持	实施	效果
	合作行动计划中合作活动安排得如何？	ATP 成员和其他学校人员对活动的支持有无价值？	合作活动实施得如何，有无满足目标群体？	活动组织得如何，有无实现目标 2 的预期？
1. ____________ ____________	☐	☐	☐	☐
该项活动下个学年还会继续吗？	☐ YES ☐ NO			
如果不继续，请说明为什么。	____________			
如果继续，请说明还有哪些地方需要改进。	____________			
合作活动	计划	支持	实施	效果
2. ____________ ____________	☐	☐	☐	☐
该项活动下个学年还会继续吗？	☐ YES ☐ NO			
如果不继续，请说明为什么。	____________			
如果继续，请说明哪些地方需要改进。	____________			
合作活动	计划	支持	实施	效果
3. ____________ ____________	☐	☐	☐	☐
该项活动下个学年还会继续吗？	☐ YES ☐ NO			

<table>
<tr><td>如果不继续，请说明为什么。</td><td colspan="2">____________________</td></tr>
<tr><td>如果继续，请说明哪些地方需要改进。</td><td colspan="2">____________________</td></tr>
<tr><td colspan="3">对目标 2 的年终评价</td></tr>
<tr><td>本年度，家庭和社区参与对目标 2 的达成是否有贡献？</td><td>□ YES</td><td>□ NO</td></tr>
<tr><td>本目标在下一学年的合作行动计划中是否依旧保留？</td><td>□ YES</td><td>□ NO</td></tr>
</table>

目标 3——学习行为："年度合作行动计划"对学生学习行为、学习态度和其他结果提出了什么目标？

目标达成进度表

（学习行为）

使用优秀（E）、良好（G）、一般（F）、差（P）四个等级来评价已经实施的旨在实现目标 3 的合作活动。作为一个团队来讨论下一学年学校每项活动下一步应该怎么办，是维持、改善或是停止。如果学校在本目标下开展的家庭和学校参与活动超过 3 项，可另行加页。

<table>
<tr><td rowspan="2">合作活动</td><td>计划</td><td>支持</td><td>实施</td><td>效果</td></tr>
<tr><td>合作行动计划中合作活动安排得如何？</td><td>ATP 成员和其他学校人员对活动的支持有无价值？</td><td>合作活动实施得如何，有无满足目标群体？</td><td>活动组织得如何，有无实现目标 3 的预期？</td></tr>
<tr><td>1. ____________
____________</td><td>□</td><td>□</td><td>□</td><td>□</td></tr>
<tr><td>该项活动下个学年还会继续吗？</td><td colspan="2">□ YES</td><td colspan="2">□ NO</td></tr>
<tr><td>如果不继续，请说明为什么。</td><td colspan="4">____________________</td></tr>
</table>

<table>
<tr><td>如果继续，请说明哪些地方需要改进。</td><td colspan="4">________________</td></tr>
<tr><td>合作活动</td><td>计划</td><td>支持</td><td>实施</td><td>效果</td></tr>
<tr><td>2. ________
________</td><td>☐</td><td>☐</td><td>☐</td><td>☐</td></tr>
<tr><td>该项活动下个学年还会继续吗？</td><td colspan="4">☐ YES　　☐ NO</td></tr>
<tr><td>如果不继续，请说明为什么。</td><td colspan="4">________________</td></tr>
<tr><td>如果继续，请说明哪些地方需要改进。</td><td colspan="4">________________</td></tr>
<tr><td>合作活动</td><td>计划</td><td>支持</td><td>实施</td><td>效果</td></tr>
<tr><td>3. ________
________</td><td>☐</td><td>☐</td><td>☐</td><td>☐</td></tr>
<tr><td>该项活动下个学年还会继续吗？</td><td colspan="4">☐ YES　　☐ NO</td></tr>
<tr><td>如果不继续，请说明为什么。</td><td colspan="4">________________</td></tr>
<tr><td>如果继续，请说明哪些地方需要改进。</td><td colspan="4">________________</td></tr>
<tr><td colspan="5">对目标 3 的年终评价</td></tr>
<tr><td colspan="3">本年度，家庭和社区参与对目标 3 的达成是否有贡献？</td><td colspan="2">☐ YES　　☐ NO</td></tr>
<tr><td colspan="3">本目标在下一学年的合作行动计划中是否依旧保留？</td><td colspan="2">☐ YES　　☐ NO</td></tr>
</table>

目标 4——合作氛围："年度合作行动计划"对强化六种类型参与提出了什么目标？

目标达成进度表

（合作氛围）

使用优秀（E）、良好（G）、一般（F）、差（P）四个等级来评价已经实施的合作活动，帮助实现目标 4。作为一个团队来讨论下一学年学校每项活动下一步应该怎么办，是维持、改善或是停止。如果学校在本目标下开展的家庭和学校参与活动超过 3 项，可另行加页。

合作活动	计划	支持	实施	效果
	合作行动计划中合作活动安排得如何？	ATP 成员和其他学校人员对活动的支持有无价值？	合作活动实施得如何，有无满足目标群体？	活动组织得如何，有无实现目标 4 的预期？
1. ____________ ____________	☐	☐	☐	☐
该项活动下个学年还会继续吗？	☐ YES　　☐ NO			
如果不继续，请说明为什么。	____________			
如果继续，请说明哪些地方需要改进。	____________			
合作活动	计划	支持	实施	效果
2. ____________ ____________	☐	☐	☐	☐
该项活动下个学年还会继续吗？	☐ YES　　☐ NO			
如果不继续，请说明为什么。	____________			

如果继续，请说明哪些地方需要改进。	________________			
合作活动	计划	支持	实施	效果
3. __________ __________	☐	☐	☐	☐
该项活动下个学年还会继续吗？	☐ YES ☐ NO			
如果不继续，请说明为什么。	________________			
如果继续，请说明哪些地方需要改进。	________________			
对目标 4 的年终评价				
本年度，家庭和社区参与对目标 4 的达成是否有贡献？			☐ YES	☐ NO
本目标在下一学年的合作行动计划中是否依旧保留？			☐ YES	☐ NO

表 9-1-3 合作活动的年度评价表（T- 类型分类）

学校__________________ 学年__________________

合作活动的年度评价

（T- 类型分类）

六种类型的学校、家庭和社区参与活动

此年度报告有助于学校 ATP 评价综合性的家庭、学校和社区合作计划的发展。评价表的首页帮助 ATP 讨论和判断学校合作项目整体的实施质量。其他评价表则要求 ATP 考虑每项合作活动的实施效果如何，以及下一学年如何改善六种类型的参与活动。

学校“年度合作行动计划”中六种类型的参与活动在实施以后都应该在学年结束的时候进行效果评价。完整的年度活动评价报告有助于 ATP 决定在下一学年中，哪些活动应该继续、取消或改进。

（在学年结束时完成本页内容）

（在全年每项活动结束后，完成所有其他页内容）

项目整体评价

1. 在过去的一年里，学校在家庭和社区参与方面的工作最大的变化是什么？

____

2. 总体来说，ATP 如何评价学校、家庭和社区合作项目的质量？

这所学校的合作项目：

__________ 差：刚刚起步，萌芽阶段，需要大量的工作。

__________ 一般：已实施，但需要改进和扩大。

__________ 良好：发展良好，专注于学校发展目标，涵盖所有六种类型参与，并解决大多数年级的大多数家庭的需要。

__________ 优秀：发展良好，实施到位。专注于学校发展目标，涵盖所有六种类型的参与，并解决所有年级的家庭的需要。

3. 列出今年 ATP 成员名单。在即将完成任期或即将离职的成员前打上“*”。

ATP 成员（本学年）	职务（教师、家长、管理人员等）	ATP 中的角色（主席、联合主席、委员等）	是否需要替换
1.______			
2.______			
3.______			
4.______			
5.______			
6.______			
7.______			
8.______			

（如果 ATP 成员超过八个，可以加页。）

“类型 1 －抚养教育”参与活动的进展

回顾“年度合作行动计划”中“类型 1 －抚养教育”的每项已经开展的活动

使用优秀（E）、良好（G）、一般（F）、差（P）四个等级来评价已经实施的、有助于强化“类型 1 －抚养教育”的参与活动。作为一个团队来讨论下一学年学校每项活动下一步应该怎么办，是维持、改善或是停止。如果学校开展的强化“类型 1 －抚养教育”的家庭和学校参与活动超过 4 项，可另行加页。

合作活动	计划	支持	实施	效果
	合作行动计划中合作活动安排得如何？	ATP 成员和其他学校人员对活动的支持有无价值？	合作活动实施得如何，有无满足目标群体？	活动组织得如何，有无实现类型 1 的预期目标？
1. ________ ________	□	□	□	□
该项活动下个学年还会继续吗？	□ YES　□ NO			
如果不继续，请说明为什么。	________			
如果继续，请说明哪些地方需要改进。	________			
合作活动	ATP 计划	支持	实施	效果
2. ________ ________	□	□	□	□
该项活动下个学年还会继续吗？	□ YES　□ NO			
如果不继续，请说明为什么。	________			
如果继续，请说明哪些地方需要改进。	________			

合作活动	计划	支持	实施	效果
3. ________ ________	☐	☐	☐	☐
该项活动下个学年还会继续吗?	☐ YES		☐ NO	
如果不继续，请说明为什么。	________			
如果继续，请说明哪些地方需要改进。	________			
对类型 1 参与活动的年终评价				
本年度，家庭和社区参与对实现“年度合作行动计划”中的类型 1 目标是否有贡献?			☐ YES	☐ NO
下一年，哪些类型 1 的活动应该增加? ________				

“类型 2 —沟通交流”参与活动的进展

回顾“年度合作行动计划”中“类型 2 —沟通交流”的每项已经开展的活动使用优秀（E）、良好（G）、一般（F）、差（P）四个等级来评价已经实施的、有助于强化“类型 2 —沟通交流”的参与活动。作为一个团队来讨论下一学年学校每项活动下一步应该怎么办，是维持、改善或是停止。如果学校开展的强化“类型 2 —沟通交流”的家庭和学校参与活动超过 4 项，可另行加页。

合作活动	计划	支持	实施	效果
	合作行动计划中合作活动安排得如何?	ATP 成员和其他学校人员对活动的支持有无价值?	合作活动实施得如何，有无满足目标群体?	活动组织得如何，有无实现类型 2 的预期目标?
1. ________ ________	☐	☐	☐	☐
该项活动下个学年还会继续吗?	☐ YES		☐ NO	

<table>
<tr><td>如果不继续，请说明为什么。</td><td colspan="4">______________________________</td></tr>
<tr><td>如果继续，请说明哪些地方需要改进。</td><td colspan="4">______________________________</td></tr>
<tr><td>合作活动</td><td>ATP 计划</td><td>支持</td><td>实施</td><td>效果</td></tr>
<tr><td>2. ______________
______________</td><td>☐</td><td>☐</td><td>☐</td><td>☐</td></tr>
<tr><td>该项活动下个学年还会继续吗？</td><td colspan="4">☐ YES　　☐ NO</td></tr>
<tr><td>如果不继续，请说明为什么。</td><td colspan="4">______________________________</td></tr>
<tr><td>如果继续，请说明哪些地方需要改进。</td><td colspan="4">______________________________</td></tr>
<tr><td>合作活动</td><td>计划</td><td>支持</td><td>实施</td><td>效果</td></tr>
<tr><td>3. ______________
______________</td><td>☐</td><td>☐</td><td>☐</td><td>☐</td></tr>
<tr><td>该项活动下个学年还会继续吗？</td><td colspan="4">☐ YES　　☐ NO</td></tr>
<tr><td>如果不继续，请说明为什么。</td><td colspan="4">______________________________</td></tr>
<tr><td>如果继续，请说明哪些地方需要改进。</td><td colspan="4">______________________________</td></tr>
<tr><td colspan="5">对类型 2 参与活动的年终评价</td></tr>
<tr><td colspan="3">本年度，家庭和社区参与对实现“年度合作行动计划”中类型 2 的目标是否有贡献？</td><td colspan="2">☐ YES　　☐ NO</td></tr>
<tr><td colspan="5">下一年，哪些类型 2 的活动应该增加？______________________</td></tr>
</table>

“类型 3 —志愿服务”参与活动的进展

回顾“年度合作行动计划”中“类型 3 —志愿服务”的每项已经开展的活动使用优秀（E）、良好（G）、一般（F）、差（P）四个等级来评价已经实施的、有助于强化“类型 3 —志愿服务”的参与活动。作为一个团队来讨论下一学年学校每项活动下一步应该怎么办，是维持、改善或是停止。如果学校开展的强化“类型 3 —志愿服务”的家庭和学校参与活动超过 4 项，可另行加页。

合作活动	计划	支持	实施	效果
	合作行动计划中合作活动安排得如何？	ATP 成员和其他学校人员对活动的支持有无价值？	合作活动实施得如何，有无满足目标群体？	活动组织得如何，有无实现类型 3 的预期目标？
1. ____________ ____________	□	□	□	□
该项活动下个学年还会继续吗？	□ YES　□ NO			
如果不继续，请说明为什么。	____________			
如果继续，请说明哪些地方需要改进。	____________			
合作活动	ATP 计划	支持	实施	效果
2. ____________ ____________	□	□	□	□
该项活动下个学年还会继续吗？	□ YES　□ NO			
如果不继续，请说明为什么。	____________			
如果继续，请说明哪些地方需要改进。	____________			

合作活动	计划	支持	实施	效果
3. ________ ________	☐	☐	☐	☐
该项活动下个学年还会继续吗?	☐ YES		☐ NO	
如果不继续，请说明为什么。	________			
如果继续，请说明哪些地方需要改进。	________			
对类型 3 参与活动的年终评价				
本年度，家庭和社区参与对实现“年度合作行动计划”中类型 3 的目标是否有贡献?			☐ YES	☐ NO
下一年，哪些类型 3 的活动应该增加? ________				

“类型 4 —在家学习”参与活动的进展

回顾“年度合作行动计划”中“类型 4 —在家学习”的每项已经开展的活动使用优秀（E）、良好（G）、一般（F）、差（P）四个等级来评价已经实施的、有助于强化“类型 4 —在家学习”的参与活动。作为一个团队来讨论下一学年学校每项活动下一步应该怎么办，是维持、改善或是停止。如果学校开展的强化“类型 4 —在家学习”的家庭和学校参与活动超过 4 项，可另行加页。

合作活动	计划	支持	实施	效果
	合作行动计划中合作活动安排得如何?	ATP 成员和其他学校人员对活动的支持有无价值?	合作活动实施得如何，有无满足目标群体?	活动组织得如何，有无实现类型 4 的预期目标?
1. ________ ________	☐	☐	☐	☐
该项活动下个学年还会继续吗?	☐ YES		☐ NO	

<table>
<tr><td>如果不继续，请说明为什么。</td><td colspan="4">____________________</td></tr>
<tr><td>如果继续，请说明哪些地方需要改进。</td><td colspan="4">____________________</td></tr>
<tr><td>合作活动</td><td>ATP 计划</td><td>支持</td><td>实施</td><td>效果</td></tr>
<tr><td>2. ________
________</td><td>☐</td><td>☐</td><td>☐</td><td>☐</td></tr>
<tr><td>该项活动下个学年还会继续吗？</td><td colspan="4">☐ YES　　☐ NO</td></tr>
<tr><td>如果不继续，请说明为什么。</td><td colspan="4">____________________</td></tr>
<tr><td>如果继续，请说明哪些地方需要改进。</td><td colspan="4">____________________</td></tr>
<tr><td>合作活动</td><td>计划</td><td>支持</td><td>实施</td><td>效果</td></tr>
<tr><td>3. ________
________</td><td>☐</td><td>☐</td><td>☐</td><td>☐</td></tr>
<tr><td>该项活动下个学年还会继续吗？</td><td colspan="4">☐ YES　　☐ NO</td></tr>
<tr><td>如果不继续，请说明为什么。</td><td colspan="4">____________________</td></tr>
<tr><td>如果继续，请说明哪些地方需要改进。</td><td colspan="4">____________________</td></tr>
<tr><td colspan="5">对类型 4 参与活动的年终评价</td></tr>
<tr><td colspan="3">本年度，家庭和社区参与对实现“年度合作行动计划”中类型 4 的目标是否有贡献？</td><td colspan="2">☐ YES　　☐ NO</td></tr>
<tr><td colspan="5">下一年，哪些类型 4 的活动应该增加？____________________</td></tr>
</table>

"类型 5 －制定决策"参与活动的进展

回顾"年度合作行动计划"中"类型 5- 制定决策"的每项已经开展的活动使用优秀（E）、良好（G）、一般（F）、差（P）四个等级来评价已经实施的、有助于强化"类型 5 －制定决策"的参与活动。作为一个团队来讨论下一学年学校每项活动下一步应该怎么办，是维持、改善或是停止。如果学校开展的强化"类型 5 －制定决策"的家庭和学校参与活动超过 4 项，可另行加页。

合作活动	计划	支持	实施	效果
	合作行动计划中合作活动安排得如何?	ATP 成员和其他学校人员对活动的支持有无价值?	合作活动实施得如何，有无满足目标群体?	活动组织得如何，有无实现类型 5 的预期目标?
1. ____________ ____________	☐	☐	☐	☐
该项活动下个学年还会继续吗?	☐ YES	☐ NO		
如果不继续，请说明为什么。	____________			
如果继续，请说明哪些地方需要改进。	____________			
合作活动	ATP 计划	支持	实施	效果
2. ____________ ____________	☐	☐	☐	☐
该项活动下个学年还会继续吗?	☐ YES	☐ NO		
如果不继续，请说明为什么。	____________			
如果继续，请说明哪些地方需要改进。	____________			

合作活动	计划	支持	实施	效果
3. ________ ________	☐	☐	☐	☐
该项活动下个学年还会继续吗？	☐ YES		☐ NO	
如果不继续，请说明为什么。	________			
如果继续，请说明哪些地方需要改进。	________			
对类型 5 参与活动的年终评价				
本年度，家庭和社区参与对实现“年度合作行动计划”中类型 5 的目标是否有贡献？			☐ YES	☐ NO
下一年，哪些类型 5 的活动应该增加？________				

“类型 6 —社区服务”参与活动的进展

回顾“年度合作行动计划”中“类型 6 —社区服务”的每项已经开展的活动使用优秀（E）、良好（G）、一般（F）、差（P）四个等级来评价已经实施的、有助于强化“类型 6 —社区服务”的参与活动。作为一个团队来讨论下一学年学校每项活动下一步应该怎么办，是维持、改善或是停止。如果学校开展的强化“类型 6 —社区服务”的家庭和学校参与活动超过 4 项，可另行加页。

合作活动	计划	支持	实施	效果
	合作行动计划中合作活动安排得如何？	ATP 成员和其他学校人员对活动的支持有无价值？	合作活动实施得如何，有无满足目标群体？	活动组织得如何，有无实现类型 6 的预期目标？
1. ________ ________	☐	☐	☐	☐
该项活动下个学年还会继续吗？	☐ YES		☐ NO	

如果不继续，请说明为什么。	________________			
如果继续，请说明哪些地方需要改进。	________________			
合作活动	ATP 计划	支持	实施	效果
2. ________ ________	☐	☐	☐	☐
该项活动下个学年还会继续吗?	☐ YES ☐ NO			
如果不继续，请说明为什么。	________________			
如果继续，请说明哪些地方需要改进。	________________			
合作活动	计划	支持	实施	效果
3. ________ ________	☐	☐	☐	☐
该项活动下个学年还会继续吗?	☐ YES ☐ NO			
如果不继续，请说明为什么。	________________			
如果继续，请说明哪些地方需要改进。	________________			
对类型 6 参与活动的年终评价				
本年度，家庭和社区参与对实现“年度合作行动计划”中类型 6 的目标是否有贡献?			☐ YES	☐ NO
下一年，哪些类型 6 的活动应该增加? ________________				

9.2 合作项目评价的关键要素

爱波斯坦（Joyce L. Epstein）；谢尔顿（Steven B. Sheldon）

教育工作者都很熟悉这样一句话："能测量的事情就能完成。"这句话同样适用于学校、家庭和社区合作项目。为了不断提高家庭和社区参与，有必要评价项目计划、过程和结果的质量。

对家庭和社区参与的评价包括对以下方面质量和进展的评价：

1. 项目开发（例如，团队合作、计划、学校和学区对合作项目的支持，将计划与学校学生发展的目标相联系）。

2. 与家庭和社区的联系（例如，邀请所有家庭和各种社区伙伴并与之沟通的策略）。

3. 家长的回应（例如，对沟通和邀请的回应，家长的投入，不同种族、民族和社会经济群体的参与模式）。

4. 学校的活动质量（例如，欢迎的氛围、学校的安全、家庭友好的氛围、校长和所有教师对合作的态度和参与）。

5. 学生成绩（例如，学业和非学业成果，社会性发展，健康，高等教育和职业规划）。

6. 在以上所有方面逐年发展，并在纵向扩展模式上加以改进。

每一个评价主题都需要不同的方法和措施——有些简单，有些复杂。每个主题都需要选择可用或可获得的指标来衡量既定目标的进展（例如，考试分数、成绩单等级、个人或小组项目、学生作业或作品集、出勤率、纪律推荐、口头陈述）。每个主题还需要一个确定的时间段来衡量所选措施的变化（例如，一个标记期、一年、秋季到春季、目标日期）。

许多研究证实，家庭参与对学生的发展很重要。在数百所学校和数十个学区进行的研究表明，当学校实施精心策划的合作计划和实践活动时，所有家庭都可以有效地参与到孩子的教育中，无论他们的种族、民族、社会经济、教育和语言背景如何（见第一章）。该研究支持学校和学区建立和维持有效的合作机制（见第二章）。

当教育工作者寻求一个“基于证据的项目”时，他们应该知道本指南中所介绍的方法、工具和材料已经在各学校、学区和州得到广泛的测验。虽然大多数教育工作者不能也不需要重复那些复杂而昂贵的研究，但每个学校和学区都可以而且应该评价其工作的质量以及其在家庭和社区合作方面的进展。

对合作项目的研究已经解决了诸如“什么有效？”“我们怎么知道？”等问题。教育工作者可能会问其他相关的评价问题，比如：“对我们的学生、家长、老师和学校来说，家庭和社区参与项目的效果如何？”具体来说，对合作项目的评价可能会探讨以下这些问题：

· 为了吸引父母参与并促进学生发展，哪些参与活动是精心策划和实施的？

· 有多少家庭（以及哪些家庭）感觉受到学校的欢迎和赞赏？

· 有多少家长（以及哪些家长）觉得与教师、学校领导和其他工作人员交谈和分享想法很舒服？

· 每年，是否有更多的家长（实际上是所有家长）以某种方式参与到孩子的学校教育和家庭学习中？

· 家庭和社区参与的哪些结构、程序和实践需要优化提升？家长、学生和教师对需要改进的地方有什么想法？

对上述问题和相关问题的评价应能加深对合作项目实施情况的理

解，并能加强家庭和社区参与，以改善学校氛围和提高学生在校成绩，并指明下一步工作方向。这些问题可以通过可操作、低成本的评价得到解决，而本指南中提供的基于研究开发的工具和指南可以对此有所帮助。

9.2.1 合作项目评价的工具

（1）学校项目的评价。在学校一级，由合作行动小组（ATP）撰写的“年度合作行动计划”是评价的基础。这份四页的行动计划与学校发展目标相关联，每类目标都为学生确定了一个具体的学业或行为目标或改善学校氛围的目标，并介绍了为实现既定目标将要实施的家庭和社区参与活动。有了这个基础，人们就可以提出具体的问题来评价学校合作项目的质量。合作的学校团队和学区领导需要知道这些问题的答案：

·ATP是否有良好的组织架构和有效的运作机制？

·“年度合作行动计划”是否包括了确保一种对合作持欢迎态度学校氛围？整个学年都有活动安排吗？

·哪些年级的家庭，哪些指标数据统计结果可以证实参与活动支持学生在学业科目和非学业的学习态度或行为上获得成功？

·什么样的活动结果会被非正式地观察和记录，或被正式测量？

·在下一个学年，ATP和学校的其他人应该做些什么来改进专门的实践活动，并推广到所有家长，尤其是那些通常不怎么参与的家长？

（2）学区和州的项目评价。同样的问题在评价学区、组织机构及州一级的合作项目管理质量与进展过程中也必然会被问及。上述项目的评价都以“领导计划”为基础展开（请参阅第七章中学区、组织机构和州合作计划的模板）。年度书面计划应体现学区或州官方的合作政策或使命初衷。学区领导人确定家庭及社区参与的目标，撰写一份年度合作的领导计划，明确领导层面的行动，并介绍合作项目中领导人将如何协助所有学校建立自己的计划，以便与所在学校学生的家庭有效合作。利用本章和指南其他章节中提供的工具，州和学区领导人应该能够不断改进他们自己和域内学校的合作项目。

9.2.2 合作项目实施质量的评价

（1）评价合作项目的执行情况

有价值的项目评价通常都会设置合理的步骤。例如，在评价项目结果之前，有必要知道一个项目已经落实到位，以及质量达到什么水平。因此，对家庭和社区参与的评价必须从项目实施的质量开始。在对项目实施结果提出问题之前，必须对项目的实施情况进行某种测量（例如，结构、流程、计划和实践是否有效）。

（2）关注质量的变化趋势

记录过程变化的图像远比单一时间点的图片有更多的信息。虽然从即时的反思和评价中学习很重要，但随着时间的推移，项目质量的发展趋势数据要比即时性的评价结果更富信息量。通过编写“年度合作行动计划”，完成并收集年度评价信息，教育工作者和家长可以更好地了解某个项目是否每年都在实施和改进，以及实施的效果如何。

（3）将所有合作伙伴纳入评价

“合作伙伴”的概念适用于家庭和社区参与项目的所有方面，项目评价也不例外。也就是说，正如ATP所有的合作伙伴都要撰写合作计划和实施活动一样，所有的合作伙伴也都必须参与项目计划、实施和结果的评价。例如，ATP及其不同的成员可以使用“合作活动的年度评价表”来评价每一项活动实施后的情况。此外，学校和社区的所有成员都应定期参与项目评价。

参加特定活动（例如培训、会议、家庭之夜）或领导或承担参与行动（例如志愿者）的家长和社区成员应评价他们所经历活动的组织情况和质量效果。作为PTA或PTO成员服务于学校促进小组或参加其他委员会的家长成员可以参与审查学校的合作计划和进展。

应该定期邀请所有家长，而不仅仅是那些担任领导的家长，来评价学校和学区的合作计划，以及家庭和社区参与的活动。一些学校和学区每年或半年开展一次家长调查，以了解家长对学区和学校政策、计划、儿童的切身体验，以及家长参与政策和活动的意见与想法。由于这些调查在收集、处理、分析数据和形成报告需要费用，出于预算原因，这些活动可能只会定期进行。正因如此，有些学校会采用成本较低的策略，如采用焦点小组、论坛和与不同家长和社区成员访谈的方式，为学校改进以及家庭和社区参与的新方向收集想法。

每种评价技术在成本、时间、样本的筛选、收集的数据种类，以及收集、解释和报告数据所需的专业知识方面都有优缺点。学校和学区必须决定开展哪些评价，以解决有关家庭和社区参与的具体问题，从而利用好现有资源帮助学生实现发展。

9.2.3　合作项目质量的内置评价

本指南中提供了“内置评价”工具清单以便学区领导和学校团队规划他们的项目，评价项目发展的质量，对所有家庭的推广，以及上述措施本身的实施进展。内置的评价从“起点清单”开始。这些信息有助于 ATP 系统地梳理许多已经实施但可能尚未对所有人公开的合作实践。

“起点清单”有助于在最初的“年度合作行动计划”中决定哪些做法应该保持或改进。因此，后续评价将只关注已规划和实施的活动，而不是不相关的实践。表 9-2-1 介绍了本指南中的工具以及使用它们的目的。

9.2.4 由简单到复杂的评价

除了本指南的内置评价外，学区及学校亦可对其合作项目进行其他方式的评价。表 9-2-2 介绍了几种评价学校、家庭和社区合作项目的方法，从简单的、低成本的策略到更复杂的、高成本的研究。当然，所进行的任何评价——简单的或复杂的——都应该明确说明有关合作项目质量或结果的问题。

表 9-2-1　本指南的内置评价工具

可使用的评价措施	对应的目标	如何使用
起点：已开展实践活动清单	· 帮助 ATP 成员熟悉六种类型的参与，以及评价当前学校正在实施的家庭和社区参与活动。 · 表明学校开展合作并不是从零开始的，而是早已经在六种类型参与框架下实施了相关活动。 · 使 ATP 看到它如何通过不同年级开展目标导向活动促进学校的合作项目发展。	· 使用“起点清单”是规划学校合作计划的第一步，ATP 成员应该以团队的形式共同完成这份清单，并且大家应该对学校已经实施的活动项目有广泛的了解。
学校、家庭和社区合作项目的评价	· 帮助 ATP 熟悉并从整体的视角评价学校正在开展的六种类型的参与活动的效果。 · 提供一个视角，每项被实施的合作活动可能会据此被评价。	· 使用本方法来检查各个年级的活动开展频率是很少，还是较多或经常，以及评价这些活动是否鼓励所有家庭都能以不同方式在学校或在家参与相关活动 · 每年在 ATP 制定下一年度的行动计划之前使用前述测评方法，或者定期实施（如 2 ～ 3 年一次），以追踪学校在营造友好学校氛围方面的进展如何。
活动的年度评价	· 帮助 ATP 反思和评价学校实施的每一项合作活动的质量和推广。所有的评价和评分都应关注活动的全年数据。 · 对于 ATP 而言，这是一个相对简单的方法，可以对每一项已经实施的合作活动的优缺点进行调查，以及讨论必要的改进措施。	· 在制定下一年度的行动计划前，根据评分和采集到的材料对学校所有已实施的活动进行评价，并确定哪些活动应该保持、删除、增加或改进。

续表

可使用的评价措施	对应的目标	如何使用
团队进展的年度总结	·帮助 ATP 检查其工作、管理、会议和互动活动的组织情况，帮助 ATP 确定团队合作中需要改进的地方。	·在年中完成评价，对 ATP 作为一个团队和委员会的工作方式进行调查和改进。
领导与成功：学区领导与促进合作的策略清单	·帮助学区和州的合作项目领导人评价他们是如何在提高合作意识、调整项目和政策、指导学习和项目发展、分享知识、庆祝成功等方面开展合作的，并记录上述方面的过程和评价结果。	·使用这些清单是制定学区和州领导合作项目的第一步。请注意在州和学区层面已经实施的领导行为以及在建立学校 ATP 方面的行动。为新的策略和活动收集意见，以此促进所有学校在领导层面的合作活动的发展与提高。
领导与成功：州级合作领导清单	·帮助学区和州的合作项目领导人确定领导活动，这有助于学校与所有学生的家庭建立有效合作。	·通过绘制进度图和确定其他活动定期回顾这些评价清单，这有助于促进合作项目的发展。

简单的评价可以提供有用的信息。签到表适用于收集一项活动是否有很多人参加的证据。简短的“出口处”评价使参加培训班的父母能够报告信息是否有价值，并为改进未来的培训提出建议，这是收集关于培训班设计和实施情况证据的合适方法。通过这些简单的方式监测活动，学校和学区可以了解在学年中是否有更多的家长参加了活动，以及在提供儿童保育、晚餐、交通、奖励和其他家庭支持服务时是否有更多的家长愿意参加。

表 9-2-2　由简单到复杂的项目评价与实践

评价的目的（由简单到复杂）	NNPS 和专门网站的工具
评价当前合作项目开展的情况；确定当前活动和需要增加的内容	“起点清单”
记录并保存合作项目相关政策、计划和其他记录材料	保存到可共享的平台（共享文件夹、谷歌文档等）或纸质文件夹（本校决定）
统计参加活动 / 会议的人数	签到单（本校设计）
统计从活动或会议上获取信息而参加的人的人数。同样注明一下在那些没有参加活动的人中有多少人需要或想要获得活动信息	活动的宣传
评价参会人员对活动和项目的反应（结果评价）	研讨会 / 培训班的评价表
通过双向交流收集父母的意见和建议	传单上的意见反馈、网站和社交媒体平台上的交流、电子信息、意见箱、电话和在线调查（本校设计）
评价每项已实施活动的质量	活动的年度评价
收集关于项目和活动质量的评级、意见和想法，用于制定下一年度的合作行动计划	小学、初中和高中的教师、家长、学生的年度调查（NNPS 网站的“出版物和产品”栏目）； 针对特定人群的网站满意度调查

续表

评价的目的（由简单到复杂）	NNPS 和专门网站的工具
庆祝和分享成功：收集和传播优秀的合作项目	最有价值的合作实践案例（详见 NNPS 网站“成功故事”栏目）；学区和州最佳实践案例集（本校设计）
评价活动开展的频率；监控解决六种类型的参与活动面临的主要挑战的进展	学校、家庭和社区合作的测评
评价合作项目实施的具体进展，并随时制定进程图	更新年度调查（NNPS 网站“研究和服务”栏目）
审查和反思合作项目的目标、活动和进展情况，以便决定下一年度的合作行动计划如何制定	专门的培训或类似的会议；团队进度的年度检查
评价家庭和社区参与对学生发展的影响（例如出勤率、学习行为、阅读或其他科目的成绩、家庭作业完成度、获得的学分、毕业率或体现学校发展的其他指标）	研究合作项目对学生或其他人的影响，有足够的样本、适当的测量方法和先进的统计分析方法（外部评价者或 LEA 研究办公室负责）
评价项目的质量、进展，或分析项目投入与结果之间的匹配性	与研究机构和评价专家签订合同，由第三方评价项目质量和结果（当地学校、学区和州决定）

说明：［这些评价由美国合作学校网络（NNPS）中的学校、学区和州共同开展，以评价其项目的质量和进展，以及家庭和社区参与活动的结果。完整的参考文献列表，请参见 www.partnershipschools.org 的“研究与评价”栏目。］

然而，简单的评价无法判断参加培训或会议的家长是否改变和改善了他们在家里的参与行为，或者他们的孩子是否从各类参与活动中受益。关于活动结果如何，需要在学校活动中或活动后与家长系统地协商后续活动。这些可能简单，也可能复杂。一个简单的后续评价可以通过抽查、随机抽样电话或采访参加过培训或接受过家庭参与指导的父母来进行。一般来说，简单的评价并不能作为项目对家长或学生产生影响的因果证据，而需要更多不同的数据进行比较分析，例如比较培训前和培训后的变化，或对参加或没参加特定培训的家长进行比较分析。

本指南中的规划和评价表为联邦和州监督员提供了充分的证据，说明是否以及如何规划和实施目标导向的合作活动，以此要求和吸引家庭通过多样的方式参与孩子的教育活动，以支持学生在学校取得发展和成功。结合邀请函、传单、网站、签到表、“出口处”评价以及其他调查和反馈表等例子，本指南中的“年度合作行动计划”和“合作活动年度评价表”为各校 ATP 提供了许多免费的评价工具，以展示其合作计划的实施和改进情况。

9.2.5　合作项目的效果评价

（1）学校改革的综合效果

ATP 的“年度合作行动计划”是为了配合学校发展目标而编写的。让家长和社区参与“年度合作行动计划”中的活动有助于提高学生的学习和改善学习行为，这与教师、辅导员和管理人员与学生一起努力的目标不谋而合。这种合作方式让大家认识到，教育工作者、家长和社区伙伴对学生教育负有共同的责任，应共同促进学生在学校的发展。

因此，在监督学校的改进方面，进步是所有合作伙伴共同努力的结果。同样，失败则意味着所有合作伙伴都需要审查和改进彼此的合作，这样才能支持学生的学习和发展。

在明确一个项目已经落实到位之后，教育工作者和负责评价的人员可能会评价这项活动的质量和效果。首先，学校 ATP 将讨论计划中的活动是否吸引了他们的目标受众，以及是否有可观察或衡量的指标指向了“年度合作行动计划”中列出的目标。例如，某页当中的一个计划可能侧重于让家庭和社区参与帮助学生提高阅读或读写技能，并帮助所有学生达到或超过年级标准。目标可以这样表述："针对三年级、四年级和五年级学生的阅读成绩，每年提高 10%。"在这种情况下，家庭和社区的参与需要与教师的努力相配合，帮助学生提高成绩或提高阅读技能。如果考试成绩有所提高，这将归功于教师与学生的合作，以及家庭和社区对阅读的参与。

该计划另一页中的目标可能会表述为："逐步将每日平均出勤率提高到 96%。"针对此目标，该计划将安排有家长和社区参与的相关活动，以帮助更多的学生每天按时上学。ATP 将使用每日平均出勤率、长期缺勤、准时到达、逃课和相关指标的官方比率来衡量教师、管理人员、家长和社区成员的工作结果。如果出勤率有所提高，这将是学校（包括家庭和社区合作伙伴）全面关注出勤率的成果。

（2）合作项目的独立影响

一些学校、学区和州希望扩展对合作项目的评价，以区分家庭和社区参与对学生、家长、教师和学校的独立影响。可是存在如下问题：在教师对学生所做的工作之外，父母的参与对特定目标（例如提高阅读分数）的影响是否可衡量？类似的问题可以用来研究家庭和社区参与对实现学生学业、学习行为或态度上的发展等特定目标所带来的影响。

为了分析合作项目的独立影响所需要的测量和研究方法，比对合作项目质量或推广的评价要复杂得多，也比评价各组成部分对学校全面发展的总体影响要复杂得多。对独立影响的研究需要有明确的研究模型、足够的样本以及对投入和结果的适当纵向测量。

例如，图 9-2-1 研究模型显示了影响的具体路径。该模型需要测量学生、家庭和学校背景因素（例如，父母的教育程度、家庭语言，以及社会经济地位）、学区领导人的项目和行动、以学校为基础的合作活动实践、家长对学校联系的反应，以及有针对性的学生成果。因此，可以分析探讨如下问题。

· 在考虑了学生背景因素后，学区领导对合作的领导能力会影响学校合作计划的实施质量，以及与家庭的联系吗？

· 模型中的哪些路径会影响参与父母的数量？

· 参与目标导向的活动（例如阅读或出勤率）是否可以在前一学年的评价成绩之外提高学生技能和成绩？

研究人员对所有这些影响路径进行了研究。（详见第一章三篇文章的参考资料。）大多数学校和学区需要来自研究或评价办公室以及外部评价人员开展的研究的支持。

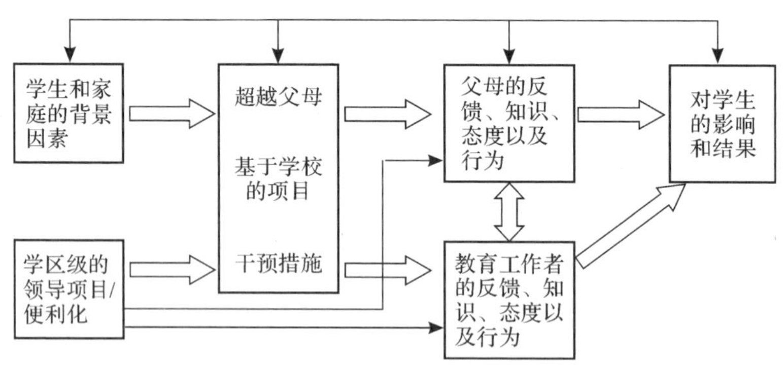

图 9-2-1　学校、家庭和社区合作项目影响的研究模型

图 9-2-1 是一个变化理论（TOC）图式或逻辑模型，它说明了合作计划的各个组成部分是如何相互关联的，以及它们如何对参与者产生短期、中期和长期的影响（Westmoreland，Lopez，& Rosenberg，2009）。

利用本指南中的工具，让实现“年度合作行动计划”中所要求建立的与父母的联系具有可操作性，而该活动计划预期实现如下目标：（a）

提高教育工作者对家庭的了解和提高与家长合作的意愿；（b）改善家长的知识、态度、信念和行为，以支持学生在学校的发展；（c）提高学生短期、中期和长期的成绩。该模型还表明，正式的评价会将学生的背景特征和学区领导在指导学校合作项目改进方面的努力考虑在内。

如果六种类型的参与活动与学生学习和发展的目标紧密联系，如果计划中的活动得到很好的实施，那么更多的家庭和社区伙伴应该以富有成效的方式参与到学生学习中来。随着时间的推移，这些阶段性的成果应该对学生的出勤率、学习行为、成绩或其他体现学生成功的指标产生可衡量的影响。在计划项目、确定目标和安排评价时，建立一种变化理论和逻辑模型可能特别有用。从图 9-2-1 中可以看出，实际上，学区所做的、学校所做的以及家长作为教育伙伴所做的，都旨在提高学生的成绩。

9.2.6 使用基于研究的方法优化合作

越来越多的学校和学区领导人被要求使用基于研究的方法来改善学校的课程和实践，包括家庭和社区的参与活动。这意味着教育工作者要从已被证实的研究中汲取知识，并使用基于证据的工具和策略，为项目制定深思熟虑的计划。对教育工作者和个别学校，我们不会要求一切从零开始，也不会要求它们得到与已有研究相同的结果。然而，在通常情况下，学区和学校领导希望定制经过验证的方法，以满足自己所在学区学生和家庭的需求、兴趣和目标。基于现场的评价将确定调整后的实施方案是否产生了与正式研究相同的结果。

例如，在一项关于教师的纵向研究中，家长参与了小学数学的家校合作课堂（TIPS）的交互式作业，范·沃利斯（Van Voorhis，2011）对学生之前的数学考试成绩、父母的教育程度、完成的家庭作业量和其他背景变量进行了统计控制。她的研究表明，与对照组相比，TIPS 交互式作业可以让学生的父母更多地与孩子一起学习数学。此外，家长和学生对数学作业有更积极的态度和情绪，学生的数学成绩也更高了。

上述研究历时两年多，研究人员设置了比较组，收集了背景数据、测量指标和多种结果指标，包括学生的数学成绩，以及大量关于家长和学生对数学的态度和情感的调查。现在，教育工作者可以使用这一研究和关于交互式作业的相关研究作为他们决定实施 TIPS 的基础。

尽管如此，每个学区或学校的教育工作者都想评价干预措施对他们自己的教师、学生和家庭的影响效果。例如，在 TIPS 实施过程中加入了内置评价，供教师监测学生的家庭作业完成情况、准确性和家长的反馈（见第八章）。教师还可以监控"常规"指标，如学生的课堂作业、报告卡、课堂测试和成就测试分数，以了解 TIPS 是否有助于学生在课堂上的发展进步。

（1）重视过程质量的调查与研究

研究者和教育从业者越来越重视对包括家庭、社区参与在内的活动进行系统反思的价值，即反思它们是否，以及如何提高学校改革项目与实践的质量。这个反思过程有几个鲜明特征，包括：发展探究文化；制定一个周期的调查计划、实践、研究和行动（PDSA）；遵循以结果为导向的调查周期（ROCI）来计划、行动、评价、反思和调整实践（Bryk，Gomez，Grunow，& LeMahieu，2015；Partners in School Innovation，2016）。在任何情况下，过程调查都旨在帮助教育者和团队反思如何进行持续改进以实现重要目标（Park，Hironaka，Carver，& Nordstrum，2013）。

在家庭和社区参与的工作中，学区领导人和学校合作行动小组（ATP）需要考虑活动的实施情况，如：是否吸引预期的参与者？以及在设计、推广和实施方面应该改进哪些方面？ATP 会发现很容易使用年度活动评价表来反思每项活动的实施质量，以及是否需要改进以继续增加参与家庭的数量和提高对学生的效果。

为了将调查过程提升到一个新的水平，ATP 将使用表 9-2-1 所述的从简单到复杂的评价来衡量预期的结果。我们需要清楚地意识到，这些方法在数据收集和分析方面，可能面临教育工作者的时间、资金和技能等限制。然而，所有的评价策略都可能经过深思熟虑，并就已证明的成功和需要改进的地方提供有用的信息。

（2）保障评价工作的时间投入

学校团队和学区领导人应安排定期的、每月的 ATP 会议来讨论合作计划，并对已完成活动进行评价。研究表明，当学校 ATP 花时间进行评价时，学校合作项目的整体质量更有可能逐年提高（Ames & Sheldon，2017；Sheldon，2007；Sheldon & VanVoorhis，2004）。

类似的研究也显示，当学区领导对自己负责的和学区内学校开展的合作项目进行评价时，整个合作项目实施面临的障碍更少，获得的学校支持更多，而且合作项目整体上具有更高的质量（Epstein，2007；Epstein，Galindo，& Sheldon，2011；Epstein & Hine，2017；Sanders，2008）。这些研究结果表明，当学区领导和学校团队足够认真地对待他们在学校、家庭和社区合作方面的工作并开展评价时，他们更有可能利用评价的结果来改进他们下一学年的计划和活动。

下面的进度管理将帮助学区领导和学校团队评价他们的计划、活动和进展，以逐年改进他们的合作计划。

在项目开始时。当 ATP 计划他们的项目时，为了促进有针对性的学校发展目标，他们必须考虑将要实施哪些家庭和社区参与活动。“年度合作行动计划”中的四页目标有助于 ATP 明确学生的学业和学习行为目标，以及营造友好合作氛围的总体目标。该计划中每一页上的每一项活动在执行后均可使用年度活动评价表进行评价。ATP 还应监测所实施的活动是否以及如何对既定的学生和学校环境目标产生可观察或可衡量的影响。这些简单的评价步骤将帮助 ATP 利用他们自己的评价结果来改进每年的家庭和社区参与项目。

每次 ATP 会议上。ATP 应该在每个月的团队会议上花 10 分钟来汇报和反思过去一个月所开展活动的质量。可以利用年度活动评级表作为一个简单的反思工具，讨论每一项活动的优点和缺点，并确定如果在下一学年实施相同的活动，是否需要改变。该评价工具将指导 ATP 成员讨论团队是如何策划活动的，他们是否感受得到了其他人的支持，谁参加了（和谁没有参加），以及在未来如何改进这个或类似的活动。对特定活动的其他评价（例如签到表、“出口处”评价、家长对在家进行的活动的反馈）也应作为 ATP 反思的一部分进行审查。

年中 ATP 会议上。各个 ATP 应使用查核表、团队进展年度回顾来讨论团队建设与发展的质量，以及如何更好地与学校的其他人一起工作。

年终 ATP 会议上。学校应在学年结束前安排一次完整的 ATP 会议，以年度活动评价来回顾全年的所有活动记录。这项讨论将有助于 ATP 决定在下一学年的“年度合作行动计划”中应该继续、删除、改进或增加哪些活动。

不定期会议。在同一次或另一次全体会议上，作为约翰斯·霍普金斯大学国家合作学校网络（NNPS）成员的 ATP 应讨论并完成年度发展评价报告（UPDATE）。这项评价应包括合作项目的规模和基本要素，这将有助于 ATP 反思目前的工作，并优化下一学年的“年度合作行动计划”。

每隔一段时间（例如，每一年或两年），ATP 应该讨论和评价他们学校在解决让所有家庭都参与合作这个挑战上的进展，可以通过评价学校、家庭和社区合作来实现。（详见后文 T —类型分类的评价）。通过该调查可以发现，对学校所有年级的学生家庭而言，六种类型的参与活动是否普遍，可以为讨论学校是否需要针对特定群体的家庭开展更多或更好的联系活动提供决策信息。

有效的 ATP 需要时间来计划他们将评价什么，以及评价他们所制定的计划。抽出时间来评价这些项目的质量是很重要的。

（3）学区合作项目负责人收集的学校评价

学区合作项目负责人不仅要指导学校进行基本的评价，还要收集学校“年度合作行动计划”和正式的项目评价（例如“合作活动年度评价表”）。在一个层面上，这些信息使学区领导人能够协助每个 ATP 获得资源、执行活动、改善他们的实践、与家长联系，以及拟定计划。学区负责人可以使用这些记录来记录学区内所有学校的工作和进展，然后，可以将这些信息汇总起来，向主管、学校董事会和公众报告家庭和社区参与的进展情况。

9.2.7 关于学校、家庭和社区合作项目的调查

除了本指南提供的工具外，约翰斯·霍普金斯大学的学校、家庭和社区合作中心的研究人员还提供了其他简单或复杂的评价措施。

合作项目年度发展评价报告。合作项目负责人可以通过约翰斯·霍普金斯大学 NNPS 开发的年度进展调查来评价合作项目的

进展。针对学校、学区、州和其他组织的进展调查，也有可靠的量表可用来衡量有助于提高合作项目质量的基本要素。这些指标包括领导力、团队合作、书面计划、实施、资金、学院支持、评价和网络。

通过讨论和完成进展调查，学校 ATP 和各级教育领导人可以监测进展情况，并收集意见，以改进他们的下一年度家庭和社区参与计划。最新的进展调查可从 NNPS 网站 www.partnershipschools.org“研究和评价”栏目下载。

为研究制作家长、教师和学生问卷。针对小学、初中和高中的个别家长、教师和学生的调查可以从约翰斯·霍普金斯大学的学校、家庭和社区合作中心获得。这些调查探讨了学生教育中主要合作伙伴的观点、态度、经验、兴趣和建议。表 9-2-3 提供了调查问卷和问卷的信效度报告，这些资料可从 www.partnershipschools.org 的“出版物和产品”栏目下载。

许多学区和学校希望进行评价调查，但人们必须考虑到管理问卷需要落实打印、邮寄、跟踪回收率、数据处理、分析和报告的资源。来自学校、家庭和社区合作中心的调查包括简单总结和描述性报告的建议。其他研究问题需要统计分析方面的专业知识。

还有其他来自不同渠道的家长调查。例如，请参阅由 Survey Monkey 与哈佛教育研究生院的研究人员合作提供的一项针对父母的调查。用户可以为家长的报告选择主题，包括他们对教育的支持、参与合作、角色和责任、学校氛围以及其他主题。选项见 www.surveymonkey.com/mp/harvard-education-surveys/。

（1）制作问卷

学校、学区和州领导可以开展他们自己的调查，以了解家庭和社区对参与项目的投入和反馈等相关情况。

· 学校经常对家长培训、家庭之夜等其他活动开展简易调查。

· 一些学校在学年开始时对家长进行调查，以确定家长志愿者的意愿、兴趣、才能和可用来协助学校管理人员、教师和学生的时间。

· 一些学区每年都会进行调查，了解家长对家庭和社区参与的反响，以及学校氛围和学生学业课程等其他方面。

制作简单明了的问卷调查指南，使家长、教师或其他人能够评价家庭和社区参与的各个方面情况。

· 确定你想知道什么。

· 量身定制问卷，以明确所需关注的特定主题或实践。

· 如果提供多项选择题，则应让每个答案类别清晰且不一样。

· 减少“是”或“否”的回答。“是”或“否”的答案可以说明受访者是喜欢还是不喜欢某件事（但不涉及有多喜欢），以及他们是否曾经或从未做过某事（但不是多久做一次）。“不”是一个明确的回答，但“是”可能指 1 到 100 次或更多。

· 如果要求开放式的回答，要有足够的空间来书面回答。

· 保证调查的匿名性。

· 保持调查的简要性。

· 让调查问卷便于所有家长阅读。将词汇量保持在四年级的水平。如果提高水平，则应根据需要提供翻译。

表 9-2-3　家庭、学校和社区合作的调查问卷

问卷名称及其作者	时间	学校级别	指标	特点
小学和初中家庭、学校和社区参与的家长调查 谢尔顿（Sheldon）和爱泼斯坦（Epstein）	2007	小学和初中	家长报告： ·学校提供额外的服务让所有家庭参与对学校的态度 ·当前的家庭参与 ·家长的责任与技能（角色构建和效果） ·与其他家长交流的话题 ·家庭信息统计 ·家长意见	资料及指引： ·调查实施的注意事项 ·调查规模和可靠性 ·西班牙语翻译电子版（应要求）
小学和初中家庭、学校和社区参与的学生调查 谢尔顿（Sheldon）和爱泼斯坦（Epstein）	2007	小学和初中	学生报告： ·对学校的自信心 ·对学校的归属感 ·目前的家长参与 ·家校之间的联系 ·家长的社交网 ·学生在校的发展 ·个体信息统计 ·学生意见	资料及指引： ·调查实施的注意事项 ·调查规模和可靠性

续表

问卷名称及其作者	时间	学校级别	指标	特点
家庭、学校和社区合作：调查与总结；家长问卷 爱泼斯坦（Epstein）和萨利纳斯（Salinas）	1993	小学和初中	家长报告： ·对学校的自信心 ·目前的家庭参与 ·当前的以及希望学校为家庭参与提供的额外服务 ·所需培训的主题，学校课程的信息，以及社区提供的服务信息 ·学生在家庭作业上花费的时间 ·对学生在校学习能力和发展的看法 ·家庭信息统计 ·家长意见	资料及指引： ·调查实施的注意事项 ·调查规模和可靠性 ·对合作学校数据分析的建议 ·西班牙语翻译电子版、纸质版（应要求）
家庭、学校和社区合作：调查与总结；教师问卷 爱泼斯坦（Epstein）和萨利纳斯（Salinas）	1993	小学和初中	教师报告： ·家庭参与的重要性 ·目前由教师或学校组织的参与实践活动 ·对家庭参与的估计 ·教学经验 ·个体信息与统计 ·教师意见	资料及指引： ·调查实施的注意事项 ·调查规模和可靠性 ·对合作学校数据分析的建议

续表

问卷名称及其作者	时间	学校级别	指标	特点
高中家庭与学校合作：调查与总结；家长问卷 爱泼斯坦（Epstein）、康纳斯－塔德罗斯（Connors-Tadros）和萨利纳斯（Salinas）	1993	高中	家长报告： · 对学校的态度 · 目前家庭的参与 · 当前的以及希望学校为家庭参与提供的额外服务 · 所需培训的主题、学校课程的信息，以及社区提供的服务信息 · 学生在家庭作业上花费的时间 · 对学生在校学习能力和发展的看法 · 家庭信息统计 · 家长意见	资料及指引： · 调查实施的注意事项 · 调查规模和可靠性 · 对合作学校数据分析的建议
高中家庭与学校合作：调查与总结；教师问卷 爱泼斯坦（Epstein）、康纳斯－塔德罗斯（Connors-Tadros）和萨琳娜（Salinas）	1993	高中	教师报告： · 对学校的态度 · 家庭参与的重要性 · 目前由教师或学校组织的参与实践活动 · 评价家长参与及其职责 · 社区问题 · 教学经验 · 个人的和学校的信息统计 · 教师意见	资料及指引： · 调查实施的注意事项 · 调查规模和可靠性 · 对合作学校数据分析的建议

续表

问卷名称及其作者	时间	学校级别	指标	特点
高中家庭与学校合作；调查与总结；学生问卷 爱波斯坦（Epstein）、康纳斯－塔德罗斯（Connors-Tadros）和萨利纳斯（Salinas）	1993	高中	学生报告： · 对学校的态度 · 高中阶段的衔接过渡 · 目前家庭的参与 · 当前的以及希望学校为家庭参与提供的额外服务 · 组织和参加家庭参与活动的意愿 · 家庭对青少年行为的决策 · 家庭作业花费的时间 · 在学校的发展 · 社区活动 · 个人信息统计 · 学生意见	资料及指引： · 调查实施的注意事项 · 调查规模和可靠性 · 对合作学校数据分析的建议

- 如果可能的话，在现场完成调查（例如，在教师会议上，在家长培训活动上，在学生大会，在运动会上），以提高问卷回收率。

一个普遍存在的问题是如何保证家长如期将调查问卷交给学校。为了增加问卷回收率，可以采用如下措施。

- 考虑激励措施，如奖励问卷回收率高的班级，比如彩票，以及其他与学校相关的奖励。
- 给学生足够的时间完成问卷。
- 解释你将如何使用这些信息。
- 对结果进行总结。

（2）报告评价结果

合作项目的评价结果应报告给参与评价的人员和接受评价的对象。有些评价只面向有限的受众。例如，“团队进展评价”的结果是为了ATP提高自身的有效性。其他计划和评价可能会与许多观众共享。例如，所有家庭都应该在学年结束时收到有关学校合作计划、预定活动和进展的信息。一份进度报告可以总结全年实施的活动、参与模式和学生的成果。进度报告或最佳做法的例子可以通过学校通讯、网站、电子邮件或社交媒体、当地媒体（如广播、有线电视、外语渠道），或其他形式与家庭分享。

学校合作项目的现状和进展简报应提交给学校促进小组、PTA或PTO、学区学校董事会和其他感兴趣的团体。通过分享合作计划和评价结果，所有家长和公众都可以了解到合作项目是持续的、包容的，并处于持续改进中（Sanders & Sheldon，2009）。

（3）评价是为了提高，不是为了评判

众所周知，家庭和社区参与的项目应该每年进行评价和改进（Harvard Family Research Project，2011；Sheldon，2009）。本章提供的工具展示了如何对每个合作项目一步步地进行有用的评价，以监测计划活动的实施进展，惠及所有家庭，促进学生在学校取得成功。本着这种精神，评价对于持续改进学校、家庭和社区合作至关重要。

评价不是为了给一个项目贴上“好”或“坏”的标签。有价值的评价帮助学区领导和学校 ATP 明确计划目标，确定优势和劣势，并改进计划。教育工作者知道，他们应该评价他们的政策、计划、项目和实践，以了解是否所有家庭都参与其中，包括那些通常没有参与孩子教育的家长。本指南中的内置评价工具、校本评价和其他工具将帮助学区和学校进行评价，以加强他们的项目，每年让更多的家庭以富有成效的方式参与进来。很明显，花在评价上的时间是值得的。

参考文献

[1] Ames, R. T., & Sheldon, S. B. (2017). Annual NNPS report: 2016 school data. Baltimore, MD:Johns Hopkins University, Center on School, Family, and Community Partnerships.

[2] Bryk, A. S., Gomez, L., Grunow, A., & LeMahieu, P. (2015). Learning to improve: How America’s schools can get better at getting better. Cambridge, MA: Harvard Education Publishing.

[3] Epstein, J. L. (2007). Research meets policy and practice: How are school districts addressing NCLB requirements for parental involvement? In A. R. Sadovnik, J. O’ Day, G. Bohrnstedt, &K. Borman (Eds.), No Child Left Behind and the reduction of the achievement gap: Sociological perspectives on

federal educational policy (pp. 267–279). New York: Routledge.

[4] Epstein, J. L., Connors-Tadros, L., & Salinas, K. C. (1993). High school and family partnerships: Questionnaires for teachers, parents, and students. Baltimore, MD: Johns Hopkins University Center on School, Family, and Community Partnerships.

[5] Epstein, J. L., Galindo, C., & Sheldon, S. B. (2011). Levels of leadership: Effects of district and school leaders on the quality of school programs of family and community involvement. Educational Administration Quarterly, 47, 462–495.

[6] Epstein, J. L., & Hine, M. G. (2017). Annual NNPS report: 2016 district data. Baltimore, MD: Johns Hopkins University, Center on School, Family, and Community Partnerships.

[7] Epstein, J. L., & Salinas, K. C. (1993). School and family partnerships: Questionnaires for teachers and parents in elementary and middle grades. Baltimore, MD: Johns Hopkins University Center on School, Family, and Community Partnerships.

[8] Harvard Family Research Project. (2011). Evaluating family engagement strategies: Addressing measurement challenges (Webinar). https://uww.adobeconnect.com/p7apep6zaw2/? launcher=false&fcsContent=true&pbMode=normal

[9] Park, S., Hironaka, S., Carver, P., & Nordstrum, L. (2013). Continuous improvement in education. Stanford, CA: Carnegie Foundation for the Advancement of Teaching.

[10] Partners in School Innovation. (2016). Results oriented cycle of inquiry (ROCI). https://www.partnersinschools.org/services/results-oriented-cycles-of-inquiry-roci/

[11] Sanders, M. (2008). Using diverse data to develop and sustain school, family, and community partnerships: A district case study. Education Management, Administration, and Leadership,36, 530–545.

[12] Sanders, M. G, & Sheldon, S. B. (2009). A principal's guide to school, family, and community partnerships. Thousand Oaks, CA: Corwin.

[13] Sheldon, S. B. (2007). Getting families involved with NCLB: Factors affecting schools' enactment of federal policy. In A. R. Sadovnik, J. O' Day, G. Bohrnstedt, & K. Borman(Eds.), No Child Left Behind and the reduction of the achievement gap: Sociological perspectives on federal educational policy (pp. 281–294). New York: Routledge.

[14] Sheldon, S. B. (2009). Using evaluation to prove and improve the quality of partnership programmes in schools. In R. Deslandes (Ed.), International perspectives on contexts, communities and evaluated innovative practices: Family-school-community partnerships (pp.126–142). New York: Routledge.

[15] Sheldon, S. B., & Epstein, J. L. (2007). Family and community involvement in the elementary and middle grades: Student survey and parent survey. Baltimore, MD: Johns Hopkins University Center on School, Family, and Community Partnerships.

[16] Sheldon, S. B., & Van Voorhis, F. L. (2004). Partnership programs in U.S. schools: Their development and relationship to family involvement outcomes. School Effectiveness and School Improvement, 15, 125–148.

[17] Van Voorhis, F. L. (2011). Adding families to the homework equation: A longitudinal study of mathematics achievement. Education and Urban Society, 43, 313–338.

[18] Westmoreland, H., Lopez, M. E., & Rosenberg, H. (2009). How

to develop a logic model for districtwide family engagement strategies. Cambridge, MA: Harvard Family Research Project.

后　记

积极开展学校、家庭和社会协同育人，共担育人之责已然是社会的共识，也是办好教育强国事业的重要途径。“家校社合作”并非新鲜事物，早已有之，但却是当下我国教育改革的热点和重点。从中央到地方都非常重视该项工作，国家《“十四五”规划和2035年远景目标纲要》明确将“健全学校家庭社会协同育人机制”作为重要的教育发展目标。同时，为深入贯彻党的二十大报告中关于“健全学校家庭社会育人机制”的决策部署，认真落实《教育部等十三部门关于健全学校家庭社会协同育人机制的意见》（教基〔2022〕7号）要求，教育部开展了全国学校家庭社会协同育人实验区创新试点工作。一系列政策和改革措施的出台表明，开展学校、家庭和社会协同育人正当时。而 *School, Family, and Community Partnerships Your Handbook for Action*（4th）作为这个领域的权威著作，是不可忽视的重要学术资料。该著作自1997年第一版出版，至2019年第四版出版，历经22年，已被翻译成多国文字，得到广大学者、学校、教师以及家长的高度关注与好评。本次将该著作最新版引入国内，也是期待能够将国外有关学校、家庭、社会协同育人的最新研究成果和实践经验介绍给读者，为探索我国学校、家庭和社会协同育人道路提供参考借鉴。

为了提高译著的可读性，译者根据中国读者的阅读习惯，在不改变原著观点的前提下，对原著的章节结构和叙事体系做了较大幅度调整。这也是不同于国内其他翻译版本的创新所在，但不可否认，因译者本身学术水平有限，译著难免有所不足，将诚恳接受读者们的批评建议。

在本译著翻译过程中，衢州学院程含蓉、华璠两位老师为本人提供了诸多翻译建议，并作为合译作者共同完成了该译著。其中，程含蓉老师负责本书第 5 章的翻译，承担字数约 1.5 万余字，并协助校稿工作；华璠老师负责本书第 7–8 章的翻译，承担字数约 3.2 万余字；本人则承担全书的主体翻译工作，负责前言、第 1–4 章、第 6 章、第 9 章文稿翻译，并参与第 5、第 7–8 章的翻译，承担字数约 26 万字以上。再次感谢两位老师的通力合作。

最后，特别感谢浙江大学出版社在购买版权、校稿、刊印过程中付出的辛劳，为本译著的顺利出版奠定了基础，在此，对编辑部全体同志表示感谢。